DROIT CIVIL

FRANÇAIS.

DE L'IMPRIMERIE DE COUSIN-DANELLE, A RENNES.

DROIT CIVIL

FRANÇAIS,

SUIVANT L'ORDRE DU CODE,

OUVRAGE DANS LEQUEL ON A TACHÉ DE RÉUNIR LA THÉORIE
A LA PRATIQUE.

PAR M^r. C. B. M. TOULLIER,

BATONNIER DE L'ORDRE DES AVOCATS DE RENNES.

QUATRIÈME ÉDITION, REVUE ET CORRIGÉE.

On y a joint DEUX TABLES : l'*une*, générale et alpha-
bétique des matières contenues dans les onze
volumes ; l'*autre*, des articles des cinq Codes qui
y sont traités ou cités.

TOME ONZIÈME.

A PARIS,

CHEZ { WARÉE, oncle, libraire de la Cour royale,
Cour de la Sainte-Chapelle, n.° 13.
WARÉE, fils aîné, libraire, au Palais de Justice.

M. DCCC. XXIV.

LE DROIT CIVIL

FRANÇAIS,

SUIVANT L'ORDRE DU CODE CIVIL.

~~~~~~

SUITE DU LIVRE TROISIÈME.

———

TITRE IV.

Des Engagemens qui se forment sans convention.

———

NOTIONS GÉNÉRALES.

SOMMAIRE.

1. Le mot *engagement*, synonyme d'*obligation*, est spécialement affecté par le Code aux obligations qui viennent de la loi sans convention.
2. Il n'y a que deux sources des engagemens ou obligations, la volonté de l'homme et la loi. La force n'en saurait produire.
3. L'homme, être intelligent et libre, peut engager sa personne ou ses biens sans l'intervention de la loi.
4. Rectification de la doctrine de l'auteur sur la source des obligations.
5. La loi ne peut ôter aux conventions leur force obligatoire, mais seulement prescrire des conditions à la garantie qu'elle leur accorde. Exemple.

1. Après les obligations conventionnelles, le Code passe aux *engagemens* qui se forment sans convention. Les termes d'obligation et d'engagement sont synonymes en jurisprudence; ils ont la même signification. Néanmoins, le Code paraît avoir spécialement appliqué le terme d'engagement aux obligations que la loi impose à l'homme, « sans qu'il » intervienne aucune convention, ni de la part de » celui qui s'oblige, ni de la part de celui envers » lequel il est obligé. » (1370).

2. En réfléchissant attentivement sur la source des engagemens, on ne trouve que deux causes

vraiment génératrices des obligations, la volonté de l'homme et la loi. Il n'en peut même exister d'autres; car la force, tant que dure son action, peut contraindre l'homme physiquement, mais non pas l'obliger moralement. Du moment qu'elle cesse, ou qu'il devient le plus fort, il redevient libre; car, recouvrant sa liberté par le même moyen qui la lui a ravie, ou il est fondé à la reprendre, ou on ne l'était pas à la lui ôter : force n'est donc pas droit.

3. Mais, en qualité d'être intelligent et libre, l'homme peut soumettre sa volonté, et s'obliger envers autrui. Il a la faculté naturelle d'engager ses biens, sa personne même et ses actions, en tout ce qui n'est pas défendu par la loi. Il use de cette faculté dans les conventions, où il promet de donner, de faire ou de ne pas faire quelque chose. Aussitôt que son consentement est donné et accepté, sa volonté, libre dans l'origine, devient, par la conclusion du contrat, assujettie ou liée au joug de la nécessité : il est moralement et irrévocablement obligé. L'obligation est parfaite par sa volonté seule, sans l'intervention de la loi, qui n'intervient, *ex post facto*, que pour lui prêter sa force, et pour en garantir l'exécution ou l'accomplissement, en contraignant l'obligé d'accomplir sa promesse, en cas qu'il ait l'injustice de s'y refuser ou de la violer; mais non pour donner naissance à l'obligation.

4. C'est donc manquer d'exactitude que de dire, comme nous l'avons fait, tom. VI, n°. 3 et 4, *que toute obligation vient de la loi; que les conventions*

n'obligent qu'en vertu de la loi, qui commande de
tenir la parole qu'on a donnée.

Les obligations *conventionnelles* sont produites
immédiatement par la volonté de l'homme ; elles
existent indépendamment de la loi, qui n'intervient, après leur naissance, que comme un fidéjusseur tout-puissant, pour en garantir l'exécution ; garantie qui consiste à donner une action, et
qui va jusqu'à ordonner, s'il le faut, l'emploi de
la force publique pour faire exécuter les conventions.

5. Les obligations conventionnelles doivent si
peu leur naissance à la loi, qu'il est au-dessus de
son pouvoir de leur enlever leur force obligatoire ;
elle peut seulement ne leur accorder sa garantie
que sous certaines conditions. C'est ainsi que les
lois romaines, par une disposition reconnue injuste et rejetée chez toutes les nations, refusaient
une action pour faire exécuter les simples pactes
ou pactes nus, qui n'étaient pas revêtus de la formalité de la stipulation. (*Voy.* ce que nous avons
dit tom. VI, n°. 13).

Mais en leur refusant une action, la loi n'en reconnaissait pas moins qu'ils produisaient une obligation naturelle, à laquelle elle accordait même
plusieurs effets civils.

6. Quant aux engagemens qui se forment sans
qu'il intervienne aucune convention, ni de la part
de celui qui s'oblige, ni de la part de celui envers
lequel il est obligé, il est bien évident qu'ils ne
peuvent devoir leur naissance qu'à la toute-puis-
sance de la loi, dont les commandemens sont obli-

gatoires pour tous les sujets : *Legis virtus hœc est imperare, vetare, permittere, punire.*

On peut dire cependant que les obligations qui paraissent résulter de l'autorité seule de la loi, viennent primitivement de la volonté de l'homme ou de la convention; car la loi elle-même n'est que l'expression de la volonté générale, à laquelle, dans l'état civil, tout citoyen se soumet par un acte libre de sa volonté individuelle, en entrant en société, ou en demeurant volontairement sous l'empire et la protection des lois.

Mais, quoique cette doctrine soit parfaitement exacte en théorie, elle peut paraître un peu subtile dans la pratique; et, si la volonté du plus grand nombre ou la volonté générale est réellement la cause qui nous oblige d'obéir aux lois, il n'en est pas moins vrai que ce n'est que la cause éloignée des engagemens, et que la cause prochaine et génératrice de ces engagemens est, ou la convention, ou la loi particulière d'où dérive chacun d'eux.

7. Ce n'est qu'après avoir tracé les règles des obligations conventionnelles, que le Code passe aux engagemens qui se forment sans convention. La raison en est que les conventions sont la source la plus abondante des obligations; qu'elles sont assujetties à un nombre de règles et de dispositions beaucoup plus grand que les autres obligations; mais sur-tout qu'elles ont un caractère particulier et un effet bien remarquable, qui les distinguent des autres, et qui les placent dans une classe séparée; elles peuvent transmettre la propriété des

biens. « La propriété des biens s'acquiert et se
» transmet par succession, par donation entre vifs
» ou testamentaire, et par *l'effet des obligations*,
» dit l'art. 711. » Ce qui ne s'applique qu'aux obligations conventionnelles. Les engagemens qui se
forment sans convention ne produisent qu'une action personnelle contre celui qui se trouve obligé :
il était donc naturel de parler des obligations conventionnelles à la suite des autres manières dont
on acquiert la propriété.

8. Le Code range ensuite en deux classes les
engagemens qui se forment sans aucune convention.

« Les uns, dit l'art. 1370, résultent de l'autorité
» *seule* de la loi ; les autres *naissent* d'un fait per-
» sonnel à celui qui se trouve obligé. »

Pour s'exprimer avec une entière exactitude, il
faut dire : Les autres naissent à l'occasion d'un fait
personnel à celui qui se trouve obligé ; car il faut
remarquer que ce n'est point du fait que naît l'obligation, fût-ce même un délit, puisque celui qui
l'a commis n'a point eu l'intention de s'obliger ;
il a eu manifestement une volonté contraire. Par
exemple, le voleur a eu réellement la volonté de
s'approprier l'objet volé ; mais la loi lui impose,
contre sa volonté, l'obligation de le restituer : c'est
donc à l'occasion du vol que la loi fait naître cette
obligation ; ce n'est pas le fait même du vol qui la
produit.

Le fait précède, l'obligation le suit, et naît immédiatement après, en vertu de l'autorité de la loi.
Au lieu que, dans les obligations conventionnelles,

l'obligation doit sa naissance immédiatement à la convention, indépendamment de la loi (1).
Cette légère rectification n'a rien de contraire

---

(1) Dans le tom. VI de la Thémis, année 1824, pag. 339 et suiv., M. Jourdan fait de mon ouvrage un éloge tellement outré, qu'il m'est impossible de l'agréer, et qu'on pourrait croire que l'objet a été d'adoucir une censure qui pécherait également par excès d'amertume, quoique je sois très-éloigné de penser qu'elle ait pu être dictée par le désir d'offenser. Je n'eus jamais l'ambitieuse prétention de tracer le cercle encyclopédique de la jurisprudence : on ne peut donc me reprocher les défauts d'exécution d'un plan qui n'est pas le mien. J'ai cru ne devoir négliger, pour auxiliaire en jurisprudence, aucune des branches des connaissances humaines, quand je l'ai jugé nécessaire ou utile pour le développement des principes, ou pour remonter à leur source ; mais quoique convaincu que toutes les sciences se touchent et se prêtent des secours mutuels, je ne me suis jamais proposé d'indiquer ni de saisir tous leurs rapports prochains ou éloignés avec la jurisprudence.

M. Jourdan veut bien me donner des encouragemens sur ma manière d'écrire et de disposer mes matériaux. Je l'en remercie ; mais je ne puis m'empêcher d'être sensible au reproche qu'il me fait d'avoir *expressément désavoué*, dans mon tom. VI, la distinction si vraie des lois *immuables* et des lois *arbitraires*, et, après être revenu dans celui-ci à une plus noble philosophie, d'être ensuite retombé dans mes premières erreurs ; enfin d'avoir pris, quitté, repris *les thèses du sensualisme*, et de me vouer tour à tour au culte de philosophes d'écoles diverses ; puis il demande quel parti j'ai donc embrassé entre les deux écoles, qui se partagent en France le monde philosophique.

Je n'en ai point embrassé. En jurisprudence, comme en philosophie, j'ai constamment mis en pratique la maxime de ne m'attacher à aucun système : *Nullius addictus jurare in verba magistri*. Je prends dans chacun ce qui me parait raisonnable, sans m'inquiéter du reste, n'ayant ni le tems de tout lire, ni la prétention de tout juger.

Si, comme le disent nos dictionnaires nouveaux, Boiste par exemple, *le sensualisme est le système de ceux qui, dédaignant la métaphysique et la pensée, ne reconnaissent que les sens et leur empire*, j'ai dû me montrer sensible à l'accusation de M. Jourdan, de qui je n'ai pas l'honneur d'être connu, et je le prie de ne pas me prêter si légèrement des opinions dont, je le proteste, personne n'est plus éloigné que moi, et de se donner la peine d'entendre les miennes avant de les juger. J'ai toujours dit et pensé que, sans la métaphysique, on ne peut faire un pas

au texte de notre article; car on peut très-bien
dire que l'obligation naît du fait, ou doit sa naissance au fait, en ce sens que l'existence du fait est

---

assuré en jurisprudence. Loin de désavouer la distinction des lois immuables et des lois arbitraires, j'ai, dès le principe, enseigné que les
lois civiles, pour être justes, ne doivent être que le développement et
la sanction de cette loi éternelle, qui est la même dans tous les tems,
dans tous les lieux, et que Dieu a promulguée par la droite raison;
enfin, qu'il existe une alliance nécessaire et réelle entre le droit naturel et le droit civil. C'est l'importance que j'attache et l'étendue que
je donne à cette loi immuable, qui m'avaient fait dire que *toute obligation vient de la loi, que c'est la loi qui la produit.*

Voilà ce que M. Jourdan appelle *un désaveu exprès* de la distinction
des lois en immuables et arbitraires. Aurait-il donc embrassé le système
d'interprétation dont la police et la censure ont quelquefois fait un si
pernicieux usage ? Je pense, quant à moi, qu'aucun lecteur raisonnable ne trouvera, dans le passage cité, le désaveu *exprès* qu'y a cru
voir M. Jourdan. En m'occupant *des engagemens sans convention,* dont
les uns, suivant le Code, *résultent de l'autorité seule de la loi,* les autres
d'un fait personnel à celui *qui se trouve obligé,* je me suis convaincu de
plus en plus que *toute obligation vient de la loi médiatement ou immédiatement.*

Mais aussi je me suis aperçu que la loi n'est pas la cause génératrice
de toutes les obligations. Dès lors il m'a paru, et je l'ai dit avec can-
deur, que je m'étais exprimé avec peu d'exactitude, en disant, trop
généralement, que *toute* obligation est *produite* par la loi. J'ai cru, et
je crois encore, qu'en qualité d'être intelligent et libre, l'homme peut,
par *sa volonté seule,* s'obliger à des choses que la loi ne commande ni
ne défend; que par conséquent l'obligation n'est point, en ce cas, produite par la loi, qui n'en est point la cause *génératrice.* Ainsi, l'obligation conventionnelle n'est manifestement produite que par la volonté seule de l'homme, sans le concours de la loi, qui n'y intervient,
après qu'elle est née, que comme un fidéjusseur tout-puissant. Au contraire, dans les actions commandées, la loi oblige l'homme sans sa volonté et même contre sa volonté. J'en ai donné pour exemple le voleur,
qui certes, loin d'avoir la volonté de rendre la chose volée, a réellement l'intention de se l'approprier, en dérobant aux hommes la connaissance de son délit; mais la loi, contre sa volonté, lui impose l'obligation de la restituer.

Voilà ce que M. Jourdan appelle revenir à mes premières opinions.

nécessaire pour lui donner la naissance : on peut encore dire que le fait est la condition de l'obligation (1). La loi dit : Celui qui prendra ou retiendra le bien d'autrui sera obligé de le rendre. Du moment où vous vous emparez du bien d'autrui, l'obligation de le rendre prend naissance ; la condition de l'obligation éventuelle est accomplie.

9. Mais pour rendre exacte et complète la disposition de l'art. 1370, qui dit que les engagemens sans convention viennent, les uns de l'autorité seule de la loi, les autres d'*un fait personnel à celui*

---

et reprendre, après les avoir quittées, *les thèses du sensualisme.* J'ignore en vérité ce qu'il entend par cette expression ; mais je le supplie de vouloir bien m'épargner la qualification de *sensualista,* que des consciences scrupuleuses pourraient prendre en très-mauvaise part.

Je le remercie, au reste, moins des éloges outrés qu'il me donne, que de m'avoir averti qu'en expliquant le Code civil des Français, je n'aurais pas dû négliger de parler de la découverte *du livre le plus précieux que possède la science du droit romain,* sans en excepter les Pandectes, les fragmens de Gaius, non plus que plusieurs divisions et expressions scientifiques, empruntées par quelques jurisconsultes allemands, au plus profond, dit-on, mais aussi au plus obscur de leurs philosophes ; et j'attendrai avec patience que quelque heureux génie, appuyé sur Gaius et sur Kant, réalisant l'espoir conçu par M. Jourdan, fasse faire à la jurisprudence de nouveaux pas, à l'aide desquels nous pourrons perfectionner le droit français.

Si le reproche de *sensualisme,* fait par M. Jourdan à un homme qu'il ne connaît pas, est peu convenable, et de plus mal fondé, je lui dois la justice de dire qu'en revenant à la jurisprudence, pag. 348, il termine son article par une observation très-importante, en me faisant apercevoir une contradiction entre le n°. 58 et le n°. 95, *infrà,* de ce tome. C'est un véritable service qu'il me rend et qui me donnera l'occasion de rétracter une erreur où je suis tombé, sans m'apercevoir que le Code civil avait changé les principes d'une loi romaine suivie par Pothier.

(1) *Voy.* Thomasius, tom. I, dissert. 4, *Philosophia juris ostensa in doctrinâ de obligationibus,* §§ 127 et 131, pag. 152.

qui se trouve obligé, c'est-à-dire à l'occasion de ce fait, il faut ajouter, 1°. ou à l'occasion d'un fait personnel à celui envers qui l'autre est obligé; par exemple, l'obligation de rembourser les engagemens que le gérant sans mandat a contractés en son nom, pour l'utilité du propriétaire dont l'affaire est gérée (1575), naît évidemment à l'occasion d'un fait personnel au gérant envers lequel il est obligé (1);

2°. Il faut ajouter à la même disposition, « ou à » l'occasion d'un cas fortuit »; car ces engagemens, dont nous verrons des exemples dans la suite, ne résultent ni de l'autorité seule de la loi, ni d'un fait personnel, soit à celui qui se trouve obligé, soit à celui envers qui l'autre est obligé (2).

Ce développement des causes prochaines des obligations nous semble essentiel et nécessaire pour rectifier les idées des jeunes lecteurs, et les habituer à mettre de l'exactitude dans leurs raisonnemens.

Résumant, toute obligation doit sa naissance à la convention ou à la loi. Les obligations qui doivent leur naissance à la loi sont de deux espèces : 1°. celles qui résultent de l'autorité seule de la loi, sans aucun fait de celui qui se trouve obligé;

---

(1) C'est ce qu'avait très-bien remarqué Doneau, *Comment. de jure civili*, lib. 15, cap. 14, où il définit le quasi-contrat *factum non turpe quo*, *aut is qui fecit alteri*, *aut alter ei*, *aut uterque alteri sine consensu obligatur*.

(2) Sur ces engagemens, dont nous verrons des exemples dans la suite, *voy.* Domat, Lois civiles, titre *des Engagemens qui se forment par des cas fortuits*.

2°. celles qui naissent, soit à l'occasion d'un fait personnel à celui qui est obligé, ou même à celui envers qui l'autre est obligé, soit à l'occasion d'un cas fortuit.

10. Cette doctrine est sans contredit beaucoup plus exacte que celle de Justinien, dans ses Insti- tutes (1), où il divise toutes les obligations en quatre espèces, qu'il fait dériver, 1°. des contrats; 2°. des quasi-contrats; 3°. des délits; 4°. des quasi- délits, sans remonter à l'autorité de la loi, à laquelle les trois dernières classes doivent leur naissance.

Cette imperfection dans la doctrine de Justi- nien l'a forcé de placer les obligations respectives des tuteurs et des pupilles au rang de celles qui dérivent des quasi-contrats; et cela par un motif que la raison ne saurait approuver : c'est qu'ils ne sont pas proprement obligés en vertu d'un con- trat, *non propriè ex contractu obligati sunt*, puis- qu'il n'y a eu aucune convention entre eux.

Cependant, parce que leurs obligations ne vien- nent pas d'un méfait, *ex maleficio*, ils paraissent obligés en vertu d'un quasi-contrat, *quasi ex con- tractu*. Il résulterait de ce raisonnement que toute obligation qui ne vient ni d'un contrat, ni d'un délit ou quasi-délit, vient d'un quasi-contrat.

La fausseté de cette doctrine avait déjà été re- marquée par un philosophe écossais (2), d'un mé-

---

(1) Liv. 3, tit. 4, § 3.
(2) Fergusson, *Moral phylosophy*, part. 5, chap. 10, sect. 3, qui dit fort bien qu'une pareille fiction n'est bonne qu'à faire dériver d'une source une obligation qui dérive réellement d'une autre. Il fait, avec

rite éminent, qui fait avec raison dériver les obligations respectives du tuteur et du pupille, de
l'équité ou de la loi. C'est cette doctrine vraie et
raisonnable qu'a suivie le Code, en plaçant au rang
des engagemens qui résultent de l'autorité seule
de la loi, *ceux des tuteurs et autres administrateurs,
qui ne peuvent refuser la fonction qui leur est déférée.*
(1370).

11. En effet, dès que le tuteur est, contre sa
volonté, obligé de se charger de la tutelle, son obligation résulte évidemment et immédiatement de
la loi. Celle du pupille, obligé d'allouer en compte
les dépenses utiles faites par son tuteur, vient également et ne peut venir que de la loi, puisqu'il
n'est intervenu aucun consentement, aucun fait
de sa part, d'où puisse dériver cette obligation ;
puisque même le pupille, sur-tout s'il était en bas
âge, était incapable de s'obliger.

Le Code, dans notre art. 1370, met encore au
rang des engagemens involontaires, qui résultent
de l'autorité seule de la loi, ceux que fait naître le
voisinage. L'art. 651 avait déjà dit que « la loi as-
» sujettit les propriétaires à différentes obligations,
» l'un à l'égard de l'autre, indépendamment de
» toute convention. »

C'est de là que naissent les obligations du bor-
nage, de la clôture forcée dans les villes, les droits
et les devoirs de la mitoyenneté, etc. Nous en avons

---

raison, dériver de la loi ou de l'équité les obligations mutuelles du tuteur et du pupille : *Thus mutual pleas of guardian and ward, which
arose from equity, were sustained in the romam law, as arising from con-
tract.*

parlé dans le tom. III, où nous avons fait voir que
ces devoirs et ces engagemens sont d'une autre
nature que ceux des servitudes prédiales.

12. L'art. 1370 ne donne que ces deux exemples
d'engagemens résultant immédiatement de l'autorité de la loi ; mais il en est une infinité d'autres.
Nous ne nous proposons pas d'énumérer tous les
engagemens qui naissent de la loi seule. Nous devons cependant indiquer ceux qui sont communs
à tous les citoyens, à tous les membres de la société
sans exception, quels que soient leur rang et leur
état.

Tels sont, suivant Blackstone (1), tous ceux qui
résultent de la constitution fondamentale du Gouvernement, chez nous de la Charte constitution-
nelle, et qui lient également et réciproquement les
gouvernans et les gouvernés, depuis celui qui se
trouve élevé au faîte de la hiérarchie des pouvoirs
jusqu'au dernier prolétaire.

Ainsi tout citoyen, par exemple, est aussi rigoureusement tenu d'acquitter sa part des contributions publiques légalement imposées par l'autorité
légitime, qu'il est tenu de payer toute autre dette
à laquelle il s'est conventionnellement obligé pour
une cause licite ; car tout membre de la société qui
en partage les bienfaits, est obligé d'en supporter
les charges.

Ainsi, il doit à la grande cause de l'intérêt public le sacrifice de ses biens, moyennant une juste

(1) Book 3, chap. 9, § 2, tom. III, pag. 159, 9ᵉ. édition, Lond.,
1783.

et préalable indemnité; celui de sa personne, de sa vie même, si le besoin l'exige; il doit mourir, s'il le faut, pour la défense et le salut de la patrie.

De là l'obligation de satisfaire à la loi, dure en apparence, de la conscription, mais réellement nécessaire et juste, depuis qu'il n'y a plus de priviléges.

En un mot, tout citoyen doit obéir aux lois, et par conséquent au magistrat chargé de les faire exécuter, en tout ce qu'il commande en leur nom; à la chose jugée, lors même que le jugement est inique. Ainsi le veut encore la loi, fondée sur l'intérêt public, comme nous l'avons fait voir ailleurs (1).

13. Mais, d'un autre côté, les lois constitutionnelles de l'État imposent à tous les magistrats, à tous les dépositaires du pouvoir, dans tous les degrés de la hiérarchie, depuis les ministres jusqu'au dernier fonctionnaire public, des devoirs tellement importans, tellement rigoureux et tellement multipliés, sur-tout pour les premiers, qu'en y réfléchissant, le sage est effrayé; il est tenté de s'écrier, avec un philosophe de l'antiquité, *sapiens non accedat ad rempublicam !*

Une vertueuse abnégation de soi-même et de son repos, jointe au sentiment de sa force et à un zèle ardent pour le bien public; ou, dans un autre sens, l'ambition, la soif du pouvoir, et l'éclat éblouissant de la fortune, peuvent seuls détermi-

___

(1) Tom. X, en parlant de la chose jugée.

ner à se charger d'une responsabilité si étendue,
qui pèse toute entière sur la tête des rois, dans les
monarchies absolues, et dans les gouvernemens
représentatifs, où la personne des rois est invio-
lable (1), sur la tête de leurs ministres. Ils répondent de toutes les atteintes portées à la sûreté, à
la liberté individuelle des citoyens, de tous les abus
d'autorité qu'ils protègent ou qu'ils ne répriment
pas, des mauvaises lois qu'ils provoquent, des
maux qu'ils pourraient empêcher ou réparer, du
silence qu'ils gardent sur les plaintes qui leur sont
adressées et qu'ils n'écoutent pas, ou qu'ils laissent
sans réponse, etc. etc.

Il faut même remarquer qu'ils sont sans excuse;
car, suivant la doctrine de notre art. 1370, les
obligations des magistrats ne sont point rangées
dans la classe des engagemens qui résultent de
l'autorité seule de la loi, puisqu'ils peuvent refuser
les fonctions qui leur son déférées. En les briguant,
en les acceptant, ils se soumettent volontairement
à remplir ponctuellement les obligations qui y sont
attachées; ils en font même le serment; et leurs
devoirs en deviennent par là plus rigoureux. Mais,
hélas! où est-il le sage qui considère dans les places
autre chose que les avantages, le pouvoir, la fortune qu'elles pourront lui procurer?

14. Les faits d'où la loi fait résulter des engagemens sans convention, sont de deux espèces,

(1) Mais ils ne sont pas dégagés de la responsabilité morale. *Voy.* l'excellent livre des Directions pour la conscience d'un roi, par le sage et
vertueux Fénélon.

licites ou *illicites* Notre art. 1370, suivant un abus de mots invétéré, a conservé aux premiers l'obscure et impropre dénomination de *quasi-contrats* (1), qui ne convient cependant plus à la nouvelle et saine doctrine qu'il a substituée à la fausse doctrine des Institutes de Justinien; il a également conservé aux seconds la dénomination plus convenable de délits et de quasi-délits.

CHAPITRE PREMIER.

Des Quasi-Contrats.

SOMMAIRE.

15. *Opinions des interprètes sur la nature des quasi-contrats et sur le fondement des obligations qui en résultent.*
16. *Le Code les a rejetées; mais la définition qu'il donne des quasi-contrats est imparfaite.*
17. *Il en donne seulement deux exemples, sans indiquer comment on peut connaître les autres. Il faut, pour cela, remonter au principe commun des obligations qu'ils produisent tous.*
18. *Elles sont des conséquences de là loi sacrée de la propriété, de même que les engagemens qui résultent des quasi-délits.*

---

(1) Cet abus de mots n'est propre qu'à mettre de la confusion dans les idées; il a quelquefois égaré Pothier lui-même, qui demande sérieusement quelles sont les choses requises pour former un *quasi-contrat*, comme il demande quelles sont les choses nécessaires pour former un contrat de vente.

Domat, l'ami de Pascal, dont l'esprit était si éminemment juste, s'est bien gardé de se servir de cette obscure et impropre dénomination de *quasi-contrat.*

19. *Développement de cette vérité.*

20. *Les engagemens qui résultent des quasi-contrats et des quasi-délits, sont les conséquences de deux maximes qui dispensent de les énumérer.*

21. *Le Code ne contient de détails que sur deux quasi-contrats, la gestion des affaires d'autrui sans mandat,* negotiorum gestor, *et la répétition de ce qu'on a indûment payé. Ces détails sont puisés dans le droit romain.*

22. *Pothier prétend que, pour former le quasi-contrat* negotiorum gestorum, *il faut que le gérant ait eu l'intention de faire les affaires de telle personne déterminée, et de repeter d'elle les frais de sa gestion.*

23. *C'est une erreur. Les obligations qu'il produit sont fondées sur le principe que personne ne doit s'enrichir au détriment d'autrui, et non sur l'intention du gérant. Preuves tirées du droit romain.*

24. *Pothier reconnaît l'inutilité de sa doctrine sur la nécessité d'intention dans le droit français, qui rejette les subtilités du droit romain sur les actions.*

25. *Si le propriétaire connaissait la gestion du* negotiorum gestor, *il en résultait, dans les principes du droit romain, un mandat tacite, un véritable contrat ; mais notre Code ne reconnaît plus de mandat tacite.*

26. *Peu d'importance de ce changement, qui néanmoins forme dans le Code une disparate.*

27. *Les engagemens résultant de la gestion d'affaires sont réciproques et produisent deux actions :* la directe, *pour faire rendre le compte ;* la contraire, *pour la répétition des impenses utiles faites par celui qui a géré* volontairement.

28. *Explication de cette expression, employée dans l'art. 1372, pour marquer la différence entre les obligations* involontaires *résultant de la loi seule, et celles qu'elle fait naître à l'occasion d'un fait* volontaire *de l'homme.*

29. *Les obligations du gérant, comme celles du mandataire, varient suivant la nature des affaires gerées.*

30. *Mais il y a des obligations générales imposées à tous les gérans, telles que d'achever l'affaire dont ils ont commencé la gestion.*

Tom. XI.

47. *L'action en reddition de compte doit être dirigée contre le gérant. Elle peut aussi l'être contre celui qu'il aurait chargé de gérer, comme l'action du mandant peut être dirigée contre le substitut du mandataire.* (Art. 1994).

48. *Il n'y a point de solidarité entre plusieurs personnes qui ont, sans mandat, géré l'affaire d'autrui.*

49. *Obligations de celui dont les affaires ont été gérées utilement. Sur quoi fondées. Elles donnent lieu à l'action contraire; pour l'exercer, le gérant doit rendre son compte.*

50. *Il ne peut mettre en décharge que les sommes employées utilement à une dépense nécessaire que n'eût pas manqué de faire le propriétaire. C'est à celui-ci de juger de l'utilité et de la nécessité d'une dépense. Exemple.*

51. *Mais le propriétaire est tenu d'allouer une dépense nécessaire ou utile au moment où elle a été faite, quoique l'utilité ait cessé depuis par cas fortuit ou force majeure.*

52. *Raison de cette décision. Réponse à une objection tirée de la loi 37, ff H. T.*

53. *Il faut aussi que les dépenses dont l'allocation est demandée ne soient pas excessives.*

54. *Le gérant peut demander l'indemnité des obligations qu'il a contractées personnellement pour le maître, quoique non encore acquittées.* (Art. 1375).

55. *Celui qui s'immisce dans les affaires d'autrui, depuis et malgré sa défense, n'a point reprise de ses dépenses. Cette décision de Justinien défendue contre Pothier.*

56. *De l'action en répétition des paiemens d'une chose qui n'était pas due. C'est le second exemple donné par le Code des quasi-contrats ou obligations formées sans convention.*

57. *Texte du Code sur cette obligation.* (Art. 1376 et 1377).

58. *Celui qui a reçu ce qui ne lui était pas dû est obligé de le rendre, soit qu'il l'ait reçu par erreur ou sciemment. Cette obligation dérive de la loi de la propriété. Développement de cette vérité.*

59. *Deux conditions de la répétition, 1°. que la chose ne fût pas due; 2°. qu'elle ait été payée par erreur. Examen de la première condition.* (Art. 1186).

60. *Seconde condition. Il faut qu'il y ait eu erreur dans le paie-*
    ment. Celui qui a payé volontairement ce qu'il savait ne
    point devoir, perd le droit de répétition. Il est présumé
    avoir voulu donner.

61. *Cette présomption est admise par notre Code. Art. 1377*
    comparé avec le précédent.

62. *Suite et motifs raisonnables de cette présomption.*

63. *L'erreur de droit suffit pour autoriser la répétition.*

64. *Le demandeur en répétition doit prouver que la chose n'est*
    pas due, et qu'elle a été payée par erreur.

65. *L'exception établie par le droit romain en faveur des mili-*
    taires, agriculteurs et gens simples, n'est point admise
    en droit français.

66. *Quid des mineurs non émancipés, émancipés ou devenus*
    majeurs ?

67. *Des paiemens faits par le tuteur. Le mineur devenu majeur*
    peut-il les répéter sans prouver que la chose n'était pas
    due ?

68. *Des paiemens faits par les femmes mariées non autorisées.*
    Distinction.

69. *La preuve que la chose n'était pas due fait présumer qu'elle*
    a été payée par erreur.

70. *C'est alors au défendeur de prouver qu'elle a été payée*
    sciemment et avec connaissance de cause. Exemples et
    preuve.

71. *Quid, s'il y avait du doute sur ce point, ou si celui qui a*
    payé doutait s'il devait ou non?

72. *La présomption de donation cesse si elle est combattue par*
    d'autres présomptions.

73. *Différens cas où le demandeur en répétition doit prouver en*
    même tems, 1°. que la chose n'est pas due; 2°. qu'il a
    payé par erreur. Application de l'art. 1115.

74. *Cas où, suivant le droit romain, la preuve que la chose*
    payée n'était pas due fait présumer qu'elle a été payée
    par erreur; 1°. lorsqu'on prouve qu'il a été payé plus qu'il
    n'était dû.

75. *2°. Lorsqu'on n'a pas retenu ce qu'on pouvait retenir. Plu-*
    sieurs exemples de ce cas.

76. 3°. Lorsqu'on a payé une seconde fois une dette déjà acquittée, de quelque manière que ce soit.

77. Application de ces principes aux dettes solidaires et alternatives.

78. Quid, si le débiteur d'une dette alternative a payé en même tems les deux choses par erreur ? Il a le choix de répéter celle qu'il voudra. Ancienne controverse sur ce point.

79. S'il les avait payées en differens tems, il ne pourrait répéter que la seconde, si elle existait encore.

80. Si le débiteur a payé par erreur, croyant la devoir déterminément, la chose qu'il ne devait qu'alternativement, il peut, si le créancier n'en a pas disposé de bonne foi, la répéter et donner l'autre.

81. Si celui qui devait, sous une alternative, une somme d'argent ou un cheval, a payé la moitié de la somme, il ne peut la répéter pour donner le cheval.

82. La répétition a lieu, si l'on paie à un autre qu'au créancier ; par exemple, si j'ai payé la somme entière à l'un des héritiers du créancier.

83. Si, croyant devoir une chose due par un autre, je l'ai payée en mon nom ; par exemple, si, me croyant faussement héritier de Caïus, j'ai payé les dettes de la succession. Explication des art. 1336 et 1377 du Code.

84. Celui qui s'est fait subroger en payant la dette d'autrui n'a point d'action en répétition contre le créancier.

85. Si, n'étant héritier que pour moitié, j'ai payé en entier une dette chirographaire de la succession, me croyant par erreur solidaire, j'en puis répéter la moitié.

86. La répétition a lieu toutes les fois qu'après l'erreur decouverte le paiement reste, sans aucune cause, aux mains de celui qui l'a reçu. C'est le principe général.

87. Les obligations naturelles volontairement acquittées sont une cause suffisante. (Art. 1355, 1965 et 1967).

88. La loi presume même l'existence de l'obligation naturelle en plusieurs cas ; par exemple, lorsqu'un paiement est fait, nonobstant la prescription connue, ou nonobstant un jugement d'absolution, même en dernier ressort, si

celui qui paie en connaissait l'existence. Secùs, s'il ne
la connaissait pas. Opinion contraire de Pothier rejetée.

89. *Une cause raisonnable de paiement, comme un motif de délicatesse ou de piété, empêche la répétition, quoiqu'il n'y
eût pas obligation naturelle. Deux exemples.*

90. *A qui appartient le droit de répétition.*

91. *Cas où celui qui a payé en son nom et pour son compte ne
peut répéter ce qu'il a indûment payé; par exemple, l'héritier putatif.*

92. *L'objet de la répétition est la chose même, avec les accessoires et les fruits.*

93. *Différence des obligations de celui qui a payé de bonne ou
de mauvaise foi.*

94. *Le premier n'est tenu à rendre de la chose que ce dont il
s'est enrichi, la chose, si elle existe, mais non l'intérêt
de l'argent.*

95. *Si elle a péri par son fait ou par sa négligence, il ne doit
rien; car il n'a pas commis de faute en négligeant sa
conservation, ou même en l'aliénant. La découverte de
son erreur n'annule point ce qui a précédé.*

96. *S'il a vendu, il ne doit que le prix de la vente.*

97. *S'il a disposé à titre gratuit, il ne doit rien, et le demandeur en répétition n'a pas de recours contre l'acquéreur
ou le donataire.*

98. *Réponse à l'objection tirée des art. 2125 et 2182. Celui
qui n'a qu'une propriété révocable ne peut transmettre plus
de droits qu'il n'en a lui-même.*

99. *Réfutation de l'opinion de Pothier, qui pense que le demandeur en répétition a une action utile contre le donataire.*

100. *Si le défendeur en répétition doit rendre les profits qu'il a
retirés de la chose avant l'aliénation. Conséquences de ce
principe.*

101. *Il doit céder les actions en rescision qu'il peut avoir contre
les aliénations qu'il a faites.*

102. *Le Code n'a rien changé aux principes ci-dessus expliqués.
Explication de l'art. 1379 et de l'art. 1621.*

103. *Les obligations de celui qui a reçu la chose de mauvaise
foi dérivent du précepte qui défend le larcin.*

104. *Elles sont donc plus rigoureuses que dans le cas du paie-ment reçu de bonne foi. S'il a reçu de l'argent, il doit les intérêts du jour du paiement. (Art. 1378).*

105. *Si la chose produisait des fruits, il doit rendre même ceux qu'il a manqué de percevoir.*

106. *S'il a vendu la chose, il doit, outre le prix qu'il a reçu, tous les dommages et intérêts du demandeur en répétition.*

107. *Si elle a péri par cas fortuit ou force majeure, il en doit le prix, s'il ne prouve pas qu'elle eût également péri chez celui qui la lui a donnée par erreur. (Art. 1379, 1302).*

108. *Si elle est détériorée, il répond de sa faute la plus légère.*

109. *Néanmoins, on doit lui rembourser les dépenses nécessaires et utiles faites pour la conservation de la chose. (1381).*

110. *En tous les cas, les améliorations sont compensées avec les détériorations, jusqu'à due concurrence.*

111. *Quid, s'il a été fait des plantations ou constructions sur le fonds sujet à répétition ?*

112. *Outre les deux quasi-contrats dont traite le Code, il y en a beaucoup d'autres que l'on connaîtra, en appliquant, suivant les occurrences, la règle générale dont ils dérivent tous.*

13. Les jurisconsultes romains n'ont pas défini le quasi-contrat. Justinien, dans ses Institutes, n'en donne qu'une définition négative, ou plutôt il ne le définit point; il explique ce que n'est pas le quasi-contrat (1), et non point en quoi il consiste. Les interprètes et les commentateurs du droit romain ont donc recherché avec anxiété la nature

_____

(1) Voici comment s'expriment les Institutes, lib. 3, tit. 28 :
Post genera contractorum enumerata dispiciamus etiam de iis obliga-tionibus, quæ quidem non propriè nasci ex contractu intelliguntur ; sed tamen quia non ex maleficio substantiam capiunt, quasi ex contractu nasci videntur.

du quasi-contrat, et quel est le fondement de l'obligation qui en résulte.

Les uns font naître cette obligation du consentement tacite de celui qui se trouve obligé ; mais c'est évidemment confondre les quasi-contrats avec les contrats, qui se forment par le consentement tacite aussi bien que par le consentement exprès.

D'autres ont prétendu dériver l'obligation qui résulte des quasi-contrats, d'un consentement fictif ou présumé. De ce nombre est Heineccius, qui développe cette doctrine avec beaucoup de netteté, dans son ouvrage sur les Institutes, § 966. Il définit les quasi-contrats, *facta honesta quibus et ignorantes obligantur ex consensu ob æquitatem præsumpto vel ficto*, des faits licites par lesquels on est obligé, même sans le savoir, en vertu d'un consentement feint ou présumé, fondé sur l'équité. Il trouve les fondemens de cette fiction ou de cette présomption, dans trois règles de droit fort raisonnables.

Ainsi, suivant lui, la loi *feint* ou *présume* que celui qui a reçu par erreur une somme qu'on ne lui devait pas, a consenti à la restituer ; et elle le feint, elle le présume, parce qu'il n'est pas juste que personne s'enrichisse aux dépens d'autrui (1) ; et en vertu de ce consentement feint ou présumé, la loi ordonne de restituer.

Mais pourquoi cette fiction ou cette présomption inutile de la loi ? N'a-t-elle donc pas la force

---

(1) Loi 14, *ff de condict. indeb.*, 12. 6 ; loi 206, *ff de R. J. Jure naturæ æquum est neminem cum alterius damno fieri locupletiorem.*

de commander cette restitution fondée sur la justice? Le législateur commande ce qui est juste ; il ne feint rien. Il ne dit point je feins ou je présume que vous avez consenti de rendre la somme qu'on vous a indûment payée, parce qu'il est juste que personne ne s'enrichisse aux dépens d'autrui; et, en vertu de ce consentement fictif ou présumé, j'ordonne la restitution; il dit, au contraire, soit que vous ayez eu ou non la volonté de rendre, soit même que vous ayez eu une volonté contraire, je vous ordonne de rendre ce qu'on vous a indûment payé, parce que la justice l'exige : voilà le seul langage digne de la loi.

On a peine à concevoir qu'un esprit aussi net que celui d'Heineccius, et d'autres jurisconsultes d'un grand mérite, soient allés s'embarrasser dans cette fausse et inutile doctrine des fictions et des présomptions, comme si le législateur en avait besoin, pour ordonner ce qui est juste.

16. Le Code a rejeté cette doctrine avec beaucoup de raison, en faisant dériver directement de la loi, quoiqu'à l'occasion d'un fait personnel de l'homme, les obligations de ce qu'on a coutume d'appeler, par la force de la routine, *des quasi-contrats.*

Mais il n'a pas été aussi heureux dans la définition qu'il en donne dans l'art. 1371. « Les quasi-» contrats sont les faits purement volontaires de » l'homme, dont il résulte un engagement quel-» conque envers un tiers, et quelquefois un enga-» gement réciproque des deux parties. »

Cela est très-vrai; mais quels sont les faits vo-

lontaires de l'homme dont il résulte un engagement? Voilà ce que ne dit point cet article, et ce
qu'il fallait dire pour nous faire connaître ce qu'il
appelle des **quasi-contrats** : sa définition est donc
imparfaite.

17. Les articles suivans se bornent à donner deux
exemples de quasi-contrats : la gestion volontaire
des affaires d'autrui, *negotiorum gestio*, et l'obligation de restituer ce qui a été indûment reçu en
paiement, *condictio indebiti*. Mais il en existe d'autres (1) qu'on ne peut connaître qu'en remontant
au principe commun à tout ce qu'on appelle des
quasi-contrats : tâchons donc d'y remonter, et
de suppléer ainsi à l'imperfection de la définition
donnée par l'art. 1371.

18. En réfléchissant sur la source des obligations qui dérivent de ce qu'on appelle des quasi-
contrats, c'est-à-dire des obligations que la loi fait
naître à l'occasion d'un fait licite de l'homme, on
trouve qu'elles dérivent toutes de la loi sacrée de
la propriété, ainsi que celles qui résultent des délits et des quasi-délits, dont nous parlerons dans
le chapitre suivant.

---

(1) En raisonnant d'après l'art. 1371, on pourrait dire que lorsqu'il
n'y a point de contrat de mariage, les obligations que le tit. 5 du liv. 3
impose au mari, par suite de la communauté conjugale, dérivent d'un
quasi-contrat; car elles naissent à l'occasion d'un fait purement volontaire, le mariage.

Mais on doit répondre qu'en consentant à s'unir par les liens du mariage, sans régler préalablement par un contrat les conditions de leur
union, le mari et la femme contractent réellement, quoique tacitement ou implicitement, toutes les obligations tracées par la loi, pour
condition de leur union; ils ont pris la loi pour contrat.

19. Depuis l'établissement de la propriété permanente, l'un des principaux fondemens de la société, la propriété, ne se perd plus avec la possession de la chose ; il faut le consentement du propriétaire : *Id quod nostrum est, sine facto nostro,
ad alium transferri non potest. Loi* 11 *, ff de R. J.*

Telle est la loi générale de la propriété. Tirez-
en les conséquences. Il en résulte nécessairement
que, quelle que soit la manière dont la possession
de la chose qui m'appartient est passée en d'autres
mains, sans que j'aie eu la volonté d'en transférer
ou d'en abdiquer le domaine, le lien de la propriété qui l'attache à moi n'est point rompu ; elle
continue de m'appartenir, et, par conséquent, j'ai
le droit de la réclamer en quelques mains que je
la trouve, à moins que la loi de la prescription,
aussi établie pour l'intérêt et le repos de la société,
n'ait éteint mon action. Le possesseur, quel qu'il
soit, est obligé de me la rendre. Vainement alléguerait-il sa bonne foi, et qu'il n'a commis aucune faute ; qu'il n'est contrevenu à aucune loi,
pour s'en procurer la possession. Il y contrevien-
drait, en refusant de me la rendre ; car, dès que la
chose est à moi, il est obligé de me la remettre ; il'
y est obligé, sans qu'il soit intervenu aucune convention entre nous. Son obligation, fondée sur la
loi, prend naissance à l'occasion du fait quelconque, quelque licite qu'il soit, qui a fait passer ma
propriété entre ses mains, sans que j'aie eu l'intention de l'en gratifier : ce fait, quel qu'il soit, est
donc ce que le Code appelle un quasi-contrat.

Mais, si le possesseur avait dépensé utilement

des sommes pour conserver ou améliorer la chose d'autrui, la même loi de la propriété qui l'oblige de me rendre la chose, m'oblige de l'indemniser de ses dépenses; autrement, je m'approprierais injustement une portion de sa propriété.

20. D'après ces notions, dont la vérité paraît incontestable, il nous semble qu'au lieu de l'explication insignifiante que donne du quasi-contrat l'art. 1371, il faut, pour perfectionner ou compléter la doctrine du Code, transformer cet article en une disposition impérative, qui indique en même tems quels sont les faits d'où naît une obligation, et auxquels il donne la dénomination impropre de *quasi-contrats*, et dire en conséquence :
« Tout fait licite quelconque de l'homme, qui en-
» richit une personne au détriment d'une autre (1),
» oblige celle que ce fait enrichit, sans qu'il y ait
» eu intention de la gratifier, à rendre la chose ou
» la somme dont elle se trouve enrichie. »

Cette disposition, qui explique nettement la nature de ce qu'on appelle des quasi-contrats, et qui fait clairement connaître quels sont les faits obligatoires qu'on a ainsi nommés, complète la doctrine du Code par son parallèle avec l'art. 1382, qui, parlant des faits illicites, dit : « Tout fait quel-
» conque de l'homme, qui cause à autrui un dom-
» mage, oblige celui par la faute duquel il est ar-
» rivé à le réparer. »

(1) Si l'on veut absolument conserver le mot inutile et impropre de *quasi-contrat*, il faut ajouter ici « est un quasi-contrat qui oblige, etc. »

De même à l'égard des faits licites : « Tout fait
» quelconque de l'homme qui enrichit une per-
» sonne au détriment d'une autre, sans qu'il y ait
» eu intention de la gratifier, oblige celle qui se
» trouve enrichie de rendre la chose ou la somme
» tournée à son profit. » (1)

Ces deux dispositions renferment tous les engagemens ou toutes les obligations que la loi fait naître à l'occasion d'un fait personnel de l'homme,
sans qu'il intervienne aucune convention. Il n'est
plus besoin de les indiquer en particulier, ni de
les énumérer. Vous êtes-vous enrichi, avez-vous
profité par votre fait, ou par celui d'un tiers, aux
dépens d'une autre personne, sans que celle-ci ait
eu la volonté de vous gratifier? Vous êtes engagé,
vous êtes obligé, et si vous l'êtes, il y a droit acquis à celui aux dépens de qui vous vous êtes enrichi. Plus de difficultés sur le point de l'engagement ou de l'obligation.

21. Mais il peut en naître sur l'étendue, les détails ou les accessoires de l'obligation : c'est à la
loi ou au juge de lever ces difficultés. Le Code contient quelques dispositions relativement à deux
faits obligatoires qu'on a toujours qualifiés de *quasi-
contrats;* la gestion sans mandat des affaires d'autrui, et la répétition de ce qu'on a indûment payé.
Commençons par expliquer ce qui concerne la gestion d'affaires.

---

(1) *Jure natura œquum est neminem cum alterius detrimento locuple-
tari Loi* 206, *ff de R. J.*

Le droit romain s'en est beaucoup occupé ; il y a même dans le Digeste, liv. 3, tit. 5, un titre entier *de negotiis gestis*, où l'on trouve résolues suivant l'équité un assez grand nombre de questions ; mais où l'on trouve aussi malheureusement les subtilités trop ordinaires à cette législation sur la doctrine des actions.

22. Pothier a fait par appendice au Traité du mandat, un petit traité du quasi-contrat *negotiorum gestorum*, mais dans lequel on ne trouve point l'exactitude ordinaire de ce grand jurisconsulte ; il n'y définit point le quasi-contrat *negotiorum gestorum*; de plus, il l'établit sur un principe absolument inexact, dont la fausseté répand beaucoup d'obscurité sur plusieurs points de sa doctrine. Il suppose, n°. 185, que, *suivant la subtilité du droit*, il faut, pour former ce quasi-contrat, et pour donner lieu à l'action accordée au gérant en répétition des frais de sa gestion, qu'il ait eu l'intention de gérer l'affaire de telle personne, et de répéter d'elle les frais de sa gestion.

23. Cette proposition, que Pothier n'appuie d'aucune loi, d'aucune citation, d'aucun raisonnement, nous semble aussi contraire à la raison et aux lois romaines qu'aux principes de notre Code civil. Ce n'est ni de l'intention de celui qui a géré l'affaire, ni de l'intention de celui dont l'affaire a été gérée, que viennent les obligations réciproques, dans ce qu'on appelle le quasi-contrat de la gestion d'affaire, mais de la loi, qui les fait naître à l'occasion du fait seul de la gestion, en vertu du grand principe d'équité ou de justice naturelle que per-

sonne ne doit s'enrichir au détriment d'un autre
sans sa volonté. Aussi l'édit du préteur, qui introduisit dans le droit romain l'action *negotiorum gestorum*, n'exige point, pour l'accorder, l'intention
de celui qui a géré l'affaire, mais uniquement le
fait seul de sa gestion : *Si quis negotia alterius, sive
quis negotia quæ cujusque, cùm moritur, fuerint ges-
serit, judicium eo nomine dabo. Loi 3, ff de negot,
gest., 3. 5.*

Ulpien et les autres interprètes de l'édit n'exigent également, pour donner lieu à cette action,
que le seul fait de la gestion de l'affaire, et non
point l'intention du gérant de la gérer pour telle
personne. Le jurisconsulte Africain, dans la loi
dernière, *ff de negot. gest.*, dit positivement que
l'action a lieu contre celui qui, croyant gérer sa
propre affaire, a géré la mienne, comme aussi il
a la même action contre moi, si, par exemple,
gérant une succession qu'il croyait lui appartenir,
mais à laquelle j'étais seul appelé, il a donné pour
acquitter les legs des choses qui lui étaient propres (1).

Il n'est donc pas vrai que, pour former ce qu'on
appelle le quasi-contrat *negotiorum gestorum*, et
pour donner lieu à l'action de ce nom, directe ou
contraire, il soit nécessaire, *dans la subtilité du*

---

(1) *Negotiorum gestorum actio mihi danda sit, ut dari deberet, si negotium quod tuum esse existimares, eùm esset meum, gessisses, sicut ex
contrario in me tibi daretur, si, cùm hæreditatem, quæ ad me pertinet,
tuam putares, res tuas proprias legatas solvisses, quandoquidem eâ solutione liberarer. Loi* 4i, *ff negot. gest.*, 3. 5.

droit, que le gérant ait eu l'intention de gérer l'affaire de telle personne.

La loi 6, § 3, au même titre, offre une preuve encore plus directe contre la prétendue nécessité de l'intention où doit être le gérant, selon Pothier, de gérer l'affaire de telle personne déterminée, pour donner lieu à l'action *negotiorum gestorum.* Julien enseigne, dans cette loi, que cette action a lieu contre celui qui a géré l'affaire, quand même, au lieu de vouloir la gérer pour le propriétaire, il aurait eu la volonté de la gérer pour lui-même, *deprœdandi animo*, et de s'en approprier le profit. C'est même, dit-il, une raison de plus pour qu'il soit tenu de l'action : *Nihilominùs, imò magis tenebitur negotiorum gestorum actione.* Et par conséquent, il aura l'action contraire pour répéter ses dépenses utiles, ou pour les faire entrer en compte, comme dans la loi d'Africain ci-dessus citée.

Bannissons donc sans retour cette fausse doctrine de la nécessité d'intention, pour donner lieu à l'action *negotiorum gestorum*, soit contre celui qui a géré l'affaire d'autrui, soit en sa faveur, soit qu'il l'ait gérée comme sienne par erreur, ou dans la mauvaise intention de s'en approprier le profit. La loi romaine, d'accord avec l'équité, donne une action contre lui, dans tous les cas, comme aussi elle lui en donne une pour se faire indemniser des dépenses utiles qu'il a faites, ainsi que nous le verrons plus amplement dans la suite.

24. La doctrine de Pothier, sur la nécessité de l'intention que doit avoir le gérant de l'affaire d'obtenir le remboursement de ses impenses par l'ac-

tion *negotiorum gestorum,* est non seulement fausse
et contraire au droit romain, elle est encore inutile ; car cet auteur ne prétend pas que celui qui
a géré l'affaire d'autrui, *sui lucri causâ,* soit sans
action pour répéter ses impenses ; il prétend seulement qu'on n'a pas contre lui l'action *negotiorum gestorum,* mais l'action appelée en droit *in
factum,* accordée par le préteur, en vertu de la
seule équité ; et il en vient à dire, n°. 192, que
dans notre jurisprudence française, qui n'admet
point les subtilités du droit romain, la seule équité
est suffisante pour produire une obligation civile,
et par conséquent une action, pour répéter les
impenses jusqu'à concurrence de ce que le propriétaire en a profité : le Code a consacré ces principes. Qu'importe donc le nom que le droit romain
donnait à cette action ? Nous avons crû néanmoins
devoir réfuter l'erreur de Pothier, parce que la réfutation des fausses doctrines est nécessaire pour
préparer l'établissement et l'affermissement des
nouvelles vérités.

25. Après avoir établi la nature des actions que
fait naître la gestion des affaires d'autrui, et mon-
tré la véritable source de ces actions, examinons
les dispositions du Code sur leur développement ;
mais remarquons auparavant que dans les principes du droit romain, si je n'avais pas ignoré qu'un
tiers gérait mes affaires, cette connaissance d'un
fait que je souffrais, au lieu de m'y opposer, for-
mait entre nous un véritable mandat, par le consentement tacite des deux parties : *Semper qui non
prohibet pro se intervenire mandare creditur. Loi* 60,

ff de R. J. Junge leg. 6, § 2, et leg. 53, ff mandati,
17. 1.

Pothier, n°. 180, pose donc comme un principe
fondamental en cette matière, « qu'il faut, pour
» le quasi-contrat *negotiorum gestorum*, que celui
» qui a fait l'affaire de quelqu'un, l'ait faite à son
» insu. »

Les rédacteurs du Code civil, qui s'écartent si
rarement de l'opinion de Pothier, ont ici abandonné ses principes et ceux du droit romain. Notre
Code ne reconnaît pas de mandat tacite, comme
le faisait cette législation. L'art. 1985 porte que le
mandat peut être donné par acte public ou sous
seing privé, même par lettre. Il ajoute qu'il peut
être aussi donné verbalement; mais il ne dit point
qu'il peut être formé tacitement. La disposition
finale de cet article dit seulement que « l'accepta-
» tion du mandat peut n'être que tacite. » Et cette
disposition, ainsi mise en opposition avec l'acte du
mandat ou la procuration, fait assez voir qu'elle
est limitative, et que le Code n'admet point de
mandat tacite. L'art. 1372 ne laisse aucun doute
sur ce point, puisqu'il met les engagemens qui résultent de la gestion des affaires d'autrui, au rang
de ceux qui se forment sans convention, *soit que*
le propriétaire connaisse la gestion, soit qu'il l'ignore.

26. C'est un changement à l'ancien droit; mais
ce changement est de peu d'importance dans notre
droit français, où toutes les actions sont de bonne
foi, et n'ont plus ces dénominations spéciales,
d'où naissaient, dans le droit romain, tant de subtilités si déraisonnables en apparence, mais origi-

nairement inventées par la politique des patri-
ciens, comme un moyen de plus pour tenir les
plébéiens dans la dépendance et l'assujétissement.

Cependant, ce retranchement du mandat tacite
forme une disparate avec les autres contrats, tels
que le louage, qui peuvent se former par le consentement tacite des deux parties ; et la suppression inutile du mandat tacite, lequel est tout aussi
conforme à la raison que la tacite réconduction, ne
nous paraît fondée sur aucun motif. Mais il est très-
indifférent, au reste, que l'exécution des engagemens qui résultent de la gestion des affaires d'autrui, soit poursuivie par l'action dite *negotiorum
gestorum*, ou par l'action de mandat.

27. Voyons donc quels sont ces engagemens et
quelle est leur étendue : ils sont du nombre de
ceux qui, comme dit l'art. 1371, peuvent quelquefois être réciproques pour les deux parties, c'est-à-
dire qu'il peut naître des obligations, et par conséquent une action, non seulement contre celui
qui a géré l'affaire d'autrui, en faveur du propriétaire de l'affaire, mais encore contre ce dernier,
en faveur du gérant.

La première de ces actions était appelée, en droit
romain, action directe, parce qu'elle avait pour
objet direct de demander le compte dû par le gérant.

La seconde action était appelée action contraire,
actio contraria, parce qu'elle était formée contre
l'action directe, en réponse au compte demandé.
C'est, en quelque sorte, le chapitre de la décharge
du compte. C'est ainsi que les Romains appelaient

action directe de tutelle, celle par laquelle le pupille demandait un compte à son tuteur; action
directe de mandat, celle par laquelle le mandant
demandait compte à son mandataire, et actions
contraires de tutelle ou de mandat, celles par lesquelles le tuteur ou le mandataire opposaient à
l'action de compte, ce qu'ils avaient à réclamer
contre le pupille ou le mandant. Examinons d'a-
bord les actions directes qui naissent de la gestion
des affaires d'autrui.

Ces actions ont une grande analogie avec les
actions de mandat. L'art. 1372, où se trouve le
germe de toutes les obligations du gérant, dit même
que « celui qui gère *volontairement* l'affaire d'au-
» trui, se soumet à toutes les obligations qui ré-
» sulteraient d'un mandat exprès, que lui aurait
» donné le propriétaire. »

28. On peut demander d'abord ce que signifie ici
cet adverbe *volontairement;* car celui qui gère l'affaire d'autrui en vertu d'un mandat, la gère aussi
volontairement. Il n'était pas obligé d'accepter le
mandat. S'il y a consenti, c'est un acte de sa volonté seule : on ne peut donc se dissimuler que ce
mot volontairement semble inutile, et présente
quelque chose de louche; mais ce louche disparaît,
si l'on fait attention que le mot *volontairement* n'a été
inséré dans cet article, que pour marquer la différence qui existe entre les obligations résultant de
l'autorité *seule* de la loi, et celles que la loi fait naître à l'occasion d'un fait volontaire de l'homme,
auxquelles on a donné le nom impropre de *quasi-
contrats.* On n'en peut douter, quand on compare

les différentes rédactions de l'article qui se sont succédé. Le projet de Code, rédigé par la Commission, portait, art. 3 du titre *des engagemens qui se forment sans convention :* « On ne doit point mettre » au nombre des *quasi-contrats* les engagemens qui » se forment *involontairement,* tels que ceux des tu- » teurs ou des autres administrateurs, qui ne peu- » vent refuser la fonction qui leur est confiée....... » Dans tous ces cas, l'obligation ne résulte que de » l'autorité de la loi. »

L'art. 5 du même projet portait : « Celui qui se » charge *volontairement* de gérer l'affaire d'un au- » tre, soit qu'il l'ait fait au su ou à l'insu du pro- » priétaire, contracte l'engagement, etc........ »

Il est évident que cette rédaction, mise en opposition avec l'art. 3, n'avait d'autre objet que de marquer la différence très-réelle établie entre les obligations résultant de l'autorité seule de la loi, et celles que la loi fait naître à l'occasion d'un fait volontaire de l'homme.

Ceci devient encore plus sensible, en consultant la rédaction présentée au Conseil d'état par notre illustre compatriote, M. Bigot de Préameneu, et adoptée dans la séance du 16 frimaire an XII. L'article 3 portait : « Ne sont point au nombre des » *quasi-contrats* les engagemens formés *involontai-* » *rement,* tels que ceux entre propriétaires voisins » ou ceux des tuteurs..... Dans tous ces cas, l'obli- » gation ne résulte que de l'autorité de la loi. »

L'art. 4 ajoutait, par opposition : « Lorsque *vo-* » *lontairement* on gère l'affaire d'autrui, etc. »

Il est clair que ce mot volontairement n'a d'autre

objet que d'indiquer la différence des engagemens involontaires des tuteurs, etc., et des engagemens de ceux qui prennent volontairement la gestion des affaires d'autrui, sans pouvoir y être contraints comme les tuteurs, etc.

Mais cette rédaction très-claire, communiquée à la section de législation du Tribunat, fut changée ainsi que l'ordre des articles, définitivement décrétés tels qu'on les trouve dans le Code. Les dispositions préliminaires et générales du tit. 4 établissent, dans l'art. 1370, la différence des engagemens qui résultent de l'autorité seule de la loi, et de ceux qui en résultent à l'occasion d'un fait personnel de l'homme. Cet article ajoute que les premiers sont formés involontairement, tels que ceux des tuteurs, etc.

Puis, dans le titre des *quasi-contrats,* l'art. 1371 dit que «les quasi-contrats sont les faits purement » volontaires de l'homme, dont il résulte un enga- » gement quelconque envers un tiers, etc. »

Et l'art. 1372 en donne un exemple dans la gestion des affaires d'autrui, en ajoutant : « Lorsque » *volontairement* on gère l'affaire d'autrui, etc.»

Ce mot *volontairement* n'est donc encore mis ici que pour indiquer la différence entre les engagemens des tuteurs, qui sont involontaires, parce qu'ils résultent de la loi seule, et les engagemens du *negotiorum gestor,* qui sont volontaires, en ce sens qu'il ne pouvait être contraint de gérer l'affaire.

Cette remarque n'est pas sans importance; car, en isolant la disposition de l'art. 1372, on pour-

rait en conclure qu'elle n'est pas applicable à celui
qui a géré l'affaire d'autrui par erreur et croyant
gérer la sienne; car, très-certainement, il n'a point
géré l'affaire d'autrui volontairement : la rédaction
de l'article serait donc plus nette si l'on disait celui qui a géré sans mandat l'affaire d'autrui, etc.
C'est, en effet, cette circonstance d'une gestion
sans mandat, qui caractérise ce qu'on appelle, en
droit romain, le quasi-contrat *negotiorum gestorum.*

Au reste, nous l'avons déjà dit, soit que le gérant ait géré par pur esprit de bienveillance, avec
l'intention de gérer l'affaire de celui qu'elle con-
cernait et de répéter les frais de sa gestion, soit
qu'il l'ait gérée par erreur, croyant gérer l'affaire
de Titius, quoique ce fût celle de Caïus, ou même
croyant gérer la sienne propre, soit enfin qu'il l'ait
gérée de mauvaise foi, *depnædandi animo,* dans le
dessein de s'en approprier les profits, il n'en est
pas moins soumis, dans tous ces cas, *à toutes les
obligations qui résulteraient d'un mandat exprès que
lui aurait donné le propriétaire.* L'art. 1372 ne distingue point.

29. Mais ces obligations peuvent varier suivant
la nature de l'affaire ou des affaires gérées, comme
les obligations du mandataire varient suivant l'é-
tendue du mandat et suivant l'affaire confiée à ses
soins. Il y a des mandats généraux ou des procurations générales, qui s'étendent à toutes les affaires
du mandant, et des procurations particulières,
qui ne s'étendent qu'à certaines affaires. Ces affaires
sont même presque toujours de nature très-diffé-

rente, et la différence de leur nature met nécessairement de la différence dans les obligations du
mandataire. Ainsi, par exemple, les obligations
du mandataire chargé de la liquidation d'une succession, sont plus étendues que celles d'un mandataire chargé de régir une terre ou une simple mé-
tairie. Les obligations du mandataire chargé d'une
affaire commerciale, soit de commerce de terre,
soit de commerce maritime, sont encore différentes
en bien des points, etc. etc.

Il en est de même de celui qui gère les affaires
d'autrui sans mandat. Le gérant peut s'être chargé
de gérer plusieurs affaires d'un absent ou une
seule : *Sive unum, sive plura.*

3o. Mais, indépendamment de la variété que l'é-
tendue et la nature des affaires peuvent mettre dans
les obligations du mandataire ou du gérant sans
mandat, il y a des obligations générales imposées
à l'un ainsi qu'à l'autre. Ce sont celles-là principalement que nous devons expliquer d'après le Code.
Et d'abord «le mandataire, dit l'art. 1992, est tenu
» d'accomplir le mandat, tant qu'il en demeure
» chargé, et répond des dommages et intérêts qui
» pourraient résulter de son inexécution.

» Il est tenu de même d'achever la chose com-
» mencée au décès du mandant, s'il y a péril dans
» la demeure. »

Ces obligations sont communes au gérant sans
mandat. Lorsqu'il s'est une fois volontairement
chargé de l'affaire d'un absent, il est obligé d'achever cette affaire, dont il a commencé la gestion.
« Il contracte, dit l'art. 1372, l'engagement tacite

» de continuer la gestion qu'il a commencée et de
» l'achever, jusqu'à ce que le propriétaire soit en
» état d'y pourvoir lui-même. »

31. Mais, à la différence d'un mandataire général, qui est tenu d'accomplir son mandat dans
toute son étendue, et de gérer toutes les affaires
qui s'y trouvent comprises, sous peine des dommages-intérêts du mandant, le gérant sans mandat n'est tenu d'accomplir que l'affaire dont il a
bien voulu se charger, sans être obligé d'étendre
sa gestion à une autre affaire, quand même les intérêts de celui dont il gère la première souffriraient
de ce que cette autre affaire n'aurait pas été faite.
Ses devoirs sont en cela différens de ceux d'un mandataire général, d'un tuteur ou d'un curateur : *Tutoris vel curatoris similis non habetur, qui citrà mandatum negotium alienum spontè gerit; quippè superioribus necessitas muneris administrationis finem,
huic autem propria voluntas facit, ac satis abundèque sufficit, si cui, vel in paucis, amici labore consulatur. Loi 20, Cod. de negot. gest., 2. 19.*

32. Cependant, quoique celui qui a commencé
de gérer l'affaire d'une personne ne soit pas obligé
de gérer ses autres affaires, il est tenu à tout ce
qui est une dépendance de celle qu'il a commencée, et à tout ce qui est nécessaire pour la terminer. Il doit, dit l'art. 1372, « se charger également
» de toutes les dépendances de cette même affaire. »
Par exemple, s'il avait commencé de gérer une
succession échue à une personne absente du lieu
de l'ouverture, il devrait payer le droit de mutation dans le délai prescrit par la loi, pour prévenir

le double droit ; car il est obligé de conserver les droits relatifs à l'affaire dont il s'est chargé, dit le jurisconsulte Paul. *Si vero Titio, negotia ejus administrare cœpi, intermittere eo mortuo non debeo, nova tamen inchoare necesse mihi non est, vetera explicare ac conservare necessarium est. Loi* 21, § 2, *ff de negot. gest.*

On peut conclure de là qu'il est tenu d'empêcher la prescription des droits dont il a pu avoir connaissance, lorsque le défaut de procuration ne l'empêche pas de le faire ; par exemple, si, administrant un héritage de l'absent, il laissait prescrire, par le non usage, un droit de passage.

33. « Il est aussi obligé de continuer sa gestion, » encore que le maître vienne à mourir avant que » l'affaire soit consommée, jusqu'à ce que l'héritier » ait pu en prendre la direction. » (1373).

C'est-à-dire jusqu'à ce qu'il en ait eu connaissance. Ainsi, le gérant sans mandat, qui ne veut plus continuer sa gestion après la mort de celui en considération duquel il s'en était chargé, doit le déclarer à l'héritier, afin qu'il vienne prendre lui-même la direction d'une affaire qui désormais le regarde.

34. Nous avons dit que le gérant sans mandat n'était point, comme un mandataire général ou un tuteur, tenu d'étendre sa gestion à d'autres affaires que celles dont il a bien voulu se charger. Ce principe très-vrai peut néanmoins avoir des exceptions. Julien en donne un exemple dans le cas où le gérant, s'étant annoncé pour faire, en général, toutes les affaires d'une personne, a détourné par

là d'autres bienveillans de s'immiscer dans les affaires qu'il n'a point faites, et qui l'auraient été, s'ils ne s'en étaient pas reposés sur lui. *Videamus,* dit la loi 6, § 12, *ff de negot. gest.*, 3. 5, *in personâ ejus qui negotia administrat, si quædâm gessit, quædam non, contemplatione tamen ejus alius non accessit, si vir diligens, quod ab eo exigimus, etiam ea gesturus fuit, an dici debeat negotiorum gestorum eum non teneri, et propter ea quæ non gessit. Quod puto veriùs.*

Cette responsabilité ne peut avoir lieu, sans doute, que dans des cas rares; mais enfin il peut s'en rencontrer, et c'en est assez pour qu'il soit nécessaire d'énoncer le principe qui, d'ailleurs, nous conduit à l'examen du second devoir qu'impose la loi au gérant volontaire sans mandat.

55. La loi citée exige de lui les soins d'un diligent père de famille : *Vir diligens, quod ab eo exigimus.*

L'art. 1374 du Code civil dit aussi « qu'il est tenu » d'apporter à la gestion de l'affaire tous les soins » d'un bon père de famille. »

On doit lui appliquer la règle de justice éternelle, établie par l'art. 1383 : « Chacun est respon- » sable du dommage qu'il a causé, non seulement » par son fait, mais encore par sa négligence ou » par son imprudence. »

Le droit romain contient des dispositions très-sévère sur la responsabilité des gérans volontaires sans mandat. Il pose même en principe que c'est une faute de s'immiscer dans les affaires d'autrui : *Culpa est se immiscere rei ad se non pertinenti. Loi 36, ff de R. J.*

Si ce n'est pas une faute quand on le fait par
bienveillance ou par amitié, il n'en est pas moins
vrai que c'est plus qu'une imprudence de se charger volontairement d'une affaire, quand on ne se
sent pas la capacité et l'activité nécessaires pour
n'y commettre aucune faute : c'était donc chez les
Romains un principe élémentaire, que le gérant
volontaire, *negotiorum gestor,* était tenu de la faute
la plus légère : *Ad exactissimam diligentiam com-
pellitur reddere rationem; nec sufficit talem diligentiam adhibere, qualem suis rebus adhibere solet, si
modò alius diligentior ea commodiùs administraturus
esset negotia. Institut. de oblig. quæ quasi ex con-
tract., etc.*

36. Il n'y avait que les cas fortuits dont il ne répondait pas : *Negotium gerentes alienum casum for-
tuitum præstare non compelluntur. Loi* 22, *Cod. de
negot. gest.,* 2. 19.

Il peut même arriver que le gérant volontaire
soit tenu des pertes qu'il a souffertes par cas fortuit, dans la gestion de l'affaire qu'il a faite pour
autrui. La loi 11, *ff H. T.,* nous en donne un exemple, dans le cas où il a entrepris, dans le nom de
l'absent, une branche de commerce à laquelle celui-ci n'avait pas coutume de se livrer; par exemple le commerce de mer. S'il arrive une perte par
cas fortuit, l'absent peut, au lieu d'approuver l'entreprise, la laisser pour le compte du gérant; mais
il doit la laisser entière. Si certaines parties de l'entreprise nouvelle ont donné du gain, d'autres de
la perte, il doit compenser l'une avec l'autre, et si,
après la compensation, il reste du gain, il peut se

l'approprier. S'il n'y en a point, il peut abandonner le tout au gérant, qui ne peut compenser le gain fait sur les affaires ordinaires de l'absent, avec la perte essuyée sur la nouvelle entreprise (1). C'est dans ces cas d'une nouvelle entreprise pour un absent, qu'on applique, dans toute sa rigueur, la règle de droit : *Culpa est se immiscere rei ad se non pertinenti.*

37. Au contraire, il y a des cas où le gérant sans mandat n'est obligé d'apporter dans sa gestion que de la bonne foi, et n'est pas tenu des fautes qu'il n'aurait commises que par simple imprudence ou même impéritie; par exemple en cas d'urgence, si les affaires de l'absent se trouvant abandonnées, et personne ne se présentant pour en prendre soin, une personne bienveillante, mais peu intelligente dans les affaires, en avait pris la gestion, pour ne pas les laisser péricliter et prévenir ses pertes : *Interdùm,* dit Ulpien, *in negotiorum gestorum actione Labeo scribit, dolum solum modò versari; nam si affectione coactus, ne bona mea distrahantur, negotiis te meis obtuleris, æquissimum esse dolum duntaxat te præstare. Loi* 3, § 9, *H. T.*

Remarquez que, pour ne rendre le gérant sans mandat responsable que de son dol, la loi exige

---

(1) *Si negotia absentis et ignorantis geras, et culpam et dolum præstare debes. Sed Proculus, interdùm etiam casum præstare debere; veluti si novum negotium quod non sit solutus absens facere, tu nomine ejus geras, veluti venales novitios coemendo, vel aliquam negotiationum ineundo; nam si quid damnum ex eâ re secutum fuerit, te sequetur, lucrum verò absentem quid si in quibusdam lucrum factum fuerit, in quibusdam damnum; absens pensare lucrum cum damno debet. Loi* 11, *ff H. T.,* 3. 5.

qu'il y ait eu nécessité de s'immiscer dans les affaires de l'absent : *Coactus, ne bona distrahantur.* Il ne faut pas sur-tout conclure de là que le gérant ne répond pas des fautes qui procèdent de sa négligence, lorsqu'il n'a pas eu la même négligence pour ses propres affaires. Les fautes de cette espèce sont, en ce cas, comprises sous le terme général de dol. Il est en effet contraire à la bonne foi, et c'est par conséquent une espèce de dol, de n'avoir pas des affaires d'autrui le même soin que l'on a des siennes.

38. Les principes du droit romain sur la responsabilité du gérant sans mandat, sont conformes à ceux du Code civil, qui porte, art. 1374, « qu'il est tenu d'apporter à la gestion de l'affaire tous les soins d'un bon père de famille. »

L'article suivant ajoute : « Néanmoins, les cir- » constances qui l'ont conduit à se charger de l'af- » faire, peuvent autoriser le juge à modérer les » dommages et intérêts qui résulteraient des fautes » ou de *la négligence* du gérant. »

Il résulte très-clairement de ces dernières expressions, que le principe général est que le gérant sans mandat répond de toutes ses fautes, si les circonstances ne sont pas assez fortes pour lui faire pardonner sa négligence ou son impéritie.

En cela, sa condition est la même que celle du mandataire, qui répond « non seulement du dol, » mais encore des fautes qu'il commet dans sa ges- » tion » (1992), sans distinction.

. Il existe même une raison de plus, et une raison

très-forte contre le gérant sans mandat : c'est que le mandant a connu ou pu connaître le peu de capacité, le peu d'activité de son mandataire, et que s'il n'en a pas choisi un plus habile et plus actif, ce n'est qu'à lui-même qu'il peut l'imputer ; au lieu que l'absent n'a connu ni pu connaître le caractère ni la capacité de la personne qui s'est ingérée dans ses affaires, sans qu'il ait pu l'en empêcher. Le gérant sans mandat est seul en faute : *Culpa est se immiscere rei alienæ.*

39. Cette différence entre le mandataire et le gérant sans mandat, peut faire naître une question importante, dont l'examen servira à développer le grand principe de l'incapacité des femmes mariées, lorsqu'elles ne sont point autorisées.

On peut choisir pour mandataires des femmes mariées et des mineurs ; mais alors le mandant n'a d'action contre ces mandataires, que d'après les règles générales relatives aux obligations conventionnelles des mineurs, et contre la femme mariée *qui a accepté le mandat* sans autorisation de son mari, que d'après les règles établies au titre *du contrat de mariage et des droits respectifs des époux* (1990).

En sorte que si la femme, si le mineur choisis pour mandataires, gèrent mal l'affaire dont ils se sont chargés, ou s'ils en dissipent le produit sans l'employer utilement, le mandant n'a d'action contre eux que jusqu'à la concurrence de ce qui a tourné à leur profit : *In quantum locupletiores facti sunt.* Si le mandant éprouve de la perte, il ne doit l'imputer qu'à lui-même : c'est sa faute d'avoir choisi un mandataire qu'il devait savoir incapable de s'obliger.

Mais en est-il de même du cas où des femmes mariées, non autorisées de leurs maris, s'ingèrent sans mandat dans les affaires d'un absent? Faut-il leur appliquer les dispositions de l'art. 1990?

Il est évident qu'il n'y a nulle identité de raison. La gestion de la femme n'a pu être empêchée par le maître absent, qui a ignoré cette gestion; il n'y a rien à lui imputer; au lieu que s'il la choisit pour mandataire, il sait ou doit savoir qu'elle est incapable de s'obliger sans autorisation. Il en est de même de tous les autres contrats qu'il consentirait à passer avec elle. Il n'a donc point à se plaindre de leur nullité, quand elle lui est opposée; il a bien voulu en courir les risques : la loi l'avait averti d'avance.

Mais cette loi, toujours juste, n'a prononcé l'incapacité de la femme non autorisée, qu'à l'égard des contrats imprudemment passés avec elle. Celui qui a consenti à les passer sans consulter le mari, commet une faute contre l'ordre social; il blesse l'autorité maritale : la loi l'en punit en déclarant le contrat nul.

Au contraire, la loi n'a point étendu cette nullité aux obligations ou engagemens qui, suivant l'art. 1370, se forment *sans qu'il intervienne aucune convention,* et qui naissent à l'occasion d'un fait personnel de la femme, que n'a pu empêcher celui envers qui elle est obligée. Il est évident que le législateur ne pouvait, sans une injustice révoltante, exiger l'autorisation du mari, pour la validité des engagemens de cette espèce. Loin de l'exiger, l'article 216 du Code dit positivement que « l'auto-» risation du mari n'est pas nécessaire, lorsque la » femme est poursuivie en matière criminelle et de » police. »

Pourquoi cela? Parce que les engagemens imposés à la femme par la loi, à l'occasion d'un fait qui cause du dommage à autrui, sont nécessairement et par leur nature valables sans l'autorisation du mari; qu'il y aurait même de l'absurdité à exiger cette autorisation pour leur validité : ce serait donner aux femmes mariées le privilége de causer du dommage à autrui, sans qu'on pût en obtenir la réparation. Elles en seraient quittes pour dire qu'elles n'étaient pas autorisées de leurs maris, et que rien n'a tourné à leur profit, ni à celui de leurs communautés.

Aussi remarquez que l'art. 1990, qui ne donne d'action contre les femmes mariées, lorsqu'elles ont géré les affaires d'autrui, que jusqu'à concurrence de ce qui a tourné à leur profit, exige que le mandat ait été *accepté* par elles sans autorisation. Cette disposition ne s'applique donc point au cas où elles ont géré sans mandat.

Pothier, Traité de la puissance maritale, n°. 50, après avoir rappelé que, suivant nos anciennes Coutumes, la femme est incapable de toutes les obligations *conventionnelles*, qui naissent des contrats passés sans l'autorité de son mari, ajoute, avec raison : « Mais, à l'égard des obligations que

» nous contractons, sans aucun fait de notre part,
» la femme est capable de ces obligations, *comme*
» *toute autre personne*, sans le consentement de son
» mari.

» Telles sont, 1°. les obligations que nous con-
» tractons, *ex quasi contractu*, par le fait d'un au-
» tre, sans aucun fait de notre part; par exemple,
» si, pendant l'absence du mari et de la femme,
» une personne a fait des réparations urgentes à
» une maison propre de la femme, la femme est
» obligée envers cette personne *ex quasi contractu ne-*
» *gotiorum gestorum*, sans qu'il soit nécessaire qu'il
» intervienne aucun consentement de son mari.

» Telles sont, 2°. les obligations que la loi ou l'é-
» quité seule produit. La femme mariée est, comme
» toute autre personne, capable de ces obligations,
» sans que le consentement de son mari soit né-
» cessaire. »

Cependant, ce même auteur, *loco citato*, dit
que la femme n'est pas capable des obligations qui
naissent de quelque contrat que ce soit, *ou d'une*
gestion d'affaires. Ainsi, suivant lui, par une contrariété inexplicable, la femme serait obligée envers celui qui a géré ses affaires, et elle ne le serait
pas envers celui dont elle s'est ingérée de faire les
affaires sans mandat, quoiqu'en le faisant, elle
commette aux yeux de la loi une faute que n'a pu
empêcher celui qui en souffre, laquelle faute devient irréparable, si la femme est dégagée de tout
compte, en alléguant qu'elle n'a profité de rien.
Et pourquoi serait-elle obligée sans autorisation
dans le premier cas, et non dans le second? Parce

que, dit Pothier, il n'y a aucun fait de sa part, et qu'il y en a un dans le second, la faute de s'être immiscée d'elle-même dans les affaires d'autrui, pour en dissiper le produit.

Mais c'est une raison de plus pour qu'elle soit obligée de réparer cette faute. Jamais la loi n'a dit ni pu dire que les obligations de la femme, qui naissent d'un fait de sa part, sont nulles faute d'autorisation : ce serait une absurde injustice. La femme est, comme toute personne, soumise à la règle générale que chacun est responsable du dommage qu'il a causé par son fait. (1382). Une exception à cette règle d'éternelle sagesse, en faveur des femmes mariées, leur donnerait le singulier privilége de s'emparer du bien d'autrui, et de nuire sans aucune responsabilité. Il leur suffirait de dire qu'elles ont tout dissipé, et qu'elles n'étaient pas autorisées. La raison repousse une pareille doctrine.

Ce qui a induit Pothier en erreur, c'est, sans doute, l'impropre dénomination de *quasi-contrat*, qu'il assimile trop souvent à un véritable contrat, tant l'abus des mots peut égarer les meilleurs esprits! Mais il est certain que les engagemens qui naissent à l'occasion de la gestion des affaires d'autrui sans mandat, viennent de la loi; elles en viennent sans qu'il intervienne aucune convention, et Pothier reconnaît que la femme mariée est capable des obligations qui viennent de la loi. Nous persistons donc à croire que la femme mariée qui fait la faute de s'ingérer dans les affaires d'autrui et d'en dissiper le produit, est obligée d'en tenir compte

sur ses propres (1), quoiqu'elle n'ait pas été autorisée de son mari (2).

40. Mais en est-il de même des mineurs qui se
sont immiscés sans autorité dans les affaires d'autrui, et qui en ont dissipé le produit? L'affirmative ne paraît pas douteuse. L'âge des mineurs doit
être protégé contre les surprises qu'on peut leur
faire, contre leur trop grande facilité, et contre
les erreurs où peut les entraîner leur inexpérience
dans les affaires. Mais loin de protéger leurs fautes
et les actes qui causent à autrui un préjudice
qu'on n'a pu empêcher, la loi doit, au contraire,
les réprimer et même les punir. Tout ce que son
indulgence peut faire en leur faveur, est d'alléger
la peine prononcée contre leurs délits. Mais, quant
à la réparation du dommage qu'ils ont causé par
leur fait ou par leur imprudence, elle est due en
entier dans tous les cas. La loi en rend même leurs
pères ou mères responsables en certains cas (1384);
ce qui suppose nécessairement que les mineurs
sont eux-mêmes obligés à cette réparation. Aussi,

---

(1) Si le mari avait tacitement approuvé sa gestion, si les fonds
étaient entrés dans la communauté, il serait obligé, de même que s'il
avait autorisé sa femme.

(2) Domat, liv. 2, tit. 4, sect. 1, n°. 10, pag. 169, dit :

« Si une femme s'était ingérée à la conduite des affaires d'une autre
» personne, à son insu, elle en serait tenue; car encore que les femmes
» ne puissent être nommées tutrices ni curatrices, elles entrent dans
» les engagemens qui peuvent naître d'une administration où elles s'in-
» gèrent. »

A l'appui de cette proposition, Domat cite la loi 3, § 1, *ff de negot.
gest.*, 3. 5, qui porte : *Hæc verba si quis, sic sunt accipienda, si e quæ-
nam et mulieres negotiorum gestorum agere posse et conveniri non dubi-
atur.*

on a toujours enseigné qu'ils sont tenus de rapporter à la succession les sommes que leurs pères ou mères ont été obligés de payer pour eux, pour réparation civile, amendes et dépens de la procédure (1). Cette doctrine est suivie implicitement dans l'art. 851 du Code, qui dit que le rapport est dû de ce qui a été payé pour l'établissement de l'un des cohéritiers, *ou pour le paiement de ses dettes.*

41. L'obligation principale du gérant sans mandat est, comme celle du mandataire, de rendre compte de sa gestion. C'est l'action par laquelle le maître de l'affaire demande le compte que les Romains appellent action directe. Le compte doit comprendre tout ce qui lui est provenu à l'occasion de la gestion de mes affaires, tout ce qu'il a reçu pour moi, quand même ce serait une chose qui ne m'était pas due. Il suffit qu'il l'ait reçue en mon nom, pour qu'il soit tenu de me la rendre; il ne serait pas recevable à alléguer que cette chose ne m'était pas due, et qu'elle ne m'appartenait pas, pour se dispenser de me la rendre : *Si quis negotia aliena gerens indebitum exegerit, restituere cogitur. Loi* 23, *ff de negot. gest.,* 5. 5. C'est à moi que doit s'adresser celui qui l'a indûment payée, puisque j'ai approuvé le paiement qu'il en a fait à mon gérant.

Si, avant de rendre son compte, il remettait volontairement la chose à celui qui l'avait payée, il

---

(1) *Voy.* Duparc-Poullain, Principes du droit, tom. IV, pag. 401 n°. 509.

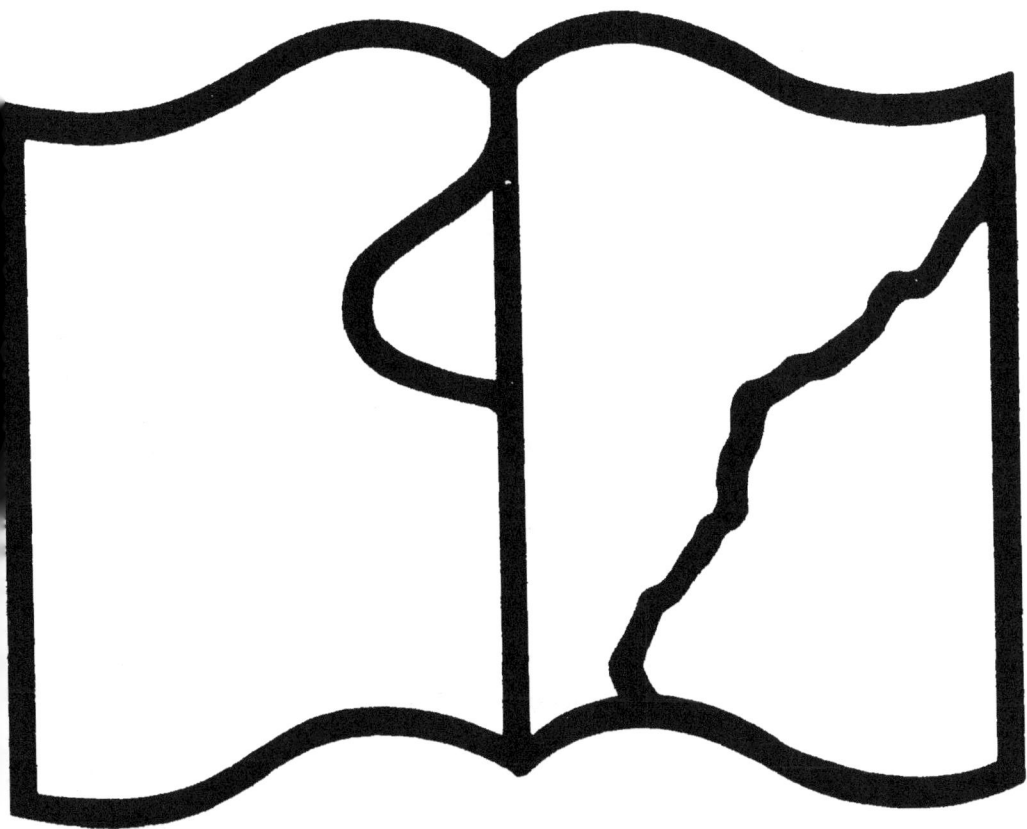

Texte détérioré — reliure défectueuse

NF Z 43-120-11

serait même obligé de prouver que cette chose ne m'était pas due, et qu'il ne pouvait se dispenser de la remettre; car le paiement volontaire fait présumer qu'elle était due, tant que le contraire n'est pas justifié. Loi 25, *ff de probat.*, 22. 3.

Le compte doit également comprendre non seulement les choses qu'a reçues le gérant, mais encore celles qu'il devait recevoir, et qu'il n'a pas reçues par sa faute, lorsque celui qui les devait n'est plus en état de les payer.

42. Il est sur-tout responsable de n'avoir pas exigé de lui-même ce qu'il devait à la personne dont il gérait les affaires, lorsqu'au tems de la gestion la dette était exigible : *Certè si quid à se exigere debuit, procul dubio hoc ei imputabitur.* Loi 6, § 12, *H. T.*

Si donc le tems de la prescription de l'obligation dont il est débiteur venait à s'accomplir pendant le tems de la gestion, il ne serait pas recevable à l'invoquer, parce qu'il était obligé d'exiger la dette de lui-même, avant la prescription échue : *Si ex causâ fuit obligatus quæ certo tempore finiebatur, et tempore liberatus est, nihilominùs negotiorum gestorum actione erit obligatus.* Loi 8, *H. T.*

Si celui qui gère mes affaires me devait une rente ou des intérêts annuels, il ne pourra m'opposer, contre les arrérages qu'il doit, la prescription de cinq ans, accomplie pendant sa gestion. Ainsi, la prescription est interrompue pendant tout le tems de sa gestion, et elle ne peut reprendre son cours que pour les arrérages échus depuis qu'elle est finie., ceux qui sont échus antérieurement étant compris dans le compte qu'il doit, à l'exception de ceux dont la prescription était accomplie avant le commencement de sa gestion.

43. Le droit romain suivait avec tant de rigueur le principe que le gérant sans mandat, *negotiorum gestor,* est tenu d'exiger de lui-même ce qu'il doit à la personne dont il gère les affaires, qu'il l'appliquait au cas d'une dette qui ne devait point passer à ses héritiers, mais qui était devenue exigible avant sa mort : *Idem erit dicendum et in eâ causâ ex quâ hæres non tenetur. D. L. 8, ff H. T.*

Par exemple, je me suis rendu caution d'une somme que Titius devait à Caïus, mais sous la stipulation expresse que mon cautionnement serait éteint par ma mort, et ne passerait point à mes héritiers. J'ai depuis géré les affaires de Caïus, et, pendant ma gestion, Titius est devenu insolvable. Je meurs, et Caïus demande à mes héritiers la somme que lui devait Titius. Ils répondent que mon cautionnement est éteint par ma mort. Caïus réplique que je gérais ses affaires avant ma mort, et que Titius étant devenu insolvable pendant ma gestion, j'étais tenu par l'obligation *negotiorum gestorum,* à laquelle ils ont succédé, d'exiger de moi-même cette obligation, qui, par conséquent, n'est point éteinte par ma mort. En effet, si, avant ma mort, Caïus avait agi contre moi, en vertu de mon cautionnement, j'aurais été obligé de payer. En qualité de gérant de Caïus, j'ai dû remplir cette obligation, *à me ipso exigere debui :* ma mort n'a donc point éteint mon obligation, qui passe à mes héritiers.

Cette conséquence d'un principe reçu est exacte et adoptée par Pothier, n°. 204.

44. Suivant le droit romain, le gérant débiteur de la personne dont il gère les affaires, est tenu de plein droit aux intérêts de la somme qu'il doit du jour de l'exigibilité de la dette, à moins qu'il n'en ait fait un emploi utile : *A semetipso car non exegerit ei imputabitur, et si fortè non fuerit usurarium debitum, incipit esse usurarium. Loi 6, § 12, et loi 58, ff H. T.*

Notre droit français est plus indulgent; il n'assujettit le gérant sans mandat qu'aux obligations du mandataire. Or, l'art. 1996 porte que « le manda- » taire doit l'intérêt des sommes qu'il a employées » à son usage, à dater de cet emploi, et de celles » dont il est reliquataire, à compter du jour qu'il » est mis en demeure. »

45. Telles sont donc aussi les obligations du gérant sans mandat. Mais à qui est-ce de prouver l'emploi de la somme reçue à l'usage du gérant?

En droit romain, c'était au gérant de prouver un emploi utile pour celui dont l'affaire était gérée. S'il voulait se dispenser de payer l'intérêt des sommes reçues, il devait représenter ses livres de comptes : *Si non intulit rationibus creditoris, cujus negotia gerebat. Loi 38, ff H. T.* Tous les citoyens étaient dans l'usage d'avoir des livres pour écrire leurs recettes et leurs dépenses, *tabulas accepti et expensi.* Cet usage n'existe point en France, et aucune loi n'assujettit ceux qui font les affaires d'autrui à tenir des livres, pas même les tuteurs. Aussi, que d'obscurités, d'omissions et d'infidélités dans les comptes! C'est donc à celui dont l'affaire a été gérée de prouver que le gérant a employé les sommes reçues à son usage.

46. Il en serait autrement encore, si la somme due par le gérant à celui dont il a fait les affaires produisait des intérêts. Elle continuerait d'en produire, s'il ne prouvait pas qu'il l'a colloquée utilement, parce que, dans le principe, la somme était employée à son usage, et qu'il n'est pas prouvé qu'elle a cessé de l'être.

47. L'action directe *negotiorum gestorum* peut être dirigée non seulement contre celui qui a géré mes affaires par lui-même, mais encore contre celui qui les a fait gérer par un tiers qu'il en a chargé; car la gestion de ce tiers lui devient propre et personnelle, comme s'il l'eût faite lui-même, suivant la règle *qui mandat fecisse videtur*. Il doit donc en rendre compte et répondre des fautes du gérant qu'il a choisi : *Mandato tuo negotia mea Titius gessit; quod is non rectè gessit, tu mihi actione negotiorum gestorum teneri; non in hoc tantùm ut actiones tuas præstes, sed etiam quod imprudenter eum elegeris, ut quidquid detrimenti negligentia ejus fecit, tu mihi præstes. Loi* 21 *,* § *fin., ff H. T.*

C'est même contre vous proprement que je dois diriger mon action; car c'est vous qui aviez l'intention de faire mes affaires. Le tiers que vous en avez chargé n'a eu d'autre intention que d'exécuter votre mandat.

Cependant, quoique ce soit principalement contre vous que j'aie l'action *negotiorum gestorum,* je puis aussi la diriger contre le tiers que vous avez

chargé de mes affaires ; car, pour être soumis à
cette action, il n'est pas nécessaire d'avoir l'intention de gérer l'affaire de telle personne plutôt que
de telle autre ; il suffit que l'affaire gérée soit réellement celle de celui qui demande le compte.

Ce que nous venons de dire est conforme aux
règles établies pour le mandat. Le mandataire peut
se substituer une autre personne dans la gestion
qui lui est confiée ; mais il répond de la gestion du
substitut qu'il s'est choisi. Cependant, dans tous
les cas, le mandant peut agir directement contre la personne que le mandataire s'est substituée.
(1994).

48. Dans le droit romain, lorsque plusieurs
mandataires s'étaient chargés d'une affaire par le
même mandat, le mandant pouvait agir solidairement contre chacun d'eux, loi 60, *ff mandati*,
§ 2, 17. 1, parce qu'en acceptant le mandat dans
lequel la gestion n'était point partagée entre eux,
chacun était censé se charger du total de la gestion.

Au contraire, si deux personnes ont géré sans
mandat, chacune d'elles n'est tenue de l'action *ne-*
gotiorum gestorum que pour ce qu'elle a géré. Elle
ne répond point solidairement de la gestion de
l'autre, où elle n'a point pris part : ainsi le décide
le jurisconsulte Modestin, loi 26, *ff de negot. gest.*
Cette décision est parfaitement conforme à la raison, et doit d'autant plus être suivie, quoique le
Code ne l'ait pas répétée, qu'il a eu la sagesse d'a-
broger l'injuste solidarité prononcée par le droit
romain entre les mandataires. « Quand il y a plu-

» sieurs fondés de pouvoir ou mandataires, dit
» l'art. 1995, établis par le même acte, il n'y a de
» solidarité entre eux qu'autant qu'elle est expri-
» mée. »

49. La loi impose à celui dont les affaires ont
été gérées utilement, quoique sans son ordre, différentes obligations envers le gérant, dont celui-ci
peut réclamer l'accomplissement par l'action que
les Romains appelaient *actio contraria negotiorum
gestorum*, comme ils appelaient *actio mandati contraria, actio contraria tutelæ*, l'action par laquelle
le mandataire ou le tuteur, mandataire légal du
mineur, réclamaient ce qu'ils avaient déboursé à
l'occasion de leur gestion. Nous avons vu ci-dessus que cette action du gérant sans mandat est,
comme celle du tuteur, fondée sur la grande règle
de justice naturelle que personne ne doit s'enrichir
au détriment d'autrui. Le maître de l'affaire gérée
s'enrichirait au dépens du gérant, s'il ne lui rem-
boursait pas les dépenses nécessitées par sa gestion.

Il est bien évident que, pour exercer son action,
le gérant doit commencer par rendre le compte de
sa gestion, et communiquer toutes les pièces justificatives. Ce n'est que par ce compte que l'on
peut connaître ce qu'il est en droit de demander
pour les frais de sa gestion.

Ce compte doit être rendu dans la forme ordinaire de tous les comptes, et si celui à qui il est
présenté fournit des débats, le gérant doit y répondre, et il se forme alors une instance de compte.

Si l'oyant compte ne fournit point de débats,

le gérant, après l'avoir mis en demeure d'en fournir , suit contre lui la condamnation de la somme
qui lui est due par la balance du compte, pour les
frais de sa gestion et pour les dépenses qu'il a été
contraint de faire.

5o. La première condition pour l'allocation des
sommes réclamées par le gérant est qu'elles aient
été dépensées utilement, et que le propriétaire
n'eût pas manqué de le faire lui-même; autrement, celui-ci peut désapprouver ce qui a été fait
en son nom, et le gérant indiscret n'aura aucune
action pour ses dépenses contre la personne dont
il a si imprudemment fait les affaires sans la consulter : *Is enim negotiorum gestorum habet actionem , qui utiliter negotia gessit ; non autem utiliter
negotia gerit qui rem non necessariam, vel quæ one-
raturą est patrem familiâs aggreditur. Loi* 1o, § 1,
ff H. T.

Je possède à la campagne une grande maison,
un château que je n'habite ni ne compte habiter.
Je n'y fais point de réparations, parce qu'elles sont
trop dispendieuses et sans utilité, la situation du
lieu ne me laissant pas espérer de trouver des locataires. Un officieux prétendu fait réparer cette maison ; je le désavoue ; il n'aura point d'action contre
moi. Ces réparations ne sont pour moi qu'une
charge sans utilité : *Quid enim si eam insulam fulsit
quam dominus quasi impar sumptui dereliquit , vel
quam sibi necessariam non putavit ? Oneravit, inquit*
(Proculus) *dominum secundùm Labeonis sententiam.
Loi* 1o, § 1.

Inutilement dirait-il qu'il croyait ces réparations

utiles au propriétaire ; si réellement elles sont inutiles, il n'aura point d'action : *Quid si putavit se utiliter facere, sed patri familiâs non expediebat ? Dico hunc non habiturum negotiorum gestorum actionem. Ibid.* C'était au propriétaire à juger de l'utilité.

51. Mais si, au moment où l'affaire a été gérée, elle était indispensable ou utile, le propriétaire est irrévocablement obligé de payer ce qui est dû au gérant, quand même l'utilité aurait cessé depuis ou se serait évanouie par cas fortuit ou force majeure. *Is autem,* dit Ulpien, *qui negotiorum gestorum agit, non solùm si effectum habuit negotium, quod gessit actione istâ utetur ; sed sufficit si utiliter gessit, et si effectum non habuit negotium. Loi* 10, § 1, *ff H. T.*

Par exemple, si l'on a fait pour moi des réparations nécessaires à ma maison, quoiqu'elle ait été ensuite incendiée par le feu du ciel, je n'en demeurerai pas moins obligé de rembourser à celui qui les a fait faire les frais de sa gestion. C'est ce que décide la même loi : *Si insulam fulsit, vel servum ægrum curavit, etiamsi insula exusta est, vel servus obiit, aget negotiorum gestorum, et id Labeo probat.*

52. Mais Ulpien ni Labeon, ni aucun des interprètes du droit romain, ne nous donnent la raison de cette décision, parfaitement conforme à la justice. Elle n'est qu'une conséquence nécessaire des principes reçus sur l'extinction des obligations. Du moment où le gérant sans mandat a fait réparer ma maison utilement, ou fait toute autre affaire

indispensable ou utile, l'obligation de le rembourser des frais de sa gestion est aussi parfaite que s'il
était intervenu un contrat entre nous ; elle résulte
de l'autorité de la loi, qui lui donne naissance à
l'occasion de l'affaire utilement gérée pour moi,
sans qu'il intervienne aucune convention, dit l'article 1370. Or, cette obligation une fois existante
et parfaite, comment un accident, que n'a pu prévoir ni empêcher le créancier, pourrait-il l'éteindre et libérer son débiteur ? Ce n'est que dans le
cas où un corps certain et déterminé est l'objet de
l'obligation, qu'elle s'éteint par la perte du corps
qui en était l'objet, arrivée sans la faute du débiteur. (1302).

Or, dans le cas proposé, l'objet de l'obligation
n'est point un corps certain et déterminé, c'est
une somme d'argent.

L'obligation n'est donc point éteinte par un cas
fortuit ou par un accident que le créancier n'a pu
ni prévoir ni empêcher : rien n'est donc plus juste
que cette décision.

Aussi Julien, dans la loi 2, § 7, *ff de contrariâ
tutelæ actione* (274), l'applique au tuteur qui a géré
utilement une affaire de son pupille, quoique l'événement l'ait rendue inutile : *Sufficit tutori benè et
diligenter gessisse, etsi eventum adversum habuit
quod gestum est.*

Cependant, par une disparate dont on ne voit
pas la raison, le jurisconsule Paul, dans la loi 37,
H. T., donne une décision contraire à l'égard de
celui qui a géré, sans l'autorisation du tuteur, l'affaire d'un pupille.

Il décide que ce n'est qu'au moment de la contestation en cause qu'il faut considérer si l'affaire a été utile au mineur : *Litis contestatæ tempore quæri solet, an pupillus, cujus sine tutoris auctoritate negotia gesta sunt, locupletior sit ex eâ re factus, cujus patitur actionem.*

Pothier, n°. 224, trouve avec raison cette décision injuste, et pense qu'elle ne doit pas être suivie en France ; mais il en donne des raisons qui ne paraissent pas sans réponse, tandis que celle que nous venons d'indiquer est décisive et sans réplique. L'obligation légale du mineur est parfaite et irrévocable du moment où son affaire a été utilement gérée : elle ne peut donc être éteinte par un événement que le gérant n'a pu ni prévoir ni empêcher, puisque ce n'est point un corps certain et déterminé qui est l'objet de l'obligation.

Inutilement opposerait-on la loi 37, *H. T. :* les lois romaines ont perdu en France leur autorité législative, elles n'en ont plus d'autre que celle de la raison. Y trouvez-vous des décisions contraires les unes aux autres ? Gardez-vous de faire de pénibles efforts pour les concilier ; c'est perdre un tems précieux qu'on peut employer plus utilement. Voyez seulement celle qui est la plus raisonnable, et suivez-la sans hésiter, sans craindre de vous tromper.

55. Ce n'est point assez que les dépenses du gérant soient utiles pour l'autoriser à les réclamer ; il faut encore qu'elles ne soient pas excessives : *Si quis aliena negotia gerens plus quàm oportet intenderit, recuperaturum eum id quod præstari debuerit.*

Loi 25, *ffH. T.* Le plus ou le moins des dépenses est l'objet d'un débat (1).

54. Le gérant sans mandat n'est pas seulement autorisé à réclamer les sommes qu'il a déboursées ; il est en droit de se faire indemniser des obligations qu'il a contractées pour sa gestion, quoiqu'il ne les ait pas encore acquittées. L'art. 1375 porte :

---

(1) La lettre de l'art. 1999 du Code paraît défendre ce débat. Il porte : « Le mandant doit rembourser au mandataire les avances et frais que » celui-ci a faits pour l'exécution du mandat, et lui payer ses salaires, » lorsqu'il en a été promis.

» S'il n'y a aucune faute imputable au mandataire, le mandant ne » peut se dispenser de faire ces remboursemens et paiemens, lors même » que l'affaire n'aurait pas réussi, *ni faire réduire le montant des frais et* » *avances, sous le prétexte qu'ils pouvaient être moindres.* »

M. Maleville, sur cet article, dit que sa disposition finale est conforme à la loi 27, § 4, *ff mandati,* 17. 1, et que cependant cela doit s'entendre avec mesure ; car, ajoute-t-il, si les dépenses étaient évidemment exorbitantes, elles tomberaient dans le cas de la faute dont le mandataire est tenu.

Cette assertion sur la conformité de l'article avec la loi citée n'est pas exacte ; la loi exige seulement que les dépenses soient faites de bonne foi, et ne veut pas que le mandant puisse alléguer vaguement qu'il eût pu gérer l'affaire à meilleur marché, s'il l'avait gérée lui-même : *Impendia mandati exequendi gratiâ facta, si bonâ fide facta sunt, restitui omni modo debent ; nec ad rem pertinet quòd is qui mandasset potuisset, si ipse gereret, minùs impendere.*

Ainsi, suivant cette loi, le mandant ne pourrait point alléguer en masse que les dépenses sont trop fortes, et qu'il eût pu les faire à meilleur marché, s'il les avait faites lui-même. Mais si, entrant dans les détails, il soutenait que le prix des matériaux est enflé, que le salaire des ouvriers excède le prix qu'on est dans l'usage de leur accorder, etc. etc., il devrait être écouté ; loin de la défendre, le texte de la loi favorise cette prétention ; car, en ce cas, les dépenses ne seraient plus faites de bonne foi. C'est aussi de cette manière qu'il faut entendre l'art. 1999, lequel, ainsi interprété, est conforme à la loi citée, dans le sens de M. Maleville. Elle ne veut autre chose, si ce n'est que les chicanes d'un mandant contre un mandataire de bonne foi ne soient pas écoutées.

« Le maître doit remplir les engagemens que le gé-
» rant a contractés en son nom, l'indemniser de
» tous les engagemens personnels qu'il a pris, et
» lui rembourser toutes les dépenses utiles ou né-
» cessaires qu'il a faites. »

Par exemple, s'il a fait des marchés avec des
ouvriers pour réparer les maisons de la personne
dont il faisait les affaires, et que, par ces marchés,
il se soit obligé personnellement d'en payer le prix,
le propriétaire de ces maisons doit l'indemniser,
en rapportant la quittance des créanciers envers
qui le gérant s'est obligé, ou une décharge par laquelle ces créanciers l'accepteraient pour seul débiteur en la place du gérant. Faute de rapporter
cette quittance ou cette décharge, ce dernier peut
poursuivre le paiement des sommes qu'il s'est obligé personnellement de payer. (Pothier, n°. 228). Cependant, si les créanciers avaient accordé un terme
au gérant, le propriétaire pourrait en profiter, en
donnant caution à celui-ci d'acquitter la dette à
l'échéance de son exigibilité.

55. Il nous reste à examiner une question qui
divisait les anciens jurisconsultes romains, et qui
fut décidée solennellement par Justinien, dans
l'une des cinquante décisions données par cet em-
pereur, pour dissiper les doutes qui s'étaient élevés avant lui sur différens points de jurisprudence.
Il s'agit de savoir si le gérant sans mandat, *negotiorum gestor*, peut réclamer ses frais de gestion
et ses avances, lorsqu'il a géré une affaire depuis,
et malgré la défense formelle que lui en a faite le
propriétaire. Les uns pensaient qu'il devait avoir,

pour les répéter, sinon l'action *negotiorum gestorum*, au moins une action utile fondée sur l'équité ;
les autres lui refusaient toute espèce d'action. Justinien consacra l'opinion de ces derniers : *Si quis,
nolente et specialiter prohibente domino rerum, admi-
nistrationi earum sese immiscuit, apud magnos auc-
tores dubitabatur, si pro expensis quæ circà res factæ
sunt, talis negotiorum gestorum habeat aliquam adversùs dominum actionem : quam quibusdam pollicen-
tibus, directam vel utilem ; aliis negantibus ; in quibus et Salvius Julianus fuit : hoc decidentes sancimus, si contrà dixerit dominus et eum res suas administrare prohibuerit, secundùm Juliani sententiam
nullam esse adversùs eum, vel directam, vel utilem
contrariam actionem : scilicet post denuntiationem
quam ei dominus transmiserit, non concedens ei res
ejus attingere, licèt res benè ab eo gestæ sint. Loi 24,
Cod. de negot. gest., 2. 19.*

Cette décision solennelle, conforme à l'opinion
de Julien (1), d'Ulpien, de Paul et de Pomponius,
nous paraît aussi juste que conforme aux principes
de droit. Cependant elle a été critiquée par le glos-
sateur Martin (2), suivi par quelques auteurs, et
entre autres par notre célèbre Pothier, n°. 184,
sous prétexte qu'elle est contraire à l'équité naturelle, qui ne permet pas de s'enrichir aux dépens
d'autrui.

---

(1) De Julien, qui était, comme l'assure Justinien, *omnium condi-
torum juris qui olim fuerunt, prudentissimus. Loi 3, § 18, Cod. de veteri
jure enucleando.* C'est Julien qui était l'auteur de l'Édit perpetuel.

(2) *Voy.* Edmond Merille sur les 50 décisions de Justinien, chap. 35.

Mais ces auteurs se sont trompés. La règle qu'ils invoquent ne peut avoir aucune application au cas proposé. Sans doute l'équité naturelle ne permet pas de s'enrichir aux dépens d'autrui ; mais pour faire l'application de cette grande règle de morale et de justice naturelle, la raison et la loi exigent deux conditions, comme l'a très-bien dit Pomponius : *Jure naturæ æquum est, neminem cum alterius detrimento et injuriâ fieri locupletiorem. Loi* 206, *ff de R. J.*

Sans ces deux conditions, la règle qu'on ne peut s'enrichir aux dépens d'autrui est absolument fausse. Or, aucune de ces conditions ne se rencontre dans le cas où l'on s'immisce dans les affaires d'autrui, contre sa défense formelle et spéciale. C'est une faute, en général, de s'immiscer dans les affaires d'une personne sans sa volonté : *Culpa est se immiscere rei ad se non pertinenti. Loi* 36, *ff de R. J.* C'en est une impardonnable de s'y immiscer non seulement contre sa volonté, mais encore contre sa défense formelle et spéciale. Une pareille action n'a point d'excuse. Si celui qui la commet en éprouve de la perte ou du dommage, ce n'est qu'à lui seul qu'il peut l'imputer : *Quod quis ex culpâ suâ damnum sentit, non intelligitur damnum sentire. Loi* 203, *ff de R. J.*

Est-ce ma faute, si vous avez fait pour moi des dépenses que je désapprouvais ? Je vous l'avais défendu ; je vous avais prévenu que je ne voulais ni les faire ni les rembourser ; je ne voulais rien avoir à démêler avec vous. Ne vous en prenez donc qu'à vous-même, si la faute que vous avez faite vous occasionne quelque perte. Je ne suis point tenu de vous rembourser.

Mais, dites-vous, ce que vous avez fait m'est utile; je ne puis m'enrichir à vos dépens. Je vous ai déjà dit que vous ne pouvez vous en plaindre; j'ajoute que vous n'avez pu raisonnablement avoir d'autre intention, si ce n'est celle de me gratifier, en faisant pour moi une dépense que je vous avais défendu de faire.

C'est ainsi que celui qui, sachant ne pas devoir une somme, me la paie en pleine connaissance de cause, ne peut la répéter, quand même il aurait eu intérieurement l'intention de le faire : *Quod quis sciens indebitum dedit, hâc mente ut posteà repeteret, repetere non potest, loi* 50, *ff de condict. indeb.,* 12. 6, parce qu'il est censé m'en avoir fait don, suivant la règle admise par le Code, ainsi que nous le verrons bientôt : *Cujus per errorem dati repetitio est, ejusdem consultò dati donatio est. Loi* 53, *ff de R. J.*

Vous ne pouvez donc, à plus forte raison, avoir aucun principe d'action pour répéter la somme que vous avez dépensée contre ma défense formelle.

Mais enfin, et c'est ici la dernière objection que l'on peut faire, le possesseur de mauvaise foi, *prœdo,* qui fait des dépenses utiles sur le fonds d'autrui, est autorisé à les répéter, quoiqu'il doive s'en imputer la faute : *Prœdo autem de se queri debet, qui sciens in rem alienam impendit.* Cependant la loi 53, *ff de hœred. pet.,* 5. 3, dit qu'il est plus humain de lui rembourser ses dépenses, parce que le demandeur ne doit pas s'enrichir de ses pertes : *Benignius est in hujus quoque personâ haberi ratio- nem impensarum : non enim debet petitor ex alienâ jacturâ lucrum facere.*

Donc le *negotiorum gestor,* qui a géré une affaire utilement contre la défense du propriétaire, doit être entendu à répéter ses dépenses et frais de ges- tion, afin que le propriétaire ne s'enrichisse pas à ses dépens.

Je nie la conséquence, et je réponds, avec un grand jurisconsulte déjà cité (1), qu'il y a une dif- férence essentielle entre le cas du possesseur de mauvaise foi, qui fait des dépenses utiles à l'insu du propriétaire, et le *negotiorum gestor,* qui fait des dépenses en gérant une affaire, malgré la dé- fense formelle du propriétaire. Le possesseur de mauvaise foi, *prœdo,* n'a pas l'intention de gérer l'affaire d'autrui, mais la sienne propre ; il serait absurde de lui supposer l'intention de gratifier le propriétaire qu'il cherche frauduleusement à dé- pouiller, et de lui faire don des impenses utiles qu'il a faites. Au contraire, celui qui gère l'affaire d'autrui contre la défense expresse et spéciale du maître, n'a pas l'intention de gérer sa propre af- faire : il ne peut donc avoir d'autre intention qu'il puisse honnêtement avouer, que celle de gratifier le propriétaire. L'intention de réclamer ses dépen- ses, malgré la défense expresse du maître, ten-

_____

(1) *Voy.* Edmond Merille sur les 50 décisions de Justinien, chap. 33, n°. 10.

drait à lui faire un jour un procès : ce serait prêter au gérant un dessein très-blâmable.

La décision de Justinien est donc conforme à la
justice et aux principes du droit; elle nous paraît
devoir être suivie, sur-tout sous l'empire du Code,
dont les dispositions sont d'ailleurs moins favora-
bles que le droit romain au possesseur de mauvaise
foi, *prædoni,* comme on peut le voir par l'art. 555.

56. Les paiemens d'une chose non due, et qu'est
obligé de rendre celui qui les a reçus par erreur ou
sciemment, sont le second exemple donné par le
Code, des obligations que la loi fait naître sans
convention, à l'occasion d'un fait de l'homme, et
qu'il appelle des *quasi-contrats* (1).

Le droit romain donnait à celui qui avait fait ces
paiemens l'action en répétition, appelée *condictio
indebiti,* sur laquelle on trouve, dans le Digeste,
un titre entier, *lib.* 12, *tit.* 6, *de condictione indebiti.* Pothier en a fait un petit Traité qu'il a mis à
la suite des contrats de bienfaisance. Telles sont
les sources où le Code a puisé les dispositions que
nous allons expliquer.

57. L'art. 1376 porte : « Celui qui reçoit par er-
» reur ou *sciemment* ce qui ne lui est pas dû, s'o-
» blige à le restituer à celui de qui il l'a indûment
» reçu. »

L'art. 1377 ajoute : « Lorsqu'une personne qui,
» par *erreur,* se croyait débitrice, a acquitté une
» dette, elle a le droit de répétition contre le créan-
» cier. »

_____

(1) *Instit.,* § 6, *de oblig. quæ quasi ex contractu,* 3. 28.

De ces deux articles corrélatifs, l'un énonce l'engagement de celui qui a reçu ce qu'on ne lui devait pas, l'autre le droit de celui qui a payé ce dont, par erreur, il se croyait débiteur.

58. Le premier est dans tous les cas tenu de restituer, soit qu'il ait reçu par erreur et de bonne foi, soit qu'il ait reçu *sciemment*, sachant qu'il ne lui était rien dû. Il peut même, dans ce dernier cas, y avoir une raison de plus pour l'obliger à la restitution, s'il y a eu de la mauvaise foi de sa part.

Dans l'un et l'autre de ces deux cas, son obligation dérive de la loi de la propriété, de cette grande règle d'équité naturelle, que nous avons expliquée *suprà, n°. 55 : Jure naturæ æquum est, neminem cum alterius detrimento et injuriâ fieri locupletiorem. Loi* 206, *ff de R. J.*

Il est bien évident que celui qui reçoit en paicment une chose qu'on ne lui doit point, d'une personne qui, par erreur, s'en croyait débitrice, s'en richirait sans droit et au détriment d'autrui, *cum injuriâ et detrimento alterius*, s'il n'était pas obligé de la rendre.

Inutilement objecterait-on qu'il l'a reçue du propriétaire, qui lui en a transféré la propriété volontairement et par son fait (1); car le propre de la tradition était de transférer la propriété avec la possession. (*Voy.* Instit., § 40, *de rerum divis*).

---

(1) *Id quod nostrum est, sine facto nostro, ad alium transferri non potest. Loi* 11, *de R. J.*

La réponse est que, même en droit romain, où cette maxime est puisée, elle n'était vraie que dans les cas où le propriétaire avait fait la tradition en vertu d'un titre ou d'une juste cause. (*Ibid.*) Mais la simple tradition ne transférait jamais la propriété, si elle n'était précédée d'une juste cause : *Nunquàm nuda traditio transfert dominium, sed ità si... aliqua justa causa præcesserit, propter quam traditio sequeretur. Loi* 31, *ff de adquir. rerum dom.,* 41. 1. A plus forte raison, sous l'empire du Code civil, où la tradition n'est plus au nombre des moyens d'acquérir et de transférer la propriété. (*Voy.* article 711).

Or, dans le cas d'une chose donnée en paiement par erreur, nulle juste cause ne précède la tradition. Il n'existe ni consentement ni volonté de transférer la propriété; *car il n'y a point de consentement valable, s'il n'a été donné que par erreur.* (1109). Le paiement reste donc sans cause, et ne peut par conséquent transférer la propriété. Celui qui a reçu ce qui ne lui était pas dû, d'une personne qui, par erreur, s'en croyait débitrice, n'a donc ni titre ni droit pour le retenir. La loi l'oblige à le restituer (1376), et donne à la personne qui a payé le droit de répétition. (Art. 1377). Ces dispositions ne sont, *comme on voit,* que des conséquences directes et nécessaires de la loi de la propriété. C'est d'elle que naissent, d'un côté, l'obligation de rendre, imposée à celui qui a reçu ce qu'on ne lui devait pas, et, de l'autre côté, le droit accordé à celui qui a payé ce que, par erreur, il croyait devoir, le droit de répéter la chose.

59. Mais remarquez que la répétition n'est accordée que sous deux conditions : la première, que la chose payée ne fût pas due ; la seconde, qu'elle ait été payée par erreur.

Si la chose était due, inutilement celui qui l'a payée prétendrait-il, pour la répéter, qu'il ne l'a payée que par erreur. Le créancier a, dans ce cas, une juste cause pour la retenir, puisqu'il n'a reçu que ce qui lui appartenait : *Repetitio nulla est ab eo qui suum recepit.* Loi 44, *ff de condict. indeb.*, 12. 6. Cette cause ayant précédé le paiement, il est devenu propriétaire incommutable de la chose donnée ; il a en sa faveur titre et possession. Sur quel fondement le débiteur pourrait-il donc répéter ce qu'il devait après l'avoir payé ? Si la dette était exigible lorsque le paiement a été fait, le créancier pouvait contraindre le débiteur à payer : qu'importe donc qu'il ait payé par erreur, ou sciemment et volontairement ?

Si la dette n'était pas encore exigible, mais à terme, il pouvait avoir intérêt à ne pas payer avant l'échéance ; mais il n'en est pas moins vrai que la dette existait, l'engagement était parfait et irrévocable. « Le terme diffère de la condition, dit l'ar- » ticle 1185, en ce qu'il ne suspend point l'engage- » ment, dont il suspend seulement l'exécution. »

La chose est donc due malgré le terme, et si c'est un corps certain, la propriété en appartient irrévocablement au créancier, avant le terme. S'il la reçoit en paiement avant l'échéance, il n'acquiert que la possession, qui, réunie à la propriété, est le titre le plus fort que l'on puisse avoir. Sur quel prétexte le débiteur qui a payé pourrait-il donc fonder son droit de répétition? Sur ce qu'en payant avant l'échéance du terme, il a payé ce qu'il ne devait pas, suivant l'axiôme vulgaire, *qui a terme ne doit rien,* tiré de la loi 41, *ff de V. O.* Mais cet axiôme, fondé sur l'équivoque du mot devoir, ne signifie pas qu'avant le jour de l'échéance du terme, la dette ou l'obligation n'existe point, mais seulement qu'elle n'est pas exigible, que le créancier n'a point d'action pour en exiger le paiement actuel (1).

Il est vrai que le paiement d'avance de la chose due à terme, sur-tout si le terme est éloigné, peut causer quelque préjudice au débiteur, en le privant de la jouissance et des fruits de la chose. Mais ceux qui éprouvent quelque dommage ne peuvent s'adresser, pour le faire réparer, qu'à celui par la faute duquel il est arrivé. (1382). Ainsi, le débiteur qui a fait la faute de payer d'avance et avant le terme, ne peut imputer qu'à lui-même le préjudice qu'il en souffre.

S'il alléguait qu'il n'a payé que par erreur, on lui répondrait que cette erreur est une faute qui est personnelle, et qui ne peut nuire qu'à celui qui l'a commise, et non pas à un créancier de bonne foi, qui n'a reçu que ce qui lui appartenait légitimement; ce qu'il ne pouvait refuser, puisqu'on peut payer avant terme, et enfin ce qu'il a peut-être déjà consommé de bonne foi : *Meum recepi.*

---

(1) *Voy.* ce que nous avons dit tom. VI, n°. 661.

C'est donc avec beaucoup de raison que nos lois françaises, ainsi que le droit romain, rejettent la répétition des paiemens faits avant terme : « Ce qui » n'est dû qu'à terme ne peut être exigé avant l'é- » chéance du terme; mais ce qui a été payé d'a- » vance ne peut être répété. » (1186). Le créancier qui a reçu d'avance n'est pas même obligé de faire raison au débiteur de l'intérêt ou des fruits, pour le tems qui s'écoulera entre le paiement et l'échéance du terme.

La disposition de l'art. 1186 s'applique aux cas des longs termes, même au terme de la mort du débiteur : *Si cùm moriar dare promisero, et anteà solvam, repetere me non posse, Celsus ait, quœ sententia vera est.* Loi 17, *ff de condict. indeb.*, 12. 6.

Il faut excepter les cas où le créancier aurait usé de dol pour induire le débiteur en erreur, et le faire payer d'avance.

60. Il ne suffit donc pas, pour obtenir la répétition de ce qu'on a payé, de l'avoir payé par erreur, lorsque la chose était due, quoiqu'à un terme très-éloigné. L'art. 1377 n'accorde cette répétition, comme nous l'avons déjà observé, que sous deux conditions : la première, que la chose ne fût pas due; la seconde, qu'elle ait été payée *par erreur.* L'existence de ces deux conditions est en effet nécessaire pour établir que le paiement a été fait sans cause.

Si la chose n'était pas due, et que néanmoins celui qui savait n'en être pas débiteur l'ait payée *sciemment* et volontairement, il perd le droit de la répéter, parce qu'en ce cas, il n'est pas prouvé, il est même impossible de prouver que le paiement a été fait sans cause. Celui qui l'a fait peut avoir eu l'intention de gratifier celui qui l'a reçu. La loi le présume : *Cujus per errorem dati repetitio est, ejusdem consultò dati donatio est. Loi* 53, *ff de R. J.*

La conséquence que tirent les lois de cette présomption raisonnable, est de refuser le droit de répétition à celui qui a payé *sciemment* et non *par erreur* ce qu'il ne devait pas, et cette conséquence est naturelle : *Si quis indebitum ignorans solvit, per hanc actionem condicere potest ; sed si sciens se non debere solvit, cessat repetitio. Loi* 1 *, ff de condict. indeb.,* 12. 6.

La loi 9, *Cod. de condict. indeb.,* 4. 5, dit aussi: *Indebitum solutum sciens non rectè repetit.*

61. Notre Code a suivi ces principes. Il suffit, pour s'en assurer, de comparer la rédaction de l'art. 1377 avec celle de l'article précédent, qui parle de l'obligation de restituer ce qu'on a indûment reçu. « Celui qui reçoit *par erreur* ou *sciem-* » *ment* ce qui ne lui était pas dû, s'oblige à le res- » tituer. » (Art. 1376).

L'art. 1377, au contraire, qui énonce les conditions auxquelles est attaché le droit de répétition, affecte de retrancher le mot *sciemment,* et dit : « Lorsqu'une personne qui, *par erreur,* se croyait » débitrice, a acquitté une dette, elle a le droit de ré- » pétition contre le créancier. » Donc elle n'a point ce droit, si elle n'a pas payé *par erreur,* mais *sciem-ment* (1). Tel est le véritable sens de cet article,

_____

(1) Cet argument paraît d'abord se réduire au fameux brocard *qui*

qui n'a fait que consacrer les décisions du droit romain , conformes d'ailleurs à la raison.

62. Le paiement que l'on fait d'une chose qu'on sait ne pas devoir, a nécessairement une cause ; car l'homme ne se détermine pas sans motif. Or , quel peut être le motif de celui qui paie ce qu'il sait ne pas devoir : De faire un prêt à celui qui reçoit? Non ; car il le tromperait en ne le lui déclarant pas , et cette tromperie ne peut être un principe d'action pour répéter ce qu'il a donné. C'est à titre de paiement qu'il a donné la chose qu'il savait ne pas devoir. Or , l'effet ordinaire du paiement est de tranférer la propriété et la possession de la chose, de se dessaisir de tous les droits que l'on avait sur cette chose, en faveur de celui qui la reçoit. Si j'ai reçu de vous une chose que vous saviez ne pas me devoir, j'ai donc dû croire que vous m'en transfériez la propriété ; en un mot, que vous me la donniez, que vous vouliez exercer envers moi une libéralité , qui est la cause réelle , la seule cause probable de tout paiement fait *sciemment* d'une chose qu'on savait ne pas devoir.

Il en est encore de même si j'ai reçu le paiement, croyant que la chose m'était due, sans que vous m'ayez désabusé. On doit croire, en ce cas, que

---

dicit de uno , negat de altero , et s'il etait isole , il n'aurait aucune force par lui même ; mais ici , il devient décisif par l'opposition marquée qu'ont mise les législateurs entre la rédaction de cet art. 1377 et celle du précédent, et encore par la considération que notre interprétation ne fait qu'énoncer une maxime tirée du droit romain , et conforme à la raison.

vous avez voulu me gratifier, en déguisant avec
délicatesse votre don, sous le titre d'un paiement,
plutôt que de penser que vous avez voulu me tromper, en me faisant, sous le même titre, un prêt
exigible à volonté, et par conséquent très-onéreux.
Aussi, Pomponius refuse le droit de répétition à
celui qui, sachant ne pas devoir une chose, la paie
néanmoins volontairement, mais avec la restriction mentale de la répéter dans la suite : *Quod quis
sciens indebitum dedit, hâc mente ut posteà repeteret,
repetere non potest. Loi* 50, *ff de condict. indeb.,* 12. 6.

Il n'y a donc rien de contraire à la raison dans
cette présomption légale de donation, qui empêche la répétition. Sur quoi, en effet, pourriez-
vous la fonder? Vous ne pourriez invoquer la grande
règle de justice naturelle, que personne ne peut
s'enrichir au détriment d'autrui. Nous avons vu
qu'elle n'est applicable que dans les deux cas où
l'on s'est enrichi, 1°. *cum detrimento;* 1°. *cum injuriâ alterius.*

Or, dans le cas où vous avez payé *sciemment* et
volontairement ce que vous ne deviez pas, vous
n'éprouvez aucun détriment, puisque vous l'avez
bien voulu : *Damnum quod quis suâ culpâ sentit,
sentire non intelligitur. Loi* 203, *ff de R. J.* Si votre
propriété a passé à une autre personne, c'est par
votre fait.

Vous n'avez à vous plaindre d'aucun tort, d'aucune injure ou injustice, *nulla injuria est quæ in
volentem fiat. Loi* 1, § 5, *ff de injuriis,* 47. 10. De
quelque manière qu'on envisage la question, la
raison, d'accord avec la loi, dit que vous ne pou-

vez , sous aucun prétexte , répéter ce que vous avez payé volontairement, sachant que vous n'en étiez pas débiteur. Vous ne pouvez le répéter , comme le dit l'art. 1577, que dans le cas où vous l'avez payé *par erreur ,* parce qu'alors il est démontré que le paiement est sans cause.

63. Il faut même remarquer que le Code ne distingue point ici entre l'erreur de fait et l'erreur de droit, comme il le fait, art. 2052, à l'égard de la transaction, que l'erreur de fait, et non l'erreur de droit , rend nulle, et à l'égard de l'aveu judiciaire , dans l'art. 1356. Nous en avons dit la raison tom. VI, n°. 75 , où nous croyons avoir prouvé que le Code n'a point fait d'autres exceptions au principe que l'erreur de droit , lorsqu'elle est prouvée, rend le consentement nul , aussi bien que l'erreur de fait.

Il avait existé , entre les interprètes du droit romain , une grande controverse sur le point de savoir si la répétition est admise, lorsque le paiement n'a été fait que par erreur de droit. Toute l'ancienne école pensait que l'erreur de droit ne s'opposait point à la répétition de ce qu'on avait payé sans le devoir.

Cujas, chef de la nouvelle école, et ses sectateurs, au nombre desquels on compte Voët, *lib.* 12, *tit.* 6, n°. 7, et Pothier, Traité de l'action *de condictione indebiti ,* embrassèrent une opinion contraire.

Mais Vinnius, *Quæst. select., lib.* 1, *cap.* 47, Ulric Huberus, *in Instit., lib.* 3, *tit.* 28, *n°.* 7, *et in Pandectas , lib.* 2, *tit.* 6, *n°.* 1, et sur-tout notre célèbre chancelier d'Aguesseau, ont soutenu fortement la première opinion, et combattu la seconde avec tout le poids des armes de la raison. C'est leur doctrine qu'ont suivie les rédacteurs du Code. On ne suppose pas, sans doute, qu'ils aient ignoré cette controverse; cependant ils ont établi en règle générale que «lorsqu'une personne qui, » *par erreur,* se croyait débitrice, a acquitté une » dette, elle a le droit de répétition contre le créan- » cier.» (1377). Ils n'ont point ajouté à ce principe la même exception qu'à l'égard de l'aveu judiciaire et des transactions; et cependant ils pensaient «qu'il n'est pas permis de distinguer lors- » que la loi ne distingue pas, et que les exceptions » qui ne sont pas dans la loi ne doivent pas être » suppléées (1).» Ils proposaient même d'ériger cette maxime en loi, et si elle ne l'a pas été, c'est qu'on craignit que le trop de généralité de cette maxime et autres semblables, proposées dans le livre préliminaire du projet de Code, n'entraînassent des injustices dans quelques cas rares et imprévus; mais la maxime qu'il ne faut point distinguer quand la loi ne distingue pas, n'en est pas moins une règle de droit conforme à la raison. Que deviendrait la loi, si l'on permettait aux esprits subtils d'y faire arbitrairement des exceptions, tantôt sous un prétexte, tantôt sous un autre?

Il faut donc s'en tenir à la règle générale. La

_____

(1) Livre préliminaire du projet de Code, tit. 5, n°. 7.

répétition doit être admise sans distinction, soit que le paiement ait eu lieu par erreur de fait ou par erreur de droit (1). Celle-ci, comme celle-là, suffit pour faire évanouir la présomption que celui qui a payé une chose qu'il ne devait pas, a eu l'intention de la donner; car on ne saurait raisonnablement présumer une donation, lorsqu'il existe une cause, telle que l'ignorance de son droit, qui peut avoir été la cause du paiement.

En voici un exemple : Je trouve 20,000ᶠ dans la succession de mon neveu dont je suis héritier. Son cousin-germain en réclame la moitié, comme héritier par représentation de son père. Croyant, par erreur de droit, que la représentation avait lieu, je lui donne la moitié de la somme : je puis la répéter. (*Voy.* ce que nous avons dit tom. VI, nᵒˢ. 61 et suiv.)

64. Mais si, pour réussir dans la répétition de ce qu'on a payé, il faut deux conditions, l'une que la chose ne fût pas due, l'autre qu'elle ait été payée par erreur de fait ou de droit, à qui est-ce de faire cette preuve?

La réponse est facile : c'est le demandeur que les lois, d'accord avec la raison, chargent du fardeau de la preuve : *Semper necessitas probandi incumbit ei qui agit. Loi 21, ff de probat.,* 22. 3. *Actore non probante, qui convenitur, et si ipse nihil præstet obtinebit. Loi 4, in fine, Cod. de edendo,* 2. 1.

Il existe une forte raison de plus pour faire l'ap-

---

(1) M. Delvincourt paraît de cet avis, tom. III, pag. 679, not. 4.

plication de ces lois au cas d'une demande en répétition, c'est la présomption que celui qui a payé
était débiteur ; car personne n'est assez peu soigneux de ses affaires pour prodiguer facilement et
sans raison son argent, en payant ce qu'il ne doit
point : *Qui enim solvit, nunquàm ità resupinus est,
ut facilè suas pecunias jactet.* Loi 25, *ff de probat.,*
22. 3. Cette loi ne dispense de la preuve celui qui
forme l'action en répétition que dans un seul cas,
c'est lorsque celui qui a reçu nie la recette. Sa dé-
négation injuste le constitue en mauvaise foi lorsqu'elle est prouvée fausse, et fait présumer que la
chose payée n'était pas due : *Per etnim absurdum
est, eum, qui ab initio negavit pecuniam suscepisse,
postquàm fuerit convictus eam accepisse, probationem
non debiti ab adversario exigere* (1). *D. L.*

Rien de plus raisonnable : la mauvaise foi de

---

(1) Voici le texte de la loi ; il est remarquable :

*Cum de indebito quæritur, quis probare debet non fuisse debitum? Res
ita temperanda est : Ut si quidem is, qui accepisse dicitur rem, vel pecuniam indebitam, hoc negaverit, et ipse qui dedit, legitimis probationibus
solutionem adprobaverit, sine ullâ distinctione ipsum, qui negavit sese
pecuniam accepisse, si vult audiri, compellendum esse ad probationes
præstandas, quòd pecuniam debitam accepit. Per etenim absurdum est,
eum qui ab initio negavit pecuniam suscepisse, postquàm fuerit convictus
eam accepisse, probationem non debiti ab adversario exigere. Sin verò ab
initio confiteatur suscepisse pecunias, dicat autem non indebitas ei fuisse
solutas, præsumptionem videlicet pro eo esse, qui accepit, nemo dubitat.
Qui enim solvit, nunquam ità resupinus est, ut facilè suas pecunias jactet,
et indebitas effundat ; et maximè, si ipse, qui indebitas dedisse dicit,
homo diligens est, et studiosus pater familiâs, cujus personam incredibile
est in aliquo facilè errasse, ei ideò eum, qui dicit indebitas solvisse, compelli ad probationes, quod per dolum accipientis, vel aliquam justam ignorantiæ causam indebitum ab eo solutum est, et nisi hoc ostenderit, nullam
eum repetitionem habere.*

celui qui nie avoir-reçu ce qui lui a été réellement
compté , fait naturellement présumer que son
mensonge n'a d'autre objet que de se soustraire à
la restitution d'une somme qui ne lui était *pas due*.

65. Mais le § 1er. de cette loi contient une exception ou disposition qui mérite examen ; il porte
que si l'action en répétition de ce qui a été indûment payé est formée par un mineur, par une
femme, par un agriculteur sans expérience des
affaires du barreau ; enfin, par toute autre personne simple et abandonnée à l'oisiveté , *simplici-
tate gaudens et desidiâ deditus ,* c'est à celui qui a
reçu le paiement de prouver que la chose est due.

Cette exception en faveur des militaires, agri-
culteurs et autres personnes simples , entraînerait
des inconvéniens sans nombre, et ne peut être admise dans notre jurisprudence. Elle ne l'était même
pas avant la loi du 30 ventôse an XII, qui ôte aux
lois romaines leur autorité législative ; aussi l'exact
et savant Domat a eu soin de retrancher cette exception dans son *Delectus legum.*

66. A l'égard des mineurs non émancipés, ils
ne peuvent faire un paiment valable. Suivant l'article 1238, « pour payer valablement, il faut être
» propriétaire de la chose donnée en paiement, *et
» capable de l'aliéner.* »

Le tuteur pourrait donc, sans contredit, répéter la chose payée par son mineur, pour quelque
cause que ce soit, et cette répétition, fondée sur
l'invalidité du paiement, rejetterait sur le créancier la nécessité de prouver non seulement que la
chose était due, mais encore que la dette était exi-

gible; car le mineur serait lésé par un paiement fait d'avance.

Le mineur devenu majeur, ou émancipé, mais, en ce cas, avec l'assistance de son curateur, pourrait aussi, en se fondant sur l'invalidité du paiement, répéter ce qu'il a payé en minorité, et sa demande rejetterait sur le créancier la preuve que la chose payée lui était due. C'est le seul moyen qu'aurait ce dernier pour prouver la validité du paiement et se soustraire à la restitution.

67. Mais le mineur devenu majeur pourrait-il également répéter ce qui a été payé par son tuteur, sans prouver que la chose payée n'était pas due? Il nous semble que cette question doit être résolue négativement.

L'un des premiers devoirs que la loi impose au tuteur est de payer les dettes du mineur; elle veut même qu'il les paie sur le seul examen de leur légitimité et de la bonne foi du créancier, sans s'exposer aux frais d'une instance ni en attendre le jugement, sans quoi il doit personnellement les frais d'un mauvais procès qu'il aurait soutenu : il lui est défendu de les répéter vers son pupille (1).

---

(1) C'est la disposition de la loi 9, §§ 5 et 6, *ff de admin. et peric. tut.*, 26. 7.

Tutor se potuit liberare, sicut aliis quoque solvere, et potuit et debuit, § 5.

Nec utiquè necesse habet si conveniatur, per judicem solvere : idcircòque si mala causa pupillaris est denuntiare sibi verùm debet.

Doniquè imperator Antoninus cum patre, etiam honoraria eos amputare pupillo prohibuit, si supervacaneam litem instituissent, cùm convenirentur à vero creditore : nec enim prohibentur tutores bonam fidem agnoscere.

Le paiement fait par le tuteur est donc valide aux yeux de la loi, qui regarde le tuteur comme propriétaire, en ce qui concerne les intérêts du mineur : *Domini loco haberi debet.* Loi 27, *ff*, 26. 7. Il est présumé qu'il n'a point légèrement et sans connaissance de cause prodigué l'argent de son mineur, et que, s'il a payé, c'est que la chose était due. Le mineur devenu majeur ne pourrait donc pas répéter ce qui n'a été payé par son tuteur que pour remplir un devoir que lui imposait la loi.

S'il en était autrement, si le mineur devenu majeur pouvait répéter tout ce qui a été payé par son tuteur, sans être tenu à aucune preuve, il en résulterait que chaque créancier, en recevant du tuteur, devrait, pour sa sûreté, retenir les titres de sa créance, dans la crainte d'être un jour forcé d'en prouver la légitimité, ou tout au moins d'exiger du tuteur un récépissé des pièces par inventaire, pour obliger le mineur devenu majeur à les représenter, s'il venait un jour à répéter ce qui a été payé par son tuteur. Aucune loi n'exige des précautions aussi gênantes.

Opposerait-on l'art. 1238, qui porte que, « pour » payer valablement, il faut être propriétaire de la » chose donnée en paiement, et capable de l'alié- » ner, » pour en conclure que le paiement du tuteur n'est pas valable?

Il ne faut pas presser judaïquement les termes de cet article. Le tuteur est le mandataire légal du mineur, *domini loco habetur.* La loi le charge de payer les dettes du mineur, comme un majeur peut charger son mandataire de payer les siennes : les paie-

mens faits par le tuteur sont donc aussi valides
que ceux faits par un mandataire *ad hoc*, et le mineur devenu majeur ne peut les attaquer qu'en
prouvant que la chose payée n'était pas due.

68. Quant aux femmes, ce qui dans nos usages
ne peut s'appliquer qu'aux femmes en puissance
de mari, comme elles n'ont pas l'administration
de leurs biens, elles ne peuvent, de même que les
mineurs, faire un paiement valable. Le mari peut
donc répéter le paiement fait par son épouse sans
son autorisation, et le créancier ne pourrait se
soustraire à la restitution qu'en prouvant, 1°. que
la chose était due par la communauté; 2°. que la
dette était exigible. Il ne suffirait pas de prouver
que la femme était personnellement débitrice; car
le créancier ne pouvait poursuivre le paiement des
dettes personnelles de cette dernière, que sur la
nue propriété de ses biens. (1410, 1413, 1414,
etc. etc.)

Mais si la femme avait payé une chose dont elle
avait l'administration et la disposition, elle rentre-
rait dans le droit commun, et ne pourrait la répéter qu'en prouvant qu'elle n'était pas due, et qu'elle
a été payée par erreur.

69. Ces deux preuves sont nécessaires, comme
nous l'avons déjà dit, pour faire réussir une demande en répétition; mais la preuve que la chose
n'était pas due fait le plus souvent présumer qu'elle
a été payée par erreur, et cette présomption dispense le demandeur en répétition de cette dernière
preuve, parce que la présomption de donation que
pourrait faire naître la circonstance d'un paiement

fait sciemment, avec connaissance que la chose
n'était pas due, se trouve alors balancée et détruite par une autre présomption plus forte, celle
que personne n'est présumé donner lorsqu'il ne
doit pas, et que le paiement peut avoir eu une
autre cause, telle que l'erreur.

70. Ainsi, la même présomption qui rejette sur
le demandeur en répétition la preuve que la chose
qu'il a payée n'est pas due, rejette sur son adversaire, lorsque cette preuve est une fois faite, le fardeau de prouver que le paiement a été fait sciemment, et avec connaissance que la chose n'était
pas due.

Par exemple, je vous ai payé un legs que vous
faisait mon père dans un premier testament; j'en
découvre un second qui révoque le premier, et
prouve que le legs ne vous était pas dû; je puis,
en le représentant et sans autre preuve que la représentation, répéter ce que je vous ai indûment
payé : le paiement du legs est présumé fait par erreur, et dans l'ignorance de la révocation portée
dans le second testament.

Il est pourtant très-vrai que la représentation
du second testament ne prouve point que j'igno-
rasse son existence au moment où je vous ai payé
le legs. Mais pour établir mon ignorance, j'ai en
ma faveur la présomption de la loi ci-dessus citée.
La donation ne se présume point, et personne
n'est assez peu soigneux de ses affaires, ni assez
dupe pour prodiguer son argent sans raison, quand
il sait qu'il ne doit rien, quand il en a la preuve
entre les mains : *Qui enim solvit, nunquam adeò re-*

supinus est, ut facilè suas pecunias jactet. Loi 25, ff de probat., 22. 3.

On doit donc présumer que je n'avais pas connaissance de la révocation du legs lorsque je vous l'ai payé (1).

À cette raison péremptoire, ajoutons-en une autre, qui ne l'est pas moins. Je répète le legs que je vous ai payé dans l'ignorance du second testament qui le révoque. Vous m'opposez, pour exception, que je vous ai payé sciemment et en pleine connaissance du second testament, qui révoque le legs. Nous venons de voir que la loi présume que je l'ignorais; mais enfin votre prétention est une exception que vous opposez à ma demande; or, c'est au défendeur de prouver son exception : *Reus excipiendo fit actor.* C'est donc à vous qu'il incombe de prouver que c'est sciemment et en pleine connaissance du second testament que j'ai payé le legs révoqué; que, d'ailleurs, aucune cause ne pouvait

---

(1) Si on ne lisait que superficiellement la loi 25, *ff de probat.*, on pourrait croire qu'elle rejette, sur le demandeur au pétitoire, la charge de prouver non seulement que la chose payée n'était pas due, mais encore qu'elle a été payée par erreur : *Et ideò eum qui dicit indebitas solvisse (pecunias), compelli ad probationes, quòd per dolum accipientis, vel aliquam justam ignorantiæ causam, indebitum ab eo solutum est; et nisi hoc ostenderit, nullam eum repetitionem habere.*

Mais Accurse, répondant à cette objection, a fort bien remarqué que cette preuve de l'erreur ou de l'ignorance de celui qui a payé résulte, par présomption, de la preuve que la chose n'était pas due : *Veritas hic probat indebitum, quod potest facilè quandòque facere, ut si appareat testamentum non valere ex quo solvit. Si autem,* ajoute-t-il, *excipiatur quod scienter solvit, ipse probet scientiam. At secundum hoc, probatur ignorantia præsumptivè eo ipso quod probatur indebitum.*

Ainsi, la doctrine d'Accurse est parfaitement d'accord avec la nôtre.

me porter à vous payer, si ce n'est l'ignorance de la révocation.

Disons donc que si c'est au demandeur en répétition de prouver que la chose qu'il a payée n'était pas due, parce que l'on est présumé devoir ce qu'on a payé, lorsqu'il a fait cette preuve, il est, par la même raison, présumé n'avoir payé que par erreur, parce qu'on présume plus facilement une erreur qu'une donation : c'est donc au défendeur de prouver que le demandeur a payé sciemment et en pleine connaissance ce qu'il ne devait pas, pour en conclure qu'il a voulu lui faire une donation, et pour appliquer la règle ou la présomption : *Cujus per errorem dati repetitio est, ejus consultò dati donatio est. Loi* 53, *ff de R. J.*

71. S'il y avait du doute sur le point de savoir si celui qui a payé avait ou non la connaissance qu'il ne devait rien, connaissance que la loi exige pour faire présumer une donation de la chose payée, la répétition devrait être admise.

Il en est de même du cas où celui qui a payé était en doute s'il devait ou ne devait pas. D'anciens jurisconsultes romains pensaient que la répétition ne devait pas être admise, parce que, suivant eux, il résultait d'un pareil jugement une transaction présumée qui s'opposait à la répétition.

Justinien a proscrit cette opinion, dans la loi dernière, *Cod. de condict. indeb.*, 4. 5, où il ordonne d'admettre la répétition de ce qu'on a payé dans cet état de doute, sans qu'on puisse en induire une transaction présumée. Bien entendu que

le demandeur en répétition prouve que réellemen
la chose n'était pas due (1).

72. La présomption de donation ne peut êtr
appliquée qu'au cas où elle n'est pas combattu
par une autre présomption ou conjecture, qui in
dique que le paiement peut avoir eu une autr
cause plausible et vraisemblable. Dans le doute
on ne peut présumer la donation : *Suum jaclar
nemo facilè præsumitur.*

73. Il y a cependant des cas où il ne suffit pas a
demandeur en répétition de prouver que la chos
payée n'était pas due, et où il doit prouver d
plus qu'il était dans l'erreur. J'ai payé une dett
de mon père éteinte par la prescription. La preuv
que la prescription était acquise ne suffit pas seul
pour autoriser la répétition, parce qu'on peut re
noncer à une prescription acquise, parce qu'il peu
y avoir des raisons de croire que la dette n'avai
pas été payée, et que, dans le doute, il y a toujour
de la délicatesse à payer ses dettes. La preuve qu
la prescription était acquise ne suffit donc pas pou
prouver que le paiement a été fait sans cause; i
faut, pour réussir dans la répétition, prouver d
plus qu'au moment où il a été fait, j'ignorais qu
la prescription fût acquise (2).

J'ai payé un legs, en vertu d'un testament nu
par vice de forme, par incapacité du testateur o
du légataire. Il ne suffit pas pour autoriser la ré

---

(1) *Voy.* Perez sur le Code, liv. 4, tit. 5, n°. 15.
(2) *Voy.* ce que nous avons dit tom. VI, n°. 74, à la note.

pétition, de prouver la nullité ou l'incapacité ; car, nonobstant ces vices, je puis avoir eu l'intention d'honorer la mémoire du défunt, en exécutant s's dernières volontés, qui m'étaient bien connues, quoique consignées dans un acte nul ou non valable. C'est une action louable et souvent prescrite par la délicatesse : il faut donc, pour faire admettre la répétition, prouver de plus que j'ignorais les vices du testament et l'incapacité du testateur ou du légataire, au moment où j'ai payé. C'est alors seulement qu'il sera constant que j'ai payé par erreur, et que le paiement a été fait sans cause.

Je vous ai payé, en vertu d'un billet que je vous avais consenti, une somme de 1,000^f ; j'en demande la répétition, en offrant de prouver que vous m'avez extorqué par violence le billet dont je demande la rescision. Cette preuve ne suffit pas pour faire admettre ma demande en répétition, si je ne prouve en même tems que la violence n'avait pas cessé du moment où j'ai fait le paiement ; car le paiement volontaire peut avoir eu pour cause l'approbation du billet et la volonté d'accomplir une promesse qui n'en était pas moins réelle, quoique donnée par une crainte qu'un homme courageux, et religieux observateur de sa parole, a toujours de la répugnance à confesser et à mettre en avant, uniquement pour se dispenser de donner un peu d'argent, que, dans la vérité, il avait promis, suivant la maxime des stoïciens : *Coacta vo-luntas, est tamen voluntas.*

C'est sur ces principes qu'est fondée la disposition de l'art. 1115, qui porte « qu'un contrat né

» peut plus être attaqué pour cause de violence,
» si depuis que *la violence a cessé* ce contrat a été
» approuvé, soit expressément, soit tacitement,
» etc. » ; car il est alors impossible de prouver que
l'exécution volontaire du contrat, quoique nul
dans le principe, soit sans cause, et fondée sur
l'erreur.

Il en serait autrement, s'il s'agissait du paiement d'un billet consenti par mon père.

Si je découvre dans la suite que ce billet avait
été extorqué par violence, la preuve de ce fait suffit pour me donner le droit de répétition, et pour
faire présumer que j'étais dans l'erreur, lorsque
j'ai payé un billet dont je prouve aujourd'hui la
nullité.

74. Le droit romain donne une foule d'exemples
de cette présomption d'erreur, fondée sur la preuve
que la chose payée n'était pas due. Il est bon de par-
courir les principaux.

Elle s'applique à tous les cas où l'on prouve
qu'il a été payé plus qu'il n'était dû.

Il en résulte la présomption très-naturelle d'une
erreur, plutôt que celle d'une donation de la part
du débiteur : *Si quid probare potueris patrem tuum,
cui hæres extitisti, amplius debito creditori persol-
visse repetere potes. Loi* 1, *Cod. de condict. indeb.*,
4. 50.

75. On paie plus qu'on ne doit, quand on ne retient pas ce qu'on devait retenir sur ce qui a été
payé : on peut donc le répéter, sans autre preuve
que celle de la non rétention ; par exemple, si le
débiteur d'une rente soumise à la retenue légale

pour les contributions, n'a pas fait cette rétention en payant les arrérages, il peut la répéter, en représentant la quittance qui prouve qu'il a payé sans retenue.

J'ai vendu tous mes droits dans une succession qui m'était échue, et j'en ai livré tous les biens, sans retenir une somme qui m'était due par le défunt; je puis répéter cette créance contre l'acquéreur : *Si is qui hæreditatem vendidit et emptori tradidit, id quod sibi mortuus debuerat non retinuit, repetere poterit, quia plus debito solutum per condictionem rectè recipitur. Loi* 45, *ff de condict. indeb.,* 12. 6.

La loi 40, § 1, au même titre, donne l'exemple suivant de la répétition d'une somme dont la rétention n'avait pas été faite. Partie d'une maison grevée de substitution avait été incendiée et réparée par le grevé. Au terme fixé, il restitue la maison ainsi réparée, sans retenir le montant de ses dépenses. Il peut les répéter *condictione indebiti,* comme ayant payé plus qu'il ne devait : *Si pars domûs qui in diem per fideicommissum relicta est, arserit antè diem fideicommissi cedentem, et cùm hæres suâ impensâ refecerit, deducendam esse impensam ex fideicommisso constat; et si sine deductione domum tradiderit, posse incerti condici, quasi plus debito dederit.*

Cette disposition doit être suivie sous l'empire du Code, dans les cas de substitution permise en faveur des petits-enfans ou des neveux. Nous avons vu, tom. V, n°. 775, que, si le grevé de restitution fait l'avance des grosses réparations, il lui en est dû reprise ou à ses ayant-cause, lors de la cessation de la jouissance, pourvu qu'elles aient été occasionnées par vétusté ou cas fortuit. Si le montant de cette reprise n'avait pas été retenu sur les biens rendus, il pourrait être répété *condictione indebiti*, suivant la loi citée.

76. Il est évident qu'on paie plus qu'on ne doit, en payant une seconde fois une dette déjà acquittée, de quelque manière que ce soit ; par exemple par compensation : on peut donc répéter la somme indûment payée : *Si quis compensare potens solverit, condicere poterit, quasi indebito soluto. Loi* 10, § 1, *ff de compens.*, 16. 2. (*Voy.* ce que nous avons dit tom. VII, n°. 390).

77. Si j'ai payé en entier une somme que je devais solidairement avec Titius, qui l'avait déjà payée aussi en entier, je puis la répéter, parce que j'ai payé ce qui n'était plus dû.

Si nos paiemens étaient de même date, chacun de nous ayant payé moitié plus qu'il ne devait, a le droit de répéter cette moitié : *Si duo rei qui decem debebunt vigenti pariter solverint, Celsus ait singulos quina repetituros, quia cùm decem deberent, vigenti solvissent, et quod ampliùs ambo solverint, ambo repetere possunt. Loi* 19, § 4, *ff de condict. indeb.*; 12. 6.

Si je devais solidairement avec Titius deux choses sous une alternative ; par exemple, un cheval ou 600ᶠ, et que l'un de nous ait donné la somme, et l'autre le cheval, la dette ayant été acquittée par le premier paiement, l'objet du second peut être répété, parce qu'il n'était plus dû.

Si les deux paiemens étaient de même date, chacun de nous ne pouvant répéter la moitié de ce qu'il a payé, parce que, dans le principe, nous ne pouvions payer la moitié de chaque chose due sous une alternative, le jurisconsulte Paul décide que le créancier a le choix de rendre la chose qu'il voudra : *Hoc casu electio est creditoris, cui velit solvere, ut alterius repetitio impediatur. Loi 21, ff de condict indeb.,* 12. 6.

Il paraît injuste, au premier aspect, de déférer l'option au créancier qui est en faute d'avoir reçu deux choses, dont l'une ne lui était pas due. Cependant, comme il est possible qu'il n'y ait aucun reproche à lui faire; par exemple si les paiemens ont été faits le même jour, l'un à lui-même, l'autre à son agent, et que d'ailleurs c'est, dans l'espèce, le créancier qui se trouve devenu débiteur, on suit la règle générale : *Electio debitoris est.*

Dans l'espèce précédente, ce sont deux débiteurs solidaires d'une obligation alternative, qui ont payé, le premier l'une des choses, le second l'autre, quoiqu'une seule fût due. La loi citée laisse au créancier l'option de rendre celle qu'il voudra, parce que c'est lui qui est désormais débiteur. Pothier souscrit à cette décision dans son Traité *de condictione indebiti,* n°. 149.

78. Mais lorsque le débiteur unique d'une dette alternative a payé en même tems les deux choses, croyant, par erreur, les devoir toutes les deux, trompé, par exemple, par une expédition où le notaire avait écrit *et* au lieu d'*ou,* qui se trouvait dans la minute, il n'est pas douteux que la resti-

tution d'une de ces deux choses est due. On n'en a jamais douté; mais le créancier qui les a reçues toutes les deux a-t-il également le choix de rendre celle qu'il voudra, ou bien le débiteur, qui avait originairement le droit de choisir celle qu'il voulait payer, conserve-t-il le droit de répéter celle qu'il veut?

Les anciens jurisconsultes romains étaient divisés d'opinion sur cette question. Celsus, Marcellus et Ulpien pensaient que dans cette espèce, comme dans la précédente, le créancier devenu débiteur avait le choix de rendre celle des deux choses qu'il voulait.

Mais Papinien et Julien, les deux plus grands jurisconsultes de Rome, laissaient au débiteur le choix de répéter celle des deux choses qu'il avait payée, comme il avait originairement le droit de payer celle qu'il voulait. Justinien se prononça pour cette dernière opinion, dans la loi pénultième, *Cod. de condict. indeb.*, 4. 5. (1).

Pothier, des Obligations, n°. 257, trouve cette décision équitable. En effet, l'erreur du débiteur qui a donné les deux choses doit d'autant moins le priver de son droit de choisir, que le créancier n'est point sans reproche d'avoir reçu les deux choses au lieu d'une; et s'il avait reçu par erreur, cette erreur ne peut lui donner plus de droit qu'il n'en avait dans l'origine : il se trouve donc naturellement replacé, ainsi que le débiteur, dans l'état où

_____

(1) Sur laquelle *voy.* Edmond Merille, *in 50 decis. Justiniani,* et Ragueau, *in constit. et decis. Justiniani.*

ils étaient l'un et l'autre avant le paiement. Aussi, le jurisconsulte Julien (1) décide que, si l'une des choses a cessé d'exister, le débiteur ne pourra pas répéter celle qui reste.

79. Remarquez bien qu'il ne s'agit ici que des cas où les deux choses ont été payées en même tems, *simul,* dit la loi; car alors on ne peut dire laquelle des deux a éteint la dette. Au contraire, si les deux choses ont été payées en différens tems, la première payée a éteint la dette et acquitté le débiteur, qui peut répéter la seconde, soit que la première ait péri ou non. Si elle a péri, c'est pour le compte du créancier; si elle n'a pas péri, le débiteur ne peut la répéter, parce qu'elle était due. Il ne peut répéter que la seconde, qui ne l'était pas, puisque la dette était éteinte par le premier paiement; et si la seconde chose périssait, le débiteur ne pouvait rien répéter, à moins que la perte ne fût arrivée par la faute du créancier, ou depuis qu'il a été mis en demeure de la restituer (2).

80. Si un débiteur qui a payé en même tems deux

____

(1) *Loi* 3, *ff de condict. indeb.,* 12. 6.
Voici le texte de la loi : *Cum is, qui Pamphilum aut Stichum debet, simul utrumque solverit, si posteàquàm utrumque solverit, aut uterque, aut alter ex his desiit in rerum naturâ esse, nihil repetet; id enim remanebit in soluto, quod superest.*

(2) *Voy.* Cujas, *in leg.* 32, *ff de condict. indeb.,* dans son Commentaire, *in lib.* 10, *Digest. Salvii Juliani, tom. III, op. posth., col.* 58 *et* 59, *edit. Fabroti.*
Illud observandum est initio hujus legis poni, hominem utrumque simul fuisse solutum, nam si alius post alium solutus sit, ejus tantùm qui posteriore loco et tempore solutus est condictio competit, quoniam indebitus fuit. Priore autem loco solutus debitus fuit, et consequenter prior creditori erit; posterior debitori, adbitrit dato moram creditoris.

choses, croyant, par erreur, les devoir toutes les deux, tandis qu'il ne devait que l'une ou l'autre, sous une alternative, peut, après l'erreur découverte, répéter celle des deux qu'il lui plaît, celui qui a payé une chose, croyant, par erreur, la devoir déterminément, quoiqu'il ne la dût que sous une alternative qui lui laissait le choix d'en payer une autre, peut-il, après l'erreur découverte, répéter celle qu'il a payée en offrant de donner l'autre? (1)

Par exemple, mon père avait légué à Caïus tel tableau de David, qu'il possédait en original. J'en ai fait en conséquence la délivrance; je découvre ensuite un codicille dans lequel mon père me laisse l'option de donner le tableau ou 5,000'; puis-je répéter le tableau en offrant la somme?

Les anciens jurisconsultes romains étaient encore divisés d'opinion sur ce point. Celse, loi 19, *ff de leg.* 2°., refuse en ce cas le droit de répétition, que Julien accorde, au contraire, dans la loi 36, § *penult., ff de condict. indeb.,* 12. 6. Justinien n'a point prononcé sur cette question analogue à la précédente, et qui doit se décider par le même principe : il est donc resté une antinomie dans le Digeste entre les deux lois citées, comme l'observe fort bien Ragueau (2), en dépit de ceux qui n'en veulent point reconnaître; ce qu'il ne nous importe en rien d'examiner, dans notre jurispru-

---

(1) *Voy.* ce que nous avons dit tom. VI, n°. 697.
(2) *In leg. penult., Cod. de condict. indeb.,* 4 5.

dence française, où les lois romaines ayant perdu leur autorité législative, nous n'avons, entre deux lois contraires, qu'à voir celle qui est la plus conforme à la raison et à nos principes; et c'est, sans contredit, l'opinion de Julien qui est la plus raisonnable, puisqu'elle rend à chacun ce qui lui appartenait d'abord: L'erreur innocente du débiteur, sur la qualité de son obligation, ne doit pas lui préjudicier, en le dépouillant de l'option qu'il avait de payer la somme au lieu du tableau.

C'est aussi l'opinion de Pothier, dans son Traité des obligations, n°. 255, et de Dumoulin, qu'il cite.

Ces auteurs y apportent, avec raison, un tempérament fondé sur l'équité : c'est que, si le créancier n'a pas induit le débiteur en erreur sur la qualité de l'obligation, s'il a reçu de bonne foi, la répétition ne doit être admise qu'autant qu'elle ne lui causerait aucun préjudice, et qu'il serait remis au même état où il était avant le paiement; car la répétition n'est fondée que sur l'équité (1). Nous verrons bientôt que ce tempérament s'accorde avec les principes du Code.

81. Voici encore, relativement au droit de répétition, dans le cas d'une dette alternative, une question que l'on trouve décidée dans la loi 26, § 13, *ff de condict. indeb.*, par Ulpien; mais dont la décision ne nous paraît pas devoir être suivie. Je dois à Caïus 600^f ou tel cheval; je lui paie 300^f;

---

(1) Loi 66, *ff de condict. indeb.*

puis-je, après ce premier paiement, répéter cette somme et donner le cheval? Cela dépend, suivant Ulpien, du point de savoir si j'étais libéré par le paiement de 300ᶠ. Or, dit-il, je ne l'étais pas : Caïus peut donc me demander 300ᶠ ou le cheval, et si je préfère de donner le cheval, je pourrai répéter les 300ᶠ que j'ai payés. Il dit que Celse et Marcellus sont de cet avis.

Leur autorité est infiniment respectable, sans doute; mais il nous est impossible d'y déférer. parce qu'elle nous paraît contraire à la raison et aux principes établis sur les paiemens.

Le choix appartient au débiteur, sans doute, dans les obligations alternatives; mais, après un premier choix fait et accepté par le créancier, le débiteur ne peut plus varier. Or, dans l'espèce proposée, en donnant d'abord une somme de 300ᶠ, j'ai manifestement choisi de donner de l'argent, plutôt que le cheval; et Caïus a approuvé mon choix, en recevant volontairement un paiement partiel qu'il pouvait refuser : je ne puis donc plus varier ni répéter les 300ᶠ, sans son consentement.

C'est une pure subtilité de dire que le paiement partiel des 300ᶠ ne m'a point libéré. Non, sans doute, il ne m'a point libéré en entier; mais il m'a libéré pour une moitié des 600ᶠ. Je ne reste plus débiteur que de 300ᶠ. En payant la première somme, j'en ai irrévocablement transféré la propriété au créancier, qui n'a reçu que ce qui lui était dû. On ne peut donc le forcer à rendre une somme que peut-être il a consommée de bonne foi. Cependant Pothier, Traité *de condictione indebiti,* n°. 155, paraît approuver la décision de la loi citée. Mais, à l'époque où il écrivait, les lois romaines avaient une force qu'elles n'ont plus aujourd'hui, et quoiqu'elles n'eussent pas force de loi dans les pays coutumiers, il était rare qu'on osât s'en écarter. La raison sans l'autorité avait alors peu d'empire en jurisprudence.

82. Si l'on a payé à une autre personne qu'à celle du véritable créancier, le droit de répéter la chose payée est évident : *Indebitum est non tantùm quod omninò non debetur, sed et quod alii debetur; si alii solvatur.* Loi 65, § *fin.*, *ff de condict. indeb.*, 12. 6.

Par exemple si j'ai payé à celui qui se disait faussement l'héritier ou le mandataire de mon créancier. Loi 26, § 11, *ff*, *loi 8*, *Cod. H. T.*

Par exemple encore si, devant 3,000ᶠ à Caïus, décédé, représenté par trois héritiers, j'ai payé la somme entière à l'un d'eux, qui, par la division des créances, *ipso jure*, n'était créancier que de 1,000ᶠ.

83. La répétition a encore lieu, si j'ai payé dans mon nom ce qu'un autre devait, croyant par erreur le devoir moi-même : *Indebitum est non tantùm quod omninò non debetur, sed...... si quod alius debebat, alius quasi ipse debeat solvit.* Loi 65, § *fin.*, *H. T.*

La loi 19, § 1, *ff H. T.*, en donne pour exemple le cas où, me croyant faussement héritier de Caïus, j'ai payé les dettes de sa succession. La loi m'en accorde le droit de répétition, quoique, dans ce cas, le créancier n'ait reçu que ce qui lui était dû : *Quamvis debitum sibi quis recipiat, tamen si is qui dat non debitum dat, repetitio competit; veluti si is qui hæredem se falsò existimans, creditori hæreditario solveret* (1).

Cependant la loi 44, *ibid.*, dit qu'on ne peut former de répétition contre celui qui n'a reçu que ce qui lui était dû, quand même il l'aurait reçu d'un autre que du vrai débiteur : *Repetitio nulla est ab eo qui suum recepit, tametsi ab alio quàm à vero debitore solutum est.*

Mais cette loi ne doit s'entendre que du cas où le paiement a été fait par un tiers au nom du véritable débiteur. C'est ainsi que Pothier, Domat, Perez, etc., concilient ces deux lois.

M. Delvincourt, tom. III, pag. 680, trouve cette conciliation *divinatoire.* Il en propose une autre. On peut encore en voir une troisième dans le *Jus civile controversum* du savant Colaius, *lib.* 12, *tit.* 9, *quæst.* 13. Nous nous en tenons à celle de Pothier et de Domat, qui nous paraît la plus raisonnable.

Il nous importe peu de concilier deux lois romaines qui ont perdu leur autorité législative. Il nous suffit de suivre celle qui nous paraît plus conforme à la raison.

Mais il est de notre devoir de remarquer que l'arcle 1377 du Code nous paraît favoriser entièrement l'opinion de Pothier, guide principal des rédacteurs. La première disposition de cet article porte : « Lorsqu'une personne qui, par erreur, se croyait

---

(1) Il paraît aussi que, dans ce cas, celui qui a payé peut agir contre le véritable héritier, par l'action *negotiorum gestorum ;* car, en payant les dettes de la succession, il a véritablement géré les affaires de l'hérédité, quoique sans le savoir.

» débitrice, a acquitté une dette, elle a le droit de
» répétition contre le créancier. »

La seconde disposition ajoute : « Néanmoins, ce
» droit cesse dans le cas où le créancier a supprimé
» son titre par suite du paiement, sauf le recours de
» celui qui a payé contre le véritable débiteur. »

Il s'agit ici, comme on voit, de celui qui a payé
une dette qu'il croyait sienne, quoiqu'elle fût celle
d'un autre; et il est évident que l'article suppose
qu'il l'a payée dans son nom et non pas dans celui
du véritable débiteur; autrement, il n'y aurait pas
d'erreur. C'est en considération de cette erreur,
que l'article lui donne le droit de répétition, qu'il
ne pourrait avoir, s'il avait payé la dette dans le
nom du véritable débiteur, comme l'art. 1236 lui
en donne la faculté. Ce serait le cas d'appliquer la
loi 44 : *Repetitio nulla est ab eo qui suum recepit,
tametsi ab alio quàm à vero debitore solutum est.*

Inutilement se plaindrait-il que le véritable débiteur, au nom duquel il a payé et contre lequel
il avait un recours, est insolvable. Tant pis pour
lui. Le créancier lui répondrait qu'il a reçu ce qui
lui était dû, *suum recepit;* qu'on ne peut le lui reprendre; qu'il n'a même plus d'action contre son
ancien débiteur, dont la dette est éteinte, ainsi
que ses accessoires, tels que les cautionnemens et
hypothèques; qu'enfin, le tiers qui l'a payé volontairement dans le nom de son débiteur, n'a de reproches à faire qu'à soi-même, et que l'imprudence qu'il a commise ne peut nuire à un créancier qui a reçu de bonne foi, et dont la créance est
désormais éteinte.

Au contraire, lorsque le tiers a payé la dette d'autrui par erreur, et croyant payer la sienne propre, comme dans le cas où il se croyait héritier du débiteur, la loi, d'accord avec l'équité, lui accorde un droit de répétition qui ne nuit en aucune manière au créancier, lequel se retrouve dans la même situation où il était auparavant, avec ses droits entiers contre l'héritier de son débiteur, duquel héritier le paiement fait dans le nom personnel d'un tiers n'a point éteint la dette, comme le dit fort bien la loi 19, § 1 : *Hic enim neque verus hæres liberatus est, et is qui dedit repetere poterit.*

Cependant, si le tiers qui, se croyant par erreur débiteur personnel, au lieu de se faire remettre le titre de la créance, a fait la faute de laisser le créancier supprimer le titre qu'il croyait de bonne foi devenu inutile; par exemple, s'il avait déchiré ou livré aux flammes (1) le billet que lui avait consenti le défunt, alors le droit de répétition cesse, parce que, dit M. Maleville, *l'équité ne permet pas que le créancier* de bonne foi *soit la dupe de la faute du payant.* Il ne reste à celui-ci qu'un recours à exercer contre le véritable débiteur, recours devenu difficile par la suppression du titre de créance; mais enfin c'est sa faute. Toute cette doctrine est parfaitement raisonnable et d'accord avec les deux lois citées, entendues dans le sens que leur donnent Pothier et Domat.

84. Si le tiers qui a payé la dette d'autrui s'était

---

(1) *Voy.* Domat, pag. 176, nᵘ. 2.

fait subroger dans ses droits, il ne pourrait également répéter ce qu'il a payé. La subrogation acceptée est une convention contre laquelle il ne peut revenir.

85. La division des dettes d'une succession, *ipso jure*, entre tous les héritiers, peut encore nous donner l'exemple d'un paiement fait par erreur pour autrui, ou, si l'on veut, d'un paiement au-dessus de ce que devait celui qui a payé. Si, par exemple, me croyant, par erreur, solidairement obligé aux dettes d'une succession dont je n'ai recueilli que la moitié, j'ai payé la totalité d'une dette chirographaire, je puis répéter la moitié que j'ai payée de trop, et qui n'était due que par mon cohéritier.

Je pourrais même répéter le billet par lequel je me suis engagé, par erreur, de payer au-delà de ma portion héréditaire (1) : *Is qui plus quàm hœreditaria portio efficit, per errorem, creditori caverit indebiti promissi habet condictionem. Loi* 31, *ff H. T.*

86. Il serait fastidieux et inutile d'énumérer tous les cas où les lois romaines admettent la répétition. Il suffit de dire en général qu'elle est admise en faveur du propriétaire, toutes les fois qu'une chose reste, *sans aucune cause*, aux mains de celui

---

(1) M. Delvincourt, tom. II, pag. 677, not. 5, *in fine*, est d'un avis contraire ; ce qui étonne d'autant plus, que dans le tom. III, pag. 679, not. 4, il pense, comme nous, que le paiement fait par erreur de droit donne lieu à la répétition, aussi bien que l'erreur de fait ; mais il paraît que la loi 31, *ff de condict. indeb.*, sur laquelle nous appuyons notre opinion, lui avait échappé.

qui l'a reçue : *Hæc condicto ex æquo et bono intro-
ducta, quod alterius apud alterum* SINE CAUSA *depre-
henditur, revocare consuevit.*

87. C'est sur ce principe qu'est fondé le droit
de répéter la chose payée : la répétition doit donc
cesser dans tous les cas où il existe une cause de
paiement raisonnable et vraisemblable , quand
même la chose payée ne serait pas due dans le
sens légal et rigoureux du mot, suivant lequel
une chose n'est due que lorsqu'on a une action civile pour l'exiger : *Debitor intelligitur is à quo in-
vito exigi pecunia potest. Loi* 108 *, ff de V. S.*

Dans un sens plus conforme à l'équité et à la
morale , une chose est due , quoique la loi n'accorde pas une action civile pour contraindre à la
payer. C'est le cas de toutes les obligations naturelles , dont l'un des effets , suivant le droit romain , est d'empêcher la répétition de la chose
payée , parce que, dans ces cas, on ne peut pas
dire que le paiement soit sans cause : *Licet minùs
propriè debere dicuntur naturales debitores, per abu-
sionem intelligi possunt debitores, et qui ab his debitum recipiunt, debitum sibi recepisse. Loi* 16 *, § 3,
in fin., ff de fidejuss. Naturalis obligatio manet, et
ideò solutum repeti non potest. Loi* 19 *, ff de condict.
indeb. ,* 12. 6.

Notre Code civil a suivi les mêmes principes.
L'art. 1235 porte : « Tout paiement suppose une
» dette. Ce qui a été payé sans être dû est sujet à
» répétition. La répétition n'est pas admise à l'é-
» gard des obligations naturelles, qui ont été vo-
» lontairement acquittées. »

Les art. 1965 et 1967 donnent un exemple de l'application du principe. Le premier porte : « La » loi n'accorde aucune action pour une dette du » jeu ou pour le paiement d'un pari. » Le second ajoute : « Dans aucun cas, le perdant ne peut ré- » péter ce qu'il a volontairement payé, à moins » qu'il n'y ait eu, de la part du gagnant, dol, su- » percherie ou escroquerie. » Car alors il n'y a pas d'obligation naturelle (1).

Le paiement fait en viduité d'une somme empruntée par une femme, sans l'autorisation de son mari, ni le paiement fait en majorité d'un emprunt fait en minorité, ne peuvent également être répétés, parce que, si la loi accorde à la femme et au mineur devenu majeur une exception perpétuelle contre la demande du créancier qui ne prouve point l'emploi utile des sommes qu'il a prêtées, il reste une obligation naturelle qui suffit pour faire rejeter la répétition.

88. La loi présume même l'existence de cette obligation naturelle dans la personne du débiteur, qui paie une dette qu'il pouvait se dispenser de payer, au moyen d'une exception péremptoire, dont il avait connaissance, lorsque, par sa nature, cette exception, en éteignant l'action civile, laisse subsister l'obligation naturelle.

Par exemple, celui qui paie une dette contre laquelle il n'ignore pas que la prescription est acquise, ne peut répéter ce qu'il a payé. Il est pré-

_____

(1) *Voy.* ce que nous avons dit tom. VI, n°ˢ. 581 et suiv.

sumé qu'il n'a payé que pour l'acquit de sa conscience ou par un principe de délicatesse, parce
qu'il savait que la dette n'avait point été acquittée.

Par exemple encore, celui qui paie nonobstant
un jugement d'absolution, même en dernier ressort, qu'il a obtenu contre son créancier, ne peut
répéter ce qu'il a payé. Il est présumé qu'il ne s'est
décidé à le faire que parce qu'il reconnaissait que
le jugement était mal rendu, et qu'il n'en restait
pas moins débiteur ; car la présomption de vérité
que la loi attache à la chose jugée, ne peut changer la nature des choses ; elle ne s'étend qu'aux effets civils des jugemens. L'obligation de celui qui
n'est libéré que par un jugement inique, n'en continue pas moins d'exister. L'action du créancier
subsiste toujours *ipso jure*, suivant le droit immuable antérieur à la loi civile. La force de celle-ci ne
peut aller qu'à permettre de repousser, par une exception qu'elle accorde, une action qu'elle n'a pas
le pouvoir d'éteindre, parce qu'aucune puissance
ne peut détruire la vérité : l'obligation naturelle
reste donc, après le jugement inique d'absolution :
*Licèt enim absolutus sit, naturâ tamen debitor perma-
net. Loi* 60, *ff de condict. indeb.*, 12. 6. (*Voy.* ce que
nous avons dit tom X, n°. 73 et 74).

De là, le jurisconsulte Paul infère que celui qui
a payé volontairement, depuis le jugement d'absolution, n'a pas le droit de répétition : *Judex si malè
absolvit, et absolutus suâ sponte solverit, repetere non
potest. Loi* 28, *ff de condict. indeb.* Ce paiement volontaire fait présumer que le débiteur absous re-

onnaît une obligation naturelle, que le jugement n'a point détruite.

Pothier, Traité *de condictione indebiti,* n°. 145, adopte cette présomption raisonnable. Comment, en effet, expliquer autrement la conduite de celui qui paie nonobstant un jugement d'absolution, dont il a connaissance? Mais, ce que ne fait point la loi citée, Pothier étend cette décision au cas où, lors du paiement, le débiteur n'avait pas encore eu connaissance du jugement qui lui donnait congé de la demande, et qui lui procurait l'exception de la chose jugée.

Il nous est impossible de partager cette opinion. C'est précisément la connaissance qu'il a de l'exception péremptoire acquise en sa faveur, qui fait présumer, dans celui qui paie volontairement, la reconnaissance d'une obligation naturelle, que n'a point éteinte le jugement d'absolution. Nous pensons donc, avec Voët, *in tit. de condict. indeb.,* n°. 4, que la loi citée ne parle que de celui qui paie, sachant qu'il était à l'abri de toute recherche par l'exception de la chose jugée; ce qui est en tout conforme à la loi 26, § 3, *H. T.,* qui porte qu'on peut répéter comme non dû, non seulement ce qu'on ne devait en aucune manière, *omninò,* mais encore ce qu'on pouvait se dispenser de payer, au moyen d'une exception perpétuelle : *Nisi sciens se tutum exceptione solvit.* Voët ajoute que c'est aussi ce qu'indique la loi 28 par le mot volontairement, *sponte suâ,* qui ne signifie pas seulement que la volonté n'a pas été contrainte, mais aussi quelquefois qu'elle n'a point été infectée d'erreurs ou d'ignorance. Si l'on admettait l'opinion de Pothier. il faudrait dire aussi que tout paiement, même fait par erreur pendant le cours d'une instance, ne peut être répété; ce qu'il est impossible d'admettre; car on ne voit pas de motif pour rejeter la répétition d'un paiement fait depuis l'instance commencée, plutôt que d'un paiement fait auparavant, lorsqu'il est prouvé que la chose n'était pas due. La loi 60, *ff H. T.*, dit bien que *le véritable débiteur* ne peut répéter ce qu'il a payé, depuis la contestation en cause, *manente adhùc judicio;* mais cette loi ne parle que du *véritable* débiteur, *verum debitorem,* qui est, par conséquent, dans l'impossibilité de prouver qu'il a payé ce qu'il ne devait pas; preuve cependant qui est le fondement de toute répétition.

Mais, dans l'espèce de la loi, le véritable débiteur prétendait fonder sa répétition sur l'incertitude du jugement à rendre, en vertu de ce raisonnement ou plutôt de ce sophisme : Le paiement d'une obligation conditionnelle, fait avant l'événement de la condition, peut être répété, parce qu'il est incertain si cet événement arrivera, et qu'en attendant, il n'existe pas d'obligation, mais seulement une espérance. De même il est incertain si le débiteur traduit en justice sera condamné : donc il peut répéter ce qu'il a payé avant le jugement.

Répondant à ce sophisme, Julien décide que la répétition ne doit pas être admise, parce que, quelle que soit la chance du jugement, le débiteur ne pourra répéter ce qu'il a payé. Il ne le pourra, s'il est condamné : la chose jugée deviendra un nouveau titre contre lui. Il ne le pourra, s'il est absous ; car il reste l'obligation naturelle qui empêche la répétition, comme nous venons de le voir dans le numéro précédent. Ainsi, dit Julien, le débiteur, dans l'espèce proposée, se trouve dans le cas d'un homme qui a promis de payer, soit que tel navire revienne d'Asie, soit qu'il n'en revienne pas : *Sive navis ex Asiâ venerit, sive non venerit.*

Mais Julien ne dit pas que celui qui n'est point véritablement débiteur ne pourra répéter ce qu'il a payé par erreur avant le jugement, *manente judicio*, en prouvant que la chose payée n'était pas réellement due, parce qu'en effet il n'y a pas de raison pour rejeter cette répétition, plutôt que celle de ce qui a été payé avant le commencement de l'instance.

Prétendrait-on que tout paiement fait pendant l'instance et avant le jugement, doit être considéré comme une transaction qui doit empêcher la répétition, suivant la loi 65, § 1, *ff II. T.*, qui porte : *Et quidem quia quod transactionis nomine datur, licèt res nulla media fuerit, non repetitur, nam si lis fuit, hoc ipsum quod à lite disceditur causa videtur esse ?*

Mais d'abord on ne pourrait, sous l'empire du Code, présumer que le paiement fait pendant l'instance est une transaction, puisque l'art. 2044 exige que toutes transactions soient rédigées par écrit.

On ne pourrait également invoquer une pareille présomption sous l'empire du droit romain. La loi 11, *Cod. de condict. indeb.*, 4. 5, défend de présumer de telles transactions, pour les opposer à la demande en répétition de ce qui a été payé sans être dû : *Sancimus omnibus qui incerto animo inde-bitam dederint pecuniam, vel aliam quamdam spe-ciem persolverint, repetitionem non denegari, et præ-sumptionem transactionis non contrà eos induci.*

Si le paiement fait pendant l'instance ne peut faire présumer une transaction, la répétition de la chose payée doit être admise, en prouvant qu'elle n'était pas due.

Or, celui qui paie dans l'ignorance d'un juge-ment d'absolution, rendu en sa faveur, se trouve précisément dans le même cas que celui qui paie auparavant, *et manente judicio.* Un jugement qu'il ignorait ne peut pas plus influer sur son esprit que s'il n'existait point. Et si l'ignorance d'un juge-ment rendu avant une transaction laisse, comme le dit fort bien Pothier, n°. 157, les parties dans le même état où elles étaient avant la transaction, l'ignorance du jugement rendu avant le paiement doit également laisser les parties dans le même état où elles étaient avant le jugement. Il est évident, quoi qu'en dise Pothier, qu'on ne peut argumenter de ce jugement, ignoré lors du paiement, pour faire présumer, dans la personne du défendeur absous, une obligation naturelle, que ce jugement n'a pas détruite. Ce n'est que lorsqu'il paie, sa-chant qu'il peut s'en dispenser, au moyen de l'ex-ception de la chose jugée, qu'il est, avec assez de raison, présumé, en ne l'opposant pas, recon-naître, par un paiement volontaire, l'existence d'une obligation naturelle, que le jugement n'a point détruite.

89. Il n'est même pas nécessaire, pour empêcher la répétition, que le paiement ait eu pour cause une obligation naturelle proprement dite. Il suffit, pour faire cesser la répétition, qu'il ait existé une cause raisonnable de paiement, telle qu'un motif de délicatesse ou de piété. Nous en avons déjà donné un exemple dans le paiement fait par l'héritier des legs contenus dans un testament nul. On ne peut pas dire qu'il y ait obligation naturelle de les payer; car les testamens ne sont pas de droit naturel. Néanmoins, l'héritier ne peut répéter les legs qu'il a payés, parce qu'il peut et qu'il est supposé avoir eu, pour donner les choses léguées, un motif très-louable, celui d'exécuter les dernières volontés du défunt, par délicatesse, par piété, par respect pour sa mémoire, qu'il a voulu honorer.

Il nous semble qu'il en doit être de même, quand il n'y aurait point de testament écrit; par exemple, si l'héritier avait reçu une quittance dans laquelle Caïus reconnaît avoir reçu de l'héritier de Sempronius la somme de 3,000', pour un legs que le défunt lui a verbalement fait en mourant. La somme ne pourrait être répétée par l'héritier.

Voici un autre exemple tiré de la loi 32, § 2 : Une mère (1), croyant par erreur devoir une dot

---

(1) Le texte dit : « *Mulier, si in eâ opinione sit, ut credat se pro dote* » *obligatam, quidquid dotis nomine dederit, non repetet ; sublatâ enim falsâ* » *opinione, relinquitur pietatis causâ, ex quâ solutum repeti non poterit.* »
Mais Cujas, Godefroy, le président Favre, dans ses *Rationalia* sur cette loi, pensent avec raison qu'il faut lire *mater* au lieu de *mulier*. En effet, cette cause de piété, mise en avant dans cette loi, ne peut s'appliquer a une femme etrangère.

de 1,000ᶠ à sa fille, en vertu du contrat de mariage de cette dernière, lui a payé cette somme. Elle ne pourra la répéter, après l'erreur découverte; car, mettant à l'écart la fausse opinion où elle était, il reste en faveur du paiement un motif de piété suffisant pour faire cesser la répétition : *Sublatâ enim*, dit Julien, *falsâ opinione, relinquitur pietatis causâ, ex quâ solutum repeti non potest.* C'est une sorte de devoir naturel pour les pères et mères de favoriser l'établissement de leurs enfans, en les faisant, par anticipation, participer à leur aisance : la décision de la loi citée doit donc s'appliquer à tous les avancemens successifs.

Mais, si le père ou la mère devait un compte à l'enfant auquel il a payé une dot ou un avancement successif, le paiement serait imputé sur ce qui est dû en vertu de ce compte.

90. C'est à celui qui a payé ou au nom de qui le paiement a été fait par erreur, qu'appartient le droit de répétition.

Si mon ancien tuteur, si mon procurateur avait payé une chose dont, par erreur, il me croyait débiteur, ce serait moi, et non pas eux, qui devrais demander la répétition. Loi 6, § *ult.*, *ff II. T.*

Cependant, il est plus conforme à l'équité que celui qui a payé puisse former cette demande, soit que j'aie ou non approuvé le paiement. Si je l'ai approuvé, il a contre moi l'action *negotiorum gestorum*, et moi l'action en répétition contre celui qui a reçu. Pour éviter ce circuit, la loi dit que celui qui a payé dans mon nom peut directement demander la répétition : *Tam benigniùs quàm uti-*

liùs est rectâ viâ, ipsum qui nummos dedit suum re-cipere. Loi 53, *ff H. T.*

A plus forte raison, si je n'ai pas approuvé le paiement ; car alors ce n'est pas moi qui ai payé ni fait payer : je ne puis donc répéter une somme qui ne m'a jamais appartenu (1).

C'est à l'imprudent qui l'a donnée d'en demander la répétition, en prouvant, bien entendu, que la chose n'était pas due ; ce qui lui deviendrait impossible, si la personne dans le nom de laquelle il a payé ne lui remettait pas les pièces qu'elle peut avoir pour prouver que la chose n'était pas due : il pourrait donc agir contre elle pour la contraindre à les lui remettre, ou à se purger par serment qu'elle n'en a point.

91. Il peut se trouver des cas où celui qui a fait, dans son nom et pour son compte, le paiement de ce qui n'était pas dû, n'a pas néanmoins le droit de répétition, mais une autre personne ; par exemple, l'héritier putatif qui a payé, avec des effets de la succession, ce que par erreur il croyait dû, ne peut les répéter après que le véritable héritier est reconnu. C'est ce dernier qui peut seul demander la répétition, puisque c'est à lui seul qu'appartiennent les choses qui sont répétées.

Ou bien encore lorsque celui qui avait accepté une succession, et payé ce qu'il croyait dû avec des effets qui en dépendaient, attaque et fait annuler son acceptation par l'un des moyens dont

_____

(1) Loi 6, *ff H. T.*

parle l'art. 783, soit comme étant la suite d'un dol, soit comme étant lésé, par la découverte d'un testament inconnu au moment de l'acceptation, et qui absorbe ou diminue la succession de plus de moitié. Dans ce cas, il ne peut répéter les effets qu'il a donnés en paiement, et qui ne lui appartiennent plus. Il en est de même du cas où un mineur se fait restituer contre l'acceptation non valablement faite d'une succession.

92. Passons à l'objet de la répétition et aux obligations, tant de celui qui est tenu de rendre la chose reçue par erreur, que de celui qui l'avait donnée et qui la répète.

L'objet de la répétition est la chose même donnée en paiement, ou son équivalent, c'est-à-dire une somme égale à sa valeur.

C'est la chose même *in individuo* qui est l'objet principal de la répétition, lorsque la chose donnée en paiement est un corps certain et déterminé, qui ne se consomme point par l'usage. Si c'était une chose fongible, c'est sa valeur seulement ou une quotité égale qui est l'objet principal de la répétition : *Quod indebitum per errorem solvitur, aut ipsum aut tantumdem restituitur. Loi* 7, *ff H. T.*

Les accessoires de la chose, les fruits qu'elle a produits sont aussi un des objets de la répétition : *Indebiti soluti condictio naturalis est ; et ideò etiam quod rei solutæ accessit venit in condictionem, ut putà partus qui ex ancillà natus sit, vel quod alluvione accessit ; imò et fructus quos is cui solutum est bonâ fide percepit, in condictionem veniunt. Loi* 15, *ibid.*

93. Mais, en ce qui concerne la restitution, tant du capital que des accessoires, il faut faire une distinction très-importante entre celui qui a reçu de bonne foi ce qu'il croyait lui être dû, et celui qui a reçu de mauvaise foi ce qu'il savait qu'on ne lui devait point. La raison dit que leur condition ne doit pas être la même.

94. Voyons d'abord les obligations de celui qui a reçu de bonne foi. Nous avons déjà vu qu'elles dérivent de cette grande règle d'équité naturelle, que personne ne doit s'enrichir au détriment d'autrui : *Jure naturæ æquum est neminem, cum alterius detrimento et injuriâ fieri locupletiorem. Loi* 206, *ff de R. J.*

De là une conséquence directe, qui devient un principe fondamental, lorsqu'il s'agit de la répétition de ce qui a été donné ou reçu en paiement par erreur : c'est que celui qui l'a reçu de bonne foi n'est tenu de rendre la chose qu'autant qu'elle existe encore en sa possession, ou qu'il s'en est enrichi : *Quatenùs locupletior factus est ;* car, s'il ne s'en est point enrichi, on ne peut plus lui appliquer la règle qui sert de fondement au droit de répétition, et par conséquent il n'est tenu à rien.

De ce principe fondamental de la matière, découlent, comme des conséquences directes, toutes les obligations de celui qui a reçu de bonne foi ce qu'il croyait lui être dû. Si la chose existe en sa possession, il doit la rendre avec tous ses accessoires, autrement, il s'enrichirait sans aucun droit, ou plutôt contre le droit de la nature, au détriment de celui qui a donné la chose par erreur.

Il doit même rendre les fruits que la chose a produits, suivant la loi 15, *ff de condict. indeb.*, 12. 6., *imò et fructus, quos is cui solutum est, bonâ fide percepit, in condictionem veniunt;* mais cette loi ne doit plus être suivie sous l'empire du Code, dont l'art. 549 établit en principe général que le simple possesseur de bonne foi fait les fruits siens pendant que sa bonne foi dure, et l'on peut d'autant moins faire exception à ce principe, dans le cas de la répétition de la chose payée par erreur à celui qui l'a reçue de bonne foi, que l'art. 1378 suppose assez clairement que celui qui a reçu de mauvaise foi est seul obligé à la restitution des fruits. Il porte : « S'il y a eu mauvaise foi de la part de celui qui a » reçu, il est tenu de restituer tant le capital que » les intérêts ou les fruits, du jour du paiement. »

La loi 15, *ff de condict. indeb.*, se trouve donc abrogée par l'art. 7 de la loi du 30 ventôse an XII. Le Code présume, avec raison, que le possesseur de bonne foi a consommé, aussi de bonne foi, les fruits d'une chose qu'il croyait lui appartenir : il est donc dispensé de les rendre, ce qui rentre dans le principe général admis en droit romain.

95. Si, au moment de la découverte de l'erreur, la chose n'existait plus dans la possession de celui qui l'avait reçue de bonne foi, si elle a péri par accident et sans son fait, il est dégagé de l'obligation de la rendre, suivant la règle commune à tous les débiteurs, que l'obligation est éteinte par la perte de la chose. (1302). (*Voy.* ce que nous avons dit tom. VII, n°s. 442 et suiv.)

Mais si c'est par sa faute que la chose a péri ou

qu'il se trouve hors d'état de la rendre, est-il dégagé de son obligation?

Il faut ici prendre garde à l'équivoque. Qu'est-ce
qu'une faute? C'est un acte ou une omission volontaire ou involontaire, contraire au devoir ou à
l'obligation de celui qui l'a fait. Ce qui serait une
faute de la part du débiteur d'un corps certain,
qui connaît l'obligation de rendre ce corps, n'en
est plus une de la part de celui qui ne la connaît
pas, et sur-tout de celui qui a reçu de bonne foi, en
paiement, une chose dont il se croyait créancier. Pothier pensait même, Traité *de l'action condictio indebiti,* que la tradition volontaire de la chose qui
n'était pas due, faite par le propriétaire lui-même,
ou par son ordre, à celui qui la recevait de bonne
foi, parce qu'il s'en croyait propriétaire, lui en
avait réellement transféré la propriété « Celui, dit-
» il, n°. 178, qui paie à quelqu'un, par erreur,
» une chose qu'il croyait lui devoir, a la volonté
» de lui en transférer le domaine par la tradition
» qu'il lui en fait. Celui à qui elle est payée a pa-
» reillement la volonté d'en acquérir le domaine.
» Le concours de leurs volontés suffit, avec la tra-
» dition, pour la translation de la propriété. »

L'autorité de ce grand jurisconsulte, qui a eu la
gloire d'être le guide principal des rédacteurs du
Code, nous avait entraîné dans son erreur, que
cependant nous croyons avoir victorieusement ré-
futée (1), *suprà,* n°. 58; car, si celui qui paie une

_____

(1) J'ai déjà dit, en commençant, que c'est à M. Jourdan que j'ai

chose qu'il ne doit pas, a la volonté d'en transférer la propriété au débiteur putatif, sa volonté
fondée sur une erreur n'a pu avoir cet effet. Il n'y
a point de consentement valable, s'il n'a été donné
que par erreur. (1109).

Mais il n'en est pas moins vrai que si celui qui
avait reçu la chose de bonne foi n'en était pas devenu propriétaire par la tradition, il l'ignorait, et
il l'ignorait par la plus juste des erreurs, *justissi-
mo errore,* dit un grand jurisconsulte (1), puisqu'elle était partagée, fortifiée même, par la personne la plus intéressée à la découvrir, par celui
qui a donné la chose en paiement, et dont l'ignorance a causé, tout au moins entretenu, l'erreur
de celui qui a reçu. Ce dernier ne commet donc
pas de faute, et ne peut encourir de reproche,
en négligeant la chose ou en la détériorant : *Quia
qui quasi rem suam neglexit nulli querelæ subjectus
est* (2). *Loi* 31, § 3, *ff de hæredit. petit.,* 5. 3.

Ainsi, la découverte de l'erreur commune aux
deux parties ne peut avoir d'effet rétroactif. an·
nuler ce qui a précédé, ni donner lieu contre lui à

---

l'obligation d'avoir aperçu cette contradiction qui m'est échappée, et
je l'en remercie de nouveau.

(1) Doneau, *Comment. jur. civ., lib.* 14, *cap.* 18.

(2) C'est une conséquence de ce principe, qu'aux termes de l'article 1631, « lorsqu'à l'époque de l'éviction, la chose vendue se trouve
» diminuée de valeur, ou considérablement détériorée, soit par *la né-
» gligence* de l'acheteur, soit par des accidens de force majeure, le ven-
» deur n'en est pas moins tenu de restituer la totalité du prix. » Il ne
peut demander compte des détériorations arrivées par *la négligence* ou
par la faute de l'acquéreur : *Quia qui quasi rem suam neglevit, nulli
querelæ subjectus est.*

d'autre action qu'à la restitution de ce dont il s'est enrichi. Celui qui avait donné la chose par erreur, la reprend, si elle existe (1379), dans l'état où elle se trouve ; s'il éprouve quelque préjudice, ce n'est qu'à lui-même qu'il peut l'imputer.

Telle est la doctrine du droit romain, constamment suivie en France sous l'ancienne jurisprudence. Ce n'est que du moment où il a commencé de connaître l'obligation de la rendre, que celui qui a reçu de bonne foi en paiement une chose qu'on ne lui devait pas, est soumis à l'obligation de la conserver jusqu'à la restitution, à peine de dommages et intérêts. Suivant la disposition de l'article 1136, il n'est point tenu de tout ce qu'il a fait de bonne foi, avant de connaître son obligation.

C'est ce qu'enseigne aussi Domat (1) : « Si c'est » quelqu'autre chose que de l'argent qui doive être » restitué, celui qui *commence de connaître cet en-* » *gagement* doit prendre soin de la chose et de la » conserver jusqu'à ce qu'il la rende ; mais si la » chose est endommagée ou périt *avant que la de-* » *mande lui en eût été faite,* et qu'il fût *en demeure* » de la restituer, *il n'en serait pas tenu, quand même* » *il y aurait de sa faute;* car sa condition doit être » la même que s'il avait été maître de la chose. Mais » après la demande, s'il était en demeure, il serait » tenu de ce qui arriverait, même sans sa faute. »

96. Cette doctrine raisonnable est aussi celle du Code, qui en fait l'application au cas de la vente de

---

(1) Lois civiles, liv. 2, tit. 7, sect. 3, n°. 2.

la chose, dans l'art. 1380. « Si celui qui a reçu de
» bonne foi a vendu la chose, il ne doit restituer
» que le prix de la vente, » quand même il aurait
vendu la chose au-dessous de sa valeur : *Fundum
indebitum dedi et fructus condico ; vel hominem indebitum, et hunc sine fraude modico distraxisti, nempê
hoc solum refundere debes, quod ex pretio habes.*
Loi 26, § 21, *H. T.*

Par une conséquence des mêmes principes, si
celui qui, de bonne foi, avait reçu la chose en
paiement, l'avait détériorée, s'il en avait disposé
gratuitement, sans en retirer aucun profit, sans
s'enrichir, il ne serait tenu à aucune restitution :
*Ut si is rem acceptam donaverit, servum solutum ma-
numiserit, si distraxerit minimo,* dit Doneau, *ubi
suprà.* Il cite à l'appui la loi 65, § *pen. H. T.*, qui
porte : *Si servum indebitum tibi dedi, eumque ma-
numisisti, si sciens hoc fecisti, teneberis ad pretium
ejus, si nesciens non teneberis.*

97. Mais si celui qui, après avoir reçu la chose,
l'a aliénée de bonne foi, quoiqu'à vil prix, ou
même gratuitement, n'est tenu à rendre, dans le
premier cas, que le prix qu'il en a retiré, et rien
dans le second; parce qu'il n'a profité de rien, celui
qui avait donné la chose en paiement, et qui veut
la répéter après son erreur découverte, a-t-il du
moins une action vers le tiers acquéreur ou donataire de la chose? (1)

_____

(1) Immeuble, bien entendu. Si c'était un meuble, la seule possession de l'acquéreur ou donataire de bonne foi lui tient lieu de titre,
(2279).

La négative résulte de la disposition de l'article 1380, qui porte que celui qui a vendu après avoir reçu la chose de bonne foi, n'en doit restituer que le prix : ce n'est donc que contre le vendeur qui avait reçu la chose que celui qui l'avait donnée peut avoir une action. Comment, en effet, pourrait-il en avoir une contre le tiers acquéreur de bonne foi de celui qui se croyait propriétaire, en vertu d'un titre légitime, comme nous l'avons vu ci-dessus?

98. Il est vrai pourtant que le vendeur n'avait qu'une propriété révocable, et que, suivant les art. 2125 et 2182, le vendeur qui n'avait sur l'immeuble qu'un droit résoluble ou sujet à rescision, ne transmet à l'acquéreur que la propriété et les droits qu'il avait lui-même sur la chose vendue, sous l'affectation des mêmes résolutions, rescisions et hypothèques.

Mais ce principe, très-sage et très-vrai, souffre une exception que nous croyons unique, dans le cas de l'aliénation faite par celui qui avait de bonne foi reçu l'immeuble en paiement, et cette exception est fondée en raison. C'est par un acte de la volonté libre du propriétaire que la chose a été transmise à celui qui l'a reçue en paiement; c'est le propriétaire qui a conféré à ce créancier putatif (1) le titre en vertu duquel celui-ci est devenu

---

(1) Cette raison décisive ne peut s'appliquer à l'héritier putatif, qui n'a reçu aucun titre du véritable héritier, et qui s'est de lui-même mis en possession de l'hérédité. Les aliénations qu'il a faites avant d'être évincé par la pétition d'hérédité, restent donc soumises à la résolution,

propriétaire, et a dû être considéré comme tel. La volonté de celui qui a donné a pu être à la vérité erronée; mais elle a réellement existé, et cela suffit à l'égard des tiers acquéreurs de bonne foi. Il ne peut leur opposer la grande maxime, la maxime fondamentale du droit de propriété : *Id quod nostrum est sine facto nostro ad alium transferri non potest. Loi 11, ff de R. J.* Car c'est par son fait que la chose a été transmise au créancier putatif, qui l'a aliénée de bonne foi à un tiers également de bonne foi. L'erreur de l'ancien propriétaire, suivant la doctrine de tous les jurisconsultes, puisée dans la loi même, ou plutôt suivant la loi, ne lui donne qu'une action personnelle, *condictio*, contre celui auquel il a remis la chose : cette action ne peut donc être intentée contre des tiers possesseurs de bonne foi, vers lesquels il n'a aucun principe d'action. La loi ne lui en donne que pour répéter le prix qu'en a retiré le créancier putatif qui l'a vendue. S'il agissait contre les acquéreurs, ils le renverraient donc vers leur vendeur.

99. On est d'accord sur ce point, qui n'est pas contesté; mais Pothier (1), qui d'ailleurs s'écarte si rarement du droit romain, pense néanmoins qu'il doit en être autrement en cas d'aliénation à titre gratuit, et que celui qui, par erreur, avait donné l'immeuble en paiement, peut, contre la rigueur du droit, exercer une action rescisoire,

en vertu de la disposition des art. 2125 et 2182, quoique faites de bonne foi. *Voy.* l'addition au tom. IX.

(1) Traité *de condictione indebiti*, n°. 179.

utilis in rem, contre celui qui le possède à titre gratuit, parce que personne ne peut s'enrichir aux
dépens d'autrui, et que, dans ce cas, le donataire
certat de lucro captando, puisqu'il profite de la
chose qui lui a été donnée, aux dépens de celui
qui l'avait payée par erreur, lequel *certat de vitando damno, quod ex hujus rei indebitæ solutione
sensit.*

M. Delvincourt (1) pense, avec raison, que l'o-
pinion de Pothier ne peut être admise dans notre
droit. On ne trouve, en effet, aucun texte, dans
la législation romaine ni dans la nôtre, d'où l'on
puisse induire cette distinction entre les acquéreurs à titre gratuit ou onéreux. Cependant il en
faudrait un ; car la donation, comme la vente, a
transféré la propriété de la chose au tiers possesseur, qui l'a reçue de bonne foi. La loi protège la
propriété du donataire autant que celle de l'acquéreur. On ne connaît en droit qu'un seul cas où
l'action révocatoire soit accordée contre le premier, et non pas contre le second ; c'est le cas où
l'aliénation a été faite par un propriétaire insolvable, en fraude de ses créanciers, à un tiers qui
a contracté de bonne foi, sans être complice de
la fraude. Les lois romaines ne permettaient pas
d'exercer, en ce cas, l'action révocatoire contre
l'acquéreur de bonne foi, parce qu'il répugne à
la justice que la mauvaise foi du vendeur puisse
ruiner un acquéreur, qui a contracté avec lui sans

---

(1) Tom. III, pag. 681, not. 2, *in fine.*

connaître sa fraude et sans y participer. En laissant subsister la vente, les créanciers sont victimes
de la mauvaise foi du vendeur ; en la révoquant,
c'est l'acquéreur de bonne foi : sous ce point de vue,
la condition des créanciers est égale à celle de l'acquéreur. On ne pouvait rien reprocher ni aux premiers ni au dernier ; mais celui-ci est en possession
de la chose vendue : or, *in pari causâ, possessor potior haberi debet. Loi* 128, *ff de R. J.*

Au contraire, la condition du donataire, quoiqu'il n'ait point participé à la fraude du donateur,
n'est point égale à celle des créanciers du débiteur
insolvable. Il n'y a rien à la vérité à lui reprocher,
pas plus qu'aux créanciers ; mais, si la donation
subsiste, les créanciers perdent tout ce qui leur est
dû ; si elle est révoquée, le donataire ne perd rien ;
il manque seulement à gagner. Ulpien en conclut,
loi 5, § 11, *quæ in fraudem credit, 42. 8,* qu'il
n'est pas censé éprouver une injustice, si la donation est annulée : *Nec videtur injuriâ affici, cùm
lucrum extorqueatur, non damnum infligatur.* Ainsi,
dans le concours des prétentions respectives, les
créanciers *certant de damno vitando ;* mais remarquez bien que, dans ce cas, il n'y a pas l'ombre
d'un reproche à faire aux créanciers, qui n'ont
commis aucune faute. Il en est autrement dans le
cas où celui qui se croyait débiteur, ayant, par
erreur, transféré la chose au créancier putatif de
bonne foi, avec l'intention de lui en transférer la
propriété, vient, après la découverte de son erreur,
la réclamer vers un tiers donataire, aussi de bonne
foi, qui pourrait même éprouver un grand pré-

judice en certains cas, quoiqu'ayant reçu la chose gratuitement; par exemple, s'il l'avait reçue pour favoriser un mariage; et auquel enfin on ne peut faire aucun reproche, tandis qu'on peut reprocher à l'ancien propriétaire l'erreur par laquelle il a trop légèrement payé une chose qu'il ne devait pas. C'est donc ici le cas d'appliquer le principe de justice que l'erreur nuit à celui qui l'a commise, *error nocet erranti*, et non pas à un tiers possesseur de bonne foi, dont le titre n'est fondé sur aucune erreur, ni infecté d'aucun vice.

100. Partant du principe que celui qui avait reçu la chose de bonne foi, n'en devait pas moins rendre les fruits qu'il avait perçus, les jurisconsultes romains pensaient que si, avant d'aliéner la chose ou d'être réduit, par quelque cause que ce soit, à l'impossibilité de la rendre, celui qui l'avait reçue en avait retiré quelques profits, quelques avantages quelconques, appréciables en deniers, il serait obligé d'en tenir compte. La dispense de rendre la chose qui est l'objet principal de l'action, ne le dispensait point de rendre les fruits et autres accessoires dont il a profité, *quatenùs locupletior factus est.*

Ils portaient si loin les conséquences de ce principe, que, si c'était un esclave qui avait été payé par erreur, et affranchi ensuite de bonne foi, par celui qui l'avait reçu, ce dernier était obligé de tenir compte de la valeur des services et des ouvrages qu'il s'était réservés, comme patron, lorsque ces services étaient appréciables en deniers. Loi 26, § 12, *ff H. T. : Hæ enim operæ recipiunt æstimationem.*

Si ces principes étaient suivis, il faudrait dire que, si les choses meubles payées donnaient un produit journalier, des vaches, par exemple, celui qui les a reçues devrait compte du prix du lait, du beurre, du fromage, etc., *quæ recipiunt æstimationem ;* car, quoiqu'il ait consommé ces produits, ils l'ont enrichi. Il en est de même des choses fongibles qu'il a consommées : *Si consumpsit frumentum, pretium repetet. Loi* 65, § 6, *ff H. T.*

Si c'était un cheval, il faudrait tenir compte du prix des loyers perçus, mais non de ceux qu'a manqué de recevoir celui qui est de bonne foi.

D'après la disposition de l'art. 549, qui donne les fruits au simple possesseur de bonne foi, ces questions ne peuvent plus reparaître sous l'empire du Code.

101. Si le défendeur en répétition qui a aliéné la chose, avait une action pour faire rescinder le contrat, par exemple, s'il avait vendu un immeuble au-dessous des sept douzièmes de sa valeur, il devrait céder son action en rescision au demandeur, qui l'exercerait à ses risques et comme il l'entendrait. La rédaction vicieuse de l'art. 1379 pourrait faire croire que le Code a changé les principes sur un point important, en ce qu'il semble rendre celui qui a reçu de bonne foi responsable de la perte ou de la détérioration de la chose arrivée par son fait. Il porte : « Si la chose indûment reçue est un » immeuble ou un meuble corporel, celui qui l'a » reçue s'oblige à la restituer en nature, si elle » existe, ou sa valeur, si elle est périe ou détério- » rée par sa faute. »

L'article ajoute : « Il est même garant de sa perte,
» par cas fortuit, *s'il l'a reçue de mauvaise foi.* »

Cette dernière disposition semble faire entendre
que la première s'applique à celui même qui a reçu
la chose de bonne foi; autrement, pourquoi ajouter
dans la dernière, par surabondance et par une sorte
d'opposition à la première, *s'il l'a reçue* de mauvaise foi?

102. Cependant, rien n'annonce d'ailleurs que le
Code ait voulu s'écarter des anciens principes, sur
la responsabilité de celui qui a reçu de bonne foi
et s'en croyant devenu propriétaire, un immeuble qu'il se trouve ensuite obligé de rendre; il les
a même consacrés en les appliquant (art. 1631),
à l'acquéreur qui se trouve évincé, après avoir détérioré, par négligence, l'immeuble qu'il avait
acheté. « Lorsqu'à l'époque de l'éviction, dit cet
» article, la chose vendue se trouve diminuée de
» valeur ou considérablement détériorée, soit *par*
» *la négligence de l'acheteur,* soit par accident de
» force majeure, le vendeur n'en est pas moins tenu
» de restituer la totalité du prix. »

Cette disposition est manifestement fondée sur
le principe que celui qui néglige une chose qu'il
a des raisons de croire lui appartenir, ne commet
pas une faute, en négligeant d'en prendre le soin
nécessaire pour sa conservation, et qu'on ne peut
s'en plaindre : *Quia qui quasi rem suam neglexit,*
nulli querelæ subjectus est. Cette négligence n'est
une faute que de la part de celui qui, ayant reçu
la chose de mauvaise foi, savait qu'il était tenu de
la conserver pour la rendre.

Comme ces principes sont manifestement fondés en raison, et qu'on n'aperçoit aucun motif
pour les rejeter ou pour s'en écarter, dans le cas
de répétition de la chose indûment payée, auquel
on les applique spécialement dans le droit romain,
M. Delvincourt, tom. III, pag. 682, not. 2, pour
rapprocher l'art. 1379 de ces principes, dit que,
dans l'espèce de cet article, il faut supposer « que
» la chose a été à la vérité reçue de bonne foi,
» mais que depuis le possesseur a connu le vice de
» sa possession, et que c'est depuis ce tems qu'est
» arrivé l'événement qui a causé la perte ou la dé-
» térioration. « Il appuie cette interprétation sur le
texte même de l'article, qui suppose qu'il a pu y
avoir *faute*, et qui par là même suppose que la
perte ou la détérioration est arrivée depuis que le
possesseur, ayant connu le vice de sa possession, est
devenu possesseur de mauvaise foi.

Cette interprétation est certainement conforme
au principe; il nous semble même qu'en faisant
attention à la série des articles du Code, on ne
peut entendre l'art. 1359 que du cas où la chose a
été reçue de mauvaise foi.

Les art. 1376 et 1377 contiennent des dispositions indépendantes de la bonne ou de la mauvaise
foi de celui qui a payé ou reçu, par erreur, une
chose non due. L'art. 1378 passe au cas où il y a
eu mauvaise foi de la part de celui qui a reçu une
chose mobilière : il est tenu de restituer tant le capital que les intérêts, ou les fruits, du jour du
paiement.

L'art. 1379, qui en est une continuation, passe

au cas où la chose reçue est un immeuble : il est tenu à la restituer en nature, ou sa valeur, si elle est périe ou détériorée *par sa faute ;* expression qui indique que cet article, comme le précédent, ne parle que du possesseur de mauvaise foi.

Enfin, l'art. 1380 en vient au cas où la chose a été reçue de bonne foi, et si le possesseur l'a vendue, l'article ne l'oblige qu'à restituer le prix de la vente ; ce qui suppose évidemment que le possesseur n'a commis aucune faute en le vendant ; autrement, il serait soumis à des dommages et intérêts.

Nous pensons donc, comme M. Delvincourt, que la disposition de l'art. 1379 ne peut, comme celle de l'art. 1378, s'appliquer qu'à celui qui a reçu la chose de mauvaise foi. Cependant, malgré ces interprétations ou explications, il faut convenir que la rédaction de cet article est vicieuse ; mais il vaut mieux admettre un vice de rédaction dans un article de la loi, que d'y supposer une disposition contraire aux principes qu'elle consacre dans un autre article.

103. Passons aux obligations de celui qui a reçu de mauvaise foi une chose qu'on ne lui devait pas.

Elles sont beaucoup plus étendues et plus rigoureuses que celles de la personne qui a reçu de bonne foi. Elles ne sont plus alors fondées seulement sur la maxime de morale que personne ne doit s'enrichir aux dépens d'autrui, mais encore sur le précepte commun à toutes les législations, et qui défend le larcin : *Non furaberis.* Il y a évidemment dol par réticence de la part de celui qui reçoit en

paiement une chose qu'il sait ne lui être pas due,
ou qui ne la restitue pas aussitôt qu'il vient à découvrir qu'il n'en était pas créancier. Avant de la
recevoir, il était rigoureusement obligé d'avertir
de son erreur celui qui la lui donnait. Si, au mé-
pris de cette obligation, il garde un silence frauduleux, en recevant la chose dans le dessein de se
l'approprier, son action présente les caractères du
larcin : *Furtum est contrectatio rei alienæ fraudu-
losa, lucri faciendi causâ. Inst., § 1 de oblig. quæ ex
delict., 4. 1. Fur est qui rem alienam dolo malo con-
trectat. Paul., sent., lib. 2, tit. 11.*

Cependant, comme c'est le propriétaire lui-
même qui livre volontairement la chose, quoique
par erreur, à son créancier frauduleux, les lois
criminelles n'ont point prononcé de peine contre
celui qui reçoit sciemment en paiement une chose
qu'on ne lui devait pas. Les lois romaines, et, à leur
exemple, les lois françaises, ne donnent pas contre
lui l'action de vol, *actio furti,* mais l'action en répétition, *condictio indebiti.*

104. Mais elles lui imposent des obligations
beaucoup plus rigoureuses qu'à celui qui a reçu
la chose de bonne foi. Si c'est une somme d'argent, elles l'obligent de restituer tant le capital
que les intérêts, *du jour du paiement* (1378); car,
dans les obligations qui se bornent au paiement
d'une certaine somme, les dommages et intérêts
ne consistent jamais que dans la condamnation
aux intérêts fixés par la loi (1153) : on ne peut
donc rien demander de plus à celui qui a reçu,
de mauvaise foi, la chose soumise à la répétition.

105. Si, au contraire, elle était de nature à produire des fruits, il devrait faire raison, non seulement des fruits qu'il a perçus depuis le jour du paiement, mais encore de ceux qu'il a manqué de percevoir, quoiqu'il n'en ait pas profité. (Pothier, n°. 172).

106. S'il se trouve, par son fait, hors d'état de rendre la chose, par exemple s'il l'a vendue, il n'est pas déchargé de l'obligation de la rendre, en restituant le prix, comme celui qui avait reçu de bonne foi; et comme il ne peut plus restituer en nature la chose qu'il a vendue, il est tenu de tous les dommages et intérêts envers celui à qui elle devait être restituée. (Pothier, n°. 175, *in fine*).

107. Si la chose a péri par cas fortuit ou force majeure, il n'en est pas moins tenu d'en restituer la valeur (1379), à moins qu'il ne soit en état de prouver qu'elle fût également périe chez celui qui la lui a livrée par erreur (1302).

108. Si elle est seulement détériorée, il répond de sa faute (1379), même la plus légère; car, du moment où il a reçu la chose de mauvaise foi, il est soumis à l'obligation de la conserver jusqu'à la restitution, à peine de dommages et intérêts. (Argument de l'art. 1136).

109. « Celui auquel la chose est restituée, doit » tenir compte, même au possesseur de mauvaise » foi, de toutes les dépenses *nécessaires et utiles* qui » ont été faites pour la conservation de la chose. » (1381).

110. S'il a été fait des améliorations, elles sont

compensées jusqu'à due concurrence, avec les détériorations. Il ne doit compte que de la plus value des améliorations utiles, quand même le défendeur en répétition aurait reçu la chose de bonne foi; car si le propriétaire ne peut, par voie d'action, lui demander compte des dégradations qu'il a faites, sur une chose qu'il ignorait être sujette à répétition, il est néanmoins tenu d'en faire raison, par voie de déduction, sur le prix des améliorations, une chose n'étant véritablement améliorée que sous la déduction de ce qu'elle a été détériorée.

Si le défendeur en répétition avait reçu la chose de mauvaise foi, il faudrait également déduire la valeur des améliorations sur le prix des dégradations, et si celles-ci étaient plus considérables, il ne devrait compte que de l'excédant.

111. S'il avait été fait, sur le fonds sujet à répétition, des plantations, constructions et ouvrages, il faudrait suivre les dispositions de l'art. 555.

Si le défendeur avait reçu l'immeuble de bonne foi, le propriétaire ne pourrait demander la suppression des ouvrages, plantations et constructions; mais il aurait le choix, ou de rembourser la valeur des matériaux et du prix de la main-d'œuvre, ou de rembourser une somme égale à celle dont le fonds a augmenté de valeur.

Si le fonds avait été reçu de mauvaise foi, le propriétaire demandeur en répétition aurait le droit, ou de retenir les plantations, ouvrages et constructions, ou d'obliger le défendeur à les enlever.

S'il demandait la suppression, elle serait aux

frais de celui qui les a faits, sans aucune indemnité pour lui ; il pourrait même être condamné à des dommages et intérêts, s'il y avait lieu, pour le préjudice que peut avoir éprouvé le propriétaire du fonds.

S'il conserve les plantations, ouvrages et constructions, il doit le remboursement de la valeur des matériaux et du prix de la main-d'œuvre, sans égard à la plus ou moins grande augmentation de valeur que le fonds a pu recevoir.

112. Outre la gestion des affaires d'autrui sans mandat, et l'obligation de restituer ce qu'on a indûment reçu en paiement, que le Code donne comme des exemples de ce qu'il appelle des *quasi-contrats*, il en existe beaucoup d'autres que le Code passe sous silence, et qu'à son exemple nous ne chercherons point à énumérer, car il serait impossible de les indiquer tous. Il suffit de se rappeler, pour en faire l'application aux cas qui peuvent se présenter, la règle établie *suprà*, que tout fait licite quelconque de l'homme, qui enrichit une personne au détriment d'une autre, sans intention de la gratifier, oblige celle qui se trouve enrichie de rendre la chose ou la somme tournée à son profit, et forme ce qu'on appelle improprement un *quasi-contrat.*

CHAPITRE II.

Des Délits et des Quasi-Délits, ou des Engagemens qui en naissent.

NOTIONS GÉNÉRALES.

SOMMAIRE.

113. *Définition et division des délits.*
114. *Ils donnent lieu à deux actions, l'action publique et l'action civile.*
115. *Définition du quasi-délit ; comment il diffère du délit. Division du chapitre en trois sections.*

113. APRÈS les engagemens qui naissent sans convention, à l'occasion des faits licites de l'homme, le Code passe à ceux qui naissent à l'occasion des faits illicites, qu'il divise en deux classes, les délits et les quasi-délits.

Les délits, dans l'acception la plus étendue de ce mot, sont tous les faits et actions, même les omissions, nuisibles à la société ou aux particuliers, et commis avec malignité ou dessein de nuire. On les nommait autrefois *méfaits* (1). Ce sont des infractions à la loi, toutes plus ou moins répréhensibles.

---

(1) *Voy.* ce que nous avons dit tom. IX, n°. 142 et suiv.

Le Code pénal du 22 février 1810 les divise en trois grandes classes, suivant la nature des peines prononcées contre les délinquans, les contraventions, les délits et les crimes.

L'infraction que les lois punissent d'une peine de police, est une *contravention;*

L'infraction qu'elles punissent de peines correctionnelles, est un *délit;*

L'infraction qu'elles punissent d'une peine afflictive ou infamante, est un *crime.* (Code pénal, art. 1).

114. Tout méfait compris dans l'une de ces trois classes, donne ordinairement lieu à deux actions contre le délinquant; 1°. l'action publique, pour l'application de la peine. Elle est du ressort du droit criminel, et n'appartient qu'aux fonctionnaires auxquels l'exercice en est confié par la loi (1). Tout ce qui concerne cette action ne peut entrer dans le plan de cet ouvrage. 2°. L'action civile, pour la réparation du dommage causé par le méfait. Cette action peut être exercée par tous ceux qui ont souffert de ce dommage. (*Ibid*).

C'est cettte dernière action seulement qui est du ressort du droit civil. Elle peut être poursuivie en même tems, et devant les mêmes juges, que l'action publique. Elle peut aussi l'être séparément; mais, dans ce cas, l'exercice en est suspendu tant qu'il n'a pas été prononcé définitivement sur l'action publique, intentée avec ou pendant la poursuite de l'action civile. (Art. 3, *ibid*.)

----

(1) Code d'instruction criminelle, art. 1er.

Le Code civil ne s'occupe point des règles à suivre pour exercer cette action, mais seulement des
engagemens ou des obligations d'où elle dérive.

115. Les quasi-délits sont des faits nuisibles,
commis sans malignité ou dessein de nuire, mais
qui, soit par la faute, soit par l'imprudence ou la
négligence de leur auteur, causent du dommage
à autrui.

De plus, la loi ne rend pas seulement l'homme
responsable du dommage qu'il a causé *par son pro-*
pre fait, par sa faute ou son imprudence personnelle, elle veut encore qu'il réponde du dommage
causé par le fait des personnes ou des choses qu'il
a sous sa garde (1384), parce qu'elle présume qu'il
y a de sa part négligence ou défaut de surveillance.

Ce chapitre se divise donc naturellement en
deux sections :

La première, de la responsabilité de son propre
fait ou de ses fautes personnelles ;

La seconde, de la responsabilité du fait des personnes ou des choses que l'on a sous sa garde.
Nous en ajouterons une troisième sur les engagemens sans convention, qui naissent à l'occasion
d'accidens ou de cas fortuits.

SECTION PREMIÈRE.

De la Responsabilité de son fait propre ou de ses fautes personnelles.

SOMMAIRE.

116. *Les engagemens qui naissent des délits et quasi-délits sont tous compris sous les dispositions des art. 1382 et 1383, qui rendent l'homme responsable du dommage causé par son fait.*

117. *Ce mot comprend tant les actions que les omissions ou réticences nuisibles à autrui, même la faute de celui qui n'a pas empêché un méfait qu'il pouvait et devait empêcher.*

118. *Il y a des fautes nuisibles à autrui, qui n'obligent point leur auteur à réparer le dommage ; il faut de plus qu'il soit arrivé par sa faute.*

119. *Véritable sens de l'art. 1382. Il entend par faute celle qu'on commet en faisant ce qu'on n'avait pas le droit de faire. On n'est point en faute quand on n'use que de son droit, sans en excéder les limites. Exemple.*

120. *On a droit de faire tout ce qui n'est pas défendu par la loi. Elle défend tous les faits nuisibles a la société ou aux membres qui la composent.*

121. *Les faits nuisibles aux droits d'autrui divisés en deux classes : attentats à sa personne ou à ses droits personnels, attentats à sa propriété ou à ses droits réels. Ces attentats sont défendus et punis, outre la réparation des dommages qu'ils ont causés.*

122. *Ces défenses sont sanctionnées par le droit civil. Ce qu'il ne défend pas ne peut être empêché ni puni.*

123. *Le droit de possession est au nombre de ceux auxquels il est sévèrement défendu d'attenter. Il fait présumer le possesseur propriétaire, jusqu'à la preuve du contraire.*

124. *Il n'est acquis que par le laps d'une année paisible de possession.*

125. *Elle prend alors, suivant nos anciennes Coutumes, le nom de* saisine, *et donne une action pour se faire maintenir ou réintégrer, même contre le véritable propriétaire.*

126. *Cette action était appelée* complainte *ou* réintégrande. *Le Code de procédure n'en parle que sous le nom général d'*action possessoire.

127. *Nos Coutumes exigeaient l'an et jour. Le Code de procédure n'exige plus qu'*une année au moins. *La possession qui a duré moins d'une année ne confère aucun droit, ni par conséquent aucune action au possesseur, pour se faire maintenir ou réintégrer.*

128. *On avait autrefois voulu distinguer, en accordant au possesseur non annal contre un tiers la réintégrande, qu'on lui refusait contre le propriétaire ou le précédent possesseur annal.*

129. *On prétendait fonder sur le silence de l'ordonnance de 1667 cette distinction contraire aux principes, et qui est rejetée par le Code de procédure, art. 23.*

130. *L'action en réintégrande formée par le possesseur non annal n'est donc pas recevable; ce qui est conforme aux principes sur la preuve.*

131. *L'erreur de ceux qui la lui accordaient était puisée dans Beaumanoir, l'un de nos plus anciens praticiens. Il l'accordait même au larron contre le propriétaire qui s'était ressaisi de sa chose avant l'année expirée.*

132. *Fausseté de sa doctrine.*

133. *Qui cependant a égaré un illustre et savant magistrat, et un auteur très-recommandable. Examen de leur doctrine et d'un arrêt dont le dernier prétend l'étayer.*

134. *Il est certain aujourd'hui que le propriétaire ou le possesseur annal, dépouillé depuis moins d'une année, peut se ressaisir de la chose de son autorité privée, sans que le spoliateur, qui n'avait encore acquis aucun droit, ait aucune action pour s'en plaindre.*

135. *On en avait douté, sous prétexte que toute voie de fait est défendue. Ce qu'on entend par* voie de fait, *opposée à la* voie de droit.

156. *Elle prend le nom d'attentat, lorsqu'il y a violence ou entreprise sur les droits d'autrui.*

157. *Tous* les attentats *sont défendus et punis, mais non les simples* voies de fait, *par lesquelles j'exerce paisiblement mes droits de mon autorité privée, sans recourir à la justice. Exemples et autorités. Distinction entre le délit et la chose qui a été l'occasion du délit.*

158. *La loi du 4 brumaire an IV sembla défendre et punir des peines de police toute* voie de fait, *sans distinction.*

159. *Mais cette loi est abrogée par le silence du Code pénal de 1810. Aujourd'hui, aucune loi ne punit les simples voies de fait, qui ne sont pas* des attentats. *Exemples. Arrêt de la Cour de cassation.*

140. *Distinction des voies de fait défendues et des voies de fait permises.*

141. *Les violences qui peuvent accompagner les voies de fait, même permises, peuvent être de nature à caractériser un crime, un délit ou une contravention, dont la connaissance appartient aux tribunaux criminels, correctionnels ou de police.*

142. *Ces tribunaux doivent renvoyer aux juges ordinaires les questions de propriété ou de possession dont ils ne peuvent connaître.*

143. *Ainsi, le juge qui est en même tems juge de paix et de police, ne peut statuer par un même jugement sur la question de possession ou de propriété, et sur le délit qu'elle tend à détruire. Arrêt de la Cour de cassation.*

144. *Conséquence des principes exposés. Je puis exercer sur ma propriété toutes les voies de fait qui ne sont pas défendues, quoique préjudiciables à autrui, parce que je ne fais qu'user de mon droit.*

145. *Mais je ne puis faire parvenir sur l'héritage voisin rien de nuisible ou d'incommode au propriétaire, tel que de la fumée, des odeurs méphytiques, etc.*

146. *Par conséquent, rien jeter de nuisible sur l'héritage voisin, ou sur un lieu public où le public peut passer ou s'arrêter.*

147. *C'est une conséquence de ce principe, établi par les articles 1382 et 1383, que tout fait de l'homme qui cause du dommage oblige celui par la faute duquel il est arrivé à le réparer.*

148. *On proposa, pour développer cette conséquence, deux articles, dont l'un établissait la solidarité entre ceux qui habitent la maison d'où a été jeté quelque chose de nuisible.*

149. *Mais après l'adoption de cet article, ils furent retranchés tous deux, sur l'observation qu'il suffit d'énoncer le principe, sans y ajouter des exemples; retranchement qui laisse indécise la question de solidarité.*

150. *Un professeur célèbre pense que la solidarité doit avoir lieu en ce cas. Fondement de son opinion, qui ne paraît pas fondée.*

151. *Il n'existe point de loi qui prononce la solidarité entre plusieurs condamnés pour un même quasi-délit, ou pour une même contravention. Discussion de l'art. 55 du Code pénal.*

152. *Et de deux arrêts de la Cour de cassation, qui confirment l'opinion de l'auteur, au lieu d'y être contraires.*

153. *Les art. 1382 et 1383, sur la responsabilité des fautes, s'appliquent aux fautes les plus légères. On ne peut s'excuser ni sur l'intention, ni sur l'ignorance ou l'impéritie, ni même sur la faiblesse. C'est une faute d'entreprendre ce qui est au-dessus de ses forces.*

154. *On répond du dommage dont notre fait n'a point été la cause immédiate, mais seulement l'occasion. C'est une suite de l'imprudence, dont l'art. 1383 rend responsable. Plusieurs exemples.*

155. *Imprudence de celui qui fait du feu dans les champs. Disposition de l'ordonnance de 1669.*

156. *Nos lois nouvelles confient à l'autorité administrative le soin de prévenir les incendies, et de publier les anciens réglemens de police qui prescrivent des mesures à ce sujet.*

157. *Il y a des mesures générales communes à toute la France.* (Loi du 28 septembre 1791; Code pénal, art. 458).

158. *D'autres prescrites par des réglemens locaux, dont l'inobservation constitue une faute.*

159. *La faute la plus légère suffit, pour obliger à répondre de l'incendie et de ses suites. Examen de l'opinion et des distinctions d'un grand jurisconsulte, M. Merlin, qui applique à la responsabilité des incendies la doctrine des interprètes, sur la prestation des fautes divisées en trois classes. Cette doctrine rejetée par le Code.*

160. *Si la cause de l'incendie n'est pas connue, la loi le présume causé par la faute de ceux qui habitent la maison, sauf la preuve du contraire. Nécessité de cette présomption très-anciennement reçue en France.*

161. *Même contre les locataires. Lois et jurisprudence ancienne. Art. 1733 du Code. Conséquence de cet article.*

162. *Le maître du logis répond de l'incendie causé non seulemens par sa faute, ses enfans et domestiques, mais encore par ses hôtes et tous ceux qu'il admet en sa maison.*

163. *Mais il a une action en garantie contre celui de ses hôtes qui a causé l'incendie. Cette action ne le dégage pas envers le propriétaire et autres.*

164. *Aurait-il une action contre sa femme, qui a causé l'incendie? Renvoi au titre suivant.*

165. *Il en aurait une contre son enfant majeur qui serait en faute. Celui-ci serait obligé de rapporter ce que le père commun aurait payé en son acquit.*

166. *Le locataire répond, envers le propriétaire, des fautes de ses sous-locataires, de ceux qu'il reçoit chez lui, en fait d'incendie; ce qui est conforme à l'ancienne jurisprudence.*

167. *Si la présomption légale de culpabilité s'étend aux personnes qu'il logeait, de manière à donner contre elles une action au propriétaire.*

168. *Celui-ci ne pourrait agir sans preuve, en vertu de la seule présomption légale contre le commensal du locataire.*

169. *Mais il pourrait agir en vertu de cette présomption contre ses sous-locataires, comme exerçant les droits du locataire.*

170. *Si plusieurs locataires habitent la maison, sans qu'on sache par où le feu a commencé, tous sont solidairement obligés, en vertu de la présomption légale. Erreur de Pothier, proscrite par l'art. 1234 du Code.*

171. *Celui des locataires qui serait seul présumé en faute, répondrait du dommage souffert par les autres.*

172. *Si les habitans d'une maison incendiée sont tenus de réparer les dommages causés aux maisons voisines où l'incendie s'est propagé. Anciennes jurisprudence et autorités.*

173. *Les voisins n'ont d'action que contre ceux qui habitaient la maison lorsque l'incendie a commencé, et non contre le propriétaire ou le locataire principal qui l'avait sous-louée.*

174. *Les voisins perdent leur action, s'ils ont été indemnisés de manière ou d'autre.*

175. *Si la maison incendiée est assurée, les assureurs sont subrogés dans les actions de l'assuré.*

176. *Les assureurs ne répondent point des fautes personnelles de l'assuré; mais ils doivent prouver qu'il est en faute.*

177. *Ils ne répondent point des fautes commises par les enfans, domestiques, etc., de l'assuré, si celui-ci n'a pas eu le soin que lui conseille la prudence, de faire insérer dans la police une clause à ce sujet.*

178. *Si les dommages et intérêts dus au propriétaire et aux voisins de la maison incendiée peuvent être modérés par les juges. Distinction.*

179. *Justification de la sévérité des principes sur la responsabilité des fautes.*

180. *Le propriétaire d'une maison abattue, pour empêcher la propagation de l'incendie, doit-il être indemnisé par voie de contribution sur les maisons préservées?*

181. *Doit-il l'être par le propriétaire de la maison où l'incendie a commencé?*

182. *C'est sur le principe consacré par les art. 1382 et 1383 qu'est fondée la responsabilité des fonctionnaires publics, tant dans l'ordre judiciaire que dans l'ordre adminis-*

*tratif. Ceux-ci l'éludent presque toujours, au moyen de
la nécessité d'obtenir une permission du Conseil d'état
pour les poursuivre.*

183. *Cette permission n'est point nécessaire pour poursuivre
les fonctionnaires dans l'ordre judiciaire, même les officiers du ministère public.*

184. *Du mal jugé par impéritie. Ancien usage d'obliger tous
les juges à soutenir leur jugement par le combat judiciaire. Cet usage barbare aboli par l'introduction des appels réguliers.*

185. *Mais les juges étaient parties principales dans la cause
d'appel.*

186. *Changement de cet usage abusif. On en vint à la maxime
que le fait du juge est le fait de la partie. On ne peut plus
ajourner les juges sans permission.*

187. *De là l'origine de la prise à partie.*

188. *Lois qui fixent les cas où les juges peuvent être pris à
partie. Sévérité de l'ordonnance de 1667 sur ce point.*

189. *L'art. 505 du Code de procédure autorise la prise à partie
en cinq cas.*

190. *Premier cas, quand il y a dol de la part du juge.*

191. *La faute lourde est ici comprise sous le nom de dol. Arrêt
remarquable de la Cour de cassation.*

192. *Sur-tout lorsque le préjudice est irréparable par la voie
de l'appel ; par exemple, dans le cas des mandats d'arrêt
et autres décernés par un juge, contre les dispositions du
Code d'instruction criminelle.*

193. *Car ils sont des attentats contre la liberté individuelle.
Abus criant que l'auteur a vu faire de ces mandats par
un procureur du roi.*

194. *Second cas : La concussion. Exemple dans la faiblesse du
célèbre chancelier Bacon.*

195. *Troisième cas : Celui où la prise à partie est formellement autorisée par la loi.*

196. *Quatrième cas : Celui où la loi déclare les juges responsables des dommages et intérêts. Exemples.*

197. *Cinquième cas : Le déni de justice. Cas où il y a déni de
justice.*

198. L'omission de prononcer sur un chef en état d'être jugé, jusqu'à ce que les autres chefs soient en état, n'est qu'un déni de justice interprétatif, et ne constitue pas un déni de justice dans le sens du Code.

199. Le Code exige que le déni de justice soit constaté par deux réquisitions. (Art. 607 et 608).

200. Les deux réquisitions ne sont pas nécessaires, lorsqu'il y a dans le jugement contravention formelle à la loi, et préjudice irréparable.

201. La prise à partie n'est admise que dans les cas spécifiés par le Code. Elle ne l'est plus pour simple mal jugé, même en droit.

202. Tous les juges, tous les tribunaux, même les Cours souveraines, peuvent être pris à partie.

203. Si le jugement est émané d'un tribunal, d'une Cour entière ou d'une section, la prise à partie doit être dirigée contre le tribunal, la Cour ou la section qui l'a rendu, non contre un seul ou plusieurs juges.

204. Excepté dans le cas d'une faute personnelle à l'un des juges.

205. Exemples de prises à partie contre une Cour ou contre une chambre.

206. Où doivent être portées les prises à partie. (Art. 509 du Code de procédure).

207. Où doivent être portées les prises à partie contre les Cours royales ou d'assises, contre la Cour de cassation ou l'un de ses membres.

208. Aucune prise à partie ne peut être formée sans la permission préalable du tribunal où elle doit être portée.

209. Il ne doit être employé aucune expression injurieuse contre les juges, sous peine d'amende.

210. Comment s'obtient la permission de former la prise à partie.

211. Peines contre les demandeurs en prise à partie, rejetés faute de motifs légitimes.

212. S'il existe du doute, la demande à partie doit être rejetée.

213. La prise à partie n'est pas un pourvoi contre le jugement, mais une action en dommages et intérêts.

214. *Elle peut être formée avant ou après le jugement.*

215. *Le seul fait de l'arrêt qui déclare la prise à partie fondée, n'annule pas le jugement.*

216. *Si le demandeur en prise à partie peut intimer son adversaire, pour faire en même tems reformer le jugement. Distinction.*

217. **Quid,** *si celui qui a obtenu le jugement est complice du fait du juge?*

218. *S'il ne l'est pas, le jugement ne peut être attaqué, à moins qu'en écartant le juge pris à partie, les autres ne restassent en nombre insuffisant. Les délais de l'appel et de la requête civile expirés ne revivraient point, en ce cas, par l'admission de la prise à partie.*

219. *Si la prise à partie était fondée sur la prononciation illégale de la contrainte par corps, le jugement pourrait être cassé pour excès de pouvoir; mais s'il était bien rendu au fond, la disposition qui prononce le par corps serait seule annulée.*

220 *La prise à partie n'est point une action pénale; elle n'est qu'un moyen donné à la partie lésée d'obtenir la réparation du dommage que lui a causé le juge.*

221. *S'il n'y avait de sa part qu'impéritie ou ignorance, le droit romain abandonnait la quotité du dédommagement à l'arbitrage du magistrat.*

222. *S'il y avait dol, il devait payer la valeur entière de ce qui faisait l'objet du procès.*

223. *Aujourd'hui, pour connaître quels dommages-intérêts doivent les juges pris à partie, il faut examiner les différens cas où ils peuvent l'être. La réparation ne peut être la même dans tous les cas.*

224. *Quels sont ceux qu'il doit en cas de déni de justice.*

225. *Quels, si la prise à partie est fondée sur la prononciation illégale de la contrainte par corps.*

226. *Quels dommages et intérêts doit le juge de paix pris à partie, en vertu de l'art. 15 du Code de procédure.*

227. *Quels, doivent les juges pris à partie, en vertu des articles 114 et 119 du Code pénal, pour atteinte à la liberté individuelle.*

228. *Quels, doivent les juges pris à partie, en vertu des articles 72, 112, 164, 271, 370 et 593 du Code d'instruction criminelle.*

229. *Quels, doivent les juges pris à partie, pour dol, fraude ou concussion. Examen de différens cas. Exemples.*

116. LES engagemens ou obligations que la loi fait naître sans convention, à l'occasion des délits ou des quasi-délits, sont tous également compris sous les dispositions générales des art. 1382 et 1383. Le premier porte : « Tout fait quelconque de l'homme » qui cause à autrui un dommage, oblige celui par » la faute duquel il est arrivé à le réparer. »

117. Cet article comprend généralement tous les faits quelconques qui causent, immédiatement et par eux-mêmes, du dommage à autrui ; et le mot *fait* est pris ici dans le sens le plus étendu, et comprend non seulement toutes les actions et omissions nuisibles à autrui, mais encore les réticences (1). Par exemple, celui qui reçoit en paiement ce qu'il sait ne lui être point dû, commet une faute ou un dol par réticence ; il est tenu de réparer les dommages et intérêts qu'en souffre celui qui l'a payé par erreur. C'est pour cela que l'article 1378 le soumet à payer, outre le capital, les intérêts et les fruits, du jour qu'il a reçu le paiement.

Enfin, la disposition de notre article comprend, sous le mot de *fait*, la faute que commet celui qui,

_____

(1) *Voy.* ce que nous avons dit sur le dol par réticence, tom. VI, n°. 88, et tom. IX, n°°. 168 et 169.

pouvant empêcher une action nuisible, ne l'a pas empêchée. Il est censé l'avoir faite lui-même (1). C'est, en effet, une sorte de complicité que de ne pas empêcher une action nuisible, quand on en a le pouvoir : on doit donc en répondre civilement.

118. Si l'énonciation de l'art. 1382 n'était pas limitée, elle serait fausse par trop de généralité; car il y a des faits de l'homme qui, quoique nuisibles à autrui, n'obligent point celui qui les a commis à réparer les dommages qu'ils peuvent avoir causés; mais les premières expressions de cet article, trop générales en apparence, sont sagement limitées par la disposition finale, qui n'oblige à réparer le dommage que celui *par la faute duquel il est arrivé.*

119. Que faut-il entendre ici par *faute ?* Ce n'est point le degré de culpabilité, suivant lequel on distingue la faute du dol, la faute lourde de la

---

(1) *Voy.* lois 44 et 45, *ff ad leg. aquil.,* 9. 2. *In lege aquiliâ, et levissima culpa venit.*

Quoties sciente domino servus vulnerat vel occidit, aquiliâ teneri dubium non est.

Scientiam hic pro patientiâ accipimus, ut qui prohibere potuit teneatur, si non fecerit. *Voy.* aussi loi 121, *ff de R. J.,* et loi 4, *Cod. de nox. act.,* 3. 41.

C'est un principe reçu chez toutes les nations civilisées. Le Code prussien, 1re. part., tit. 6, n°. 59, porte : « Celui qui souffre sciemment » ce qu'il pouvait et devait empêcher, en répond comme s'il l'avait or- » donné. »

Domat, *des Lois civiles, lib.* 2, *tit.* 8, *sect.* 4, n°. 8, dit aussi : « Ceux » qui, pouvant empêcher un dommage que quelque devoir les enga- » geait de prévenir, y auront manqué, pourront en être tenus, sui- » vant les circonstances. Ainsi, un maître qui voit et souffre le dom- » mage que fait son domestique, pouvant l'en empêcher, en est res- » ponsable. »

faute légère ou très-légère, puisque l'article suivant soumet à la réparation du dommage causé, non seulement par une faute, mais encore par une imprudence, par une simple négligence. L'article 1582 entend donc ici par faute, celle qu'on commet en faisant une chose qu'on n'avait pas le droit de faire, *quod non jure fit* (1) ; car on ne peut être en faute, en faisant ce qu'on a droit de faire (2), pourvu qu'on n'excède pas les justes limites de son droit, et pourvu qu'il ne paraisse pas clairement qu'entre plusieurs manières d'exercer son droit, on a choisi, dans le dessein de nuire à un autre, celle qui pourrait lui être préjudiciable (3). Ce serait le cas d'appliquer la maxime *malitiis non est indulgendum. Loi 38, ff de rei vindic.,* 6. 1.

On n'est même pas censé en faute, en faisant ce que l'on était autorisé à croire avoir le droit de faire. Nous en avons vu un exemple *suprà*, dans celui qui a reçu en paiement une chose qu'il croyait de bonne foi lui être due. S'il la laisse détériorer, détruire même par sa négligence, c'est un dommage que le propriétaire, qui exerce la répétition

---

(1) Loi 5, § 1, *ff ad leg. aquil.*, 9. 2.

(2) *Nullus videtur dolo facere qui suo jure utitur. Loi 55, ff de R. J.*
« Icelui n'attente qui n'use que de son droit », dit l'art. 107 de la Coutume de Bretagne. C'est une maxime fondée sur la raison et universellement reçue. « Celui qui use de son droit sans en excéder les » justes limites, n'est point tenu à réparer le dommage causé à un » autre par l'exercice de ce droit. » Code prussien, 1re. part., tit. 6, u°. 36.

(3) Code prussien, *ibid.*, u°. 37.

après l'erreur reconnue, ne peut l'obliger à réparer, parce qu'il n'a commis aucune faute, en négligeant le soin d'une chose qu'il croyait sienne : *Quia qui quasi rem suam neglexit, nulli querelæ subjectus est.*

A plus forte raison, celui qui ne fait que ce qu'il a réellement le droit de faire, celui qui n'use que de son droit, ne commet aucune faute. S'il en résulte quelque dommage pour autrui, c'est un malheur que l'auteur du fait n'est pas tenu de réparer, et qu'il n'est même pas, aux yeux de la loi, censé avoir causé : *Nemo damnum facit, nisi qui id facit quod facere jus non habet. Loi* 151, *ff de R. J.*

Par exemple, en creusant un puits dans mon fonds, je détourne la source qui alimentait le puits inférieur de mon voisin. C'est un dommage qu'il éprouve, et qu'il éprouve par mon fait; mais je ne suis point tenu de le réparer (1), parce que je n'ai fait qu'user de mon droit, sans commettre aucune faute.

Il en est de même lorsqu'en labourant la terre de mon jardin, je coupe les racines des arbres du jardin voisin, que cette opération fait périr. (672).

Il en est encore de même si je détourne la source, *caput aquæ*, qui prend naissance dans mon fonds (671), et dont les eaux, depuis un tems immémorial, servaient à fertiliser les fonds inférieurs, ou même que le propriétaire de ces fonds avait réu-

---

(1) Loi 1, § 12, *ff de aqua,* etc., 39

nies dans un canal, pour alimenter un moulin qu'il fait construire plus bas (1). Je ne suis point obligé de réparer le dommage que cause le détournement de ma source. Telle est la loi de la propriété.

Le véritable sens de notre art. 1382 est donc que celui qui cause du dommage à autrui, en faisant ce qu'il n'avait pas le droit de faire, ou en négligeant de faire ce qu'il devait faire, est obligé de réparer le dommage arrivé par sa faute.

120. Mais quelles sont les choses qu'on a ou qu'on n'a pas le droit de faire? C'est ce qu'il était peut-être impossible d'expliquer nettement sous un gouvernement absolu, et sous une législation imparfaite, telle que notre précédente législation française, qui, n'ayant point reconnu les droits et les principes les plus sacrés sur la liberté de l'homme, en abandonnait l'application et les conséquences à la jurisprudence incertaine et variable des Cours de justice. Sous notre nouvelle législation, au contraire, où les droits naturels de l'homme ont été reconnus, proclamés et solennellement consacrés, où les principes qui en dérivent ont été érigés en préceptes obligatoires pour l'autorité, il est facile, en remontant à la règle générale, pour en déduire les conséquences, d'expliquer quelles choses chaque citoyen a le droit de faire.

Cette règle générale est que tout ce qui n'est pas défendu par la loi est permis, et ne peut être

___

(1) *Voy.* le Traité du régime des eaux, par M. Garnier, n°. 141, pag. 110 et suiv., où l'auteur entre dans de grands détails, et cite les autorités les plus respectables.

empêché (1). Cette règle est, au reste, très-ancienne, puisqu'elle n'est qu'une traduction de la
définition que nous ont transmise les anciens jurisconsultes romains, de la liberté : *Libertas est na-*
turalis facultas ejus quod cuique facere libet, nisi quid
ci aut jure prohibetur.

Ainsi donc je puis faire tout ce que la loi ne me
défend pas. Personne n'a le droit de m'en empêcher, pas même le magistrat le plus éminent; car
il n'est établi que pour faire exécuter la loi. Or,
en faisant ce qu'elle ne me défend pas, j'use d'un
droit naturel qu'il doit respecter et même protéger. La liberté de mes actions n'a d'autres bornes
que celles qui assurent également aux autres membres de la société la jouissance de leurs droits naturels ou acquis ; et ces bornes, la loi les a sagement posées par des dispositions prohibitives, et
même pénales contre tous les faits nuisibles, soit
à la société, soit aux droits des membres qui la
composent. Ces derniers droits sont les seuls qui
soient du ressort du droit civil.

121. Les actes nuisibles aux droits d'autrui sont
naturellement divisés en deux grandes classes,
qui les comprennent tous, sans exception :

Attentats à la personne ou aux droits personnels d'autrui ;

Attentats à sa propriété ou à ses droits réels.

La première classe comprend toutes les atteintes
à la sûreté, à la liberté, à la réputation ou à l'hon-

---

(1) Art. 5 de la Declaration des droits de l'homme, de 1791.

neur des personnes, à l'exercice de leurs droits per
sonnels.

La seconde comprend tous les attentats contre
la propriété ou les biens d'autrui, lorsqu'on les
dévaste ou détériore, lorsqu'on le prive de sa jouissance ou de sa possession, lorsqu'on attente à ses
droits réels, lorsqu'on l'empêche d'en acquérir.

Or, tous les attentats à la sûreté, à la liberté ou
à la réputation des personnes (1), les troubles
même apportés à l'exercice de leurs droits personnels, sont non seulement défendus, mais encore
réprimés et punis par des peines plus ou moins sévères, suivant le genre d'attentat et les circonstances : on peut en voir le détail dans le Code pénal.

Les attentats à la propriété d'autrui (2), ainsi
que les troubles à l'exercice de ses droits réels,
sont également tous défendus et réprimés par des
peines et des amendes, outre la réparation du dommage qu'ils ont causé.

122. Toutes ces défenses et prohibitions dérivent, sans doute, de cet axiôme sublime de morale naturelle et divine : « Ne fais pas à autrui ce
» que tu ne voudrais pas qu'on te fît à toi-même. »

---

(1) *Voy.* les art. 367—378 du Code pénal, et l'art. 472, n°. 11; qui,
crainte d'oubli dans l'énumération des cas, punit d'une amende « ceux
» qui, sans avoir été provoqués, auront proféré contre quelqu'un des
» injures autres que celles prévues depuis l'art. 367 jusques et compris
» l'art. 378. »

(2) Même les plus légers; par exemple, le passage sans droit sur le
terrain d'autrui est puni d'une amende, si le terrain est préparé et
ensemencé. Même art. 472, n°. 13. S'il ne l'est pas, ce passage donne
lieu à une action civile, pour faire défense de passer à l'avenir.

Mais qui ne sait que les règles et les conséquences les plus directes du droit naturel sont toujours méconnues et contestées par la mauvaise foi, partant, insuffisantes, quand elles ne sont pas clairement fixées et sanctionnées par les dispositions positives du droit civil? Lorsqu'elles ne le sont pas, la législation est imparfaite, et c'est alors seulement qu'on pourrait peut-être regarder comme dangereuse cette maxime fondamentale de toute bonne législation, que tout ce qui n'est pas défendu par la loi est permis, et ne peut être empêché; que nul ne peut être contraint à faire ce qu'elle n'ordonne pas. Mais, sous une législation telle que la nôtre, cette maxime est devenue une vérité élémentaire, dont les conséquences peuvent servir à résoudre des questions que les esprits timides craignaient de décider. Nous en verrons des exemples.

Ainsi donc, tous les actes qui ne sont point nuisibles à la société, et qui ne portent atteinte ni aux *droits personnels*, ni aux *droits réels* d'autrui, sont permis, et ne peuvent être empêchés ni punis, quand même ils causeraient quelque dommage ou préjudice à d'autres personnes: car remarquez bien qu'il n'y a que les attentas à *leurs droits* qui soient défendus. Si, en exerçant les miens, sans en excéder les justes limites, je cause à autrui du dommage, je ne suis point tenu de le réparer, parce que je n'ai fait qu'user de mon droit, qu'il est lui-même obligé de respecter. Nous en avons déjà vu des exemples *suprà*, n°. 119.

123. Remarquez encore que le *droit* de possession est au nombre de ceux auxquels il est sévère-

ment défendu d'attenter. Ceci mérite une explication plus ample.

Nous avons vu, tom. III, n°. 64 et suiv., qu'avant l'état civil, la propriété n'était point séparée de la possession; qu'elle s'acquérait par l'occupation, se conservait par la possession, et se perdait avec elle. Mais quand la propriété eut été rendue permanente, quand elle fut devenue un droit qui se conservait *nudo animo,* indépendamment de la possession de la chose, la possession devint aussi un droit subsistant par lui-même, en sorte que, suivant le langage même des lois, ces deux droits n'eurent plus rien de commun : *Nihil commune habet proprietas cum possessione; loi 12, § 1, ff de adquir. possess.,* 41. 2; c'est-à-dire qu'on peut avoir la propriété sans la possession, *et vice versâ,* la possession sans la propriété. La possession continua même d'être un moyen d'acquérir la propriété, par un certain laps de tems, et conserva l'éminente prérogative de faire présumer le possesseur propriétaire jusqu'à la preuve du contraire.

124. Mais cette importante présomption de propriété ne fut point attachée à une possession éphémère ou trop récente, pour présenter l'apparence d'un droit. La loi exigea sagement le laps d'une année, ou de douze mois au moins de possession paisible, pour conférer au possesseur le *droit de possession,* qui le fait provisoirement présumer propriétaire. Ce délai paraît fondé sur la nature des choses : car le laps d'une année est ordinairement nécessaire pour faire sur un terrain tous les actes qui caractérisent une véritable possession. Aussi

cette fixation est très-ancienne en France, et touche au berceau de la monarchie, puisqu'on la trouve établie dans le tit. 47 de la loi salique (1). Après le laps d'une année de possession paisible, le public, qui a vu le possesseur agir comme agirait un propriétaire, a dû le regarder comme tel.

125. La possession annale prenait, suivant nos anciens praticiens et suivant nos Coutumes, le nom de *saisine* (2). En faisant présumer le possesseur propriétaire, elle lui donne le droit de se plaindre en justice, même contre le vrai propriétaire dépossédé depuis plus d'une année, de tous les troubles ou attentats contre *sa saisine,* et de se faire provisoirement maintenir ou réintégrer dans sa possession, s'il en a été dépouillé; et cela, sans que le propriétaire puisse être écouté à alléguer ou à prouver pour sa défense son droit de propriété, qui ne peut être examiné, et sur lequel la justice ne peut prononcer qu'après avoir statué sur le droit de possession ou de saisine.

126. C'est cette action du possesseur annal troublé ou dépossédé par voie de fait, même par le propriétaire, que l'on appelait du nom général de *complainte* (3), et à laquelle on donna le nom de *réintégrande,* lorsque le possesseur, n'ayant pas été seulement troublé dans sa possession, mais

---

(1) Il est intitulé : *De eo qui villam alienam occupaverit, vel si duodecim mensibus eam tenuerit. Voy.* le texte dans la Collection de Baluze, ou dans le *Codex legum antiquarum.*

(2) *Voy.* le tit. 4 de la Coutume de Paris, et *ibi* de Laurière.

(3) *Voy.* de Laurière, *ubi suprà;* M. Merlin, Répertoire, vᵒ. *Question préjudicielle,* 4ᵉ. édition, pag. 519, col. 65.

encore dépossédé, demandait à y être rétabli ou réintégré Notre Code de procédure, art. 23, n'en parle que sous le nom général *d'action possessoire*

127. Au laps d'une année exigé pour conférer le droit de possession, nos anciens auteurs et nos Coutumes avaient ajouté un jour, on ne sait trop pourquoi. Ils exigeaient la possession *d'an et jour*, pour conférer le droit de saisine ; mais le Code de procédure est revenu à la loi salique, en n'exigeant plus qu'une *année au moins*. C'est donc à la possession annale qu'est attaché le droit de possession qui donne la *saisine*. Ainsi la simple possession et la saisine diffèrent, en ce que la première, purement de fait, s'acquiert par un seul instant de détention, au lieu que pour avoir la *saisine*, il faut avoir possédé *nec vi, nec clàm, nec precario*, pendant le cours d'une année au moins (1). Mais la simple possession ne confère et n'a jamais conféré aucun droit. « Car, pour former complainte, dit » le grand Coutumier de France, liv. 2, chap. 1, il » faut avoir possédé pendant un an et jour », (aujourd'hui un an seulement).

C'est donc un principe reconnu, un principe certain dans notre jurisprudence française, que la simple possession ou détention, qui n'a duré qu'un instant, qu'un jour, qu'un mois, en un mot moins d'une année, est un fait qui ne confère aucun droit au possesseur ou détenteur de la chose, de quel

_____

(1) Sur tout cela, *voy.* l'excellent Traité de M. Hennion de Pansey sur la compétence des juges de paix, chap. 32—37 et 52.

que manière qu'il en ait acquis la possession : d'où résulte, par une conséquence nécessaire, qu'il n'a aucune action pour s'y faire maintenir ou réintégrer ; car l'action ne peut naître que d'un droit : *Est jus persequendi in judicio quod sibi debetur.* Que pourrait-il donc demander, puisqu'il n'a aucun droit acquis ?

Ceci nous paraît aussi rigoureusement démontré qu'un théorème de mathématiques.

128. Cependant, avant les lois nouvelles, on avait voulu faire une distinction ou une exception à ce principe. On refusait au possesseur non annal toute action de complainte contre le propriétaire ou contre le possesseur annal qu'il avait troublé, et qui était rentré dans la possession de la chose avant l'année de la possession expirée; mais si le possesseur annal était spolié ou dépossédé par une tierce personne, qui n'avait dans la chose ni droit ni possession, plusieurs auteurs pensaient qu'il pourrait former, contre ce tiers perturbateur, une action en réintégrande, sans que celui-ci pût l'obliger à prouver une possession annale. Il suffisait qu'il possédât au moment de la spoliation (1).

Cette distinction était évidemment contraire aux principes reçus. Puisqu'on établissait, en principe, que le possesseur non annal n'avait pas le droit de complainte contre le propriétaire ou contre le précédent possesseur annal, on devait également

_____

(1) *Voy.* les Principes du droit français, par notre savant Duparc-Poullain, tom. X, pag. 704.

la lui refuser contre celui qui le dépossédait par voie de fait; car l'un et l'autre étant également ré préhensibles, également sans droit, *in pari causâ,* le possesseur actuel devait être préféré : *In pari causâ possessor potior haberi debet* (1). *Loi* 128, *ff de R. J.*

129. Mais on prétendait fonder cette distinction sur le texte même de l'ordonnance de 1667, tit. 18, art. 1, qui ne dit pas en toutes lettres qu'il faille être possesseur annal· pour se plaindre, mais seulement qu'on doit se plaindre dans l'année. On en concluait que, si l'ordonnance n'avait point impérativement exigé la possession annale pour former la complainte ou la réintégrande, c'est parce qu'elle n'était pas requise contre les tierces personnes.

Cette opinion, loin d'être générale, était rejetée par des auteurs très-exacts, notamment par Duplessis, Traité des actions, liv. 1, où il enseigne que, « pour *être capable* de former cette action (de » complainte ou réintégrande), il faut avoir eu la » possession de la chose, du moins par an et jour, » et quoique la Coutume ne le dise pas *expressé* » *ment,* cela résulte assez du chef ci-après, join » que c'est un ancien droit français tiré des loi » saliques, que la *prescription* s'acquiert par l'an e » jour, et cette action doit être intentée dans l'a » et jour du trouble; autrement on n'y est plu

---

(1) *Junge leg.* 154, *ibid. Cùm par delictum est duorum, semper oneratur petitor, et melior habetur possessoris causa.*

» reçu, parce que l'autre a acquis la *prescription*
» de la possession par cet espace, etc. »

C'est cette opinion de Duplessis qu'a suivie avec
raison le Code de procédure. L'art. 23 porte, comme
l'ordonnance de 1667, que « les actions possessoires
» ne seront *recevables* qu'autant qu'elles auront été
» formées dans l'année du trouble. »

Mais afin qu'on ne puisse plus argumenter du
silence de la loi, il ajoute, ce qui n'était point dans
l'ordonnance, « par ceux qui, depuis *une année au*
» *moins,* étaient en possession paisible, par eux ou
» les leurs, à titre non précaire. »

130. Donc celui qui n'est pas en possession paisible *depuis un an au moins,* n'est pas *capable,* comme
disait Duplessis, d'exercer aucune action possessoire.

Elle ne serait pas *recevable,* dit le Code, parce
qu'en effet le demandeur est sans droit, et par conséquent sans qualité, sans capacité pour la former.
Ce n'est qu'au possesseur annal qu'est accordée
cette action, parce que le droit de possession sur
lequel elle est fondée, n'est acquis, ou, comme
dit Duplessis, prescrit que par le laps d'une année.
La distinction que l'on voulait faire entre le cas où
le possesseur non annal était dépossédé par le propriétaire ou par le précédent possesseur annal, et
le cas où il était dépossédé par un tiers perturba-
tur, est donc, non seulement contraire à la nature
de l'action possessoire, mais encore aux principes
de droit les plus certains sur les preuves.

Cette action est fondée sur le *droit* de possession,
qui n'est acquis que par l'espace d'une année. Celui

qui forme l'action est demandeur : c'est donc à
lui de prouver qu'il a le droit de possession, autrement, qu'il est possesseur annal, sans quoi son
action n'est pas *recevable*, dit notre art. 25. Il ne
peut changer les rôles, et dire à celui qui l'a dépossédé : J'étais en possession avant vous : donc j'y
dois être réintégré; car vous ne possédez pas depuis un an. Le défendeur lui répondrait avec avantage : Je suis possesseur actuel. Vous reconnaissez
vous-même ma possession en agissant contre moi
pour m'en faire déposséder. Il me suffit que ma
possession actuelle soit reconnue. Vous n'avez rien
à me demander de plus. Vous ne pouvez me demander ni de quel droit je possède, ni depuis
quand. C'est ce que je vous dirai lorsque vous aurez
prouvé que votre action est fondée sur une possession annale antérieure à la mienne; mais loin de
prouver cette possession, vous ne l'alléguez même
pas. Votre action n'est donc pas *recevable*; vous ne
pouvez être écouté. Quant à moi, je n'ai rien à
prouver : *Actore non probante, reus absolvi debet,
licèt ipse nihil præstet.*

L'art. 23 du Code de procédure a donc suivi et
consacré les vrais principes, en déclarant *non recevable* toute action possessoire formée par celui
qui n'a pas la possession annale.

131. Outre le silence de l'ordonnance de 1667,
et de la Coutume de Paris, qui n'exigeaient point
littéralement la possession annale pour être capable de former l'action de complainte ou de réintégrande, l'erreur de ceux qui accordaient une action possessoire au possesseur non annal, était fa-

vorisée par un de nos plus anciens auteurs français, par Beaumanoir, qui écrivait en 1283.

Cet auteur enseigne, chap. 32 de la Coutume de Beauvoisis, que si je suis en saisine, bonne ou mauvaise, de quelque chose que ce soit, et de quelque tems que ce soit, *grand ou petit,* si je suis dépossédé sans jugement, je dois être ressaisi avant tout; tellement que, si un larron avait enlevé une chose dont le propriétaire se ressaisît ensuite sans justice, le larron pourrait s'en faire ressaisir *avant toute œuvre,* et le propriétaire à qui la chose a été enlevée devrait la rendre, sauf ensuite à faire justicier le larron du méfait.

Ainsi, suivant Beaumanoir, pag. 168, on peut avoir l'action de réintégrande de telle chose, qui après *emporterait la hart.* Par exemple, le voleur d'un cheval, de deniers ou de meubles, pourrait s'en faire ressaisir *avant toute œuvre,* par le propriétaire auquel il les avait enlevés, si celui-ci les avait repris sans justice, sauf, après les avoir rendus, à faire pendre ensuite son voleur. Voici l'espèce d'un jugement rapporté par le même Beaumanoir, pag. 169 et 170 :

Jean, propriétaire d'un terrain, en fut dépossédé au mois de mars par Pierre, qui le laboura et ensemença. Au mois d'août, Pierre fit couper les blés; mais Jean survint, ôta les ouvriers de Pierre, et enleva toutes les récoltes.

Pierre le fit ajourner sur *nouvelle dessaisine,* c'est-à-dire en complainte et réintégrande. Jean répondit vainement qu'il était propriétaire et dernier possesseur annal du terrain, et que Pierre n'alléguait même pas qu'il eût possédé pendant un an. Nonobstant ces raisons, il fut jugé que Pierre serait ressaisi et rétabli de *l'année, laquelle il avait labouré et semé paisiblement,* quoiqu'il n'eût pas été en saisine par an et jour.

  Quand Jean eut accompli le jugement, il fit à son tour ajourner Pierre devant les mêmes juges, pour cause de dessaisine et nouvelleté, disant que c'était à tort et sans cause que Pierre était entré en la saisine de son héritage, et demanda que cette saisine fût ôtée à Pierre et remise à lui Jean, qui avait été en *sa derraine saisine d'an et jour.*

Pierre opposa le jugement qui lui avait délivré la saisine, et soutint qu'il n'était plus tenu de répondre, *si ce n'était au plet de la propriété,* quand il serait appelé au pétitoire.

Mais il fut jugé qu'il devait répondre *au clain de Jean,* c'est-à-dire au possessoire; car, si Pierre avait été ressaisi de ce dont il avait été trouvé en saisine, comme il n'avait pas maintenu la saisine d'un an et un jour, il ne s'ensuivait pas que Jean, qui maintenait sa saisine d'an et jour, ne pût se plaindre de nouvelle dessaisine de Pierre, qui derrainement était en la saisine entré, et n'y avait pas été an et jour.

132. Après ce que nous avons dit, il serait inutile de s'arrêter à prouver que cette jurisprudence de Beaumanoir, qui donne au voleur et à l'usurpateur la réintégrande même contre le propriétaire possesseur annal, est contraire à nos usages et à nos principes. Les auteurs qui, comme notre

Duparc-Poullain (1), pensaient qu'on pouvait accorder quelque action possessoire au possesseur non annal, ne l'accordaient du moins que contre le tiers perturbateur, qui n'avait dans la chose ni droit ni possession.

153. Mais donner, comme le fait Beaumanoir, la réintégrande au spoliateur, contre celui qui réunit la double qualité de propriétaire et de possesseur annal, pour accorder ensuite à celui-ci une seconde action de réintégrande, c'est certes ce qui répugne autant aux principes reçus qu'à la saine raison. Cependant, nous avons cru devoir entrer dans quelques détails sur la doctrine de cet auteur, parce qu'à notre grand étonnement, il a égaré une des grandes lumières de la magistrature française, M. Henrion de Pansey, qui, dans son excellent Traité de la compétence des juges de paix, chapitre 52, enseigne, d'après Beaumanoir, qu'il faut avoir la saisine, c'est-à-dire la possession annale, pour former l'action de complainte en cas de simple trouble; mais que, *pour la réintegrande, il suffit de prouver que l'on possédait au moment de la spoliation.* Pag. 508, il ajoute que « celui qui succombe sur une demande en complainte ne peut » plus agir au pétitoire; mais que la voie possessoire, au contraire, est encore ouverte à celui » qui, sur une demande en réintégrande, a été » condamné à restituer l'objet dont il s'était emparé par violence. »

---

(1) Principes du droit, tom. X, pag. 705.

Voici l'exemple qu'il en donne : « A mon retour
» d'un voyage de quelques mois, je trouve ma mai-
» son occupée, et j'y rentre par la force. Si l'usur-
» pateur ainsi dépouillé demande à être réintégré
» dans la maison, il l'obtient; mais, comme il n'a-
» vait pas encore la possession annale, je puis,
» immédiatement après l'exécution du jugement,
» former contre lui une demande en complainte,
» et sur cette demande, je suis rétabli dans mon
» ancienne possession; de manière, comme le dit
» Beaumanoir, que l'on peut intenter l'action en
» réintégrande pour telle chose qui emporterait *la*
» *hart.* » L'auteur renvoie au jugement rendu dans
le 13ᵉ. siècle, et rapporté par Beaumanoir.

Il nous semble que pour établir, dans le 19ᵉ. siècle, une doctrine si favorable à un acte qui *mérite
la hart,* il faudrait d'autres autorités que celle d'un
jugement du 13ᵉ. siècle.

Cependant ce jugement, rapporté par Beaumanoir, et sur-tout l'imposante autorité de M. Henrion de Pansey, ont récemment induit en erreur
l'auteur d'un très-bon ouvrage sur le régime des
eaux, M. Garnier, qui enseigne, pag. 73 et suiv.,
qu'à la différence « de la *complainte,* l'action en
» réintégrande n'exige, dans celui qui la forme,
» ni possession annale, ni même celle *animo do-
» mini.* »

Il commence par écarter le Code de procédure,
comme n'ayant point, suivant lui, de disposition
spéciale sur la réintégrande; puis, après avoir cité
comme loi vivante l'ordonnance de 1667, et en
avoir tiré la fausse conséquence dont nous avons

parlé, *suprà,* n°. 129, il finit par dire que la proposition qu'il avance comme un principe, savoir, que la réintégrande n'exige point de possession annale, a été consacrée par un arrêt de la Cour de cassation, du 10 novembre 1819.

Nous ne répéterons pas ce que nous avons dit pour réfuter le système de Beaumanoir ; mais nous remarquerons qu'il n'est pas exact de dire que le Code de procédure n'a aucune disposition spéciale sur la *réintégrande,* à moins qu'on ne veuille également dire qu'il n'y en a point sur la *complainte ;* car il est certain qu'on n'y trouve nulle part, ni le mot de *complainte,* ni celui de *réintégrande ;* mais on y trouve un titre entier (le tit. 4 du liv. 1ᵉʳ) sur les *actions possessoires ;* dénomination générale, dans laquelle il comprend tant l'action de complainte que celle de réintégrande, parce qu'en effet, elles dérivent l'une et l'autre du même principe, *du droit de possession ;* aussi les a-t-on toujours comprises, avant comme après le Code, sous le nom général d'actions possessoires. Les noms particuliers de *complainte, réintégrande, saisine, nouvelleté,* etc., appartiennent à la doctrine. Le Code de procédure n'a pas cru devoir les rappeler ; il s'est contenté de tracer les règles des actions possessoires. La première de ces règles, la plus importante, se trouve dans l'art. 23, qui porte : « Les » actions possessoires ne seront *recevables* qu'autant » qu'elles auront été formées dans l'année du trou- » ble, par ceux qui, depuis *une année au moins,* » étaient en possession paisible par eux ou les leurs, » à titre non précaire. »

Donc on n'est pas *recevable* à former une action de *réintégrande*, si l'on n'a pas la possession annale.

Il est impossible de nier cette conséquence, sans nier en même tems que la réintégrande soit une action possessoire. Or, c'est certainement ce que M. Garnier ne niera pas. Le premier considérant de l'arrêt qu'il invoque, comme ayant consacré sa doctrine, en fait un principe de droit. Il porte : « Attendu, en droit, que l'action de réintégrande » *appartenant à la classe des actions possessoires,* est » incontestablement de la compétence des juges de » paix, etc. »

Ainsi donc il est certain, 1°. que la réintégrande est une action possessoire ; 2°. qu'aucune action possessoire n'est recevable, si celui qui la forme n'a pas la possession annale à titre non précaire.

Donc la réintégrande n'est pas recevable, si le demandeur n'a pas la possession annale non précaire. Je ne connais point de réponse à ce raisonnement. L'arrêt qui la déclarerait *recevable,* sans cette possession annale, serait donc infailliblement cassé pour contravention formelle à l'art. 23 du Code de procédure.

Voyons si l'arrêt cité par M. Garnier a décidé le contraire. En voici l'espèce :

Dauphinot était fermier d'une pièce de terre appartenant à l'hôpital de Vouziers , et contiguë à la terre de la dame Déa. Des bornes en établissaient les limites ; elle déplaça ces bornes, pour les replacer trois mètres plus loin sur le terrain de l'hôpital. Ce déplacement tendait à usurper sur l'hôpital la propriété de ces trois mètres de terrain ; de plus,

il enlevait à Dauphinot, fermier, la jouissance de
ces trois mètres. Ce déplacement était donc un attentat, qualifié délit par l'art. 456 du Code pénal,
qui prononce la peine d'un emprisonnement d'un
mois au moins, d'une année au plus, et d'une
amende, contre *quiconque aura déplacé ou supprimé
des bornes* placées pour limites entre différens héritages.

Ce déplacement donnait lieu, comme tout délit,
à deux actions, l'action publique et l'action civile.

Le ministère public, qui seul pouvait exercer la
première, garda le silence.

L'action civile pouvait, suivant l'art. 1ᵉʳ. du Code
d'instruction criminelle, être exercée par *tous ceux
qui ont souffert du dommage.*

L'hôpital en souffrait, puisque le déplacement
des bornes tendait à lui enlever la propriété des
trois mètres de terrain. Les administrateurs gar-
dèrent le silence.

Dauphinot, fermier, souffrait aussi du dommage par un déplacement de bornes qui lui avait
enlevé la jouissance de trois mètres de terrain : il
avait donc le droit de demander la réparation de
ce dommage.

L'art. 3 du même Code lui donnait le choix de
porter son action devant les mêmes juges que l'action publique, ou de la former séparément devant
les juges civils. C'est ce dernier parti qu'il choisit.
Mais à quels juges devait-il s'adresser? Il avait éva-
lué ses dommages-intérêts à une somme de 20ᶠ.
En conséquence, il porta son action devant le juge
de paix, à qui la loi attribue la connaissance des

dommages causés dans les champs, et des déplacemens de bornes dans l'année. Il conclut à ce que la dame Déa fût condamnée à lui payer une somme de 20ᶠ, à titre de dommages et intérêts. Du reste, il ne paraît pas qu'il eût demandé que les bornes fussent replacées dans leur premier lieu (1). Cependant il qualifia son action de *réintégrande;* mais la qualification qu'un plaideur donne à son action n'en peut changer la nature. C'était, dans la vérité, une action en dommages-intérêts, que toute personne, même un possesseur précaire, a toujours le droit de former. Dauphinot demanda la somme de 20ᶠ *à titre de dommages et intérêts.*

A cette demande, la dame Déa n'opposa que deux fins de non-recevoir; 1°. défaut de qualité dans un fermier, possesseur à titre précaire, pour intenter une action possessoire; 2°. défaut de possession annale, sans laquelle aucune action possessoire n'est recevable.

Cette défense eût été sans réplique contre une action en réintégrande proprement dite. Par exemple, si la dame Déa avait usurpé la pièce entière de l'hôpital, et en avait dépossédé le fermier Dauphinot, celui-ci n'aurait pu, avec succès, en formant l'action de réintégrande, demander qu'elle fût con-

_____

(1) Voici comme l'arrêtiste rend compte des conclusions de Dauphinot : « Il conclut a ce que la dame Déa, pour s'être emparée, par » un déplacement de bornes ou de clôtures, d'environ trois mètres de » terrain sur la pièce de terre dite de l'Hôpital, fût condamnée *à lui* » *payer une somme de 20ᶠ à titre de dommages-intérêts.* » *Voy.* Sirey, tom. XX, pag. 209.

damnée de le réintégrer dans la possession de cette pièce de terre ; car n'étant pas possesseur à titre non précaire, il eût été repoussé par l'art. 23 du Code de procédure.

Mais que demandait Dauphinot ? Uniquement 20ᶠ de dommages et intérêts. Sur quoi fondait-il son action ? Sur une voie de fait, qualifiée *délit* par le Code pénal, qui exposait la délinquante à un emprisonnement d'un mois ou d'une année, et à une amende. Ce délit était-il réel ? Quel dommage avait-il causé à Dauphinot ? Telles étaient les deux véritables questions de la cause. Qu'importait que Dauphinot ne fût pas possesseur *animo domini* ? La dame Déa en avait-elle moins commis un délit, qui causait à Dauphinot un dommage dont lui seul pouvait demander l'indemnité, et non le propriétaire, qui avait continué de recevoir sans diminution le prix entier des fermages convenus ?

Le juge de paix rejeta donc les fins de non-recevoir, et avec raison, quoique par des motifs contraires à la loi, comme nous le verrons bientôt. Il ordonna, avant faire droit, une descente sur les lieux, et une expertise, pour constater la réalité du délit, et pour évaluer le dommage ; puis, par son jugement définitif, il condamna la dame Déa à réintégrer Dauphinot dans la possession du terrain usurpé, au moyen du déplacement illégal des bornes, et n'adjugea, pour tous dépens, dommages et intérêts, que le remboursement des dépens du procès, liquidés à 26ᶠ.

Au lieu d'attaquer par la voie de la cassation le jugement manifestement rendu en dernier res-

·sort, puisqu'il ne s'agissait que de la demande d'un capital de 20ᶠ, la dame Déa s'en rendit appelante au tribunal civil de Vouziers, qui déclara l'appel *non recevable*, « attendu que le sieur Dau-
» phinot n'avait conclu qu'à 20ᶠ de dommages et
» intérêts, et qu'ainsi le juge de paix avait été *com-*
» *pétent* pour statuer en dernier ressort. »

Ainsi le tribunal de Vouziers ne s'occupa point de la question de savoir si le juge de paix avait bien ou mal jugé; il se borna à déclarer qu'il avait été compétent pour statuer en dernier ressort.

La dame Déa se pourvut en cassation contre ce jugement, et fonda son pourvoi sur le seul moyen d'incompétence du juge de paix. Elle convenait, cependant, que s'il n'avait fallu considérer que la valeur de l'objet du procès, les juges de Vouziers auraient eu raison de décider que la sentence du juge de paix était en dernier ressort, et que l'appel n'était pas recevable.

Mais elle prétendait que le juge de paix n'avait pu connaître de l'action intentée par Dauphinot; qu'à raison de son incompétence, les juges d'appel devaient annuler son jugement, et qu'en ne l'annulant pas, ils avaient commis un excès de pouvoir.

Elle convenait encore que le juge de paix peut connaître des déplacemens de bornes, usurpations de terre, et que, *dans l'espèce, il s'agissait d'une usurpation de terrain et d'un déplacement de bornes.*

La conséquence naturelle de ces concessions forcées était évidemment que le juge de paix avait été compétent pour connaître de l'action de Dauphinot. Cependant, la dame Déa prétendait fonder son incompétence sur l'art. 23 du Code de procédure, qui exige une possession annale fondée sur un titre non précaire. Sans ces deux conditions, *les actions possessoires ne seront pas recevables,* dit cet article.

Or, disait-elle, la possession de Dauphinot n'était pas annale; il ne l'avait pas alléguée du moins; elle était précaire, puisqu'il était fermier : donc le juge de paix n'était pas compétent pour en connaître.

Cette conséquence était d'une fausseté palpable. Si celui qui forme une action possessoire quelconque n'a pas une possession annale non précaire, il résulte bien de l'art. 23 qu'elle n'est pas *recevable,* que le juge doit la rejeter par fin de non-recevoir, mais nullement qu'il soit incompétent pour en connaître; au contraire, lui seul est compétent pour juger si l'action est recevable ou non recevable. S'il reçoit une action possessoire fondée sur une possession non annale ou précaire, il y a *mal jugé* au fond, mais non pas incompétence. Or, la Cour de cassation n'était pas saisie de la question de savoir si le jugement de la justice de paix était bien ou mal rendu, mais seulement s'il l'était incompétemment. Elle décida la négative, et avec raison, par son arrêt du 10 novembre 1819 (1).

(1) *Voy.* Sirey, tom. XX, pag. 209 et 210; Journal des audiences, 1820, pag. 189, et Jurisprudence générale de M. Dalloz, tom. I, pag. 451.

« Attendu, en droit, 1°. que l'action en réinté-
» grande, à la suite d'une entreprise ou voie de fait,
» appartenant à la classe des actions possessoires,
» est incontestablement de la compétence des ju-
» ges de paix ;

» Attendu, 2°. que cette action, comme toutes
» celles qui ont pour objet la répression d'un délit
» ou d'un quasi-délit, est particulièrement intro-
» duite en faveur de l'ordre et de la tranquillité pu-
» blique, et que, sans influence sur les droits res-
» pectifs, les parties demeurent libres de les exer-
» cer comme auparavant, soit au *possessoire,* soit
» au pétitoire : d'où il résulte que, pour décider
» si le jugement qui a statué sur une action de
» cette espèce, est sujet ou non à l'appel, il faut
» uniquement considérer la somme demandée pour
» les dommages et intérêts ;

» Et attendu, en fait, qu'il s'agit, dans l'espèce,
» d'une action en réintégrande, intentée à la suite
» d'une entreprise ou voie de fait ; que Dauphinot
» a demandé pour dommages et intérêts la somme
» de 20^l, et que le jugement ne lui accorde, pour
» tous dommages et intérêts, que le rembourse-
» ment des dépens liquidés à 26^f; que, dans ces
» circonstances, en décidant que l'appel interjeté
» du jugement du juge de paix n'était point rece-
» vable, le jugement attaqué a fait une juste appli-
» cation des lois de la matière ; rejette, etc. »

Il est évident, par le détail dans lequel nous
sommes entré, que la question de savoir si l'action
en réintégrande n'exige, dans celui qui la forme,
ni possession annale, ni possession *animo domini,*

comme le prétend M. Garnier, ne fut point agitée devant la Cour de cassation, qui ne put par conséquent la décider. Le dispositif de son arrêt ne décide pas autre chose, si ce n'est que l'action en dommages et intérêts, qualifiée de réintégrande par Dauphinot, appartenait à la classe des actions possessoires ; qu'elle était par conséquent de la compétence du juge de paix, et que la demande ne s'élevant qu'à 20ᶠ, la condamnation à 26ᶠ, le jugement était en dernier ressort et non sujet à l'appel.

Du reste, la Cour n'examina ni ne devait examiner s'il était bien ou mal rendu, ni si la possession annale, *pro suo,* est nécessaire ou non pour former l'action de réintégrande. Il est vrai que le juge de paix, dont le jugement fut déclaré en dernier ressort, avait hardiment tranché cette question dans ses considérans. Après avoir dit que l'action de Dauphinot était une *véritable réintégrande,* et non *une complainte possessoire,* il ajoutait : « Considérant qu'il n'est pas nécessaire, comme dans l'action possessoire, d'avoir la possession annale ; qu'il suffit de prouver que l'on possédait au moment de la spoliation ; que ces principes ont toujours été, et de tems immémorial, reconnus dans l'ordre judiciaire, et qu'ils sont adoptés par des auteurs célèbres, etc. »

Mais cette doctrine, contraire à l'art. 23 du Code de procédure, ne se trouve point dans les considérans ci-dessus copiés de l'arrêt de la Cour de cassation, qui n'eut à décider que la question de compétence et celle de savoir si le jugement était en dernier ressort.

Cependant, une phrase du second considérant paraît avoir trait à cette doctrine, non pas dans la thèse générale, mais dans les cas où l'action dérive d'un délit ou d'un quasi-délit. Il porte que l'action en réintégrande, à la suite d'une entreprise ou voie de fait, étant « sans influence sur les droits « respectifs, les parties demeurent libres de les » exercer comme auparavant, soit *au possessoire*, » soit au pétitoire : d'où résulte que, pour décider » si le jugement qui a statué sur une action de » cette espèce est sujet ou non à l'appel, il faut » uniquement considérer la somme demandée pour » dommages et intérêts. »

En partant de ces mots, *au possessoire*, on pourrait dire : Si le défendeur en réintégrande, après avoir succombé, peut encore former l'action *possessoire* contre le demandeur réintégré, il s'ensuit que, pour former avec succès l'action en réintégrande, il n'est pas nécessaire d'avoir la possession annale ; et c'est en effet la doctrine de Baumanoir, adoptée par M. Henrion de Pausey, président de la section où fut rendu l'arrêt que nous examinons.

Mais de l'induction entortillée qu'on peut tirer laborieusement d'un mot, d'un seul mot inséré dans les considérans d'un arrêt, par un rédacteur préoccupé de sa doctrine, peut-on conclure que la Cour de cassation ait adopté cette doctrine, et qu'elle ait décidé, en point de droit, qu'à la différence de la complainte, l'action possessoire en réintégrande peut toujours être formée par celui qui n'a ni possession annale, ni possession *pro suo*?

Non certes ; et cela quand même, au lieu de l'induction entortillée qu'on peut tirer d'un seul mot inséré dans les considérans, on y trouverait cette doctrine clairement énoncée comme motif de l'arrêt rendu. C'est une vérité depuis long-tems reconnue et passée en maxime, que le dispositif des arrêts est la seule partie qu'on puisse qualifier de jugement, la seule qui ait l'autorité de la chose jugée, et que le dispositif d'un jugement bien rendu, quoique sur des motifs faux ou contraires à la loi, n'en est pas moins à l'abri de toute attaque.

Cette vérité a toujours été professée hautement devant la Cour de cassation, par un savant magistrat qui a long-tems guidé ses décisions. « Les » motifs de vos arrêts, disait M. Merlin, en parlant » à cette Cour, le 8 août 1808 (1), les motifs de » vos arrêts sont, sans contredit, des autorités très- » graves pour les Cours ; mais ils ne leur font pas » la loi, même dans les affaires sur lesquelles les ar- » rêts ont été rendus. Dans vos arrêts, comme dans » les jugemens des tribunaux ordinaires, il n'y a » que le dispositif qui ait force de chose jugée. *La* » *Cour elle-même l'a ainsi décidé, sections réunies,* » *le 16 pluviôse an XI, au rapport de M. Liborel, et* » *sur nos conclusions.* » (2)

_____

(1) *Voy.* le Répertoire, v°. *Récolement de bois*, pag. 37, 4°. édition.

(2) Il faut absolument voir cet arrêt, rapporté dans les Questions de droit, v°. *Biens nationaux*, § 1. La Cour suprême cassa un arrêt de la Cour de Poitiers, sur un moyen d'incompétence qu'elle avait si clairement improuvé dans les considérans d'un premier arrêt, qu'on n'osa plus reproduire ce moyen devant la Cour de Poitiers, à laquelle l'affaire était renvoyée. L'arrêt de Poitiers n'en fut pas moins cassé, pour n'avoir pas suppléé ce moyen d'incompétence.

Tenons donc pour maxime que les motifs énoncés dans les considérans d'un arrêt n'ont point la force d'une décision, et ne prouvent point que la Cour ait admis ces motifs, même lorsqu'ils sont énoncés. A plus forte raison, ne peut-on argumenter d'une induction tirée d'un seul mot inséré dans l'un des considérans d'un arrêt.

134. Nous croyons avoir prouvé que l'arrêt sur lequel s'appuie M. Garnier, n'a point, comme il le pense, consacré la doctrine dont nous avons démontré la fausseté. Tenons donc pour maxime certaine aujourd'hui, que celui qui, depuis moins d'une année, s'est, de quelque manière que ce soit, emparé de la possession d'une chose, n'a point d'action en justice pour s'y faire maintenir, ou même réintégrer, s'il vient à être dépossédé avant l'année révolue; et s'il n'a point d'action contre celui qui l'a dépossédé, il s'ensuit naturellement que le propriétaire ou le précédent possesseur annal de la chose, toujours réputé tel, peut, dans le cours de l'année, s'en ressaisir de son autorité privée, sans recourir à la justice; car il ne fait en cela qu'user de son droit de propriété ou de possession, sans blesser le droit de personne, puisque celui qui l'avait dépossédé n'a pu en acquérir par une détention qui a duré moins d'une année.

135. Cependant on en avait douté autrefois, sous le prétexte que toutes les voies de fait sont défendues; la nouvelle législation a même varié sur ce point.

On entend par *voie de fait*, dans le sens le plus général de ce mot, tout acte fait de son autorité

privée, pour l'exercice d'un droit ou d'une prétention, sans recourir à la justice pour s'y faire autoriser. *La voie de fait* est opposée *à la voie de droit*,
qui est le recours aux tribunaux pour les faire prononcer sur une prétention contestée.

136. La voie de fait prend le nom d'attentat,
lorsque le fait est accompagné de violences, ou
lorsqu'il entreprend sur les droits d'autrui.

137. Tous les attentats sont défendus et punis;
ils devaient l'être : la justice et la paix publique
l'exigent. Mais la raison dit qu'il en doit être autrement des simples voies de fait, c'est-à-dire des actes
que je fais en exerçant paisiblement mes droits;
car il est toujours permis d'user de ses droits. Par
exemple, je cultive paisiblement mon champ; un
tiers s'en empare et m'en ferme l'accès par des clôtures et autres ouvrages; il y pratique des passages
pour sa commodité; c'est une voie de fait très-ré-
préhensible. Quelques mois après, sans prévenir ni
appeler le malfaiteur, hors de sa présence et sans recourir à la justice, je détruis les clôtures qui s'opposaient à mon entrée; je détruis tous les ouvrages
qu'il a faits; je ferme les passages qu'il a pratiqués :
c'est encore une voie de fait. Mais en quoi est-elle
blâmable? J'use de mon droit, je n'attente en rien
aux droits du malfaiteur, qui n'en a aucun.

Pendant mon absence (c'est un exemple donné
par M. Henrion de Pansey), ma maison est enva-
hie par un malfaiteur, qui s'y établit, use de mes
meubles, sans contradicteur. Voilà certainement
une voie de fait très-condamnable, si ce n'est pas
même un délit caractérisé. De retour après quinze

jours, un mois, ou même plusieurs, je rentre dans ma maison, de mon autorité privée, mais sans aucune violence, le spoliateur se trouvant absent. C'est encore une voie de fait, dans le sens étendu de ce mot, puisque je n'ai pas eu recours à la justice; mais cette voie de fait est légitime, puisque je ne fais qu'user de mon droit, puisque je n'attente aux droits de personne; et si l'envahisseur osait s'en plaindre à la justice, je saisirais cette occasion pour le faire condamner en tous mes dommages et intérêts. Il serait même exposé à être poursuivi d'office par le ministère public, suivant les circonstances.

Supposons maintenant, avec M. Henrion de Pansey, qu'au lieu de me laisser rentrer dans ma maison, l'envahisseur s'y oppose. Il s'engage une rixe, un combat, je l'excède de coups, je le blesse même; enfin, je suis le plus fort, je l'expulse et je reste maître du champ de bataille, c'est-à-dire de ma maison.

Si l'envahisseur m'avait le premier *provoqué par des coups ou violences graves,* au moment où je rentrais dans ma maison, les coups que je lui ai donnés, les blessures que je lui ai faites en repoussant ses violences, sont déclarés excusables par l'art. 321 du Code pénal.

Si j'ai frappé le premier, je ne suis pas excusable; car l'art. 328 n'admet d'excuse que dans le cas de *nécessité actuelle* de la légitime défense de *soi-même ou d'autrui.* L'envahisseur battu et blessé pourra donc me poursuivre criminellement, et le ministère public requerra contre moi l'application de la

peine prononcée par l'art. 309, contre tout individu qui *aura fait des blessures ou porté des coups.*

L'envahisseur, partie civile, pourra me demander des dommages et intérêts, à raison des frais
de maladie, de la cessation de travail, causés par
les blessures, etc. Mais pourra-t-il demander à être
réintégré dans ma maison? Non, certes; car, 1°. il
n'a aucun droit d'y rentrer, même provisoirement,
puisque *le droit de possession,* qui seul pouvait le
lui donner, ne pouvait lui être acquis que par le
laps d'une année de possession paisible, et non
par un séjour ou une possession de quelques jours
ou de quelques mois, et que, d'un autre côté,
l'attentat que j'ai commis sur sa personne n'a pu
lui conférer le droit de possession; 2°. les juges criminels, qui m'ont appliqué la peine prononcée
contre cet attentat, sont bien autorisés par l'art. 3
du Code d'instruction criminelle, à prononcer sur
l'action civile pour la réparation des dommages
causés par le délit; mais ils sont radicalement in-
compétens pour prononcer sur une question de
possession, comme la Cour de cassation l'a fort
bien décidé, ainsi que nous le verrons bientôt.

Vainement objecterait-on que tout attentat est
défendu et doit être puni. Oui, sans doute; l'ordre
public l'exige. Mais « nulle contravention, nul dé-
» lit, nul crime, ne peuvent être punis de peines qui
» n'étaient pas prononcées par la loi, avant qu'ils
» fussent commis. » (Code pénal, art. 4).

Or, où est la loi qui dit que pour avoir battu l'u-
surpateur de ma maison ou de mon champ, celui,
en un mot, qui m'avait enlevé mon bien par une

action qui *mérite la hart*, et pour m'en être ressaisi, sans autorité de justice, je doive être condamné de lui en remettre la possession, dont il est vraisemblable qu'il abusera, jusqu'à ce que la justice ne m'y ait réintégré?

Il ne faut pas confondre le délit ou l'attentat avec la chose à l'occasion de laquelle il a été commis. Le délit ou l'attentat doit toujours être puni, et le dommage qu'il a causé réparé. Mais la chose à l'occasion de laquelle le délit a été commis, n'en doit pas moins rester à celui à qui elle appartient, et non pas à celui à qui la loi n'y donne aucun droit, comme au larron, à l'usurpateur dont la possession n'a pas duré un an.

Il paraît que c'est par une semblable confusion d'idées que des auteurs, d'ailleurs très-recommandables, avaient, sous l'ancienne législation, obscurci des vérités aussi claires.

Ils posaient en principe que toute voie de fait sans distinction, c'est-à-dire tout acte par lequel, sans autorité de justice, l'on se ressaisit même sans violence, ou l'on se remet en possession de ce qui nous appartient, est contraire à l'ordre public, et doit être réprimé, parce que, s'il était permis, sous prétexte qu'on a droit à une chose, de s'en ressaisir par voie de fait, chacun se rendant juge dans sa propre cause, se croirait autorisé à agir avec violence; ils ajoutaient que les tribunaux ne manquaient jamais de condamner ces sortes de voies de fait, quand on aurait le meilleur droit au fond. Et comme, dans une législation où les peines étaient arbitraires, aucune loi n'en prononçait contre les simples voies de fait exercées sans violence, il en était arrivé quelquefois que des tribunaux avaient ordonné à celui qui s'était, sans autorité de justice, ressaisi de son bien, d'en remettre la possession à son adversaire, et l'avaient condamné aux dépens.

Le principe d'où l'on partait pour soutenir cette opinion, était évidemment faux. En quoi l'ordre public est-il troublé, quand un propriétaire se remet paisiblement en possession d'un bien dont l'avait injustement dépouillé un usurpateur? L'ordre de la justice est au contraire rétabli par la rentrée en possession du propriétaire.

Mais, dit-on, si le propriétaire qui s'est remis en possession de ses biens sans autorité de justice, n'est pas puni, il est à craindre qu'il ne se croie autorisé à agir avec violence. Eh bien! punissez tous les actes de violence, tous les excès, et cette crainte s'évanouira; mais ne donnez pas à la société le scandale de voir la justice remettre provisoirement l'usurpateur en possession d'un bien dont il ne s'était emparé que par une voie de fait punissable, tandis que le propriétaire n'en a commis qu'une très-innocente, en rentrant paisiblement dans la possession de son bien.

Notre illustre compatriote et ancien collègue et ami M. le comte Lanjuinais, que son mérite et ses services ont fait élever à la pairie, a victorieusement réfuté les auteurs que nous combattons dans une savante dissertation (1), où il range les voies

_____

(1) Imprimée dans le Répertoire de jurisprudence, v°. *Voie de fait*.

de fait en deux classes, celles qui sont illicites et celles qui ne le sont pas.

138. Mais le Code des délits et des peines, du 3 brumaire an IV, sembla rejeter cette doctrine des voies de fait licites, et parut défendre toutes les voies de fait sans distinction, et punir celles même qui sont commises sans violence. L'art. 605, n°. 8, punit des peines de simple police, c'est-à-dire de l'amende et de la prison, les auteurs..... *de voies de fait et violences légères.*

Cette disposition était bien vague; mais la Cour de cassation, sur les conclusions de M. Merlin, qui connaissait parfaitement l'esprit de cette loi, comme ayant présidé à sa rédaction, décida qu'elle ne *s'appliquait pas seulement aux voies de fait* qui ont lieu dans des rixes, et qui s'exercent sur les personnes, mais encore à tout acte par lequel on exerce de son autorité privée, même sans violence, des droits ou des prétentions contraires aux droits ou aux prétentions d'autrui. En conséquence, cette Cour confirma, le 18 messidor an VIII (1), un jugement du tribunal de Pontraye, qui avait condamné Jean Gaudner à trois jours d'emprisonnement, pour avoir, de son autorité privée, sans aucune violence, détourné un ruisseau qui coulait sur son terrain, et dont une partie des eaux devait se rendre dans un enclos de Muller, pour servir aux besoins de sa maison.

---

(1) L'arrêt est rapporté dans les Questions de droit de M. Merlin, v°. *Voie de fait.*

On doit remarquer qu'il ne s'agissait point, en cette affaire, du droit de possession; car, dans ce cas, l'affaire aurait dû être renvoyée devant les juges civils.

« Il est universellement reconnu, disait M. Mer-» lin, que toutes les fois que, dans les causes por-» tées aux tribunaux de police, il s'élève quelque » question incidente de propriété ou de possession, » ils doivent s'abstenir d'en connaître, et renvoyer » devant les juges ordinaires. » Mais la possession de Muller était reconnue et non contestée. Ainsi, les juges de police n'avaient à juger qu'une simple *voie de fait*, à laquelle, appliquant la peine prononcée par l'art. 605, n°. 8, de la loi du 3 brumaire an IV, ils condamnèrent Gaudner à la prison et à 25ᶠ de dommages et intérêts. Ce fut par ce motif que la Cour de cassation confirma le jugement.

« Considérant que la possession des eaux du » ruisseau avait été jugée entre les parties, et qu'il » ne pouvait être question que du fait par lequel » Muller se plaignait d'avoir été privé de l'eau dont » il devait jouir.

» Et que le tribunal de police n'ayant à juger » qu'*une voie de fait,* il a fait une juste application » de la loi. »

139. Mais la législation ne tarda pas à changer; et plus tard, la voie de fait de Gaudner n'eût pas été punie. Le n°. 8 de l'art. 605 du Code du 3 brumaire an IV, qui rangeait au nombre des contraventions de police les voies de fait et violences légères, se trouva abrogé par le silence du Code pénal de 1810, qui ne l'a point répété.

Ce Code, dit M. Merlin (1), qui remarque ce changement dans la législation, « ce Code prévoit
» bien différentes voies de fait et violences légères,
» qu'il caractérise et spécifie ; mais il ne punit plus
» *les voies de fait et violences légères en général,* et
» c'est ce qui résulte bien clairement de l'avis du
» Conseil d'état, du 4 février 1812, approuvé le 8
» du même mois (2) : il n'existe donc plus aucune
» loi pénale que l'on puisse appliquer à celui qui,
» par une voie de fait, détruit l'innovation qu'une
» voie de fait antérieure avait fait pratiquer sur son
» terrain, ou, ce qui revient au même, sur un ter-
» rain dont il a la possession annale.

» Une comparaison, continue l'auteur, achèvera
» de mettre cette vérité dans tout son jour. Un par-
» ticulier enlève de ma maison un meuble, un ef-
» fet, une somme d'argent ; aussitôt je cours sur
» lui, je l'atteins, et je lui arrache par voie de fait,
» par violence, l'effet qu'il m'a volé. Sans contredit,
» si, par la voie de fait, par la violence que j'ai
» exercée sur sa personne, je l'ai blessé ou frappé,
» je serai passible des peines portées par les art. 308
» et 309 du Code pénal. Mais pourrai-je, en ce
» cas, être poursuivi comme voleur ? Un arrêt de
» la Cour de justice criminelle de Turin, du 30 flo-
» réal an XII, avait jugé pour l'affirmative ; mais
» cet arrêt a été cassé le 1er. thermidor de la même
» année, attendu que, dans le fait dont l'accusé

_____

(1) Dans le Repertoire, v°. *Question préjudicielle,* pag. 510, col. A,
4e. édition.

(2) Cet avis est rapporté dans le Repertoire, v°. *Offense à la loi.*

» était déclaré coupable, il n'y avait pas le carac-
» tère du vol (1), qui consiste à vouloir dépouiller
» quelqu'un dans le dessein de nuire,..... et que le
» fait qui avait servi de base à la condamnation se
» réduisait à des violences.

 » Donc, par la même raison, si, opposant voie
» de fait à voie de fait, je détruis sur mon terrain
» une clôture qu'un particulier, non possesseur an-
» nal de mon terrain, y a pratiquée, je serai bien
» *passible* des peines portées contre la violence que
» j'ai commise, et qui a été jusqu'à frapper ou
» blesser quelqu'un ; mais je ne le serai nullement
» de la peine que l'art. 456 du Code pénal ne pro-
» nonce que contre ceux qui détruisent les clôtures
» pratiquées sur le terrain d'autrui. »

Nous trouvons également, dans ce passage,
l'exemple des voies de fait défendues et punissa-

---

(1) L'espèce de cet arrêt est remarquable :
Burlando, créancier de Bozonetto, n'ayant pu obtenir d'être payé,
se munit d'armes à feu, attendit son débiteur sur une grande route, et
se fit rendre la somme prétendue. Il fut condamné à mort comme voleur de grand chemin. Sur son pourvoi, M. Jourde, procureur général, pensa que l'action de Burlando était une voie de fait criminelle,
mais qu'il n'y avait pas de vol, puisqu'il n'était pas constaté que l'accusé fût sans droit à la restitution arrachée à Bozonetto.
La Cour de cassation annula l'arrêt le 1er. thermidor an XII, « at-
» tendu que de l'acte d'accusation...., il résulte que les violences exer-
» cées avec port d'armes, par Burlando, avaient pour objet la restitu-
» tion d'une somme qu'il croyait lui être due; que dans le fait dont Bur-
» lando est déclaré coupable, et sur lequel a été fondée la condamna-
» tion prononcée contre lui, il n'y avait donc pas les caractères du vol,
» qui consistent à dépouiller quelqu'un dans le dessein du crime, etc.»
Sirey, tom. V, pag. 102 et 103; Journal des audiences, an XIII, *supra*,
pag. 10.
Nihil dolo creditor facit, qui suum recipit. Loi 129, ff de R. J.

bles, et des voies de fait permises, parce qu'elles ne sont que l'exercice d'un droit.

140. Les voies de fait défendues sont toutes celles qui s'exercent contre les personnes, ou qui portent atteinte aux droits du propriétaire ou du possesseur annal de la chose sur laquelle elles sont exercées.

Les voies de fait permises sont celles que commet le propriétaire ou le possesseur annal, en exerçant de son autorité privée, sans recourir à la justice, son droit de propriété ou de possession.

Tels sont les vrais principes de la matière. Ils ne sont, comme nous l'avons déjà remarqué, que des conséquences nécessaires de la loi de la propriété, et de celle qui ne confère le droit de possession qu'à celui qui a possédé paisiblement pendant une année au moins.

Ces principes sont désormais consacrés par la loi et par la jurisprudence; ils détruisent, sans retour, le prétexte sur lequel on prétendait que la réintégrande, à la différence de la complainte, peut être formée par le possesseur non annal, même à titre précaire, parce qu'il a été dépouillé par une voie de fait; car, s'il l'a été par une voie de fait licite, il n'a pas d'action.

141. Mais remarquez bien qu'il faut distinguer les voies de fait des violences qui peuvent les accompagner. Si les premières ne sont pas défendues, lorsqu'elles ne consistent que dans l'exercice d'un droit, les violences, les faits et les circonstances qui les accompagnent peuvent être de nature à caractériser un crime, un délit ou une

contravention, et sont alors punissables (1) par les tribunaux criminels, correctionnels ou de simple police.

142. Mais ces tribunaux ne pouvant jamais connaître de la voie de fait commise sans violence par le propriétaire ou par le possesseur annal, il en résulte que toutes les fois que, dans les causes de cette espèce portées devant eux, il s'élève quelque question incidente de propriété ou de possession, ils doivent s'abstenir d'en connaître, et renvoyer les parties devant les juges ordinaires. La raison en est que ces tribunaux ne peuvent prendre connaissance que des délits classés dans le cercle de leurs attributions, et qu'ils ne peuvent pas juger qu'il y ait délit de la part d'une partie assignée, qui prétend n'avoir fait qu'user de son droit de propriété ou de possession (2).

143. D'où il suit que, lorsque la question préjudicielle de possession ou de propriété, élevée devant un tribunal de police, est de la compétence du juge de paix, le juge qui forme l'un et l'autre tribunal ne peut statuer par un seul jugement sur cette question, et sur le délit qu'elle tend à détruire.

C'est ce qu'a décidé la Cour de cassation dans l'espèce suivante :

---

(1) *Voy.* les jugemens et arrêts rendus dans l'affaire de Denis Valigny, et les conclusions données dans cette affaire par M. Merlin, Répertoire de jurisprudence, v°. *Vol*, pag. 708, 4°. édition.
(2) *Voy.* M. Merlin, Questions de droit, v°. *Voie de fait*, pag. 678 ; M. Carre, Analyse et conférences sur le Code de procédure, quest. 71.

Bernardet, cité par le maire de la commune de Chaussion, pour avoir barré un sentier que les habitans de cette commune avaient pratiqué sur son terrain, soutient que son terrain n'est assujetti envers la commune à aucun droit de passage. Le maire allègue la possession annale de la commune. Le juge de paix statuant *comme tel*, maintient la commune dans cette possession, et prononçant ensuite comme tribunal de police, condamne Bernardet, en vertu de l'art. 605 du Code des délits et des peines de l'an IV, à une amende de trois journées de travail.

Le 2 thermidor an XI, arrêt qui casse ce jugement. « Considérant, 1°. qu'il résulte du jugement » et des pièces de la procédure, que le droit de pas- » sage sur le terrain du demandeur est *par lui con-* » *testé;* que, dès lors, la poursuite du délit qui lui » est imputé devait rester *suspendue* jusqu'à la dé- » cision de cette contestation, par les juges civils » à qui elle devait être renvoyée; 2°. que le tribu- » nal de police a confondu et cumulé des pouvoirs » distincts, en prononçant par un seul et même » jugement sur une action possessoire, comme jus- » tice civile, et sur la poursuite du délit, comme » justice de police.......; casse, etc. » (1)

144. Des principes que nous avons posés et de la jurisprudence qui les consacre, il résulte clairement que nous pouvons, de notre autorité pri-

---

(1) L'arrêt est rapporté dans le Répertoire de jurisprudence, au mot *Question préjudicielle*, n°. 9, pag. 524, 1°. édition.

rée, exercer tous les droits de propriété que comportent les choses qui nous appartiennent, nous en ressaisir même, si nous en avons été dépouillés depuis moins d'une année, et détruire tous les obstacles mis à notre droit de jouissance, sans que personne puisse se plaindre du dommage éventuel que pourrait lui causer l'exercice légitime de nos droits.

145. Mais cette liberté illimitée, d'exercer tous les actes de propriété qu'il me plaît sur mon propre fonds, ne va pas jusqu'à ce qui pourrait faire parvenir sur l'héritage voisin quelque chose de nuisible ou d'incommode; par exemple, une fumée épaisse, telle que celle d'un four, d'un fourneau, d'une forge, d'un tuyau de poële, dirigé vers les fenêtres du voisin (1). On en doit dire autant des odeurs infectes ou méphytiques que certaines préparations ou des latrines construites sans les précautions nécessaires, pourraient introduire dans les maisons voisines. En un mot, c'est une règle générale, qu'il n'est permis de rien faire dans son fonds qui puisse introduire ou faire passer quelque chose de nuisible chez son voisin : *In suo hactenùs facere licet, quatenùs nihil in alienum immitat.* Loi 8, § 5, *ff si servitus vind.*, 8. 5. Ce ne serait plus alors user de son droit, ce serait attenter au droit d'autrui.

---

(1) *Voy.* tom. III, n°. 554, et la loi 8, § 5, *ff si serv. vind.*, 8. 5 : c'est le siège de la matière ; l'art. 175 de la nouvelle Coutume de Bretagne, 186 de l'ancienne, et *ibi* d'Argentré; Domat, liv. 1, tit. 12, sect. 2, n°. 8 et suiv.

146. C'est en conséquence de ces principes qu'il est défendu de rien jeter de nuisible sur l'héritage voisin, et sur un lieu où le public est dans l'usage de passer ou de s'arrêter. Le droit romain s'est occupé de cette espèce de quasi-délit dans le titre du Digeste, *de his qui effuderint vel dejecerint*, 9. 3.

147. Nos législateurs ont pensé que des dispositions particulières sur ce point étaient inutiles, et qu'il suffisait d'avoir énoncé le principe consacré par les art. 1382 et 1383, qui obligent à réparer le dommage tous ceux par la faute, par la négligence, ou par l'imprudence desquels il est arrivé; parce qu'en effet, les conséquences qu'on peut tirer de ce principe, peuvent servir à décider les différens cas qui se présentent.

148. On ne peut cependant se dissimuler qu'il peut se présenter des questions qu'il eût été bon de prévoir et de décider. Les rédacteurs du projet de Code l'avaient aussi pensé : ils présentèrent en conséquence, à la discussion du Conseil d'état, deux articles ainsi concus :

Art. 16. « Si, d'une maison habitée par plusieurs » personnes, il est jeté sur un passant de l'eau, » ou quelque chose qui cause un dommage, ceux ᵌ qui habitent l'appartement d'où on l'a jeté sont » tous *solidairement* responsables, à moins que ce-ᵌ lui qui a jeté ne soit connu, auquel cas il doit » seul la réparation du dommage. »

Art. 17. « Les hôtes qui n'habitent qu'en passant » la maison d'où la chose a été jetée, ne sont point ᵌ tenus de la réparation du dommage, à moins

» qu'il ne soit prouvé que ce sont eux qui ont jeté;
» mais celui qui les loge en est tenu. »

149. L'art. 16 fut d'abord adopté sans discussion; mais en discutant l'art. 17, le citoyen Miot
« dit que l'énonciation du principe suffit; les exem-
» ples doivent être retranchés. »

Cette observation fut adoptée. On ne laissa subsister que le principe consacré par les art. 1382 et
1383. Les art. 16 et 17, proposés, furent retranchés. Ils ne peuvent donc être un règle obligatoire
qu'en ce qui, dans leurs dispositions, se trouve
n'être qu'une conséquence du principe consacré
par les art. 1382 et 1383. Or, ces articles ne parlent point de la solidarité; et certes, cette solidarité n'est point une conséquence du principe que
chacun est responsable du dommage qu'il a causé
par sa faute. Ces articles ne parlent que du cas où
le dommage a été causé par une seule personne,
et gardent le silence sur le cas où il a été causé
par plusieurs.

150. Cependant M. Delvincourt (1) pense que les
articles retranchés doivent être suivis en ce qui
concerne la solidarité, et cela, dit-il, par argument
de l'art. 1734 du Code civil, de la loi 1, §§ 9 et 10,
et des lois 2 et 3, *ff de his qui effuderint*, 9. 3.

Il est certain que le droit romain prononce la
solidarité contre tous ceux qui ont jeté quelque
chose de nuisible d'une maison. La loi 1, § *ult.*,
les lois 2 et 3 portent : *Si plures in eodem cænaculo*

---

(1) Tom. III, pag. 685.

habitent, undè dejectum est, in quemvis hæc actio dabitur. Cùm sanè impossibile est scire quis dejecisset, vel effudisset. Et quidem in solidum, sed si cum uno fuerit actum, cæteri liberabuntur.

Ce n'est que dans le cas où plusieurs ont une habitation séparée dans la même maison que la solidarité cesse, suivant le droit romain (1).

Mais, à compter du jour où le Code civil a été promulgué, les lois romaines cessent d'avoir force de loi, suivant l'art. 7 de la loi du 30 ventôse an XII: on ne peut donc plus invoquer les lois citées pour règle de décision.

M. Delvincourt invoque encore, à l'appui de son opinion, l'art. 1734 du Code civil, qui prononce la responsabilité solidaire contre tous les locataires d'une maison incendiée.

Mais en fait de solidarité, on ne doit jamais raisonner par induction ou par argument d'un cas à un autre; l'art. 1202 s'y oppose. Il établit, en règle générale, que la solidarité ne se présume point. « Cette règle, ajoute l'article, ne cesse que dans les » cas où elle a lieu de plein droit, *en vertu d'une dis-* » *position de la loi.* »

L'art. 1734 contient une disposition formelle qui prononce la responsabilité solidaire entre tous les locataires d'une maison incendiée. Cette disposition spéciale était nécessaire pour écarter l'appli-

---

(1) *Si verò plures, diviso inter se cænaculo, habitent, actio in cum solum datur, qui inhabitat eam partem undè effusum est. Loi 5 cod.*

cation de la règle établie par l'art. 1202. On ne trouve point de disposition pareille contre ceux qui habitent en commun une maison, d'où il a été jeté quelque chose de nuisible. L'article proposé, pour établir la solidarité entre eux, a même été retranché. Ce cas reste donc sous la règle générale.

151. Car il n'existe aucune loi qui soumette à la solidarité les auteurs d'un *quasi-délit*.

L'art. 55 du Code pénal y soumet les auteurs du même crime ou du même délit. « Tous les indi- » vidus condamnés pour un même *crime* ou pour » un même *délit*, sont tenus solidairement des » amendes, des restitutions, des dommages et in- » térêts et des frais. »

Remarquez bien que cet article ne parle que des condamnés pour *crime* ou *délits;* et, sous cette dénomination, ne sont point compris les quasi-délits ni les contraventions, que les lois ne punissent que des *peines de police.* Point de doute sur cela : le législateur a pris soin d'en avertir dans l'art. 1er. du même Code, où il commence par donner la signification précise des mots dont il va se servir (1). Or, il a placé l'art. 55 dans le chap. 3 du liv. 1er., qui a pour titre : « *Des peines et des autres condam-* » *nations* qui peuvent être prononcées pour *crimes* » ou *délits.* » Il est donc certain que cet article ne s'applique ni aux *contraventions*, contre lesquelles on ne peut prononcer que des peines de police, ni

---

(1) *Voy.* aussi l'art. 157 du Code d'instruction criminelle.

aux quasi-délits, contre lesquels la loi n'en prononce aucun autre que les dommages et intérêts.

C'est dans le liv. 4 que le Code s'occupe des *contraventions*. Le chap. 1ᵉʳ. s'occupe avec détail des peines et amendes qui peuvent être prononcées contre les contrevenans, et de la manière de faire exécuter les jugemens de condamnation. C'était bien le lieu de parler de la solidarité, si telle eût été la volonté du législateur. L'art. 467 veut que la contrainte par corps ait lieu pour le paiement de *l'amende ;* mais il ne dit pas que tous les individus condamnés pour une même contravention sont tenus solidairement des amendes, comme le dit l'art. 55 des individus condamnés pour un même *crime* ou pour un même *délit.* Cet art. 467 n'étend même pas la contrainte par corps au paiement des dommages et intérêts, comme l'art. 52 la prononce à l'égard des condamnations pour crimes ou délits.

Le chap. 2 range les contraventions en différentes classes, afin de mieux graduer les différentes peines qu'on peut prononcer contre les contrevenans, suivant la gravité des cas. L'art. 471, nᵒˢ. 6 et 12, prononce une amende de 1ᶠ à 5ᶠ contre « ceux qui » ont jeté ou exposé au devant de leurs édifices, » des choses de nature à nuire par leur chute ou » par des exhalaisons insalubres, et contre ceux » qui imprudemment auront jeté des immondices » sur quelques personnes. »

Mais, ni dans le premier chapitre, ni dans l'article 471, ni dans aucun autre, le Code pénal n'établit la solidarité des amendes, des dommages-intérêts, etc., contre les individus condamnés pour une même contravention, comme l'a fait l'art. 55, contre les condamnés pour un même *crime* ou pour un même *délit.*

C'est donc un point certain qu'il existe, dans la loi, une disposition qui établit la solidarité entre les individus condamnés pour un même *crime* ou *délit,* et qu'il n'en existe aucune qui l'établisse entre les individus condamnés pour une même *contravention.*

De ce fait une fois bien reconnu, il nous paraît résulter *nécessairement* qu'on ne peut suppléer ni prononcer la solidarité contre eux, sans violer ouvertement l'art. 1202 du Code civil, qui défend d'étendre la solidarité aux cas où elle n'est pas prononcée par *une disposition de la loi.* Je ne sais si je me trompe, mais ceci me paraît aussi bien démontré qu'il soit possible de démontrer une vérité, en tirant la conséquence d'un principe reçu.

Cette différence, au reste, entre les individus condamnés pour un même crime ou délit, et les individus condamnés pour une même contravention, n'est point purement arbitraire; elle est fondée sur la nature des choses; car, dans les crimes et délits, il y a toujours malignité et dessein de nuire : il est donc naturel que la volonté commune des délinquans de nuire à l'offensé, lui donne contre eux la même solidarité que lui donnerait, dans un contrat, la volonté commune des obligés de s'engager à une même chose. C'est dans la volonté commune des délinquans que prend sa source la solidarité prononcée contre eux.

Au contraire, dans la plupart des contraventions et dans tous les quasi-délits, il n'y a ni volonté ni dessein de nuire de la part des contrevenans : c'est par négligence, c'est par imprudence qu'ils ont nui, comme on le voit notamment dans l'action de jeter des immondices par une fenêtre. La loi n'a donc pu raisonnablement supposer dans les contrevenans, en les soumettant à la solidarité, une volonté commune de nuire, qu'aucun d'eux n'a eue réellement.

152. Cependant, quelques arrêts de la Cour de cassation, s'ils étaient mal entendus, pourraient répandre des nuages sur un point qui nous paraît si bien démontré. Voici l'espèce du premier :

Desbiez avait été injurié et battu par les sieurs Pasteurs, père et fils. C'était un délit, puisque les injures étaient accompagnées de coups. (Art. 320). Cependant, Desbiez ne considéra le fait que comme une contravention, puisqu'il cita les offenseurs devant la justice de paix, qui rejeta sa demande. Mais, en appel, le tribunal de première instance de Besançon condamna les Pasteurs solidairement à 20ᶠ de dommages et intérêts et aux dépens.

Pourvoi en cassation pour contravention à l'article 1202 du Code civil.

Le pourvoi fut rejeté par arrêt du 6 septembre 1813, rapporté par Sirey, tom. XIV, pag. 57 : (1) « Considérant que, dans l'espèce et *les circonstances* » de la cause, la condamnation solidaire aux dom-

_____

(1) Et par le Journal des audiences, pag. 529.

» mages et intérêts et dépens ne doit être regardée,
« quant aux dépens, que comme le supplément et
» le complément de la réparation civile du *délit* qui
» avait donné lieu à l'action, et qu'en ce sens, elle
» n'est contraire ni à l'art. 1202 du Code civil, ni
» à aucune loi. »

Remarquez l'état singulier dans lequel se présentait l'affaire. Desbiez avait cité les Pasteurs devant le juge de paix, non pas comme juge de police : il s'était rendu appelant ; non pas encore comme d'un jugement de police, dont l'appel n'aurait pu être porté qu'au tribunal correctionnel, et non au tribunal civil de première instance : c'était donc d'un jugement civil que Desbiez demandait la cassation, et sous ce point de vue, l'application de l'art. 1202 paraissait inévitable.

Cependant, au fond, cette solidarité prononcée, loin de grever les Pasteurs leur était favorable ; car, si l'affaire avait suivi le cours légal, elle eût dû être portée, non pas à la justice de paix, mais au tribunal correctionnel, où ils auraient été condamnés chacun à une amende de 16 à 100ᶠ, solidaire de plein droit, en vertu de l'art. 55 du Code pénal. Ajoutez à cela que, dans l'espèce, la solidarité avait un principe de justice, puisque certainement les deux Pasteurs avaient eu la volonté commune d'offenser et d'outrager Desbiez. Ce fut, sans doute, par ces *circonstances* que la Cour de cassation, qui ne voulait pas avec raison appliquer l'art. 1202, lequel, au fond, n'était pas applicable à une condamnation causée par un *délit*, se porta à ne regarder la solidarité prononcée par le tribunal civil contre les Pasteurs , que comme un supplément de *la réparation civile du délit qui avait donné lieu à l'action.* Il est évident que, loin qu'on puisse tirer de cet arrêt de circonstance, rendu dans une espèce aussi singulière, aucune conséquence contre notre doctrine, il pourrait plutôt servir à la confirmer, puisqu'il s'agissait réellement d'un *délit* , ainsi que le qualifie l'arrêt de la Cour de cassation.

En voici un second qui, bien entendu, sert encore à confirmer la doctrine que nous avons établie sur le texte même de la loi :

Le sieur Chevalier assigne devant le juge de paix les femmes Rigaud , Menager, Carbonier et plusieurs filles , qui avaient glané dans ses champs , ensemencés de trèfle et de luzerne, avec des râteaux de fer, prohibés par d'anciens réglemens. Il assigne en même tems les pères et maris des délinquantes, et il conclut à ce qu'ils fussent tous condamnés *solidairement* à des dommages et intérêts, les uns comme auteurs, les autres comme civilement responsables.

Le 15 octobre 1817, jugement qui condamne *solidairement* les femmes Rigaud et autres à des dommages et intérêts, pour réparation des *dégâts faits* en glanant avec des râteaux prohibés , et qui, en outre, condamne les pères et les *maris* des délinquantes comme civilement responsables.

Pourvoi en cassation , fondé sur trois moyens, dont il est inutile de rapporter le premier; le second , fondé sur la violation de l'art. 102 du Code civil; le troisième, pour excès de pouvoir et fausse application de l'art. 1384, en ce que le jugement éclare les maris responsables, quoique cet article ne le porte pas, et que l'art. 1424 présente une induction opposée, puisque les amendes encourues par les femmes ne peuvent être prononcées que sur la nue propriété de leurs biens.

Ce pourvoi fut rejeté par arrêt du 23 décembre 1818 (1), attendu, « sur le second moyen, que le jugement attaqué, loin d'avoir violé aucune loi, ni contrarié aucun principe, s'est, au contraire, exactement conformé à l'art. 55 du Code pénal, en prononçant la solidarité contre tous les individus condamnés pour *le même délit.* »

Le troisième moyen fut également rejeté. Nous en parlerons bientôt, en expliquant l'art. 1384. Arrêtons-nous, quant à présent, au second.

En disant que l'arrêt attaqué s'était exactement conformé à l'art. 55 du Code pénal, en prononçant la solidarité contre tous les individus condamnés *pour le même délit,* la Cour de cassation pensa donc que le fait dont il s'agissait n'était pas une simple contravention, mais un *délit;* et c'est ce que prouve le considérant de son arrêt : « Attendu que l'art. 471 (du Code pénal), uniquement relatif à ceux qui glanent, râtèlent ou grapillent, dans les champs non encore dépouillés, ou avant le lever, ou après le coucher du soleil, est étranger, et sans aucune application possible, au mode de râtelage avec des râteaux à dents

---

(1) Rapporté par Sirey, tom. XIX, pag. 278, et le Journal des audiences, 1819, pag. 224.

» de fer, dans des terres emblavées de trèfle et de
» luzerne, etc. »

Ainsi, la Cour de cassation commença par déclarer non applicable au fait dont il s'agissait l'article 471, n°. 10, qui n'est relatif qu'à une contravention. Il ne restait donc qu'à lui appliquer
l'art. 444, qui, dans la section *des destructions,
dégradations et dommages,* met la dévastation des
plants au nombre des *délits* contre les propriétés,
et condamne à un emprisonnement de deux à cinq
ans, quiconque aura dévasté des plants venus naturellement, ou faits de main d'homme, tels que
les trèfles et les luzernes nouvellement ensemencés, auxquels des râteaux à dents de fer devaient
nécessairement causer un grand dégât. Le fait était
donc réellement, non pas une simple contravention, mais un délit, qualifié tel par le Code pénal;
et par conséquent on devait appliquer l'art. 55,
qui prononce la solidarité des dommages et intérêts, etc., contre les condamnés pour un même
délit. L'arrêt de la Cour de cassation du 23 décembre 1818, loin d'être contraire à notre doctrine, la
confirme donc bien clairement, puisqu'il ne déclara la solidarité, prononcée par l'art. 55, applicable au fait, qu'après avoir dit que l'art. 471,
n°. 10, n'était pas applicable à ce même fait, qu'il
regarde comme un *délit.*

153. Les dispositions des art. 1382 et 1383, qui
obligent l'auteur d'un fait quelconque ou d'une
omission, à réparer le dommage qu'il cause à autrui par sa faute ou par sa négligence, sont tellement générales et tellement étendues, qu'il est

resque impossible, et heureusement inutile, d'é-
umérer tous les cas où elles doivent s'appliquer.
l suffit de bien développer le principe, et de don-
er ensuite quelques exemples de son application.

Voici comme le savant Domat (1), dans son style
oujours clair et précis, comme celui des lois, développe le principe consacré dans nos art. 1382
et 1383 : « Toutes les pertes, tous les dommages
, qui peuvent arriver par le fait de quelque per-
, sonne, soit imprudence, légèreté, ignorance de
, ce qu'on doit savoir, ou autres fautes sembla-
, bles, *si légères qu'elles puissent être* (2), doivent
, être réparées par celui dont l'imprudence ou
» autre faute y a donné lieu. C'est un tort qu'il a
» fait, quand même il n'aurait pas eu intention de
, nuire (3). » C'est en cela que le quasi-délit diffère
du délit et du dol.

Ainsi, point d'excuse sur l'intention ni sur la
qualité de la faute. La loi, d'accord avec la raison, veut qu'on répare le dommage causé par la
faute la plus légère : car il est, sans contredit,
plus juste que l'auteur même indirect du dommage en supporte la perte, quelque légère que
soit sa faute, que celui à qui on n'en saurait reprocher aucune (4).

---

(1) Liv. 2, tit. 8, sect. 4, des autres espèces de dommages causés par des fautes, sans crime ni délit.

(2) *In lege aquilià, et lavissima culpa venit. Loi 44, ff ad leg. aquil., 9. 2.*

(3) *Etiam ab eo qui nocere noluit. Loi 5, § 1, ff eod.*

(4) C'est aussi la doctrine des moralistes et des auteurs qui ont écrit sur le droit naturel. *Voy.* Burlamaqui, Élémens du droit naturel, 3ᵉ part., liv. 2, pag. 105 et 106, édition de Lausanne, 1775.

Point d'excuse encore sur l'ignorance. Les lois mettent au nombre des dommages causés par des fautes, ceux qui arrivent par l'ignorance des choses qu'on doit savoir : *Imperitia culpæ adnumeratur* (1). Ainsi, lorsqu'un artisan, pour ne pas savoir ce qui est de sa profession, fait une faute qui cause quelque dommage, il est tenu de le réparer. On en trouve des exemples dans la section *des devis et marchés,* liv. 3, tit. 8, chap. 3, sect. 3 du Code civil.

Le droit romain étend la conséquence du principe jusqu'au point de rendre responsable le charretier qui a mal rangé des pierres sur sa charrette. Si la chute d'une pierre cause quelque mal, il en répond (2).

Enfin, point d'excuse même dans la faiblesse de celui qui entreprend une chose au-dessus de ses forces; en ce cas, la faiblesse est mise au rang des fautes : *Infirmitas culpæ adnumeratur.*

Ainsi, un cavalier, un muletier, un voiturier, ou tout autre conducteur, qui n'a pas la force ou l'adresse de retenir un cheval fougueux, ou une mule qui s'effarouche, sera tenu du dommage qui en arrivera; car il ne devait point entreprendre ce qu'il ne savait ou ne pouvait point faire. C'est une faute de se servir d'un cheval trop fougueux ou vi-

---

(1) *Imperitia quoque culpæ adnumeratur.* § 7, *Instit., de lege aquil.* Loi 9, § 5, *ff locati,* 19. 3 ; *loi* 132, *ff de R. J.*

(2) *Si ex plaustro lapis ceciderit, et quid ruperit, vel fregerit, aquilia actione plaustrarium teneri placet : si malè composuerit lapides, et ideo lapsi sunt.* Loi 27, § 33, *ff ad leg. aquil.,* 9. 2.

ieux (1), qu'on est incapable de dompter ou de conduire. Ainsi, celui qui, pour avoir chargé un cheval ou une mule au-dessus de leur force, pour n'avoir pas évité un pas dangereux, ou par quelque autre faute, donne lieu à une chute qui cause du dommage à quelque passant, doit répondre de ce fait (2).

Ainsi donc, point d'exception ; tout fait quelconque qui cause du dommage à autrui, oblige celui par la faute duquel il est arrivé à le réparer, quand même il n'aurait eu aucune intention de nuire, comme dans le cas des crimes et des délits.

154. Mais il arrive souvent qu'un fait licite et inoffensif, qui ne fait aucun tort à autrui immédiatement et par lui-même, occasionne néanmoins de grands dommages, par ses suites imprévues et accidentelles, même par cas fortuit. En tous ces cas, l'auteur du fait n'en est pas moins tenu de le réparer, s'il a négligé de prendre les précautions nécessaires pour les prévenir : *Nam et qui occasionem præstat, damnum fecisse videtur* (3). Le dom-

---

(1) *Mulionem quoque, si per imperitiam impetum mularum retinere non potuerit, si eæ alienum hominem obtriverint, vulgò dicitur nomine culpæ teneri. Idem dicitur si propter infirmitatem sustinere mularum impetum non potuerit. Nec videtur iniquum, si infirmitas culpæ adnumeretur; cum affectare quisque non debeat in quo vel intelligit, vel intelligere debet infirmitatem suam alii periculosam futuram. Idem juris est in persona ejus qui impetum equi, quo vehebatur, propter imperitiam, vel infirmitatem, retinere non poterit. Loi 8, § 1, ff ad leg. aquil.*

(2) *Si propter loci iniquitatem, aut propter culpam mulionis, aut si plus justo onerata quadrupes, in aliquem onus everterit, hæc actio cessabit, damnique injuriæ agitur. Loi 1, § 4, ff si quadrup. paup. fec. dic., 9. 1.*

(3) *Loi 30, § 3, ff ad leg. aquil., 9. 2.*

mage est alors une suite de la négligence, de l'imprudence, ou de la faute de l'auteur du fait.

Tous ces cas sont compris dans la disposition générale de l'art. 1383, qui porte : « Chacun est » responsable, non seulement du dommage qu'il a » causé par son fait, mais encore par sa négligence » ou par son imprudence. »

Par exemple, celui qui serre du foin dans son grenier fait un acte très-licite et même d'économie ; mais s'il l'a serré avant que le foin fût assez sec, et si la fermentation en occasionne la combustion et l'inflammation, le propriétaire est tenu de réparer le dommage causé aux voisins par cet incendie (1); car c'est une véritable faute, tout au moins une grande imprudence, d'avoir serré du foin encore humide. Il n'y a aucun doute sur ce point.

Vous n'êtes pas répréhensible d'avoir fait, dans votre pré, une fosse pour y prendre des loups ou autres bêtes féroces. Si mon bœuf y tombe, se tue ou se blesse, vous ne répondez point de ce dommage, quoiqu'arrivé à l'occasion de la fosse que vous avez creusée.

Mais vous en répondrez, si vous l'avez creusée dans un chemin, dans un sentier où les bestiaux ont l'habitude de passer. Loi 28, *ff ad leg. aquil.*, 9. 2. Il en est de même, si la fosse est faite dans un lieu où vous n'aviez pas le droit de la creuser.

_____

(1) *Voy.* la nouvelle Collection de jurisprudence, par MM. Camus et Bayard, connue sous le nom du nouveau Dénisart, v°. *Cas fortuit,* pag. 252.

Les maçons, couvreurs et charpentiers, occupés à travailler au haut des édifices situés sur les
lieux publics, répondent des accidens occasionnés
par la chute des matériaux, s'ils n'ont pas pris les
précautions d'usage pour avertir les passans du
danger. Ils n'en répondent pas, si l'édifice était
situé sur un lieu privé, où l'on n'avait pas l'habitude de passer. Ils n'ont pas pu deviner que quelqu'un viendrait y passer : *Cùm divinare non potúe-
rit an per eum locum aliquis transiturus sit. Loi* 31,
ff *ibid.*

J'emprunte un bateau pour aller pêcher ; je le
laisse le soir au bord de la rivière. Dans la nuit,
les eaux croissent, l'entraînent ; il est submergé
et perdu. Je réponds du dommage, quoique causé
par cas fortuit ; il est une suite de ma négligence
ou de mon imprudence : je devais attacher le bateau, ou l'attacher plus solidement.

Nous nous promenons au bord du rivage. Vous
me donnez à examiner un anneau ou autre bijou,
qui m'échappe, tombe dans l'eau et se perd ; je
suis tenu d'un dommage causé par mon imprudence ou ma maladresse.

Je vous prête un cheval pour aller à Nantes ; vous
le conduisez à Saint-Malo, où il périt par cas fortuit ; vous répondez de cette perte, qui est une
suite de votre fait (1881).

155. Voici un autre exemple tiré du jurisconsulte Paul : Je fais brûler le chaume ou les mauvaises herbes de mon champ. Le feu se propage,
soit par les progrès qu'il fait, en suivant les matières inflammables, soit par le vent, qui enlève

des chaumes enflammés, et occasionne ainsi l'incendie de la moisson du champ voisin ; je suis tenu de réparer le dommage (1).

Plus indulgent en cela que notre droit français, le jurisconsulte ajoute que, si j'ai pris les précautions qu'il fallait pour empêcher la communication du feu, je ne suis point tenu de réparer le dommage causé par l'incendie, occasionné par un coup de vent subit, *subita vis venti.*

Mais Domat (2) rejette avec raison cette dernière disposition, et n'admet point une pareille excuse, parce que cet événement devait être prévu, et qu'on pouvait en prévenir l'effet, en arrachant au large tout ce qui pouvait joindre les herbages ou la moisson voisine, parce qu'on doit s'abstenir de ce qui peut causer du dommage, ou se charger de l'événement, si l'on s'y expose. Domat observe même que les lois divines, qui contiennent une disposition sur ce point, semblent condamner indistinctement celui qui a mis le feu, de réparer le dommage qui s'en est ensuivi (5).

(1) *Si quis in stipulam suam, vel spinam, comburendæ ejus causâ, ignem immiserit, et ulterius evagatus et progressus ignis alienam segetem vel vineam læserit, requiramus num imperitiâ ejus aut negligentiâ id accidit; nam si die ventoso id fecit, culpæ reus est, nam et qui occasionem præstat damnum, fecisse videtur. In eodem crimine est, et qui non observavit ne ignis longius procederet.*

At si omnia quæ oportuit observaverit, vel subita vis venti longius ignem produxit, caret culpâ. Loi 30, §3, ff ad leg. aquil.

(2) Liv. 2, tit. 8, sect. 4, n°. 9, à la note, pag. 186.

(3) *Si egressus ignis invenerit spinas, et comprehenderit acervos frugum, sive stantes segetes in agris, reddet damnum qui ignem succenderit.* Exod., 22. 6.

Les dangers du feu sont tellement à craindre, et les malheurs qu'il occasionne tellement fréquens, que notre législation française a toujours été d'une grande sévérité sur tout ce qui peut occasionner des incendies. L'art. 32, tit. 27 de l'ordonnance des eaux, bois et forêts, du mois d'août 1669, porte : « Faisons aussi défense à toutes personnes de porter et allumer du feu en quelque saison que ce soit, dans nos forêts, landes et bruyères, et celles des communautés et particuliers, à peine de punition corporelle, et d'amende arbitraire, outre *la réparation des dommages que l'incendie pourrait avoir causés,* dont les communautés et autres qui auront choisi le garde, demeureront civilement responsables. »

Mais aujourd'hui les tribunaux ne peuvent appliquer aux délits de police forestière que les peines admises par le Code pénal (1).

156. Sous la nouvelle législation, l'art. 3 du titre 2 de la loi du 24 août 1790, range parmi les objets de police confiés à la vigilance et à l'autorité des corps municipaux (aujourd'hui des maires, loi du 28 pluviôse an VIII), « le soin de prévenir, par des précautions convenables......, les accidens calamiteux, tels que les incendies.... »

Au surplus, les municipalités sont autorisées, par l'art. 46 du tit. 1 de la loi du 22 juillet 1791, à publier de nouveau les lois et réglemens de po-

_____

(1) *Voy.* un avis du Conseil d'état, du 3 pluviôse an **X**, rapporté dans le Répertoire, v°. *Inutiles,* pag. 522, à la note.

lice ; ce qui leur donne la faculté de faire exécuter
les anciens réglemens, qui prescrivent des mesures de pure localité pour prévenir les incendies, et
de faire punir les contrevenans des peines portées
par ces mêmes réglemens. (*Voy.* l'art. 484 du Code
pénal).

157. Parmi ces mesures de police, qui ont pour
objet de prévenir les incendies, il en est de communes à toute la France. L'art. 10 du tit. 2 de la
loi du 28 septembre 1791, concernant la police
rurale, porte : « Toute personne qui aura allumé
» du feu dans les champs, plus près que cinquante
» toises des maisons, bois, bruyères, vergers,
» haies, meules de grain, de paille et de foin, sera
» condamnée à une amende égale à la valeur de
» douze journées de travail, et à payer en outre le
» dommage que le feu aurait *occasionné.* Le délin-
» quant pourra de plus, suivant les circonstances,
» être condamné à la détention municipale. »

Le Code pénal porte aussi, art. 458 : « L'incen-
» die des propriétés mobilières ou immobilières
» d'autrui, qui aura été causé par la vétusté ou le
» défaut, soit de réparation, soit de nettoyage des
» fours, cheminées, forges et maisons ou usines
» prochaines, *ou par des feux allumés dans les champs*
» *à moins de cent mètres* des maisons, édifices, fo-
» rêts, bruyères, bois, vergers, plantations, haies,
» meules, tas de grains, pailles, foins, fourrages,
» ou de tout autre dépôt de matières combustibles,
» ou par des feux ou lumières portés ou laissés
» sans précautions suffisantes, ou par des pièces
» d'artifice allumées ou tirées par *négligence* ou *im-*

» *prudence,* sera puni d'une amende de 50ᶠ au moins
» et de 500ᶠ au plus. »

Notez bien que celui qui a allumé des feux dans
la distance prescrite ou même au-delà n'est pas
soumis à l'amende, mais il n'est pas dégagé de la
responsabilité du dommage causé par l'incendie,
qui se serait propagé par son imprudence ou même
par cas fortuit. (*Voy. suprà,* n°. 155).

158. Un réglement du Parlement de Bretagne,
du 11 juillet 1768, conforme à un précédent du
19 juillet 1715, défend à tous les gens de campagne de « placer leurs pailles et foins plus près de
» leurs maisons, écuries et étables, que de qua-
» rante pas de distance d'icelles, sous peine de *pri-*
» *son* et de punition corporelle, suivant l'exigence
» des cas (1); » et à plus forte raison de la distance
des maisons voisines, etc.

Voilà encore un réglement local qui doit être
observé, et si la peine de prison qu'il prononce ne
peut être prononcée hors de la Bretagne, son inobservation doit du moins, ce semble, avoir partout
l'effet de faire considérer les contrevenans comme
étant en faute, et par conséquent, de lever le doute
qui pourrait s'élever sur leur responsabilité, en cas
d'incendie arrivé par suite de la faute d'avoir placé
des paillers trop près des maisons.

159. C'est ici le lieu de parler des dommages
causés aux maisons et autres édifices par les incendies arrivés non par dol, malignité ou dessein

---

(1) *Voy.* Duparc-Poullain, tom. VIII, pag. 125.

prémédité : ce seraient des crimes punis de la peine capitale; il n'entre point dans notre plan d'en parler; mais par les incendies qui, n'ayant pour cause qu'une faute, une négligence ou une imprudence, ne sont considérés que comme des quasi - délits qui obligent leurs auteurs à réparer les dommages occasionnés par leur faute.

Il n'est pas douteux que tous ceux qui ont causé un incendie par leur faute, sont responsables des dommages qu'en souffrent les personnes à qui appartenaient la maison ou les choses incendiées. C'est le principe général.

Mais, 1°. jusqu'à quel degré faut-il avoir porté la faute pour être responsable de l'incendie qui en est résulté, et de ses suites? 2°. Comment prouver cette faute, lorsque, ce qui est le cas le plus ordinaire, la cause de l'incendie est inconnue ou incertaine? Ce sont des questions importantes qu'il faut examiner.

M. Merlin applique à la première de ces questions la doctrine des interprètes du droit romain, sur la division des fautes en trois espèces : la faute lourde ou grossière, la faute légère et la faute très-légère. Partant de là, il commence par distinguer si l'auteur de la faute, qui a causé l'incendie, était ou n'était pas obligé, par un contrat ou par un quasi-contrat, de veiller à la conservation des choses incendiées.

S'il y était obligé, M. Merlin, suivant toujours la doctrine des interprètes, sous-distingue : Ou le contrat a eu lieu pour le seul intérêt de celui qui a causé l'incendie; par exemple, si j'ai donné gratis l'habitation de ma maison pour un tems à celui qui a causé l'incendie, dans ce cas, il est tenu de la faute la plus légère, c'est-à-dire de la moindre qu'on puisse commettre.

Ou le contrat a eu lieu pour l'utilité commune des deux parties; par exemple, si j'ai vendu ma maison que j'ai laissé brûler avant de l'avoir livrée; par exemple encore, si la maison louée est incendiée par la faute du locataire; si la maison donnée en dot est incendiée par la faute du mari, la maison sociale par l'un des associés, etc.; dans ces cas et autres semblables, celui par la faute de qui l'incendie est arrivé n'est tenu que de la faute grossière et de la faute légère, et non de la très-légère, parce que les contrats sont pour l'avantage commun des deux parties.

Ou, enfin, le contrat a pour but le seul avantage du propriétaire de la chose incendiée, comme dans le cas du dépôt, et dans ce cas, le dépositaire n'est tenu que de la faute lourde ou du dol, parce que le contrat n'était que pour la seule utilité du déposant.

Mais si l'auteur de l'incendie n'était obligé par aucun contrat à la conservation de la chose, il répond, dit M. Merlin, de sa faute la plus légère; car, en ce cas, il doit être poursuivi en vertu de la loi *aquilia* : or, *in lege aquiliâ, et levissima culpa venit. Loi* 44, *ff ad leg. aquil.*, 9. 2.

Nous croyons avoir prouvé, tom. VI, n°. 230, 234, que toute cette doctrine des interprètes, ainsi que leurs règles sur la prestation des fautes commises dans l'exécution des contrats, manque abso-

lument d'exactitude; que les définitions des fautes
lourdes, légères et très-légères, n'ont point une signification assez fixe, pour en faire, avec certitude,
l'application dans la pratique; que les différences
de ces fautes ne sont point assez marquées pour
qu'on puisse, avec justesse, discerner les unes des
autres; que, pour sauver l'injustice qu'entraînerait l'application des règles établies sur cette division, les interprètes ont été forcés de soumettre
ces règles à tant d'exceptions, que les cas d'exception sont plus nombreux que les cas d'application
de la règle; que souvent ces règles ne sont point
conformes à l'équité naturelle, et qu'elles ne sont
d'aucune utilité au barreau; qu'enfin, cette doctrine est l'ouvrage des interprètes, et non des jurisconsultes romains, et qu'on ne peut réduire
cette théorie à des règles fixes, parce que la décision des cas dépend toujours des circonstances et
de la question d'imputabilité.

Nous croyons sur-tout, ce qui est pour nous le
point principal, avoir prouvé, tant par l'autorité
de l'orateur du Gouvernement, que par le texte
même des art. 1136 et 1137, que la règle de différence établie par les interprètes, entre les contrats
*in quibus utriusque partis, vel unius, tantùm versatur
utilitas,* est formellement abrogée par le Code, en
ce qui concerne la prestation des fautes commises
sur l'exécution des contrats, puisque l'art. 1137
dit positivement que l'obligation de conserver la
chose est la même, « soit que la convention n'ait
» pour objet que *l'utilité de l'une des parties,* soit
» qu'elle ait pour objet *leur utilité commune.* »

Après une abrogation aussi formelle, il nous semble qu'on peut encore moins appliquer la règle fausse des interprètes, aux dommages causés par des quasi-délits, puisque les art. 1382 et 1383, qui sont pour nous la seule règle en cette matière, portent que chacun répond du dommage qu'il a causé, non seulement par son fait, mais encore par *sa négligence* ou par *son imprudence;* expressions qui comprennent toutes les fautes, même d'omission, quelque légères qu'elles soient.

Remarquons encore que de l'application que fait M. Merlin de la règle des interprètes, aux dommages causés par les quasi-délits, il résulte une conséquence que la raison repousse : c'est que celui qui est obligé par un contrat, *in quo versatur utilitas utriusque partis,* le locataire, par exemple, à conserver la chose incendiée, n'est tenu que de sa faute légère, tandis que celui qui n'est obligé à la conserver par aucun contrat, est tenu de sa faute la plus légère, *de levissimâ culpâ.*

Bien plus : le locateur de la maison incendiée peut agir contre le locataire par l'action *locati,* ou par l'action de la loi *aquilia.* M. Merlin en convient. S'il choisit l'action *locati,* le locataire ne répondra que de sa faute légère; s'il choisit l'action de la loi *aquilia,* il répondra de *levissimâ culpâ.*

M. Merlin en convient encore; mais il croit sauver ces contradictions par une distinction qui n'en sauve qu'une partie. Il y a, dit-il, des fautes de commission, *in faciendo,* d'autres de simple omission, *in non faciendo. Loi* 91, *ff de V. O.,* 46. 1.

Or, la loi *aquilia* ne sévit point contre les fautes

de pure omission, c'est-à-dire contre les simples négligences, mais seulement contre les fautes de commission, *in faciendo.*

Si donc le locataire n'a péché que par omission ou négligence, il ne sera pas tenu de *levissimâ culpâ;* il y sera tenu, s'il a péché par commission, *in faciendo.*

Ainsi, malgré ces subtilités, reste toujours que celui qui n'est tenu par aucun contrat à la conservation de la chose incendiée, est tenu plus rigoureusement pour les fautes d'omission que celui qui y est obligé par un contrat; ce qui répugne à la raison.

Autre difficulté encore. M. Merlin nous avertit que *très-souvent* il faut considérer comme fautes *in faciendo,* des fautes qui ne paraissent qu'*in omittendo;* ce qui retombe dans l'arbitraire.

Il faut avouer que, si toute cette doctrine subtile, ces distinctions et sous-distinctions, viennent réellement du droit romain, qui n'a point chez nous d'autorité législative, il faut les rejeter pour deux raisons : d'abord, parce qu'elles sont injustes et déraisonnables ; ensuite, parce que le Code rejette expressément toute cette fausse et subtile doctrine des interprètes sur la prestation des fautes relatives à l'inexécution des contrats, et qu'à l'égard des quasi-délits, il la rejette également, en rendant chacun responsable même de sa négligence ou de son imprudence.

Ainsi, plus de distinction ni de sous-distinction sur la nature des fautes et des contrats, sur-tout en cas d'incendies, où il n'y a point de fautes lé-

gères. « Les incendies n'arrivent presque jamais
» que par quelque faute, au moins d'imprudence
» ou de négligence ; et ceux de qui la faute, *si lé-*
» *gère qu'elle puisse être* (1), cause un incendie, en
» seront tenus. » (Domat, liv. 2, tit. 8, sect. 4,
n°. 6).

160. Mais enfin, lourde ou légère, comment
prouver la faute, quand la cause de l'incendie est
incertaine, quand on ne sait comment le feu a
pris ?

Ici, la loi vient au secours de ceux qui ont souffert le dommage, et qui sont, ce qui est le cas le
plus ordinaire, privés des preuves qu'il n'a pas été
en leur pouvoir de se procurer.

Une longue observation, une observation de tous
les siècles, a prouvé que les incendies n'arrivent
presque jamais sans la faute ou l'imprudence des
personnes qui habitent la maison. Les lois romaines

---

(1) Cette doctrine de Domat, qu'on est tenu de la faute la plus légère,
en cas d'incendie, est professée par tous les auteurs qui ont écrit sur le
droit naturel et la morale, et par eux étendue à la réparation de tous les
dommages. Burlamaqui, dans ses Élémens du droit naturel, 3e. part.,
chap. 2, pag. 105, édition de Lausanne, 1775, dit : « Si le mal causé à
» quelqu'un n'est produit que par une simple faute, les jurisconsultes
» en distinguent de trois espèces, *lata, levis et levissima*, la faute très-
» légère.

» Or, ajoute l'auteur, de quelque nature que soit cette faute, on est
» toujours tenu de dédommager les intéressés, lors même que cette
» faute ne serait que *très-légère*. La raison en est que la société exige
» que nous nous conduisions avec tant de circonspection, que notre
» commerce n'ait rien de dangereux pour les autres hommes.

» Et d'ailleurs il est, sans contredit, plus juste que l'auteur même
» du dommage en supporte la perte, quelque légère que soit sa faute,
» que de la faire retomber sur celui à qui le dommage a été fait, et à
» qui on ne saurait reprocher aucune faute. »

ont érigé cette observation en présomption légale. La loi 3, § 1, *ff de officio præfecti vigilum*, 1. 15, porte: *Plerùmque incendia culpâ fiunt inhabitantium*. La loi 11, *ff de periculo et commodo rei venditæ*, 18. 6, va jusqu'à déclarer que *incendium sine culpâ fieri non potest*. Voilà donc une présomption légale que tout incendie a sa cause dans la faute de ceux qui habitent la maison, et par conséquent, ils doivent en répondre. Cependant, il est possible qu'ils ne soient pas en faute, et que l'incendie ait été causé par cas fortuit; mais c'est le cas le moins fréquent, c'est l'exception : c'est donc à celui qui l'allègue de la prouver.

Outre la longue observation qui l'a fait établir, cette présomption est manifestement fondée en raison. Sans cette présomption, la responsabilité des fautes si fréquentes et si dangereuses, relativement aux incendies, deviendrait nulle ; car il serait très-difficile, pour ne pas dire impossible, de prouver que le feu a pris à la maison par la faute de ceux qui l'habitent. Il n'y a ordinairement dans la maison, et sur-tout pendant la nuit, que le père de famille, sa femme, ses enfans, ses domestiques, dont il doit répondre ; eux seuls pourraient dire comment le feu a pris ; mais, outre qu'on ne peut guère attendre d'eux la confession de leur faute, ce cas n'est point du nombre de ceux où l'on puisse admettre les témoignages domestiques : c'est donc avec raison que les lois romaines ont établi les présomptions de culpabilité contre les habitans de la maison incendiée, sauf la preuve du contraire.

Aussi, cette présomption sage fut reçue très-anciennement en France, non seulement dans les pays où le droit romain avait force de loi, mais encore dans les pays coutumiers. L'art. 643 de notre Coutume de Bretagne, réformée en 1580, l'adopte de la manière la plus générale et la plus précise; il porte : « Si le feu prend en la maison et la brûle, *celui qui y demeure,* vérifiant qu'il n'y ait eu de sa faute, ne sera responsable de la maison ni des meubles qui y étaient, etc. »

Cette disposition, comme on voit, est générale et s'applique à tous ceux *qui demeurent* dans la maison, à quelque titre qu'ils l'habitent, proprié-aires, locataires et autres. C'est une conséquence du principe : *Quia plerùmque incendia culpâ fiunt inhabitantium.*

161. Cependant, comme il pouvait s'élever du doute à l'égard du locataire qui, suivant la fausse doctrine des interprètes (1), sur la division des fautes en grossières, légères et très-légères, ne sont pas tenus de la faute très-légère, *de levissimâ culpâ,* parce que le contrat de louage est fait pour l'avantage réciproque des deux contractans : *Quia versatur utilitas utriusque,* disent les interprètes, on crut devoir faire, le 13 janvier 1722, une loi spéciale contre les locataires, à l'occasion du grand incendie qui consuma une grande partie de la ville de Rennes, à la fin de décembre 1720. Cette loi

---

(1) *Voy. suprà,* n°. 159, et tom. VI, n°. 230—234.
Aux auteurs que nous y avons cités, on peut ajouter l'Essai sur la restitution des fautes, par M. Lebrun.

porte : « Les locataires des maisons et faubourgs
» de la ville de Rennes, qui auront mis le feu, ré-
» pondront du dommage qui en arrivera, et seront
» les pères de familles civilement tenus du fait de
» leurs femmes, enfans et domestiques. » (1).

Si, dans le reste de la France coutumière, on
ne trouve pas de loi générale qui établisse la présomption légale de culpabilité contre les habitans
de la maison incendiée, elle n'en était pas moins
presque (2) universellement reçue et observée.

(1) Cette loi se trouve dans les Conférences de Duparc-Poullain, sur
l'art. 643 de la Coutume. Cette loi, au reste, paraissait peu nécessaire,
d'après la doctrine de d'Argentré, sur l'art. 599 de l'ancienne Coutume de Bretagne; mais on dispute contre l'opinion d'un auteur, quelque raisonnable qu'elle soit. Une loi commande l'obéissance. Voici,
au reste, les termes de d'Argentré, qui sont très-propres à prouver la
nécessité de la présomption légale de culpabilité : *Pro locatore mani-
festa ratio facit, quia cùm dominus ædes suas alteri locaverit, non licet
posthác domino inquirere quid in suo, sed conducto fiat, nec ullâ ratione
sibi potest prospicere, nec curiosus esse debet quam sedulis aut diligen-
tibus servis, aut familitio, conductor utatur; alieno enim ut suo conductor
utitur, etiam dominum prohibendo. Quid igitur adferri potest, cur non
præstet quod non nisi ab eo caveri potest, non nisi ab eo aut familiâ ad-
mitti? Justa causatio locatoris hæc est, nisi tu conduxisses, ædes mihi
meæ salvæ starent ; ubi conduxisti, exclusisti me, ne mihi prospicerem,
ne prohiberem incendium, quod te aut tuos inmisisse omninò necesse est,
cùm aliundè non potuerit.*

(2) Nous disons *presque*, parce que Bouvot, vᵒ. *Brûlement*, cite plusieurs arrêts qui semblent annoncer que la jurisprudence du Parlement
de Dijon était contraire.

Parmi les auteurs dont l'opinion a coutume de faire autorité, Hen-
ys, liv. 4, quest. 85, prétend que c'est au propriétaire dont la maison
a été incendiée, de prouver que l'incendie est arrivé par la faute du
locataire ou de ses gens. Mais son savant annotateur, Bretonnier, observe fort bien que cette opinion est rejetée et contraire à la jurisprudence.

Voet, sur le titre du Digeste *ad legem aquiliam*, a aussi soutenu que
c'est au propriétaire de la maison incendiée à prouver que le locataire

comme le prouve la jurisprudence des arrêts, at-
testée par les auteurs français les plus recomman-
dables. (1)

Il serait trop long, et d'ailleurs inutile, sous
l'empire du Code, d'énumérer ici tous les arrêts
qui fondent cette jurisprudence, et les auteurs qui
les rapportent. Les uns et les autres sont indiqués
dans le Répertoire, au mot *Incendie*, pag. 60 de la
quatrième édition, où l'auteur se prononce en faveur de l'opinion de ceux qui pensent que c'est au
défendeur en dommages et intérêts à prouver que
ni lui ni ses domestiques ne sont en faute, et qu'il
doit être condamné, s'il ne justifie pas que le feu
a pris par cas fortuit ; opinion érigée en loi par
l'art. 1733, qui porte : « Il (le locataire ou fermier)
» répond de l'incendie, à moins qu'il ne prouve,

» Que l'incendie est arrivé par cas fortuit ou
» force majeure, ou par vice de construction,

» Ou que le feu a été communiqué par une mai-
» son voisine. »

La conséquence naturelle de ce texte n'est pas
seulement que le propriétaire de la maison incendiée n'a aucune preuve à faire pour établir la responsabilité du fermier ou locataire que la loi présume en faute ; mais encore que celui-ci ne peut
s'excuser sur ce qu'il n'a commis qu'une faute très-
légère, même d'omission. Le Code ne l'admet à
prouver que l'une de ces quatre excuses, le cas

---

est en faute. Il a été réfuté par M. Merlin, v°. *Incendie*, § 2, pag. 61
et 62, 4°. édition du Repertoire.

(1) *Voy.* la note sur les n°°. 171 et 172.

fortuit, la force majeure, le vice de construction qui a occasionné l'incendie, et enfin, le fait de la communication du feu par une maison voisine.

Il suit encore naturellement de ce texte, que le locataire ne peut s'excuser sur la faute de l'une des personnes qui logeaient dans la maison. C'était à lui de veiller sur elles; c'est lui que la loi rend responsable, parce que c'est lui qu'elle présume en faute : c'est donc contre lui qu'elle donne une action pour la réparation du dommage; il y a contre lui une présomption spéciale (1), en vertu de laquelle il répond de tous ceux qu'il admet dans sa maison.

162. Ainsi, en matière d'incendie, il est désormais inutile de rechercher quels sont les cas où le locataire, le maître de logis, répond des personnes de la maison qui l'ont causé; il répond non seulement des fautes de sa femme, de ses enfans, de ses domestiques ou commensaux, des ouvriers qu'il emploie, mais encore de ses hôtes, de tous ceux qu'il admet dans sa maison.

Le droit romain était, à cet égard, plus indulgent; il ne rendait le père de famille responsable que dans le cas où il aurait été lui-même en faute d'avoir pris à son service ou reçu chez lui des personnes de la part desquelles il y avait lieu de craindre de pareils accidens (2).

Mais la jurisprudence française était en géné-

---

(1) M. Merlin, Répertoire, v°. *Incendie*, pag. 62, 4e. édition.
(2) *Voy.* la loi 11, *ff locati*, 19. 2; loi *ibid.*, *ff de peric. et comm., rei vendita*, 18. 6.

al (1) plus sévère, et rendait le maître du logis 'ndistinctement responsable de ses domestiques, de ses pensionnaires, de ses hôtes (2). Le Code a consacré cette jurisprudence (art. 1733), en rendant indistinctement, et dans tous les cas, le locataire responsable de l'incendie, à moins qu'il ne prouve que l'incendie est arrivé par cas fortuit ou force majeure, ou par vice de construction, ou enfin, que le feu ait été communiqué par une maison voisine.

163. Sans doute, si l'incendie a été causé par la faute d'un de ses hôtes, le maître du logis doit avoir une action pour le faire condamner à réparer les dommages qu'il en a personnellement soufferts (3), et à l'indemniser des condamnations qui pourraient être prononcées au profit du propriétaire de la maison ou autres.

Mais cette action ne dégage point le locataire, maître du logis, de sa responsabilité envers ces derniers ; car c'est contre lui spécialement qu'elle est prononcée, parce qu'il est présumé en faute.

164. Si l'incendie a été causé par la faute de la femme, le droit romain donnait au mari une action en indemnité contre elle, dans le cas même où elle n'aurait causé de dommage que sur les

___

(1) Nous disons en général, parce que, dans le grand nombre d'arrêts recueillis sur cette matière, et qu'il est aujourd'hui inutile de consulter, on en trouve de rendus conformément au droit romain.

(2) *Voy.* le Répertoire, v°. *Incendie*, pag. 56, col. B., et v°. *Bail*, § 3, n°. 15, pag. 564, 4°. édition.

(3) Les auteurs accordent cette action au maître de la maison contre ses serviteurs. *Voy.* Durousseaud de Lacombe, v°. *Incendie*, n°. 9.

biens de son mari, et non sur ceux d'un étranger: *Mulier si in rem viri damnum dederit, pro tenore legis aquiliæ convenitur,* dit la loi pénultième, *ff ad legem aquiliam,* 9. 2. En est-il de même dans notre droit français? Nous traiterons cette question dans le titre suivant.

165. Si l'incendie était causé par la faute d'un enfant majeur, le père a certainement contre lui une action en indemnité; et comme cette action passe à ses héritiers, s'il ne l'a pas exercée de son vivant, le fils devra rapporter à la succession la somme payée par le père; car, en la payant, il n'a fait qu'acquitter une dette de son fils (1). Or, le rapport est dû de ce qui a été payé pour la dette de l'un des cohéritiers. (851).

166. M. Merlin, *ubi suprà,* dit que le locataire répond, envers le propriétaire, des fautes de ses sous-locataires, en matière d'incendie, en vertu de la disposition générale de l'art. 1733. Il ne peut y avoir de doute sur ce point, à l'égard des sous-locataires d'une partie de la maison dans laquelle continue d'habiter le locataire principal. Il semblerait d'abord qu'il devrait exister de la difficulté, si le locataire a sous-loué toute la maison, ou même cédé son bail, comme l'art. 1717 lui en donne la faculté, si elle ne lui a pas été interdite : il n'est donc pas en faute d'avoir cédé son bail, et d'un autre côté, on ne peut présumer que l'incendie

---

(1) *Voy.* le Commentaire de Duparc-Poullain sur la Coutume de Bretagne, art. 656, n°. 3, tom. III, pag. 811.

soit arrivé par sa faute, puisqu'il n'habitait pas la maison.

Néanmoins, en y réfléchissant, on trouve que l'auteur a eu raison de ne point distinguer entre le sous-locataire partiel et le sous-locataire de la totalité du bail. En affermant la maison, le locataire contracte l'obligation personnelle de répondre de l'incendie dans tous les cas, hors les quatre exceptés par l'art. 1733 : or, la sous-location n'est pas du nombre. En sous-louant sans l'agrément du propriétaire, il n'a pu se dégager des obligations qu'il avait contractées par son bail : il a donc tacitement consenti à répondre des fautes du sous-locataire qu'il a choisi pour le préposer en son lieu et place dans la garde de la maison. Le propriétaire peut lui dire avec raison : Si vous n'aviez pas sous-loué, ma maison ne serait pas incendiée. Je vous avais choisi par la confiance que j'avais dans votre exactitude et dans votre responsabilité. Vous vous êtes substitué, sans mon consentement, un sous-locataire négligent que je n'aurais pas agréé si vous me l'aviez proposé : vous n'êtes donc pas dégagé de vos obligations.

Ainsi, quoiqu'on ne puisse présumer que vous ayez mis le feu à une maison que vous n'habitiez plus au moment de l'incendie, vous en répondrez en vertu de votre contrat, sauf votre recours vers qui être devra.

L'ancienne jurisprudence rendait également les locataires principaux et les fermiers généraux responsables des fautes des sous-locataires ou sous-fermiers, en matière d'incendie. (*Voy.* un arrêt du 29 mars 1758, rendu par le Parlement de Paris, et rapporté par Dénisart, au mot *Incendie*, n°. 15). Le locataire, dit Pothier, Traité du contrat de louage, n°. 193, est pareillement responsable de ses pensionnaires, de ses hôtes, de ses sous-locataires. (Domat, liv. 1, tit. 3, sect. 2, n°. 5).

Pothier, n°. 194, étend cette responsabilité même au locataire d'une auberge, obligé par état de loger des voyageurs qu'il ne connaît pas, et par l'imprudence desquels l'incendie est arrivé; car, par la raison même qu'il reçoit des personnes qu'il ne connaît pas, et que sa maison est publique, il doit savoir qu'il est tenu à un soin plus exact, à une plus grande surveillance.

Nous sommes encore sur ce point plus sévères que le droit romain, qui ne rend pas l'aubergiste responsable du fait des voyageurs, qu'il ne connaît pas et qu'il ne peut renvoyer : *Caupo non præstat factum viatorum, namque viatorem sibi eligere caupo vel stabularius non videtur, nec repellere potest iter agentes. Leg. unic.*, § 6, *ff furt. adv. naut.*, 47. 5.

Si notre jurisprudence est plus rigoureuse que le droit romain, et même dure en certaines circonstances, elle est infiniment plus simple; elle est sur-tout nécessaire pour la conservation de la sûreté publique, et cette considération doit l'emporter sur celles des injustices particulières.

167. Il faut remarquer qu'en établissant une présomption de culpabilité contre le père de famille qui habite une maison incendiée, les lois ne l'ont point étendue à ceux qu'il a reçus dans sa maison et qui y logent avec lui. Cette extension

était en effet inutile; elle l'était à son égard, parce qu'il est toujours à même de savoir si l'incendie a été causé par l'un de ses hôtes, que d'ailleurs il est de son devoir de surveiller; elle l'était également à l'égard des propriétaires et autres qui ont souffert des dommages et intérêts, parce que la responsabilité indéfinie du père de famille, maître du logis, met suffisamment leurs intérêts en sûreté.

Aussi les lois qui assujettissent tous les habitans d'une maison, lorsqu'il y en a plusieurs, à une responsabilité fondée sur une présomption de culpabilité, n'ont entendu parler que du cas où il se trouve plusieurs locataires ou habitans principaux; en un mot, plusieurs maîtres de maison ou pères de famille. Par exemple, la loi 1, § 10, et la loi 2, *ff qui effud.*, 9. 3, disent que s'il y a plusieurs *habitans* dans la maison d'où l'on a jeté des immondices sur les passans, ils sont tous obligés de réparer le dommage, parce qu'il est impossible de savoir quel est celui qui a jeté : *Si plures in eodem cœnaculo habitent undè dejectum est, in quemvis actio dabitur..... cùm sanè impossibile est scire quis dejecisset, vel effudisset.*

Mais ces lois avertissent en même tems qu'elles ne comprennent point au nombre des habitans soumis à la responsabilité et à l'action en réparation, ceux qui n'habitent la maison qu'en passant, les hôtes, etc. Le § 9 de la loi première porte : *Hospes planè non tenebitur, quia non ibi inhabitat, sed tantisper hospitatur; sed is tenetur qui hospitium dederit : multùm autem interest inter habitatorem et*

*hospitem, quantùm interest inter domicilium haben-
tem et peregrinantem.*

Ce n'est pas que celui qui a souffert le dommage
ne puisse agir contre l'étranger qui l'a causé, et
qui logeait dans la maison. Mais la présomption
légale ne suffirait pas pour fonder l'action, il faudrait prouver la faute personnelle du défendeur.

C'est ainsi que, quoique le maître du navire,
exercitor, réponde aux passagers des effets volés
dans le passage, le propriétaire peut néanmoins
agir contre celui qui les a dérobés, en prouvant
qu'il est l'auteur du vol. Loi 6, § 4, *ff nautæ co-
pones,* 4. 9.

168. Appliqués aux cas d'incendie, ces principes
raisonnables servent à résoudre une question importante qui peut se présenter. Une maison louée
a été incendiée. Le propriétaire de la maison, con-
naissant l'insolvabilité du locataire, prétend agir
contre un commensal riche, à qui ce dernier avait
donné une chambre dans sa maison. L'action ne
doit pas être reçue, s'il ne la fonde que sur la présomption de culpabilité établie contre les habitans
d'une maison, *quia plerùmque incendia fiunt culpâ
inhabitantium :* il faut que le demandeur prouve
que le défendeur est personnellement en faute, et
que c'est cette faute personnelle qui a causé l'incendie; car alors il doit en répondre, non pas en
vertu d'une présomption, mais en vertu de l'article 1382, qui oblige à réparer le dommage celui
par la faute duquel il est arrivé.

169. Mais le propriétaire peut agir directement,
en vertu de la présomption légale, contre le sous-

fermier ou sous-locataire, quoique le locataire répond des fautes de ce dernier en matière d'incendie, parce que le propriétaire peut exercer les actions de son locataire, devenu son créancier par l'évènement de l'incendie, et que la présomption légale de culpabilité existe certainement en faveur du locataire contre le sous-locataire.

170. Pothier, qui enseigne que le chef de famille, seul habitant d'une maison, est responsable de l'incendie, et tenu à la réparation des dommages et intérêts, parce qu'il existe contre lui une présomption légale de culpabilité, pense néanmoins que si la maison était habitée par plusieurs locataires ou chefs de famille, et qu'on ignorât par où le feu a commencé, aucun d'eux ne répondrait de l'incendie, parce qu'étant incertain par la faute duquel l'incendie est arrivé, il ne peut exister contre aucun une présomption de culpabilité qui puisse servir de fondement à une action. Cette opinion répugne à la raison; car, si la présomption légale existe contre celui qui occupe seul une maison, elle doit exister contre chacun des autres qui l'habitent comme lui. Tout ce qu'on peut raisonnablement conclure, de ce qu'on ignore par où le feu a commencé, c'est que la présomption existe contre tous, et que, par conséquent, le propriétaire peut agir pour ses dommages contre tous.

L'opinion de Pothier avait donc été proscrite par un arrêt du Parlement de Paris, du 3 août 1777, rendu sur les conclusions de M. Séguier, qui conclut sagement que, dans l'incertitude de savoir qui des deux locataires de la maison incendiée avait commis la faute, ils devaient tous deux en supporter les dommages et intérêts (1). Cette jurisprudence a été consacrée par l'art. 1734 du Code, qui porte :

« S'il y a plusieurs locataires, tous sont solidairement responsables de l'incendie.

« A moins qu'ils ne prouvent que l'incendie a commencé dans l'habitation de l'un d'eux, auquel cas celui-là seul en est tenu;

» Ou que quelques-uns ne prouvent que l'incendie n'a pu commencer chez eux; auquel cas ceux-là n'en sont pas tenus. »

171. Celui d'entre les locataires qui est présumé seul en faute, parce que les autres ont prouvé qu'ils n'y sont pas, est tenu des dommages et intérêts, non seulement envers le propriétaire, mais encore envers les autres locataires qui ont souffert du dommage, par l'incendie de leurs meubles arrivé par sa faute. C'est une conséquence directe des art. 1382 et 1383 (2).

_____

(1) *Voy.* le Répertoire, v°. *Incendie*, n°. 10, pag. 62, 4°. édition.

(2) La présomption légale de culpabilité, ou plutôt la question de savoir en quels cas ou à quelles personnes on peut l'opposer, forme la principale difficulté de la matière. Elle est formellement prononcée en faveur du propriétaire contre le fermier ou locataire, par l'art. 1753 du Code. Ainsi, le propriétaire qui réclame l'indemnité du préjudice que lui a causé l'incendie de sa maison, occupée par le locataire obligé de la conserver, est dispensé de prouver que le locataire est en faute. Mais M. Merlin prétend que c'est ici une exception à la règle générale, qui rejette sur le demandeur le fardeau de la preuve, et qu'on ne peut conséquemment étendre cette exception au cas où celui chez qui l'incendie a commencé, n'était obligé, par aucun contrat ou quasi-contrat, à la conservation des choses incendiées. Partant de là, il pense que, dans tous les cas où l'indemnité n'est réclamée qu'en vertu du

172. Mais les locataires d'une maison incendiée, ou les propriétaires qui l'habitaient, sont-ils tenus de réparer le dommage que l'incendie a causé aux maisons voisines où le feu s'est communiqué?

On n'en peut douter, en partant du principe qu'établit notre art. 1383, qui oblige à réparer le dommage tous ceux par le fait, par la négligence ou par l'imprudence desquels il est arrivé.

Or, s'il est constant que le feu s'est communiqué aux maisons voisines de ma maison, où il a commencé par une faute prouvée ou présumée dont je

---

principe général établi par les art. 1382 et 1383, c'est au demandeur qui réclame la réparation du préjudice que lui a causé l'incendie, à prouver la faute, l'imprudence ou la négligence; et qu'ainsi, la présomption légale de culpabilité ne peut être invoquée, ni par un locataire qui demande, pour la perte de ses meubles incendiés, une indemnité à un autre locataire chez qui l'incendie a commencé : il faut qu'il prouve la faute ou la négligence de ce dernier; ni par le voisin contre un voisin, dans l'hypothèse où l'incendie, ayant commencé dans la maison ou dans l'habitation de l'un d'eux, s'est communiqué à la maison de l'autre. M. Merlin appuie son opinion de plusieurs arrêts de Cours souveraines, qu'il commente avec sa sagacité ordinaire. On peut voir ses raisons exposées dans une consultation donnée le 21 décembre 1821, imprimée dans le Recueil de Sirey, tom. XXIV, 2°. part., pag. 253. Les mêmes raisons sont reproduites dans le tom. XVI du Répertoire, imprimé en 1824, et contenant les additions, v°. *Incendie.*

Il existe d'autres arrêts contraires à l'opinion de M. Merlin; entre autres, celui de la Cour de Montpellier, du 25 mars 1824, imprimé pag. 250 du même Recueil, avant la consultation de M. Merlin. La Cour de cassation n'a point encore, à ce qu'il paraît, prononcé sur ce point, qui peut le plus souvent dépendre des faits et des circonstances. Nous ne pouvons, au reste, adopter l'opinion de M. Merlin, d'où il résulterait que le locataire du second étage d'une maison ne pourrait réclamer aucune indemnité pour ses meubles incendiés, sans prouver que le locataire du premier étage, où l'incendie a commencé, est en faute, quoique ce dernier ait été condamné, par jugement en dernier ressort, aux dommages-intérêts du propriétaire de la maison, en vertu de la présomption légale.

réponds, il est évident que l'incendie de ces maisons est une suite manifeste de ma faute, dont je
dois également répondre : *Qui occasionem præstat,
damnum fecisse videtur. Loi 3o, § 3, ff ad leg. aquil.,
9. 2.*

Les lois romaines n'ont donc point balancé à
prononcer ouvertement la responsabilité du dommage souffert par les voisins, contre celui dont la
négligence a occasionné l'incendie de leurs maisons, où le feu s'est communiqué de celle où il a
commencé : *Fortuita incendia, si cùm vitari pos-
sint, per negligentiam eorum apud quos orta sunt,
damno vicinis fuerunt, civiliter exercentur, ut qui
jacturâ affectus est damni disceptet, vel modicè vin-
dicaretur. Loi 28, § 12, ff de pæn., 48. 19.*

D'après ces textes, Voët pose en principe général que, lorsqu'un incendie a causé du dommage aux voisins, *proximioribus, remotioribusque,*
celui par la faute duquel il est arrivé en répond : *
Neque enim, dubium est,* ajoute-t-il, *quin de omni detrimento ex probatâ primâ culpâ profluente teneatur.*

Notre Coutume de Bretagne contenait une disposition contraire qui portait : « Et quand le feu
» ard la maison d'aucun, et la maison d'un autre
» pérille (c'est-à-dire, périt) par le même feu, si
» lui ni ses adhérens ne l'y mettent, pour faire
» dommage à celui à qui elle est ou autres, il n'est
» tenu en rendre aucune chose. » (Art. 644).

Malgré cette disposition, le Parlement de Bretagne jugeait la responsabilité envers les voisins,

lorsqu'il y avait faute grossière de la part de celui chez lequel le feu avait commencé (1).

Quant à la jurisprudence des autres Parlemens, elle étendait cette responsabilité, non seulement au cas de la preuve d'une faute légère, mais encore au cas de présomption de culpabilité établie contre ceux dans la maison desquels l'incendie a commencé, lorsqu'ils ne prouvent point qu'il est arrivé sans leur faute. Dénisart (2), qui atteste sur ce point la jurisprudence du Parlement de Paris, dit qu'on l'a ainsi jugé par différens arrêts rendus contre la dame Henri, propriétaire d'une maison en laquelle elle demeurait sur le Pont-au-Change, et qui fut incendiée par sa faute, ce qui causa des pertes notables aux voisins.

Il ajoute que Bardet cite d'anciens arrêts contraires, mais que la nouvelle jurisprudence est sur cela absolument contraire à l'ancienne, et il rapporte un arrêt, rendu le 18 août 1735, au rapport de M. Titon, par lequel la Cour confirma plusieurs sentences, par lesquelles un sieur Varas était condamné aux dommages et intérêts de ses voisins, incendiés par les communications du feu, commencé dans l'endroit habité par son jardinier. Il cite encore d'autres arrêts, et un, notamment, du 22 août 1743, qui confirma une sentence par laquelle Louis, notaire et procureur, était condamné aux dommages et intérêts de ses voisins in-

---

(1) *Voy.* un arrêt du 22 juillet 1761, rapporté au tom. V du Journal du Parlement de Bretagne.

(2) V°. *Incendie*, n°s. 5 et suiv.

cendiés comme lui, par la seule raison qu'il était
prouvé que l'incendie avait eu son origine dans sa
maison.

Cet arrêt, dit Dénisart, est fondé sur ce que le
cas fortuit ne se présume pas en fait d'incendie,
s'il n'est pas prouvé. La présomption de droit est
que le feu qui a pris dans une maison, a été causé
par la faute ou par la négligence de celui qui l'habite ou de ses domestiques, dont il est responsable.

La jurisprudence du Parlement de Rouen était
conforme à celle du Parlement de Paris. Basnage,
sur l'art. 453 de la Coutume de Normandie, tom. II,
pag. 291 et 292, en cite trois arrêts.

Henrys, qui professait une doctrine contraire,
tom. II, liv. 4, quest. 163, avait obtenu une sentence favorable à son opinion; mais cette sentence
fut réformée par l'arrêt du Parlement de Paris, le
28 août 1654, rapporté par l'auteur; et son savant
annotateur Bretonnier atteste, sur la quest. 87,
que *cela se juge ainsi.*

Il serait long et inutile de citer tous les auteurs
qui ont traité cette question pour ou contre, tous
les arrêts qui l'ont décidée quelquefois en sens contraire; elle n'est plus douteuse sous l'empire du
Code; mais nous croyons devoir citer ici un auteur dont l'opinion est toujours d'un grand poids:
M. Merlin enseigne aussi au mot *Incendie*, Répertoire de jurisprudence, § 2, pag. 52, 4º. édition,
que celui chez lequel l'incendie a commencé, répond du dommage causé aux maisons voisines incendiées par la communication du feu.

Cependant le même auteur, *ibid.*, n°. 9, pag. 63, dit que, quand il s'agit d'une action dirigée par des voisins ou d'autres personnes, envers qui le principal habitant ou locataire de la maison où a commencé l'incendie n'est engagé par aucun contrat ou quasi-contrat, il ne paraît pas, suivant plusieurs auteurs qu'il cite, que l'on doive juger de même; qu'il est bien vrai que le feu est toujours présumé venir de la faute des habitans de la maison, mais que, dans le doute, on doit croire que cette faute est du nombre de celles qui ne consistent qu'en pures omissions ou négligences, et que l'on appelle *in non faciendo.* Or, ajoute-t-il, nous avons vu que ces sortes de fautes ne donnent ouverture à aucune action de la part des voisins et autres, envers lesquels celui par la maison de qui le feu a commencé n'est point obligé par contrat ou quasi-contrat : *Hæc culpa,* dit un auteur, *non potest trahi ultrà desidiam et simplicem negligentiam, id est in omittendo, quæ non venit in actione legis aquiliæ.*

Nous avons, *suprà,* n°. 159, examiné cette doctrine des fautes *in non faciendo, vel omittendo, et in faciendo,* et nous croyons avoir prouvé qu'elle ne doit pas être reçue sous l'empire du Code, qui rend chacun responsable des dommages causés, même par sa *négligence.* L'auteur avoue même que cette doctrine n'était pas suivie sous l'ancienne jurisprudence. « Nous ne dissimulerons pas, dit-il, que quelques arrêts paraissent absolument avoir assimilé ce cas à celui dans lequel le défendeur en dommages-intérêts est obligé, par contrat ou

quasi-contrat, envers le demandeur. Tel est particulièrement celui du 22 août 1743, que nous
avons rapporté plus haut. » « Cet arrêt, dit Déni-
» sart, est fondé sur ce que le cas fortuit ne se pré-
» sume pas en fait d'incendie, s'il n'est pas prouvé.
» La présomption de droit est que le feu qui a pris
» dans une maison, a été causé par la faute ou par
» la négligence de celui qui l'habite ou de ses do-
» mestiques, dont il est responsable dans ce cas. »
Sans doute, reprend M. Merlin, que l'on n'aura
pas réfléchi, lors de cet arrêt, à la différence des
fautes qui donnent lieu à l'action de la loi *aquilia*,
d'avec celles qui peuvent fonder une action de contrat ou de quasi-contrat; mais cette différence,
pour n'avoir pas été sentie dans une occasion, n'en
est pas moins réelle ni digne d'attention.

Ce passage était écrit avant la promulgation du
nouveau Code; mais l'auteur n'y a rien changé depuis. Il est cependant bien certain qu'il ne peut
être question aujourd'hui des actions qui viennent
de la loi *aquilia*.

Les voisins ne peuvent agir contre celui dans la
maison de qui l'incendie a commencé, qu'en vertu
des art. 1382 et 1383 du Code.

Or, ces articles, loin de distinguer les fautes *in
omittendo*, des fautes *in faciendo*, rendent chacun
indéfiniment responsable, non seulement de son
fait, *in faciendo*, mais encore de sa négligence, *in
omittendo*.

173. Cependant, il existe encore une différence
remarquable, relativement aux personnes dont on
doit répondre en cas d'incendie, entre l'action qu'

n'a pour fondement que les articles cités, et celle qui est de plus fondée sur un contrat.

Nous avons vu *suprà*, n°. 166, que le locataire principal répond, envers le propriétaire de la maison, des fautes de ses sous-locataires, en matière d'incendie, parce qu'en affermant la maison, il contracte l'obligation personnelle de la conserver et de répondre de l'incendie : c'est une assurance qui ne cesse que dans les quatre cas exceptés par l'art. 1733.

Mais le locataire n'ayant contracté aucune obligation envers les voisins, ne peut être tenu envers eux que de ses fautes personnelles et de celles des personnes de sa famille, dont il répond. Les voisins dont les maisons sont incendiées par la communication du feu, n'ont donc point d'action contre le locataire principal, qui a sous-loué en tout ou en partie ; ils n'en ont point également contre le propriétaire qui a loué sa maison, aussi en tout ou en partie ; mais seulement contre les locataires ou sous-locataires chez qui le feu a commencé.

174. Dans l'ancienne jurisprudence, quand les personnes incendiées par la faute d'un voisin, qui l'a été lui-même, étaient indemnisées de leurs pertes par la décharge des tailles et de la capitation, qui s'accordait ordinairement en pareil cas, ou par les secours que les personnes charitables donnent aux incendiés, on leur refusait un recours contre les propriétaires des bâtimens où l'incendie avait commencé. Dénisart, v°. *Incendie*, n°. 10, rapporte un arrêt du 1er. août 1744, qui préjuge clairement cette question. Cette décision est évidem-

ment conforme à la justice, qui ne permet pas
l'incendié de se procurer une double indemnit
de ses pertes, aux dépens d'un malheureux déj
très à plaindre par les pertes qu'il a lui-mêm
souffertes.

175. La même décision doit s'appliquer au ca
où la maison incendiée étant assurée, le proprié
taire a été entièrement indemnisé de ses pertes par
la compagnie royale d'assurance, autorisée par
l'ordonnance du 11 février 1820.

Mais alors cette compagnie peut, à ses risques,
comme subrogée aux droits de l'assuré, exercer
les actions de celui-ci contre ceux chez qui le feu
a commencé, ou contre le locateur de la maison
assurée. On en peut d'autant moins douter que,
par un article final, ajouté à la police d'assurance
imprimée, la compagnie se fait ordinairement subroger à tous les droits et actions de l'assuré.

176. Si l'incendie de la maison assurée était arrivé par la faute des propriétaires-assurés, les assureurs ne seraient point tenus des dommages
causés par le feu : c'est la règle générale en matière d'assurance. L'ordonnance de la marine, titre des assurances, art. 27, décide que les assureurs ne sont pas tenus « des pertes et des dom-
» mages qui arrivent par la faute de l'assuré. »

Notre Code de commerce contient une disposition semblable dans l'art. 352, qui porte : « Les dé-
» chets, diminutions et pertes qui arrivent par le
» vice propre de la chose, et les dommages causés
» par le fait et la faute des propriétaires, ne sont
» point à la charge des assureurs. »

Il est vrai que ces textes ne parlent que des assurances maritimes; mais les motifs de le décider ainsi sont absolument les mêmes dans les assurances de terre : c'est même une règle générale de ces sortes de contrats, à laquelle il n'est pas permis de déroger par un pacte contraire. En effet, « il est évident, dit Pothier, n°. 65, que je ne puis » valablement convenir avec quelqu'un qu'il se » chargera des fautes que je commettrai. »

Émérigon (1) pense même, d'après Casa Regis et Straccha, qu'il n'est pas besoin, pour que les assureurs soient recevables à opposer la faute de l'assuré, qu'elle ait directement et nécessairement donné lieu au sinistre; il suffit qu'il soit possible qu'elle l'ait occasionné : *Advertendum est non esse necessarium quòd culpa sit precisè ordinata ad casum; sed sufficere quòd secundum possibilitatem actûs, dicatur ordinata; nempè quòd possibile sit ex causâ illâ effectum sequi,* dit Casa Regis.

Mais ici des présomptions ne sont pas des preuves suffisantes. C'est aux assureurs de prouver que l'assuré est en faute. Il suffit à l'assuré de prouver le sinistre; et, si les assureurs soutiennent qu'il est arrivé par sa faute, c'est à eux de le prouver : c'est un principe très-ancien en matière d'assurance maritime. Le Guidon de la mer, chap. 8, art. 7, dit que « la charge des preuves tombe sur l'assu- » reur, lequel n'est recevable en ses exceptions, » sans les preuves. »

(1) Traité des assurances, tom. I, pag. 565.

L'art. 61 du titre des assurances de l'ordonnance de la marine, liv. 3, tit. 6, dit aussi que « l'assureur » sera reçu à faire preuve contraire aux attesta- » tions. » C'est, en effet, un principe de droit commun, applicable à tous les assureurs; et ce qui prouve notamment que la compagnie royale d'assurance contre les incendies entend se réserver la faculté de faire cette preuve, c'est que l'art. 9 de la police imprimée, oblige l'assuré de déclarer l'incendie immédiatement et par écrit à la compagnie; déclaration qui doit faire connaître les *causes et les circonstances* de l'incendie, et qui doit être certifié par l'assuré ou son fondé de pouvoirs.

L'exigence de cette déclaration circonstanciée ne peut avoir d'autre but que de faciliter la preuve des faits contraires.

177. Autre question importante en matière d'assurance contre les incendies : Sans doute, l'assuré est responsable envers les assureurs de ses fautes personnelles, mais en est-il de même, si l'incendie est arrivé par la faute ou l'imprudence de l'un de ses enfans, de ses domestiques ou commensaux?

L'ordonnance de la marine, art. 28, décharge les assureurs des pertes et dommages arrivés par la faute des maîtres et mariniers, parce qu'elle les regarde comme les préposés de l'assuré. Les assureurs ne sont tenus de ces pertes que dans le cas où, par la police, ils se sont chargés de la *baraterie de patron.* « Termes énergiques, dit Valin sur cet » article, qui comprennent absolument tout le » dommage qui peut résulter du fait du maître et

, des gens de son équipage, soit par impéritie, im-
, prudence, malice, larcin ou autrement. »

En appliquant ces principes aux assurances contre les incendies, il semble qu'on doit dire que
les assureurs ne répondent point des incendies arrivés par la faute des domestiques et autres commensaux de l'assuré, dont il est responsable dans
les cas ordinaires, à moins que les assureurs ne se
soient chargés de ces événemens par la police.
Ainsi, dans tous les cas où l'incendie aura commencé dans la maison de l'assuré, que la cause
en sera douteuse ou incertaine, il sera toujours
exposé à soutenir un procès contre la compagnie
d'assurance, qui, sur le simple ouï-dire de la
moindre imprudence des gens de la maison, de-
mandera à prouver que l'incendie est arrivé par
leur faute.

Nous croyons donc que la prudence exige qu'un
sage père de famille ne fasse point assurer sa maison, à moins que la compagnie ne consente à insérer dans la police une clause par laquelle elle se
chargera, non seulement des incendies arrivés par
cas fortuit, mais encore par la faute de quelque
personne que ce soit, à l'exception des fautes personnelles de l'assuré. Sans une clause pareille, les
assurances ne servent guère qu'à enrichir, aux dépens des assurés, les assureurs, qui ne répondent
que des événemens rares d'un cas fortuit, et des
incendies communiqués par les maisons voisines ;
encore exceptent-ils des cas fortuits les émeutes
populaires, la force militaire quelconque, et les
tremblemens de terre.

L'indemnité qui est due au propriétaire dont la maison a été incendiée par un locataire, aux voisins dont les maisons ont été incendiées par la communication du feu, consiste dans la vraie valeur, à dire d'experts, des maisons incendiées. Ils ne peuvent, comme l'observe Basnage, exiger qu'on leur en bâtisse de neuves, au lieu de vieilles qui ont brûlé.

178. Des sentimens de compassion et d'humanité pour un malheureux déjà très à plaindre par les pertes qu'il a souffertes, portaient ordinairement les juges, sous l'ancienne jurisprudence, à modérer les dommages-intérêts dus aux voisins chez qui le feu s'était communiqué, lorsque d'ailleurs il n'y a ni dol ni faute lourde de la part de celui chez qui le feu a commencé. Dénisart, numéro 9, nous en donne un exemple, dans l'arrêt du 22 août 1743, qui modéra à 1,500^l les 3,000^l de dommages-intérêts adjugés contre le sieur Louis. par une sentence du bailliage de Saint-Dizier, qui avait elle-même considérablement réduit l'estimation de ces dommages, fixés par les experts.

Il est certain qu'il est dans l'esprit du Code que les dommages et intérêts soient moins forts, lorsqu'il n'y a eu, de la part de celui qui les doit, ni dol, ni faute lourde. (*Voy.* ce que nous avons dit tom. VI, nos. 284—291). Et si le demandeur en dommages et intérêts les avait lui-même détaillés dans le cours du procès, et arbitrés à une somme fixe, les juges pourraient sans doute la réduire.

Mais s'il avait demandé à les faire fixer par des

experts, et que les experts nommés eussent rapporté un procès-verbal d'estimation, il est au moins fort douteux qu'aujourd'hui les juges, qui n'ont point la même étendue de pouvoirs qu'autrefois, pussent arbitrairement réduire cette estimation. Il est vrai que, suivant l'art. 323 du Code de procédure, « les juges ne sont point astreints à » suivre l'avis des experts, *si leur conviction s'y oppose.* »

Mais il est évident que cet article n'est applicable qu'aux cas où les juges peuvent avoir une conviction personnelle contraire à l'avis des experts, comme dans le cas de l'arrêt de la Cour de cassation, du 22 mars 1813 (1), où des experts étaient chargés de vérifier, sur les pièces et les écritures, le déficit du gérant d'une société de commerce. Ils fixèrent le déficit à 13,578ᶠ, en déclarant qu'ils n'avaient pu tout vérifier, attendu le désordre des écritures. En ce cas les juges pouvaient, tout aussi bien que les experts, avoir, sur le déficit, une conviction personnelle. Ils l'arbitrèrent donc à 15,000ᶠ, d'après les renseignemens résultant du rapport des experts, l'examen des livres de commerce, et les redressemens de quelques sommes.

Par exemple encore, l'avis des experts nommés pour vérifier des écritures ne lie point les juges, qui, ayant les écritures à vérifier sous les yeux,

---

peuvent avoir une conviction personnelle de l'identité ou de la différence.

Mais lorsque des experts sont nommés pour estimer des biens, afin de parvenir à une rescision pour lésion, ils ne peuvent s'écarter arbitrairement de l'avis des experts, parce qu'ils ne peuvent avoir de conviction sur la vraie valeur de ces biens, qu'ils n'ont ni vus ni visités. Ainsi la Cour de cassation l'a décidé, avec beaucoup de raison, par un arrêt du 7 mars 1808. La régie de l'enregistrement avait fait nommer des experts pour estimer un bien, afin de percevoir un supplément de droit sur une vente qu'elle croyait faite pour un prix supérieur à celui que portait le contrat. La Cour de cassation décida que les juges étaient liés par l'avis des experts.

Il en doit être de même lorsqu'il s'agit d'estimer la valeur d'une maison incendiée. Les juges, qui ordinairement ne l'ont pas même vue, ne peuvent avoir aucune conviction personnelle de cette valeur.

D'ailleurs, ils ne sont point établis pour juger de la valeur des objets contentieux, mais du droit des parties. Ils ne peuvent donc, si l'estimation des experts leur paraissait ou trop forte ou trop faible, faire autre chose que de nommer d'autres experts, comme l'art. 322 du Code de procédure les y autorise.

La Cour de cassation a même décidé que les tribunaux ne peuvent, suivant l'art. 323, s'écarter de l'avis de la majorité des experts, qu'en déclarant formellement qu'ils ne se décident que par leur propre conviction, faute de laquelle déclaration l'arrêt est soumis à la cassation (1). Or, quand des experts ont estimé la valeur d'une maison incendiée, pour fixer les dommages et intérêts dus à raison de l'incendie, les juges ne peuvent affirmer que, d'après leur propre conviction, l'estimation est trop forte, et la réduire en conséquence. D'un autre côté, ils ne peuvent, sans injustice, décider que les dommages et intérêts doivent être inférieurs aux pertes souffertes par celui à qui ils sont dus ; ce serait contrevenir à la disposition de l'art. 1149, et donner ouverture à la cassation.

179. Si l'on s'abandonnait aux premières impressions qu'un sentiment de compassion excite en nous, en voyant la sévérité des lois et des principes sur la responsabilité des fautes, on serait tenté d'accuser de dureté la loi qui punit si rigoureusement des fautes, des imprudences auxquelles le cœur, resté innocent, n'a eu aucune part. L'homme, si faible par sa nature, si près des fautes et du malheur, doit-il être traité sans pitié par la loi? Quelle est donc cette trompeuse protection que lui promet l'ordre social, si toute la force publique s'arme pour lui faire expier des fautes involontaires, pour le soumettre, même sans preuves, sur de simples présomptions légales, à des condamnations qui peuvent causer la ruine entière de sa fortune, et le réduire à traîner dans la misère les restes de sa pénible existence?

---

(1) *Voy.* l'arrêt du 7 août 1815, Sirey, tom. XV, pag. 345. et Journal des audiences, 1808, supplément, pag. 42.

Mais il ne faut pas considérer seulement le sort de celui que la loi punit pour une faute, pour une imprudence. Tournez le tableau, et considérez l'infortune à laquelle peuvent se trouver réduites les innocentes victimes de cette faute, de cette imprudence, en apparence si légère et si excusable, quand on ne considère que la personne condamnée à en réparer les suites. Quel serait le sort des hommes, dans l'état de société, s'ils restaient sans garantie contre tous les maux que peuvent leur causer les fautes ou les imprudences de leurs semblables? Combien l'impunité ne les multiplierait-elle pas? Combien de délits réels se couvriraient du voile de l'imprudence, pour échapper à la responsabilité, tandis qu'une juste sévérité peut les prévenir par de salutaires menaces, par d'utiles exemples? Il est dans la nature de l'homme d'éviter les fautes sur la suite desquelles il est averti, et il n'est jamais mieux averti que par la pensée d'un danger pour lui-même, et d'une peine qui le menace..

La loi ne pouvait balancer entre l'auteur d'une faute ou d'une négligence préjudiciable à autrui, et la personne qui souffre de cette négligence. Partout où elle voit une perte pour un citoyen, elle en cherche l'auteur; elle examine s'il lui a été possible de ne pas causer cette perte, et dès qu'elle trouve en lui de l'inattention, de la légèreté, de l'imprudence, elle le condamne à la réparation du mal qu'il a fait.

Mais elle n'exige d'autre satisfaction que le dédommagement de celui qui souffre. Si la faute qui pouvait causer du dommage n'en a point causé, la loi ne lui inflige aucune peine, à moins qu'une défense de commettre l'action n'eût été portée sous une peine déterminée ; car alors la peine dérive d'une désobéissance, d'une contravention à la loi.

En ordonnant la réparation d'un dommage, la loi, pour mieux l'assurer, ne s'arrête pas toujours à la personne qui est l'auteur du dommage. Cette personne peut n'avoir pas de fortune particulière, ou n'en avoir qu'une insuffisante pour le dédommagement. Dans ces cas, la loi permet de recourir à ceux de qui cette personne dépend. Elle rend ceux-ci garans des suites de l'action, lorsqu'ils pouvaient l'empêcher par une plus grande surveillance sur la conduite de la personne placée sous leur dépendance ou leur autorité, par une plus grande attention sur le choix des personnes dont ils se servent (1).

Ainsi, pour rendre un homme responsable d'un dommage, il faut qu'il y ait eu de sa part faute, imprudence ou négligence personnelle, ou qu'il lui ait été possible de prévenir le fait qui a causé le dommage, par plus de vigilance, plus de surveillance sur les personnes qui dépendent de lui, plus d'attention sur le choix de celles dont il se sert. C'est alors qu'on peut qualifier de *quasi-délit* le fait qui a causé le dommage. Nous en parlerons *infrà*, n°. 250.

Mais celui qui ne nuit à autrui que par l'ascendant inévitable d'une force majeure ou d'un cas

_____

(1) Sur tout cela, *voy.* Garat, Répertoire de jurisprudence, v°. *Quasi-Délit.*

fortuit, est dégagé de toute responsabilité, de toute
réparation, de même que celui qui causerait du
dommage en usant de son droit, sans en excéder
la juste mesure.

Tels sont les principes de la matière.

180. A l'occasion de l'indemnité des pertes causées par un incendie, les auteurs traitent une
question qu'il ne faut pas ici passer sous silence;
c'est de savoir si, quand une maison a été abattue
pour empêcher la communication du feu aux édifices voisins, le propriétaire de cette maison doit
être indemnisé par voie de contribution sur les
propriétaires des édifices préservés, comme le propriétaire des effets jetés à la mer pour sauver le
navire et le reste du chargement, en cas de tempête ou d'agression ennemie, doit être indemnisé
des pertes du jet, par voie de contribution sur les
propriétaires du navire et des effets sauvés.

Plusieurs auteurs soutiennent l'affirmative, en
argumentant de la loi *rhodia*, adoptée par l'ordonnance de la marine de 1681, et par notre Code de
commerce de 1807. (Art. 410 et suiv.)

Notre Coutume de Bretagne avait adopté l'opinion de ces auteurs, dans l'art. 645, qui porte:
« Quand le feu est ébrandi en plusieurs maisons,
» on peut abattre les maisons prochaines pour ap-
» paiser, éteindre le feu; et afin que les autres
» soient sauvées; et tous ceux de qui on peut aper-
» cevoir que les maisons ont été sauvées, sont tenus
» à dédommager ceux à qui les maisons ont été
» abattues, chacun à la discrétion de justice. »

Mais cette Coutume est abrogée. Sa disposition

l'a été renouvelée par aucune de nos lois nouvelles, et l'on ne peut, par analogie, étendre les
dispositions de la loi *rhodia,* et du Code de commerce, du cas spécial dont ils parlent, au cas des
maisons abattues pour empêcher la communication du feu; car il n'y a point identité de raison
d'un cas à l'autre, comme l'enseigne fort bien Voët,
ff ad leg. rhod., de jact., 14. 2, n°. 18, où, après
avoir exposé l'opinion de ceux qui admettent la
contribution en cas d'incendie, il ajoute : *Sed uti
lege destituitur, ità æquitate non sustinetur hæc opi-
nio, cùm non eadem incendii quæ jactûs ratio sit. Con-
tributionem fieri ob jactum ab omnibus æquum erat,
quia jactu non facto periculum imminebat æquale rebus omnibus navi vectis, tàm salvis quàm jactis. At
non ità ex orto incendio æqualis ad omnem vicinium
spectat damni metûs ; sed ad proximos maximus, mi-
nor ad remotiores.*

Nous pensons donc que le jugement qui étendrait à ce cas la contribution établie pour le cas
du jet, contiendrait un excès de pouvoir qui le
soumettrait à la censure.

181. Mais celui chez qui l'incendie a commencé
par sa faute, prouvée ou présumée, est-il tenu d'indemniser celui dont la maison a été abattue pour
empêcher la communication du feu? Il ne paraît
pas qu'on en puisse douter, d'après ce que nous
avons dit n°. 172; car cet abatis est une suite de
sa faute, et d'ailleurs, si le feu s'était communiqué
aux maisons préservées, il aurait été tenu d'en réparer le dommage, aussi bien que celui de la maison abattue.

Il faut cependant distinguer : si la maison a été
abattue par ordre de l'autorité compétente, qui a
jugé l'abatis nécessaire, l'indemnité est due dans
tous les cas par celui chez qui le feu a commencé.

Mais si elle avait été abattue d'autorité privée,
par des voisins effrayés, pour prévenir le danger
dont leurs maisons étaient menacées, il faut encore
distinguer, si le feu, après l'abatis, est parvenu
jusqu'à la maison abattue, ou s'il s'est éteint auparavant. Au premier cas, l'indemnité est due par
celui chez qui le feu a commencé; au second cas,
elle n'est pas due, parce que la maison abattue
n'aurait pas été brûlée, si elle avait resté sur pied.
Dans ce dernier cas, le propriétaire de cette maison n'a d'action que contre ceux qui l'ont fait abattre de leur autorité privée.

Cette distinction raisonnable est établie par la
loi 7, § 4, *ff quod vi aut clàm*, 43. 24. (1)

182. Nous n'essaierons point d'indiquer ici tous
les cas auxquels peuvent et doivent s'appliquer les
dispositions des art. 1382 et 1383, qui obligent à

(1) En voici les termes :

*Est alia exceptio, de quâ Celsus dubitat an sit objicienda : Ut putà si
incendii arcendi causâ, vicini ædes intercidi, et quod vi aut clàm mecum
agatur, aut damni injurià. Gallus enim dubitat an excipi oporteret, quod
incendii defendendi causâ factum non sit? Servius autem ait, si id magis-
tratus fecisset, dandam esse; privato, non esse idem concedendum. Si
tamen quid vi aut clàm factum sit, neque ignis usque eò pervenisset, simpl.
litem æstimandam ; si pervenisset, absolvi eum oportere. Idem ait esse, si
damni injurià actum foret, quoniam nullam injuriam aut damnum dar.
videtur, æquè perituris ædibus.*

La loi 49, § 1, *ff ad leg. aquil.*, paraît contraire à la précédente
mais la contrariété n'est qu'apparente, comme l'a fort bien prouvé
M. Merlin, Répertoire, v° *Incendie*, § 2, n°. 11 pag. 64.

réparer le dommage fait à autrui par une faute, ou même par une simple négligence. Les exemples que nous avons donnés peuvent suffire pour montrer la manière dont on doit suivre les conséquences de ce principe général, ou plutôt de cette loi.

Nous remarquerons seulement ici que c'est sur ce principe sacré que repose la responsabilité de tous les fonctionnaires publics, même les plus éminens, qui sont rigoureusement obligés de réparer les dommages que, par leurs fautes, leurs négligences ou leurs injustices, dans l'exercice de leurs fonctions, ils causent aux particuliers, quoique, dans l'ordre administratif, on ait subordonné l'exercice du droit des personnes lésées à des conditions, à des formalités, qui rendent presque toujours illusoire la responsabilité des fonctionnaires en crédit, au moyen de la disposition tyrannique insérée, par le plus habile et le plus absolu des despotes, dans l'art. 75 de la fameuse constitution du 22 frimaire an VIII, suivant laquelle « *les agens du Gouvernement* ne peuvent être poursuivis pour des faits relatifs à leurs fonctions, qu'en vertu d'une décision du Conseil d'état; » disposition qui, quoique abrogée de droit par la Charte avec la constitution où elle est insérée, a été conservée de fait, comme favorable au pouvoir absolu (1).

183. Mais remarquez que cette disposition ne s'applique qu'aux *agens* du Gouvernement qui sont

(1) *Voy.* ce que nous avons dit tom. I, n°. 225, pag. 196 et suiv.

non seulement nommés par lui, mais de plus amovibles, et par conséquent, tellement sous sa dépendance, qu'ils ne peuvent avoir, dans l'exercice de leurs fonctions, d'autre opinion que la sienne, ni tenir une conduite opposée à celle qu'il leur trace, soit par lui-même, soit par ses agens supérieurs; en sorte qu'il serait à craindre qu'en exécutant les ordres du Gouvernement, ils ne se trouvassent exposés à des poursuites, pour avoir fait exécuter des ordres injustes et tyranniques. Ce sont ces fonctionnaires que le pouvoir couvre de son égide, au moyen de la garantie que l'art. 75 donne à ceux qu'il qualifie d'agens du *Gouvernement.*

Mais cette garantie, donnée dans l'intérêt du Gouvernement, n'a point été étendue aux fonctionnaires de l'ordre judiciaire, qui ne sont point ses *agens.* Le pouvoir judiciaire est essentiellement indépendant du pouvoir exécutif; sans cela point de liberté. Si le Roi nomme les juges, ils ne sont point ses *agens,* mais ses délégués légaux; ils sont indépendans, parce qu'ils sont inamovibles; ils n'ont aucun ordre à recevoir du Gouvernement dans l'exercice de leurs fonctions. Ils se rendraient coupables, en y obéissant. La loi seule est leur règle. S'ils s'en écartent, s'ils commettent des injustices, la faute n'en peut refluer vers le Gouvernement, qui, ne leur en ayant point donné l'ordre, ne leur doit aucune garantie : eux seuls doivent en répondre.

Les officiers du ministère public peuvent, ainsi que les juges, être pris à partie sans l'autorisation préalable du Conseil d'état. Il n'y a plus aucun doute sur ce point (1).

Cependant, on avait obséquieusement prétendu que ces officiers, réunissant à leur qualité de magistrats celle d'agens du Gouvernement, il ne pouvait être exercé contre eux aucunes poursuites, à raison de leurs fonctions, sans autorisation préalable du Conseil d'état, et la Cour de cassation elle-même l'avait ainsi pensé, dans un arrêt du 25 frimaire an XIV. (*Voy.* le Répertoire de jurisprudence, v°. *Prise à partie*, § 3, n°. 1).

Mais cette jurisprudence a été implicitement abrogée par les art. 485 et 486 du Code de procédure criminelle de 1808, en ce qu'ils établissent le même mode de poursuite contre les officiers du ministère public, que contre les juges. Ainsi l'a décidé le Conseil d'état le 17 mars 1812; décision approuvée le 24 du même mois par le chef du Gouvernement. Elle fut donnée à l'occasion d'une dénonciation en forme de plainte, par laquelle un sieur Berjon sollicitait l'autorisation du Conseil d'état, pour poursuivre devant les tribunaux le sieur Persou, procureur impérial près le tribunal civil de Tours, comme prévenu de s'être rendu coupable dans l'exercice de ses fonctions, de faux, d'abus de pouvoir et de violation de domicile, envers un sieur Bouglé et sa domestique.

Le procureur général près la Cour d'Orléans avait écrit au grand-juge, ministre de la justice,

(1) *Voy.* le Répertoire, au mot *Garantie des fonctionnaires publics*, pag. 41.

une lettre par laquelle il semblait démontrer l';
vraisemblance des délits imputés au sieur Person
et rendait des témoignages honorables de sa conduite publique et privée.

Malgré cette lettre apologétique, le Conseil d'é-
tat, « considérant que l'intervention du Conseil
» d'état n'est pas nécessaire pour poursuivre les
» fonctionnaires de l'ordre judiciaire, prévenus de
» délit dans et hors de l'exercice de leurs fonctions,
» et que le mode de poursuite à exercer contre ces
» sortes de fonctionnaires, a été réglé par les ar-
» ticle 479 et suivans du Code d'instruction cri-
» minelle »;

Donna la décision suivante :

« La plainte est renvoyée au procureur général
» de la Cour impériale d'Orléans, pour y être fait
» droit, conformément à l'art. 479 et suivans du
» Code d'instruction criminelle. »

184. Le mal jugé par impéritie (1) du juge, est le

---

(1) La reparation des torts causés par impéritie s'applique aux avoués,
huissiers, aux notaires, greffiers, aux artisans des différentes profes-
sions ou métiers. L'art. 264 de la Coutume de Bretagne en donne un
exemple, à l'égard des arpenteurs, des priseurs, qui répondent des
fautes faites dans leur travail. Les architectes répondent même des
vices du plan qu'ils ont donné pour une construction, quoiqu'ils n'aient
pas été chargés de l'exécution. *Voy.* un arrêt rendu par la Cour de cassation, le 20 novembre 1817, Sirey, tom. XIX, pag. 102; Journal des
audiences, 1818, pag. 649.

Un arrêt de la Cour de Limoges, du 16 mai 1821, rapporté dans le
premier volume des arrêts de cette Cour, pag. 549, a jugé qu'un notaire était responsable de l'imprudence qu'il avait commise, en remet-
tant de bonne foi à l'une des parties, avant la signature, des pièces qui
ne devaient lui être remises qu'après la perfection de l'acte, resté imparfait par le changement de volonte de l'une des parties; ce qui est
conforme à l'art. 1583.

remier exemple de quasi-délit donné par le droit omain (1).

On sait qu'en France, dans ces siècles de ténèbres et d'ignorance, où le combat judiciaire était regardé comme un moyen de découvrir la vérité, le plaideur mécontent du jugement rendu contre lui, pouvait provoquer ses juges et les contraindre à combattre en champ clos, pour défendre leur jugement (2). L'appel, tel qu'il est établi par les lois romaines, par les lois canoniques, et tel qu'il est aujourd'hui, c'est-à-dire la dévolution de la cause à un tribunal supérieur pour faire réformer le jugement de l'inférieur, était inconnu en France.

Cet usage barbare fut aboli par l'introduction des appels réguliers portés à la Cour supérieure; mais il s'introduisit un autre mode de procéder, suivant lequel ce fut toujours contre le seigneur, son bailli et ses juges, qu'il fallait se porter appelant, et non contre celui qui avait obtenu gain de cause en première instance. Ils étaient obligés de venir soutenir le jugement appelé devant le tribunal supérieur, et ce *à leurs dépens et péril,* dit Bouteiller (3).

---

(1) *Voy.* les Instituts de Justinien, *lib. 4, tit. 5, de obligationibus quæ quasi ex delicto nascuntur,* § 1.

Videtis Dissertationem Thomasii, de usu practico actionis adversus judicem imperité judicantem. Dissert., tom. III, pag. 877.

(2) *Voy.* l'Esprit des lois, liv. 28, chap. 27—33, et les autorités qu'il cite; la Collection de jurisprudence de Camus et Bayard, v°. *Appel,* § 2.

(3) *Voy.* la Somme rurale, liv. 1, tit. 5, pag. 14 et suiv., édition de 1621, à Paris, chez Buon.

185. Ainsi, les juges étaient parties principales dans l'instance d'appel. C'étaient eux que l'appelant devait ajourner. Il se bornait à *intimer* la partie qui avait gagné son procès, c'est-à-dire à lui dénoncer l'ajournement donné aux juges; et c'est de là qu'encore aujourd'hui on appelle *intimé,* celui qui est défendeur en cause d'appel.

Si le jugement avait été rendu par un juge royal, on n'ajournait que le juge qui l'avait rendu, parce que, dit encore Bouteiller, c'est celui qui juge ordinairement, et l'on intimait la partie; mais, dans les justices seigneuriales, quoique ce fût le bailli ou les juges du seigneur qui eussent rendu le jugement, il fallait néanmoins l'appeler en personne, parce que le jugement était rendu en son nom, et qu'il était le juge ordinaire; ses juges n'étaient que des délégués.

En pays de droit écrit, où l'on suivait le droit romain, c'était la partie qui avait obtenu gain de cause qu'il fallait ajourner; on *intimait* seulement le juge, qui n'en était pas moins obligé de comparaître et d'assister devant le tribunal supérieur, pour soutenir son jugement.

186. Rien n'était plus onéreux pour les juges, obligés d'aller quelquefois fort loin, et à grands frais, répondre à un appel souvent fondé sur des moyens frivoles. Ils s'en plaignirent amèrement au roi Charles VI, qui, par ses lettres, données à Paris le 29 juillet 1388 (1), après avoir rapporté avec de grands détails les abus que produisaient les ap-

_____

(1) *Voy.* les Ordonnances du Louvre, tom. XII, pag. 159.

pels interjetés en la Cour de parlement, des sentences et jugemens rendus en pays de droit écrit, ordonna, pour remédier à ces abus, que les appelans seraient tenus, avant d'obtenir la permission d'ajourner les juges, de produire leurs moyens d'appel, et de déduire leurs griefs.

Ce remède était insuffisant, et n'attaquait point le mal dans sa racine. On reconnut enfin que l'usage d'ajourner les juges dans toutes les causes d'appel, était nuisible à la société elle-même, puisqu'il les détournait sans cesse de leurs fonctions. Il s'abolit donc. On trouva qu'il était mieux que l'appel ne fût dirigé que contre la partie qui a réussi en première instance, parce qu'en effet, c'est elle seule qui a intérêt de soutenir le jugement. C'est de là qu'est venue la maxime que *le fait du juge est celui de la partie.*

Cependant, l'usage d'ajourner les juges et de les faire comparaître et assister dans toutes les causes d'appel, se maintint pendant long-tems, et eut peine à s'abolir en certaines provinces, puisqu'on trouve encore une déclaration du 10 février 1605, enregistrée au Conseil souverain de Tournai, le 1er. mars suivant, qui porte qu'à compter de ce jour, 1er. mars, les juges subalternes royaux et autres, ressortissant à ce Conseil, ne pourront plus être assignés pour constituer procureur, à l'effet de soutenir le bien jugé de leurs sentences, ni être condamnés en l'amende du *fol jugé* (1).

_____

(1) *Voy.* la nouvelle Collection de jurisprudence de Cámus et Bayard, v°. *Appel*, § 2.

Tandis que les juges furent obligés de comparaître aux causes d'appel en personne ou par procureurs, l'appelant pouvait sans doute leur demander la réparation des dommages qu'ils pouvaient lui avoir causés par prévarication ou mal jugé ; car le principe de la responsabilité des juges était reçu en France et consacré par les lettres du même roi Charles, VI, dont l'art. 2 porte que, si les juges mesprennent ou aucunement délinquent dans l'administration qui leur est confiée, ils seront tenus d'en répondre comme il appartiendra de raison ; et, pour mieux assurer cette responsabilité, l'article 18 veut que lesdits juges, étant destitués ou déchargés de leurs offices, ils ne puissent quitter leurs bailliages, ni transporter ailleurs leurs biens, durant quarante jours, pour répondre aux plaintes qu'on pourrait faire d'eux, sur lesquelles les nouveaux juges feront droit diligemment, sous peine de punition. (*Voy.* les Ordonnances du Louvre, tom. XII, pag. 162 et suiv.)

Le nouveau mode de procéder privait l'appelant de cette facilité d'exercer une action contre les juges, qu'il ne pouvait plus ajourner en cause d'appel.

187. Cependant il était juste, il était nécessaire, de donner aux parties lésées un moyen d'obtenir la réparation des dommages que peut leur causer un juge prévaricateur, qui abuse de son ministère pour commettre des injustices. Telle est l'origine de la *prise à partie.*

Mais il est également juste, il importe à la di-

gnité de la magistrature, qu'un juge, dont les fonctions sont déjà si rebutantes, ne soit pas, chaque
fois que sa conscience l'oblige de condamner ou
de punir, exposé, pour une erreur qui peut n'être
que l'effet de la faiblesse humaine ou de la surprise, au désagrément, et presqu'à l'humiliation
de descendre dans l'arène du barreau, pour y venir, en présence d'un public toujours enclin à la
malignité, justifier la pureté de sa conduite, et défendre ses jugemens contre les argumens captieux,
contre les sophismes d'un plaideur acharné, qui
les attaque souvent avec beaucoup d'éloquence.
La loi n'a donc pas donné et ne devait pas donner aux plaideurs, sans restriction, la faculté indéfinie de citer leurs juges devant les tribunaux,
et de les *prendre à partie;* car, le recours accordé
dans les cas prévus par la loi, pour rendre un juge
responsable du mal jugé, est énergiquement appelé
prise à partie, parce qu'en effet, de juge qu'il était,
il devient partie; le procès lui devient propre, *litem suam facit.*

188. L'ordonnance de Blois, l'une des plus ex-
plicatives sur la prise à partie, indiqua, dans les
art. 135, 143, 154, plusieurs cas où les juges pouvaient être pris à partie, et l'art. 147 leur défendit
de dénier le renvoi des causes dont la connaissance
ne leur appartient pas, sur peine d'être pris à partie, au cas qu'ils aient ainsi jugé par *dol, fraude ou
concussion,* ou que nos Cours trouvent qu'il y ait
faute manifeste du juge, par laquelle il doive être
condamné en son nom.

Cette ordonnance fut suivie jusqu'au tems de

Louis XIV, et l'on trouve dans Louet (1) des arrêts de 1526 et 1606, qui décident que, quoiqu'un juge eût prononcé contre la disposition formelle d'un réglement, néanmoins, parce qu'il n'avait agi par dol, fraude ou concussion, il ne pouvait être pris à partie.

L'ordonnance de 1667 se montra beaucoup plus sévère à l'égard des juges. L'art. 8 du tit. 1 porte : « Déclarons tous arrêts et jugemens, qui serout » donnés contre la disposition de nos ordonnances, » édits et déclarations, nuls et de nul effet et va- » leur, et les juges qui les auront rendus, respon- » sables des dommages et intérêts des parties, ainsi » qu'il sera par nous avisé. »

Outre cette disposition générale, cette ordonnance autorisait spécialement la prise à partie dans beaucoup de circonstances particulières.

Ce grand magistrat, M. de Lamoignon, dans les conférences tenues pour l'examen de cette loi, fit des réflexions très-sensées sur sa sévérité envers les juges, sur la défiance qu'elle leur témoignait perpétuellement, sur les nombreuses dispositions pénales prononcées même contre les Cours souveraines, et qui offensaient les Parlemens. Il s'éleva, à ce sujet, une discussion assez animée (2), entre lui et M. Pussort, commissaire du roi, rédacteur du projet, qui finit par dire, pour sortir d'embarras, comme il le faisait ordinairement, que,

---

(1) Lettre O, sommaire 3.
(2) On peut voir cette discussion dans le procès-verbal des conférences, pag. 475—504.

puisqu'on insistait sur ces difficultés, il fallait en remettre la décision au roi, auquel il aurait l'honneur d'en faire le rapport; mais rien ne fut changé.

189. Les rédacteurs de notre Code de procédure ont évité cette grande sévérité, contre laquelle s'élevait le président de Lamoignon. Ils n'ont parlé des cas où la prise à partie est autorisée, que dans l'art. 505, ainsi conçu : «Les juges peuvent être » pris à partie dans les cas suivans : 1°. s'il y a dol, » fraude ou concussion, qu'on prétendrait avoir » été commis, soit dans le cours de l'instruction, » soit lors des jugemens; 2°. si la prise à partie est » expressément prononcée par la loi; 3°. si la loi déclare les juges responsables, à peine de dommages et intérêts; 4°. s'il y a déni de justice. »

Ainsi, cinq cas où la prise à partie est autorisée :

190. 1°. Lorsqu'il y a dol ou fraude; et la fraude ou le dol peut avoir lieu, soit pendant l'instruction du procès, soit lors du jugement; et, dans l'un et l'autre cas, il donne également ouverture à la prise à partie.

Il a lieu dans le cours de l'instruction; par exemple, lorsqu'un juge, dans un interrogatoire, pour surprendre l'interrogé, lui assure faussement qu'il a des pièces qui contredisent ses réponses; lorsqu'un juge, procédant à une opération quelconque, commet des altérations, fait des omissions ou additions; comme si, dans une enquête, il ajoute à la déposition ou en retranche.

Il y a dol commis lors du jugement, lorsqu'un rapporteur supprime des pièces essentielles, néglige d'en faire mention, ou les altère dans son rapport; lorsqu'un président se permet d'altérer la rédaction du jugement prononcé, en y ajoutant ou diminuant.

191. Ici se présente une question importante, celle de savoir si, dans cette matière, on doit comprendre sous le nom de dol la faute lourde, suivant la règle établie par le droit romain, que la faute lourde est un dol : *Magna culpa dolus est?* Loi 226, *ff de V. S.*

La Cour de cassation a décidé l'affirmative par un arrêt du 23 juillet 1806 (1), rendu sous l'empire du Code des délits et des peines du 3 brumaire an IV, dont l'art. 565 portait, comme l'art. 505 du Code de procédure, que le juge peut être pris à partie, lorsqu'il y a de sa part *dol, fraude* ou prévarication personnelle. Voici l'espèce que, vu l'importance de la question, il est bon de rapporter avec quelque détail :

La veuve Padieu vendit, en l'an XI, au sieur Chabaille, une maison dont elle se réserva l'usufruit. Peu de jours après, se repentant de son marché, elle consulta sur les moyens de le rendre sans effet, le sieur B., avocat, qui, sachant que le contrat n'était point transcrit, lui dit que, suivant l'art. 26 de la loi du 11 brumaire an VII, elle pouvait, en vendant à un autre qui ferait transcrire son contrat, priver le sieur Chabaille de tout droit à la propriété de la maison, sauf à lui payer des dommages-intérêts. En conséquence, elle ven-

_____

(1) Rapporté dans le Repertoire de jurisprudence, v°. *Prise a partie* pag. 785, et Journal des audiences, 1806, pag. 492.

dit une seconde fois la maison au sieur Foulon, son neveu et son héritier présomptif, qui fit de suite transcrire son contrat.

Chabaille rendit plainte en escroquerie contre la veuve Padieu et le sieur Foulon. Le sieur V., directeur du jury, commença contre la veuve Padieu, le sieur Foulon et le sieur B., une instruction qui fut continuée par le sieur D., son successeur. Un mandat d'amener fut décerné contre le sieur B., qui comparut, avoua qu'il avait donné à la veuve Padieu le conseil dont on a parlé, et soutint, 1°. qu'il ne peut, en qualité d'avocat, être recherché pour les conseils qu'il donne dans le secret de son cabinet; 2°. que l'objet du conseil n'est point un délit caractérisé par la loi, mais tout au plus un stellionat, qui ne donnait lieu à aucune peine correctionnelle, et qu'on ne peut de ce chef exercer contre lui aucune espèce d'action publique.

Chabaille déclara qu'il n'avait jamais voulu étendre sa plainte jusqu'au sieur B. Le sieur D. n'en continua pas moins l'instruction, et décerna contre le sieur B. un mandat d'arrêt, qui ne fut point exécuté, parce qu'il donna caution.

Jugement qui, après avoir renvoyé la veuve Padieu et le sieur Foulon de la plainte, ordonne l'élargissement définitif du sieur B., attendu que le secret du cabinet d'un avocat doit être respecté... et que les magistrats qui ont procédé à l'instruction se seraient bien gardés d'attenter à cette honorable prérogative, s'ils n'avaient, à quelques égards, été fondés à voir dans cette affaire très-délicate, *des traces de mauvaise foi et de dol carac-terisé, délit prévu par l'art.* 35 *de la loi correction-nelle,* et que le sieur B. était convenu avoir con-seillé la seconde vente ; procédé contraire à la dé-licatesse et à l'honneur......

Le sieur B. appela de ce jugement en tant qu'il contient des assertions injurieuses contre lui, et demanda la suppression du motif qui reconnaît dans sa conduite *des traces de mauvaise foi* et de *dol caractérisé,* réservant de se pourvoir en répa-ration contre les auteurs des persécutions dont il se plaint.

Par arrêt du 10 messidor an XII, « considérant que de sa nature, l'affaire était purement civile;... qu'il n'a été articulé ni spécifié aucun fait de dol, ni autres, compris en l'art. 35 du Code correc-tionnel, et qu'il n'en est résulté aucun, soit des premières informations, soit des réponses du pré-venu ; qu'ainsi, il n'y avait lieu ni au mandat d'ar-rêt, ni à l'ordonnance de traduction ; qu'au sur-plus, les juges dont est appel, ayant reconnu qu'il' n'avait été pratiqué par la veuve Padieu et Fou-lon, poursuivis comme auteurs de la prétendue escroquerie, aucune manœuvre, aucune espèce de dol, n'ont pu, sans une contradiction évidente, juger par rapport à B, poursuivi comme complice, et qui n'avait fait que rendre et développer, comme jurisconsulte, dans le secret du cabinet, le texte d'une loi existante, et qui ne pouvait être garant de l'abus qu'en auraient fait les consultans, que l'affaire avait présenté, à quelques égards, des tra-ces de mauvaise foi et de dol caractérisé ; qu'ils n'ont pu davantage, en le déchargeant de l'accusation portée contre lui, déclarer que son procédé était contraire à l'honneur et à la délicatesse; ce qui, d'ailleurs, emporterait une sorte de blâme, que les juges n'auraient pu prononcer sans excès de pouvoir.

La Cour, en ce qui concerne B., annule l'ordonnance de traduction, contenant mandat d'arrêt, et tout ce qui a suivi; renvoie ledit B. de la plainte; ordonne que son écrou sera rayé et biffé, et *le réserve en tous ses droits.*

En vertu de cet arrêt, le sieur B. présente à la Cour de cassation une requête en prise à partie, contre le sieur D., ex-directeur du jury, et contre le magistrat de sûreté,

Le 25 frimaire an XIV, arrêt de la section des requêtes, qui déclare le sieur B. non recevable, *quant à présent,* à l'égard du magistrat de sûreté, et admet sa requête en ce qui concerne le sieur D.

La cause fut porté à la section civile, qui, le 25 juillet 1806, rendit un arrêt par lequel........ « quant au fond, vu l'art. 565 de la loi du 3 brumaire an IV, ainsi conçu : *Il y a lieu à la prise à partie contre un juge dans les cas suivans......, lorsqu'il y a eu de la part d'un juge dol, fraude ou prévarication.....*

» Vu la loi 226, *ff de verborum significatione, ainsi conçue : Magna negligentia culpa est, magna culpa dolus est;* vu l'art. 5, tit. 1, intitulé *de la contrainte par corps en matière civile,* de la loi du 15 germinal an VI, ainsi conçu : *La contrainte par corps aura lieu pour.....* STELLIONAT; vu l'art. 26

» de la loi du 11 brumaire an VII, ainsi conçu :
» *Les actes translatifs de biens et droits susceptibles*
» *d'hypothèques, doivent être transcrits...... Jusque*
» *là, ils ne peuvent être opposés aux tiers qui auraient*
» *contracté avec le vendeur, et qui se seraient confor-*
» *més à la disposition de la présente;* vu le tit. 5 de
» la loi du 3 brumaire an IV, d'après lequel les
» mandats d'amener et d'arrêt ne peuvent être dé-
» cernés que lorsqu'il existe des preuves ou des
» présomptions de délits, et dans les cas y expri-
» més; vu enfin les art. 15 et 16 de la loi du 7 plu-
» viôse an IX, ci-devant énoncés; et attendu
» qu'aux termes de l'art. 565 précité, la prise à
» partie est autorisée, lorsqu'il y a eu dol de la part
» d'un juge; que lorsqu'il s'agit d'instances civiles
» en dommages-intérêts, *les lois assimilent la faute*
» *grave au dol;* que, dans l'espèce, la revente faite
» par la veuve Padieu n'a pu donner lieu à des
» poursuites correctionnelles, quand bien même
» on voudrait l'envisager comme un stellionat; que
» le conseil donné par le demandeur, dans les ter-
» mes allégués par le défendeur, ne renferme pas
» même l'apparence d'un délit : d'où la conséquence
» que le mandat d'amener, la traduction à la police
» correctionnelle et le mandat d'arrêt, constituent
» une *faute grave* de la part du défendeur; attendu
» que cette faute ne peut être atténuée, ni par un
» prétendu avis verbal du procureur général près
» la Cour de justice criminelle d'Amiens, ni par le
» certificat des juges et du greffier du tribunal d'Ab-
» beville, délivré au défendeur, pendant l'instance
» de prise à partie;

„ La Cour, sans avoir égard aux fins de non-recevoir proposées par le défendeur, *le déclare bien*
intimé et pris à partie; le condamne en conséquence
à 6,000^f de dommages-intérêts envers le demandeur et aux dépens. »

Cet arrêt, comme on voit, décide *in terminis*
qu'en matière de prise à partie, *la faute lourde est*
assimilée au dol. Ce qui est conforme à l'ordonnance de Blois, qui l'autorisait en cas *de faute ma-*
nifeste.

En effet, si elle n'était pas autorisée dans le cas
de la faute lourde, il deviendrait presque impossible de faire réussir une prise à partie fondée sur
le dol du juge; car ce qui caractérise le dol, ce qui
le distingue de la faute, c'est l'intention de nuire :
Dolus, cum adest lædendi animus, culpa, factum in-
consultum quoquo alteri nocetur. Le juge pris à partie ne manquerait jamais de s'excuser sur son intention, que personne que lui ne peut connaître.
Comment donc prouver le dol, qui ne se présume
point?

Cependant, mon savant confrère et ami, monsieur Carré, sur l'art. 505 du Code de procédure,
pense qu'une faute lourde ne suffirait pas pour autoriser la prise à partie, si elle n'était accompagnée
de faits qui prouvassent qu'elle a été volontaire,
et commise avec intention de nuire, parce que le
simple mal jugé au fond n'est pas un moyen de
prise à partie, suivant Duparc-Poullain (1), *si ce*

---

(1) Principes du droit, tom. **X**, pag. 906.

n'est lorsqu'il y a une loi formelle qui permette aux parties de prendre cette voie.....

Mais Duparc-Poullain, notre savant maître, ajoute, immédiatement après ces derniers mots, « ou que le jugement cause à la partie, par la faute » grossière du juge, *latâ culpâ*, un préjudice irré- » parable; par exemple, si, malgré l'insistance de » la partie, il a reçu une caution insolvable, ou » s'il a donné main-levée des effets saisis légitime- » ment sur un débiteur qui en a profité pour les » divertir et les dissiper. »

Rien de plus sage que cette distinction de Du- parc-Poullain. « Il est évidemment juste, dit-il » encore, qu'un mal jugé au fond, par lequel une » partie solvable aurait été injustement favorisée, » ne puisse servir de fondement à une prise à par- » tie, le grief pouvant être réparé aux frais de celui » qui profite du jugement. Ainsi, il n'y a d'excep- » tion que dans le cas d'un procédé caractérisé par » la fraude, l'avarice ou la prévention la plus inex- » cusable. »

192. Mais lorsque le préjudice causé par la faute grossière, par l'ignorance crasse d'un juge, peut- être intérieurement méchant, est irréparable, il serait évidemment injuste et contraire au droit naturel de refuser à la partie lésée un moyen de réparation par la prise à partie. Tout fait quelcon- que de l'homme qui cause du préjudice à autrui, oblige celui par la *faute* duquel il est arrivé à le ré- parer, dit l'art. 1382; il ne dit pas seulement par *le dol* ou *la fraude* de qui il est arrivé.

Dans l'espèce de l'arrêt de la Cour de cassation,

ci-dessus rapporté, le préjudice causé au sieur B., avocat, était irréparable. Il avait été décerné contre lui un mandat d'amener, puis un mandat d'arrêt; il avait subi l'humiliation d'une procédure correctionnelle, et l'arrêt qui ordonnait son élargissement définitif, par une contradiction qu'on ne peut attribuer qu'à cette malveillance que certaines Cours ont quelquefois témoignée aux avocats, contre les intérêts bien entendus de la magistrature, contenait un motif flétrissant contre la réputation du sieur B., que la Cour suprême vengea d'une manière éclatante.

La liberté individuelle est un point tellement important, que les atteintes qu'y peut porter illégalement un magistrat sont toujours des fautes graves, des fautes inexcusables, *quæ dolo æquiparantur.* Aussi, sous le régime absolu, où elle était sans garantie et fort peu respectée, Duparc-Poullain, *ibid.*, pag. 913, enseigne que « la contravention à l'art. 19 du titre des décrets de l'ordonnance criminelle, qui défend de décréter de prise de corps un domicilié, si le crime dont il était accusé n'était pas punissable de peines afflictives ou infamantes, était un moyen de prise à partie, parce qu'un pareil décret flétrit toujours la réputation de la personne décrétée, et que, même quand elle n'a pas été emprisonnée, sa justification, par un jugement définitif, ne répare qu'imparfaitement le déshonneur qui résulte d'un pareil décret : il est donc juste que la prise à partie procure la ressource des dommages et intérêts que celui qui a été décrété de prise de corps a droit de prétendre.

Ces principes salutaires et libéraux sont applicables aux mandats d'arrêt et autres décernés contre les dispositions du Code d'instruction criminelle. L'art. 94 permet au juge d'instruction, après avoir entendu le procureur du roi, de décerner, « lorsque le fait emportera peine afflictive et infamante, ou emprisonnement correctionnel, un » mandat d'arrêt, qui doit, selon l'art. 96, contenir l'énonciation du fait pour lequel il est décerné, et la citation de la loi qui déclare que ce » fait est un crime ou un délit. »

Et l'art. 112 porte que l'inobservation des formalités prescrites pour les mandats de comparution, de dépôt, d'amener et d'arrêt, sera toujours punie, s'il y a lieu, d'injonction au juge d'instruction et au procureur du roi, même de *prise à partie.*

193. Vainement donc le juge qui a décerné un mandat contre la disposition de l'art. 94, prétendrait s'excuser sur son intention, pour soutenir qu'il n'y a point de dol de sa part, mais une simple faute. La liberté individuelle est le premier de tous les biens pour un citoyen ; les atteintes qu'y porte un magistrat ne sont jamais de simples fautes, mais des fautes grossières et inexcusables, *quæ dolo æquiparantur.*

J'ai vu, depuis la restauration, un jeune procureur du roi qui lançait des mandats d'arrêt contre tous ceux qu'il soupçonnait, sans même se donner la peine de les interroger, qu'après plusieurs jours de prison. J'ai vu, entre autres exemples, trois paysans de Montfort incarcérés sans aucun motif, ainsi que l'assura, en ma présence, un commissaire de police, qui pressait M. le procureur du roi de les interroger, pour les mettre en liberté. Il répondit froidement qu'il n'avait pas le tems. C'était l'heure du dîner. Le commissaire de police insista, en observant que le lendemain était un dimanche, jour où l'on n'interrogeait pas les prisonniers. — Ils attendront. — En effet, ces trois malheureux ne furent mis en liberté que le lundi. C'était sans aucun doute le cas de la prise à partie; mais tout tremblait devant un procureur du roi, qui avait toujours dans son anti-chambre un gendarme de planton, pour exécuter ses ordres arbitraires, et qui d'ailleurs était soutenu par un ministre absolu. Il faut dire cependant que le ministre donna l'ordre d'examiner la conduite de ce procureur du roi; mais le magistrat chargé de cet examen la trouva sans reproche.

194. Le second cas où l'art. 505 du Code de procédure autorise la prise à partie, est celui de la concussion. Suivant l'art. 174 du Code pénal, le juge se rend coupable de concussion, toutes les fois qu'il exige ou reçoit ce qu'il sait ne lui être pas dû, ou excéder ce qui lui est dû. S'il importe de poser des barrières contre la cupidité, c'est sur-tout lorsqu'elle se trouve unie au pouvoir (1).

Nos lois se sont donc armées d'une juste sévérité contre tous les fonctionnaires publics de l'ordre

_____

(1) *Lege juliâ repetundarum tenetur, qui cùm* ALIQUAM POTESTATEM HABERET, *pecuniam ob judicandum, decernendumve acceperit. Loi 3, ff de lege juliâ repetundarum*, 48. 11.

administratif ou judiciaire, contre tous agens du Gouvernement, leurs commis ou préposés, qui se rendent coupables de concussion, non seulement en recevant des sommes d'argent, mais encore des dons ou présens, de quelque espèce qu'ils soient, pour faire un acte de leurs fonctions, même juste, mais non sujet à salaire, ou pour s'abstenir de faire un acte qui entrait dans l'ordre de leurs devoirs. (Art. 174 et 177 du Code pénal).

On trouve d'anciennes ordonnances qui permettaient aux juges de recevoir quelques légers présens en comestibles (1), tels que du gibier. Ces ordonnances sont abrogées. Les juges ne doivent absolument rien recevoir, soit avant soit après le jugement rendu. L'art. 174 du Code pénal ne fait, à cet égard, aucune distinction. Ces dons postérieurs pourraient n'être que l'exécution de promesses antérieures ; on le soupçonnerait, du moins, et le magistrat est la femme de César, qui ne doit pas être soupçonnée.

Il doit sur-tout surveiller ses commis, secrétaires et domestiques, et songer au sort du célèbre chancelier Bacon, dont le génie fit l'inventaire des richesses de l'esprit humain, en recula les bornes, alluma le flambeau qui a éclairé les modernes dans les ténèbres de la philosophie ancienne, et dont, cependant, la réputation morale n'en a pas moins été flétrie par la condamnation ignominieuse que

____

(1) Ces ordonnances étaient conformes au droit romain. *Voy.* la loi 18, *ff de officio præsidii*, 1. 18.

lui méritèrent les concussions commises par ses subalternes.

195. Le troisième cas où la prise à partie a lieu, est lorsqu'elle est formellement prononcée par la loi. On ne voit pas, dans le Code de procédure, d'article qui autorise la prise à partie dans un cas particulier, mais on en trouve dans les art. 77, 112, 164, 271, 370 et 593 du Code d'instruction criminelle. Nous en parlerons ci-après.

196. Le quatrième cas, analogue au précédent, est lorsque la loi déclare les juges responsables à peine de dommages et intérêts; car il est impossible de les obtenir, sans traduire les juges en justice, en les prenant à partie. L'art. 15 du Code de procédure nous en offre un exemple; il décide que, si le juge de paix ordonne un interlocutoire, la cause doit être jugée définitivement, au plus tard dans les quatre mois du jour de ce jugement; que si elle n'est pas jugée dans ce délai, l'instance est périmée de droit, et que, si la péremption est arrivée par la faute du juge de paix, par exemple, si, ayant ordonné un délibéré, il n'exécute pas sa décision, il est soumis aux dommages et intérêts, et par conséquent à la prise à partie.

L'art. 2063 du Code civil nous donne un second exemple de ce quatrième cas de prise à partie; il défend aux juges de prononcer la contrainte par corps, hors les cas déterminés par les art. 2060, 2061 et 2062, à peine de nullité, dépens, dommages et intérêts. C'est un nouveau témoignage du respect dû à la liberté individuelle. (*Voy.* aussi les art. 117 et 119 du Code pénal).

197. Enfin, le cinquième cas où l'art. 505 du Code de procédure permet la prise à partie, est celui du déni de justice.

Le déni de justice, qui est le moyen de prise à partie le plus fort et le plus assuré, consiste dans le refus de juger ; refus inexcusable, puisque le devoir le plus indispensable du juge est de rendre la justice aux parties, lorsqu'elles la demandent(1). Mais il ne faut pas confondre le déni de justice avec l'injustice, parce qu'en jugeant mal et injustement, le juge remplit sa fonction (2), qui est de prononcer sur le différent des parties.

Il y a déni de justice en trois cas : 1°. suivant l'art. 4 du Code civil, si le juge refuse de juger, sous prétexte du silence, de l'obscurité, ou de l'insuffisance de la loi. Ces prétextes ne peuvent le dispenser de prononcer. Si la loi est obscure, il doit l'interpréter. Si elle est muette ou insuffisante, il doit y suppléer, au moyen de l'analogie, ou au moyen de cette loi toujours existante, de cette loi juste et bonne dans tous les tems et dans tous les pays, la loi naturelle (3). (*Voy.* ce que nous avons dit, tom. I).

_____

(1) C'est aussi le premier commandement que leur faisait l'ordonnance de 1667, art. 1, tit. 25, *des prises.à partie :* « Enjoignons à tous » juges de nos Cours, juridictions et justices, et des seigneurs, de procéder incessamment au jugement des causes, instances et procès, » qui seront en état de juger, à peine de répondre en leur nom des dépens, dommages et intérêts des parties. »

(2) *Prætor quoque jus reddere dicitur, etiam eùm iniquè decernit : relatione scilicet factâ non ad id quod prætor fecit, sed ad illud quod prætorem facere convenit. Loi* 11, *ff de justitiâ et jure.*

(3) *Jus pluribus modis dicitur. Uno modo, cum id quod semper æquum ac bonum est, jus dicitur. Loi* 11, *ff de justitiâ ac jure.*

2°. Il y a déni de justice, suivant l'art. 506 du Code de procédure, lorsque les juges refusent de répondre les requêtes.

3°. Suivant le même article, s'ils négligent de juger les affaires *en état et en tour d'être jugées.*

Notez qu'il faut qu'elles soient tout ensemble en état et en tour d'être jugées. Si elles ne sont pas en état, il est évident qu'il n'y a pas déni de justice, puisque le juge ne peut juger, et cela par la faute des parties elles-mêmes. Si elles ne sont pas en tour, cela ne prouve pas la négligence du juge, mais seulement la multitude des affaires dont le tribunal est chargé. Ce serait une injustice que d'intervertir l'ordre du rôle ; mais le président qui refuserait d'enrôler une cause, se rendrait coupable de déni de justice.

198. Mais y a-t-il déni de justice, lorsqu'un chef non contesté de la cause se trouvant en état et en tour d'être jugé, quoiqu'un autre chef indépendant du premier reste encore litigieux et contesté, le juge renvoie ou tarde à faire droit sur le premier, jusqu'à ce que le second chef soit en état d'être jugé, malgré les conclusions de la partie, qui réquiert que le premier chef soit jugé sans délai?

C'est une question importante dont la discussion peut répandre beaucoup de lumière sur la doctrine du déni de justice, dans les principes du Code de procédure. La Cour d'appel de Turin jugea affirmativement cette question dans l'espèce suivante :

Operti, assigné devant le tribunal civil de Turin, en paiement d'un billet de 3,000', qu'il avait

consenti à Bruno, reconnaît la validité de l'obliga
tion, quant à 2,000', et conteste le surplus, qu'i
prétend être une usure illicite; et, pour le prou
ver., il allègue des faits dont il demande à fair
preuve.

Sur cette contestation, jugement qui adme
Operti à la preuve de ses faits, mais qui ne pro
noncé aucune condamnation sur les 2,000' nor
contestés, quoique Bruno eût pris à cet égard de
conclusions formelles.

Il appelle de ce jugement, qui fut réformé par
arrêt du 23 juin 1807 (1), fondé sur les motifs suivans :

« Considérant que, par l'aveu du sieur Operti,
» et par les pièces mêmes qu'il mit aux actes, il
» résulte que 2,000' lui ont été effectivement dé-
» boursés par Bruno ;

» Que quoique Operti veuille attaquer le con-
» trat, comme contenant simulation et usure ex-
» cessive, cela n'empêche pas que, pour les 2,000'
» qui lui ont été effectivement prêtés, ce contrat
» ne doive avoir son exécution, suivant ce que le
» président Favre nous apprend dans la défini-
» tion 3, liv. 4, tit. 17 de son Code : *Quod dicimus*
» *contractum simulatum nullas omninò vires habert,*
» *quia nec contractûs nomen mereatur, accipiendum*
» *est ut quod simulatè gestum est, pro infecto habea-*
» *tur, neque tamen ut minùs valeat quod reverà ac-*
» *tum probatur, si quo jure valere possit.*

_____

(1) Sirey, tom. VIII, 2°. part., pag. 49.

.............................,.,.....................

» Considérant que, d'après ce que dessus, *il est*
» *évident* que le tribunal de première instance,
» n'ayant pas adjugé à Bruno ses conclusions en
» la partie où il demandait, en attendant ladite
» somme des 2,000ᶠ non contestés, aurait *commis*
» *un déni de justice;*

» Met l'appellation et ce dont est appel au néant,
» et, faisant ce que les premiers juges auraient dû
» faire, déclare tenu Operti, intimé, au paiement,
» envers l'appelant Bruno, de la somme de 2,000ᶠ,
» avec intérêt au taux légal. »

Cet arrêt est parfaitement bien rendu. La contestation qu'élevait Operti sur la somme de 1,000ᶠ,
restant de son billet, ne devait pas empêcher le
tribunal de le condamner à payer les 2,000ᶠ qu'il
reconnaissait devoir, sans attendre les suites ulté-
rieures nécessaires pour éclaircir les faits dont il
offrait la preuve. C'est ainsi que, dans une instance
de compte, l'oyant peut requérir, et le juge doit
lui décerner un exécutoire de l'excédant de la recette sur la dépense (art. 535 du Code de procédure), sans attendre le jugement à intervenir sur
l'instance, après la discussion des points contestés.

Mais y avait-il, dans la manière de prononcer du
tribunal de Turin, dont le jugement fut réformé,
un déni de justice, suivant les principes du Code
de procédure?

Nous ne saurions le penser; il n'y avait qu'o-
mission de prononcer. Pour constituer le déni de
justice, l'art. 606 exige qu'il y ait refus ou négli-

gence de juger constatés par deux réquisitions. Si le juge n'y défère pas, c'est alors seulement qu'il y a déni de justice caractérisé et légalement constaté.

Il est vrai que l'omission de prononcer dans le cas proposé, avait tout l'effet d'un refus : c'était même, si l'on veut, un refus implicite ; car les conclusions formelles prises par Bruno, étaient une véritable réquisition de prononcer sur sa demande.

199. Cependant, si l'on veut trouver un refus implicite dans l'omission de prononcer, ce ne peut être que par interprétation ; car cette omission peut provenir d'un oubli aussi bien que d'un refus : elle ne suffit donc pas, suivant le Code. A défaut d'un refus formel, qu'il est difficile d'obtenir, il exige, du moins, que le juge soit constitué en demeure par deux réquisitions. Le Code en fixe même les intervalles et les délais, dans lesquels le juge doit répondre ou juger, sous peine de prise à partie.

L'art. 607 du Code de procédure porte : « Le » déni de justice sera constaté par deux réquisi- » tions, faites au juge en la personne des greffiers, » et signifiées de trois en trois jours au moins, pour » les juges de paix et de commerce, et de huitaine » en huitaine au moins, pour les autres juges. Tout » huissier requis sera tenu de faire ces réquisitions, » à peine d'interdiction. »

L'art. 608 ajoute : « Après les deux réquisitions, » le juge pourra être pris à partie. »

Ainsi, point de déni de justice dans le sens du Code, et par conséquent point de prise à partie admissible, sans les deux réquisitions nécessaires pour mettre le juge en demeure. Le refus de juger, que l'on peut trouver, par interprétation, dans l'omission de prononcer sur l'un des chefs de conclusions, en état d'être jugé, comme dans le cas du jugement rendu à Turin, ne suffit point seul pour constituer le déni de justice caractérisé, qui peut faire admettre la prise à partie.

Pour réparer le préjudice que peut causer cette omission, la loi n'accorde à celui qui en souffre que la voie ordinaire de l'appel, si ce jugement est rendu en première instance, et celle de la requête civile, s'il est en dernier ressort (art. 180 du Code de procédure, n°. 5); mais non point la prise à partie.

Il est pourtant vrai qu'en ne l'admettant point, il peut résulter de l'omission de prononcer un préjudice irréparable pour l'appelant. Par exemple, si, dans l'espèce jugée à Turin, Operti avait vendu ses biens depuis le jugement, pour les soustraire à l'hypothèque judiciaire dont ils auraient été frappés, si les juges l'avaient condamné de payer les 2,000ᶠ qu'il reconnaissait devoir, Bruno, dans ce cas, aurait perdu cette somme par la faute des juges, par l'omission de prononcer cette condamnation, comme il le demandait formellement. Cette perte, qui ne pourrait être réparée que par la prise à partie, est un inconvénient très-réel, attaché au refus de la loi de l'admettre dans ce cas.

Mais cet inconvénient frappant se retrouve dans tous les cas où les premiers juges rejettent injustement une demande; car, en forçant le demandeur de recourir à l'appel, ils donnent le tems au défendeur de soustraire ses biens à l'hypothèque dont les eût frappés un premier jugement, conforme à la justice.

On ne pourrait prévenir cet inconvénient qu'en rendant, comme autrefois, les juges indéfiniment responsables de leur impéritie et de tous leurs jugemens : il y a long-tems qu'on est revenu de cette rigueur impolitique; ou du moins en les rendant responsables, dans tous les cas où leurs jugemens sont en contravention formelle à la loi, comme le voulait l'ordonnance de 1667, dont l'art. 8 du tit. 1 portait : « Déclarons tous arrêts et jugemens » qui seront donnés contre la disposition de nos » ordonnances, édits et déclarations, nuls et de » nul effet et valeur, et les juges qui les auront » rendus responsables des dommages et intérêts des » parties. »

Sous l'empire de cette loi, la prise à partie était admise, toutes les fois que le jugement contraire aux ordonnances causait un préjudice irréparable à la partie. Par exemple, dit Duparc-Poullain (1), « si, malgré l'insistance de la partie, il a reçu une » caution insolvable, ou donné main-levée des ef- » fets légitimement saisis sur un débiteur qui en a » profité *pour les divertir ou les dissiper*, » un pareil jugement était considéré comme une faute lourde, *lata culpa quæ dolo æquiparatur.*

Cette sage jurisprudence est évidemment conforme à la raison et à la justice ; elle l'est égale-

_____

(1) Principes du droit, tom. X, pag. 906, n°. 151.

ment aux principes du Code civil. « Tout fait quelconque de l'homme qui cause du préjudice à autrui, oblige celui par la faute duquel il est arrivé à le réparer. » Personne ne doit avoir le privilége de se soustraire à cette règle de justice universelle.

200. Ceci nous conduit à examiner, sous un autre point de vue, le déni de justice interprétatif, qu'on peut trouver dans l'omission de prononcer sur un chef en état d'être jugé. Sans doute, elle ne suffit pas seule pour constituer le déni de justice caractérisé, qui autorise la prise à partie. Nous en avons dit la raison ; mais il en est autrement, lorsque le jugement contraire à la disposition de la loi cause à la partie un préjudice irréparable. Alors il y a évidemment, de la part du juge, une faute lourde, une faute assimilée au dol, et qui donne lieu par conséquent à la prise à partie.

Par exemple, je demande le compte d'une gestion très-étendue à un mandataire. J'y prétends trouver des infidélités. Le rendant avance pour sa défense des faits compliqués, dont l'éclaircissement rendra le procès long et difficile. Cependant, comme, malgré les infidélités du compte, la recette excède la depense, je prends le parti de *requérir du juge-commissaire exécutoire de cet excédant, sans approbation du compte,* en vertu de l'article 535 du Code de procédure, que je copie dans ma requête. Cependant, au lieu de m'accorder cet exécutoire, le juge met au pied de ma requête : « Renvoyée pour y être fait droit lors du jugement définitif sur l'instance de compte. »

Il y a ici refus écrit et manifeste de donner l'exécutoire demandé. Cependant, il n'y a pas de déni
de justice dans le sens du Code de procédure, parce
que le juge n'a pas refusé de répondre la requête;
il l'a seulement répondue d'une manière inique et
illégale. Or, *prætor jus reddere dicitur, etiam cùm
iniquè decernit. Loi 11, ff de justitiâ et jure.* Mais il
y a évidemment faute grossière, faute absolument
inexcusable. Or, nous avons vu, n°. 191, qu'ainsi
que l'a fort bien décidé la Cour de cassation, la
faute crasse du juge qui prononce contre le texte
de la loi est assimilée au dol, et donne lieu à la
prise à partie. Disons donc que, si le déni de justice interprétatif ou l'omission de prononcer sur
un chef en état d'être jugé, n'autorise pas seul la
prise à partie, il y donne lieu lorsqu'il contient
une contravention formelle à la loi, et un préjudice irréparable à la partie lésée, parce qu'alors il
y a faute grossière.

201. Le Code ayant spécifié les cas où la prise à
partie peut être autorisée, elle ne peut l'être qu'en
ces seuls cas. Elle n'est plus admise pour mal jugé,
soit en fait, soit en droit. Les anciennes ordonnances qui la permettaient en pareil cas, et l'art. 8
de l'ordonnance de 1667, qui semblait l'autoriser
en tous les cas de contravention aux ordonnances,
édits et déclarations, sont abrogés par le Code de
procédure. Il ne reste, en ce cas, que la ressource
de l'appel, de la requête civile ou de la cassation.

202. «Tous les juges peuvent être pris à partie,
dit l'art. 505 du Code de procédure. Cette disposi-

tion générale comprend les juges de paix, les juges de commerce, de première instance, les magistrats des Cours souveraines, même les officiers du ministère public, comme nous l'avons vu ci-dessus; les juges de police, correctionnels et criminels, et les juges d'assises. La prise à partie peut même avoir lieu contre un tribunal entier, ou contre une Cour et contre l'une de leurs sections, aussi bien que contre quelques-uns de leurs membres (509).

205. Mais, lorsque la prise à partie est fondée sur un jugement émané d'un tribunal ou d'une section, peut-elle être dirigée contre un de ses juges seulement, tel, par exemple, que le rapporteur?

La négative ne paraît pas douteuse. Dans l'obscurité qui couvre le secret des opinions d'un tribunal, dit fort bien M. Merlin (1), on ne peut se permettre au hasard, soit de supposer à un juge une opinion qui peut-être n'a pas été la sienne, soit de supposer que sa voix a forcé celle des autres ou a prévalu sur elles.

« Il est donc impossible, disait M. Robin de Mozas, défenseur de trois magistrats qu'on voulait prendre à partie (2), il est donc impossible de dire que le jugement ne soit pas l'ouvrage du tribunal entier; et, s'il l'est, nul moyen de diviser les per-

_____

(1) Répertoire de jurisprudence, au mot *Prise à partie*, § 5, n°. 5, pag. 791.

(2) La prise à partie fut rejetée par arrêt du Parlement de Paris, du 15 juin 1785. *Voy.* le Répertoire, *ubi suprà*, § 1, n°. 5, pag. 782.

sonnes, d'attaquer un juge seulement entre trois, cinq, sept ou dix, de rendre ce juge responsable du fait des autres, et de le punir d'une opinon qu'il peut avoir combattue, mais à laquelle il a été forcé de souscrire par la loi de tous les corps où l'on ne peut se refuser à se rendre au vœu général, et à signer le jugement arrêté par la pluralité.

On ne peut pas sauver ces inconséquences, en disant qu'un tel jugement est un délit, et que tous les coupables d'un délit en sont solidairement responsables. Cette comparaison même serait absurde ; car cela ne peut s'entendre que d'un délit volontaire, auquel tous ont concouru de leur plein gré, de leur pure et libre volonté, au lieu qu'en matière de jugement, la voix du moindre nombre est toujours forcée par la pluralité : c'est la loi même qui impose ce devoir. Or, la loi ne peut pas rendre un seul juge sur plusieurs, responsable d'un acquiescement dont elle lui fait une obligation ; elle ne peut pas lui faire un crime d'un fait qu'elle lui commande. Il n'y a même aucune exception particulière contre le rapporteur d'un affaire, si ce n'est dans le cas d'un déni de justice, et faute par lui de la rapporter pour faire rendre un jugement, parce que c'est là un fait qui lui est personnel. Ce cas n'est même pas celui de la prise à partie véritable et proprement dite, mais celui d'une intimation afin de dommages et intérêts, pour cause de sa négligence à mettre la compagnie en état de juger. La compagnie ne peut point être compromise, parce que, n'ayant pas jugé, elle n'est point complice de la faute ; et, de même, il faut bien qu'elle

soit compromise toute entière, si on intente la
prise à partie à raison d'un jugement qu'elle aurait rendu, et qui serait de nature à ouvrir cette
action. »

204. Tels sont les vrais principes, qui ne peuvent souffrir d'exception que dans les cas où l'un
des juges aurait commis une faute personnelle, à
laquelle les autres n'ont point participé, parce
qu'alors il répugnerait à la justice et à la raison
de leur faire partager la peine due au seul coupable.

Par exemple, un rapporteur qui aurait soustrait
aux yeux de ses collègues une pièce essentielle,
soit dans une affaire civile, soit dans une affaire
criminelle, pour faire prévaloir une opinion que
l'exhibition de la pièce eût empêché d'embrasser;
un commissaire qui, dans l'instruction d'une procédure, se permettrait des infidélités ou des pré-
varications.

Dans ces cas, il est facile de distinguer la faute
personnelle du commissaire ou du rapporteur, de
celle que peut commettre le corps du tribunal ou
de la chambre, dans un jugement auquel tous ses
membres ont concouru.

Mais, hors ces cas et autres semblables, il est
impossible de scinder le tribunal ou la chambre
qui a rendu un jugement, pour ne prendre à partie que l'un ou quelques-uns de ses membres. Et
quand on a vu des tribunaux pris à partie, l'action
a toujours été dirigée contre tous les membres du
tribunal ou de la chambre qui avait rendu le jugement.

205. Nous en avons un exemple dans le célèbre arrêt du Conseil, du 17 octobre 1708, qui déclara bien pris à partie tous les juges de la Cour des monnaies de Paris, qui avaient procédé à un jugement par lequel un accusé avait été condamné à subir la question ordinaire et extraordinaire, sans autres preuves que des indices arbitraires; au lieu que, suivant les ordonnances, il fallait une preuve considérable. L'accusé succomba. Les douleurs lui firent avouer qu'il était l'auteur du crime, et il fut ensuite condamné à mort, par arrêt du 3 mars 1691; mais, depuis, son innocence ayant été reconnue, sa veuve se pourvut et obtint des lettres de révision du procès, adressées à la chambre de la Tournelle du Parlement de Paris, qui, par arrêt du 18 février 1704, remit les parties en tel et semblable état où elles étaient avant celui du 3 mars 1691, et permit de prendre à partie les juges de la Cour des monnaies, qui avaient procédé au jugement du malheureux accusé. L'affaire fut évoquée au Conseil, et, par arrêt du 12 octobre 1705, les juges qui avaient rendu l'arrêt de 1691 furent déclarés avoir été bien pris à partie, et condamnés à 6,000ᶠ de dommages et intérêts envers la veuve de l'innocent. C'était une peine bien légère contre des juges qui s'étaient transformés en bourreaux.

Nous trouvons encore l'exemple d'une prise à partie contre une chambre entière, dans un arrêt aussi rendu au Conseil le 20 mars 1735, par lequel il fut permis à Jean Laugier, avocat à Barcelonnette, de prendre à partie les juges de la Tournelle

du Parlement de Provence, qui, par arrêt du 26 novembre 1716, l'avaient condamné aux galères (1).

206. L'art. 509 du Code de procédure indique
le tribunal où doit être portée la prise à partie. Il
porte : « La prise à partie contre les juges de paix,
» contre les tribunaux de commerce ou de première
» instance, ou contre quelqu'un de leurs membres,
» la prise à partie contre un conseiller à une Cour
» royale ou à une Cour d'assises, seront portées à
» la Cour royale du ressort. »

La loi du 27 novembre 1790, en constituant la
Cour de cassation, lui avait attribué, art. 2, le
droit exclusif de prononcer *sur la demande de prise
à partie de tout un tribunal entier.* Plusieurs lois
postérieures (2) avaient expliqué cette disposition ;
mais l'art. 101, n°. 7, du sénatus-consulte du 28
floréal an XII, détacha la connaissance des prises
à partie des attributions de la Cour de cassation,
et déféra à la Haute-Cour celle des « forfaitures ou
» prises à partie qui peuvent être encourues par
» une Cour d'appel, ou par une Cour de justice
» criminelle, ou par des membres de la Cour de
» cassation. »

La disposition finale de l'art. 509 du Code de
procédure renouvelle et explique cette disposition.
Il porte : « La prise à partie contre les Cours d'assi-
» ses, contre les Cours royales ou l'une de leurs

---

(1) *Voy.* le Répertoire, v°. *Prise à partie*, pag. 791.
(2) On peut les voir citées dans le Répertoire de jurisprudence, au
mot *Prise à partie*, § 2, n°. 2, pag. 789.

» chambres, sera portée à la Haute-Cour, confor-
» mément à l'art. 101 de l'acte du 8 mai 1804. »

207. Mais la Haute-Cour n'existant plus, ou n'ayant jamais existé, puisque jamais elle n'a été organisée, M. Merlin (1), dans le Répertoire de jurisprudence, et M. Pigeau, dans son ouvrage sur la procédure civile, (2), en avaient conclu que cette attribution de la Haute-Cour n'ayant été déférée à aucune autre autorité, il existait, sur ce point, une lacune que le législateur seul peut remplir.

Cependant, notre compatriote, M. le Graverend, dans son Traité de législation criminelle, tom. II, pag. 40, pose en fait et en principe,

« 1°. Qu'il n'y a jamais eu de Haute-Cour;

» 2°. Que jusqu'à l'organisation annoncée, mais
» attendue de ce tribunal, la Cour de cassation est
» restée nécessairement investie de la compétence
» relative aux prises à partie, qui lui avait été con
» férée par la loi du 27 novembre 1790;

» 3°. Que l'état des choses est encore aujour
» d'hui le même à cet égard, puisque la Cour de
» cassation est maintenue en vertu de l'art. 59 de
» la Charte; qu'elle est instituée par le Roi, et
» qu'elle exerce la plénitude de ses fonctions. »

Cette opinion nous paraissait la plus raisonnable, et d'ailleurs la place qu'il occupait alors, mettait M. le Graverend à lieu de connaître ce qu'on pensait au ministère de la justice sur cette impor-

---

(1) V°. *Prise à partie,* pag. 789, col. B, 4°. édition.
(2) Tom. I, pag. 710.

tante question. Cependant, comme il ne citait aucune autorité, nous avons cru devoir nous assurer d'une manière positive de la jurisprudence de la Cour de cassation. Nos illustres compatriotes, MM. Gandon et Ruperou, conseillers à cette Cour, ont bien voulu nous éclairer de leurs lumières, et nous communiquer leurs recherches, qui ne laissent aucun doute sur l'opinion de M. le Graverend. Nous donnons en note le résultat de ces recherches (1).

---

(1) Vers la fin de 1813, un sieur Billard, avocat, adressa au procureur général titulaire de la *Haute-Cour* une plainte en prise à partie, dirigée contre la *chambre civile* de la Cour royale d'Aix. Aucune suite n'ayant été donnée à cette plainte, Billard écrivit à M. le garde-des-sceaux, pour lui demander quelle marche il devait suivre pour exercer son action. Le 28 novembre 1814, M. Dambray écrivit à M. Merlin, procureur général à la Cour de cassation, ce qui suit :

» .... L'examen de la demande du sieur Billard m'a conduit à re-
» connaître que la Cour de cassation n'a jamais été véritablement des-
» saisie du droit que lui confère la loi de 1790 (27 novembre), de juger
» les demandes en prise à partie contre un tribunal entier. Il est vrai
» que le sénatus-consulte du 28 floréal an XII.... plaçait dans les attri-
» butions de cette Haute-Cour le jugement des prises à partie encou-
» rues *par les Cours de justice civile et criminelle* ; mais cette conception
» est demeurée imparfaite. La Haute-Cour n'est point entrée en fonc-
» tions ; elle n'a pas même reçu le complément des dispositions que le
» sénatus dont il s'agit déclarait nécessaires à son action. La Haute-
» Cour n'a donc jamais existé ; et cependant la Cour de cassation n'a
» pas dû cesser de conserver des attributions indispensables à l'ensem-
» ble et à la régularité des mouvemens du pouvoir judiciaire. Le par-
» quet de la Haute-Cour paraît avoir eu un fantôme d'existence ; mais
» outre que cette partie isolée n'aurait pu agir sans le corps auquel elle
» appartenait, elle n'a pu elle-même être organisée. *Le Tribunat,* qui
» était au nombre des élémens qui devaient entrer dans sa composi-
» tion, ayant été détruit par le sénatus-consulte du 20 août 1807, il
» y a deux choses incontestables en fait et en principe : la première,
» qu'il n'y a point eu de Haute-Cour, et la seconde, que jusqu'à l'or-
» ganisation annoncée, mais vainement attendue, de ce tribunal, la'

208. L'art. 510 du Code de procédure porte qu'aucun juge « ne pourra être pris à partie san

---

» Cour de cassation est restée nécessairement investie de la compé-
» tence des prises à partie. L'état des choses est encore aujourd'hui le
» même, puisque la Cour de cassation est maintenue, en vertu de
» l'art. 59 de la Charte, et qu'elle exerce la plénitude de ses fonctions.
» Telle est la décision que j'ai donnée au sieur Billard. Je vous la fais
» connaître, monsieur le procureur général, afin qu'elle serve de rè-
» gle à la Cour de cassation et aux officiers du ministère public près
» d'elle, soit dans l'affaire du sieur Billard, soit dans toutes celles de
» même nature qui peuvent se présenter. Je suis, etc. »

Réponse de M. Merlin, le 5 décembre 1814 :

» Monseigneur, j'ai reçu la lettre que votre Grandeur m'a fait l'hon-
» neur de m'écrire le 28 novembre, au sujet de la compétence de la
» Cour de cassation, pour la connaissance des demandes en prise à
» partie, formées contre une cour entière, soit civile, soit criminelle.
» Je l'ai communiquée le 1er de ce mois à la section des requêtes, le 2
» à la section criminelle, et aujourd'hui à la section civile. Les trois sec-
» tions ont remarqué avec plaisir que la décision de votre Excellence,
» sur cet objet important, était en parfaite harmonie avec le principe
» de la jurisprudence qu'elle avait adoptée sur des questions de la
» même nature, qu'avaient fait naître le sénatus-consulte du 28 floréal
» an XII, et le défaut d'organisation de la Haute-Cour, créée par ce
» sénatus-consulte. Je suis, etc. »

On voit par cette lettre, écrite en 1814, que M. Merlin avait abandonné l'opinion émise dans son Répertoire, imprimé en 1813.

La question se présenta dès le 12 décembre 1814, époque à laquelle
le sieur Selves et son épouse présentèrent à la Cour de cassation, section des requêtes, une demande en prise à partie contre la Cour d'appel de Paris, et contre les tribunaux de première instance de Paris et
de Melun. Ils exposèrent que cette demande avait été formée dès 1812,
et adressée à la Haute Cour, dont le parquet était installé, mais n'avait
pu agir, parce que cette Haute-Cour n'était pas complétement organisée ; que le nouvel état de choses était tel, que non seulement elle ne
pouvait plus l'être, et qu'encore le Gouvernement actuel, par une cir-
culaire (on ne l'a pas trouvée), et la Cour de cassation elle-même, dans
des arrêts, avaient expliqué qu'en exécution des lois de novembre 1790
et de ventôse an VIII, c'était à la Cour de cassation que les prises à
partie devaient maintenant être portées.

Le 13 juillet 1815, la section des requêtes rendit un arrêt portant :

« En ce qui touche la demande en disjonction des chefs de prise »

, permission préalable du tribunal devant lequel
, la prise à partie sera portée. »

_____

, partie susceptibles d'être poursuivies *par action civile,* d'avec ceux
, qui peuvent être dénoncés directement à la Cour de cassation, et
, poursuivis *par action publique;* — Attendu que de la demande en dis-
, jonction, il résulte que les demandeurs n'ont pas entendu dénoncer
, à la Cour aucuns faits susceptibles d'être poursuivis *par action pu-*
, *blique,* et que le procureur général n'a requis la poursuite d'aucuns
, faits de la qualité sus énoncée, et qu'il y a lieu, en conséquence, de
, la part de la Cour, de s'occuper exclusivement des faits dénoncés,
, et qui sont susceptibles d'être poursuivis *par action civile,* — La Cour,
, sans rien préjuger sur les prétendus chefs de prise à partie qui don-
, neraient lieu à *une action publique,* disjoint; — Et faisant droit sur
, les chefs de prise à partie qui donneraient lieu à une action civile; —
, Sur le premier moyen, tiré d'un prétendu déni de justice, attendu....
, La Cour rejette tant la demande en prise à partie, que la demande
, en renvoi pour cause de suspicion légitime; condamne les deman-
, deurs à l'amende, etc. »

Par deux requêtes présentées à la section des requêtes, les 22 août
et 10 novembre 1815, les mariés Selves insistèrent sous différens prétextes dans leur demande de prise à partie; mais la Cour de cassation,
par un nouvel arrêt du 14 décembre 1815, attendu que cette demande
avait été définitivement rejetée par l'arrêt du 13 juillet précédent, déclara les mariés Selves non recevables, en vertu de la règle *non bis in*
idem, développée dans l'art. 39 du tit. 4 du réglement de 1738, etc.

Ainsi, voilà deux arrêts qui doivent d'autant mieux fixer la jurisprudence, qu'ils sont conformes aux principes raisonnables établis dans
la lettre de M. Dambray.

On ne doit donc plus douter que c'est à la Cour de cassation qu'il
faut porter les demandes en prise à partie contre un tribunal, ou contre
une chambre des Cours royales.

Mais est-elle également compétente pour connaître des prises à
partie formées contre l'un de ses membres, ou contre l'une de ses sections?

L'affirmative est établie, avec toute la force de la raison, dans un
rapport de M. Zangiacomi, conseiller d'état et de la Cour de cassation,
l'un des hommes dont les lumières et les mœurs honorent le plus la
magistrature.

Le sieur Revel déposa, en 1821, à la Chambre des pairs, une pétition afin d'obtenir l'autorisation de prendre à partie *la section des requêtes*

Cette disposition est conforme à nos anciens
usages, qui ne permettaient pas d'intimer aucun

---

de la Cour de cassation. La Chambre des pairs renvoya cette pétition à
M. le garde-des-sceaux. Un comité fut nommé, et M. Zangiacomi en
fut le rapporteur. Voici l'extrait de son rapport :

« Le comité observe qu'aux termes des lois des 27 novembre 1790
» et 2 brumaire an IV, toutes les demandes en prise à partie, contre
» quelques magistrats qu'elles fussent dirigées, devaient être portées
» devant la Cour de cassation, et jugées par elle. Ainsi, cette Cour
» était seule compétente pour prononcer sur ces sortes d'action, alors
» même qu'elles étaient intentées contre ses propres membres. Le Code
» des délits et des peines, publié en l'an IV, changea cet ordre de
» choses : il portait, art. 466, que les prises à partie ne peuvent être
» exercées qu'avec l'autorité du Corps legislatif, et que le décret qui
» permettrait de former cette demande, indiquerait pour la juger un
» tribunal civil ou criminel, suivant la nature de l'affaire. La Cour de
» cassation perdit, d'après cette loi, la jurisdiction qu'elle avait eue
» jusqu'alors sur ses membres ; mais elle lui fut rendue bientôt après,
» par la loi du 27 ventôse an VIII, portant, art. 60 : La première sec-
» tion statuera sur l'admission ou le rejet des requêtes en cassation *ou*
» *en prise à partie*.... La seconde prononcera définitivement sur les de-
» mandes en cassation *ou en prise à partie*, lorsque les requêtes auront
» été admises. D'après cette loi, comme d'après celles des 27 novem-
» bre 1790 et 2 brumaire an IV, la Cour de cassation dut juger les pri-
» ses à partie formées contre tous les magistrats, et par conséquent
» contre ses propres membres ; mais un sénatus-consulte du 28 floréal
» an XII créa une Haute-Cour composée de sénateurs, etc., à laquelle
» il donna le pouvoir de connaître (art. 101, n°. 7)...... des forfaitures
» et prises à partie qui peuvent être encourues par une Cour d'appel,
» une Cour de justice criminelle, ou par des membres de la Cour de
» cassation.

» Le Code de procédure, publié sous l'empire de cet acte de floréal
» an XII, en rappelle les dispositions et les confirme. Il paraît que le
» sieur Revel s'imagine que la Haute-Cour, créée par le sénatus-con-
» sulte, est maintenant remplacée par la Chambre des pairs, à laquelle
» il croit pouvoir, en conséquence, adresser sa demande en prise à
» partie. Mais c'est là une erreur évidente ; car il est hors de doute que
» la Chambre des pairs ne tient ses pouvoirs d'aucun acte de l'ancien
» Gouvernement ; qu'elle ne représente sous aucun rapport le Sénat,
» et que si, aux termes de l'art. 33 de la Charte, elle peut se former en
» Cour de justice, c'est uniquement pour connaître des crimes de haute

juge en son propre et privé nom, ou de le prendre
à partie, sans en avoir auparavant obtenu la per-

» trahison, etc..... objet tout à fait étranger aux prises à partie. Mais à
» quelle autorité le sieur Revel peut-il adresser sa demande ?

» On peut dire, d'une part, qu'il n'y en a aucune qui puisse mainte-
» nant en connaître, puisque le pouvoir que la Cour de cassation avait
» reçu de la loi de ventôse an VIII, lui a été enlevé par l'acte de
» l'an XII, et que la Haute-Cour, à qui ce pouvoir a été transmis,
» n'existe plus. Dans ce système, il y aurait dans la législation actuelle
» une lacune qui ne pourrait être remplie que par une loi.

» Mais on peut dire, d'autre part, que si l'acte de floréal an XII a
» dessaisi la Cour de cassation de la compétence qu'elle a naturellement
» en cette matière, ç'a été uniquement pour en saisir la Haute-Cour,
» et que ces deux dispositions sont corrélatives; en telle sorte que l'abro-
» gation de l'une entraîne l'abrogation de l'autre. Dans ce système, la
» suppression de la Haute-Cour replace de plein droit les choses dans
» l'état où elles étaient avant floréal an XII; c'est-à-dire sous l'empire
» de la loi de ventôse an VIII, suivant laquelle la Cour de cassation
» peut seule prononcer sur les prises à partie contre ses membres. A
» l'appui de ces réflexions, on observera que, suivant l'acte de floréal
» an XII et le Code de procédure, il en était des prises à partie contre
» *les Cours royales*, comme de celles contre *les membres de la Cour de cas-*
» *sation*; que les unes et les autres doivent être portées à la Haute-Cour.
» Si donc il était reconnu que la Cour de cassation peut aujourd'hui ju-
» ger les Cours royales prises à partie, elle pourrait, par la même rai-
» son, juger ceux de ses membres qui sont poursuivis par cette action. »

M. Zangiacomi rappelle ce qui a été jugé par la Cour de cassation
dans l'affaire des mariés Selves, et conclut ainsi :

» Fondé sur cet arrêt et sur les considérations ci-dessus exposées, le
» comité est d'avis que la demande en prise à partie contre les membres
» de la Cour de cassation, doit être portée dans cette Cour même, bien
» entendu dans une autre section que celle des requêtes, qui est atta-
» quée ».

Cet avis fut présenté, à la fin de 1821, à monsieur le garde-des-sceaux,
de Serre, qui l'approuva.

Le sieur Revel eut de nouveau recours à la Chambre des pairs, pour
se plaindre de la décision du ministre de la justice. Au nom du comité
des pétitions, M. le duc de Saint-Aignan observa que la marche indi-
quée par monsieur le garde-des-sceaux au sieur Revel, est la seule qu'ad-
mette l'état actuel de la législation. Il proposa l'ordre du jour, qui fut
adopté par la Chambre. Voy. *le Moniteur*, 1822, pag. 127.

mission de la Cour du Parlement. « C'est à elle
» seule qu'il appartient de donner aux parties la
» liberté d'attaquer leurs propres juges, et elles
» doivent garder un silence respectueux sur la
» conduite des ministres de la justice, jusqu'à ce
» que la justice elle-même ouvre la bouche à leurs
» plaintes, » disait d'Aguesseau (1) dans un réqui-
sitoire, par lequel il provoquait un réglement qui
imprimât le sceau de l'autorité à l'usage établi de
ne point admettre les demandes en prise à partie,
sans une permission préalable.

209. C'est de ce même réglement qu'est em-
prunté l'art. 512, qui porte : « Il ne pourra être
» employé aucun terme injurieux contre les juges,
» à peine, contre la partie, de telle amende, et
» contre son avoué, de telle injonction ou suspen-
» sion qu'il appartiendra.

» Que les plaideurs, disait d'Aguesseau (2), se
» contentent de jouir de la liberté que l'ordre pu-
» blic leur accorde, de faire descendre leur juge
» de son tribunal, et de le rendre égal à eux, en
» l'obligeant à devenir leur partie; mais qu'ils
» respectent toujours le caractère, dans le tems
» même qu'ils croient avoir le droit de se plaindre
» de la personne, et qu'ils n'oublient jamais que
» celui qu'ils attaquent a été autrefois leur juge,
» toujours digne de respect, par l'honneur qu'il a
» de porter ce nom, quand même il aurait été as-
» sez malheureux pour en abuser. »

---

(1) Tom. I de ses Œuvres, pag. 250.
(2) *Ubi supra.*

210. La permission d'intimer le juge, pour, le prendre à partie, s'obtient sur une requête qui doit être signée de la partie, ou de son fondé de procuration authentique et spéciale, laquelle doit être annexée à la requête, ainsi que les pièces justificatives, s'il y en a, à peine de nullité. (511).

Si donc la demande de prise à partie est fondée sur un déni de justice, il faut annexer à la requête les deux sommations prescrites par l'art. 507. Si elle est fondée sur une responsabilité imposée au juge par la loi, il faut joindre à la requête le jugement d'où résulte la responsabilité. Par exemple, si un jugement prononce la contrainte par corps, hors les cas prévus par la loi, il faut, pour prendre le tribunal à partie, comme le permet l'art. 2063 du Code civil, joindre à la requête le jugement qui prononce la contrainte. Mais si la demande est fondée sur le dol, la fraude ou la concussion, il n'est pas nécessaire d'annexer à la requête, s'il n'en existe point, les preuves écrites de ces faits ; il suffit de les articuler clairement, et s'ils sont trouvés pertinens, la demande est admise, sauf à en ordonner la preuve par témoins ; s'il en était autrement, il serait impossible de provoquer la punition d'un juge prévaricateur.

211. Avant de former la demande de prise à partie, il faut bien s'assurer que les motifs sont suffisans, et qu'il en existe des preuves ; car, si les magistrats supérieurs vengent avec éclat la dignité de la magistrature, blessée par la prévarication d'un juge, la loi leur ordonne de punir le plaideur qui, sans motifs légitimes, aurait cher-

ché à noircir la réputation d'un juge honnête, par une demande frivole ou injurieuse de prise à partie.

L'art. 513 du Code de procédure porte que, « si » la requête est rejetée, la partie sera condamnée » à une amende qui ne pourra être moindre de » 300ᶠ, sans préjudice des dommages et intérêts » envers la partie, s'il y a lieu. »

L'amende peut donc s'élever au-dessus de 300ᶠ, et cela sans préjudice des dommages et intérêts envers les autres parties, s'il y a lieu, c'est-à-dire si la demande de prise à partie leur a causé du préjudice; par exemple si, étant formée dans le cours de l'instance, elle en a retardé le jugement.

De plus, si le demandeur avait, dans sa requête, attaqué l'honneur du juge, la Cour pourrait, en rejetant la demande, accorder d'office une réparation au juge offensé, en faisant des injonctions au demandeur d'être plus circonspect, en supprimant la requête, la déclarant calomnieuse, et en ordonnant l'impression et l'affiche du jugement, en vertu de la faculté générale que donne à tous les tribunaux l'art. 1036 du Code de procédure. Enfin, le juge offensé pourrait, à l'exemple du juge injurieusement récusé, en vertu de l'art. 390, demander une réparation et des dommages et intérêts.

212. Ajoutez que la présomption étant toujours en faveur du juge, la décision doit être aussi en sa faveur et la demande rejetée, s'il existe du doute sur le point de savoir si la prise à partie est bien ou mal fondée.

213. La prise à partie, quoique placée dans le Code de procédure, sous la rubrique *des voies extraordinaires pour attaquer les jugemens,* n'est point, comme la requête civile et la tierce opposition, un pourvoi contre le jugement, afin de le faire rétracter ; c'est une action ouverte, dans les cas prévus par la loi, soit contre un tribunal entier, soit contre un juge, en réparation du dommage qu'il peut avoir causé par abus de son ministère ; mais le succès de la prise à partie peut devenir un moyen de faire annuler un jugement.

214. L'art. 505, n°. 1, dit que les juges peuvent être pris à partie, s'il y a dol, fraude ou concussion commis, soit dans le cours de l'instruction, soit lors du jugement. Ainsi, la prise à partie peut être demandée avant ou après le jugement : elle l'est même nécessairement auparavant, si elle est fondée sur un déni de justice.

Dans ces cas, il est bien évident qu'elle n'est point un pourvoi contre un jugement, puisqu'il n'en existe point encore.

215. Si elle est demandée après le jugement rendu, le jugement n'est point annulé par le seul fait de l'arrêt qui déclare la prise à partie bien fondée, parce que ce jugement a conféré à la partie qui l'a obtenu, un droit acquis dont elle ne peut être dépouillée sans avoir été entendue.

216. Mais le demandeur en prise à partie peut-il l'intimer, pour faire réformer le jugement contradictoirement avec elle ?

Il y a sur cela plusieurs distinctions à faire. Il faut examiner d'abord quel est le fait qui motive la prise à partie; ensuite si celui qui a obtenu le jugement est ou n'est pas complice de ce fait; par exemple, du dol ou de la concussion.

217. S'il en est complice, il y a de sa part dol personnel : on peut donc appeler du jugement contre lui pour cause de dol, et intimer en même tems le juge, pour le faire déclarer bien pris à partie. L'appel, comme on voit dans cet exemple, n'est point fondé sur la prise à partie.

L'expiration du délai de l'appel dans les cas ordinaires, ne pourrait être opposée dans ce cas particulier. Le délai ne courrait que du jour de la découverte du dol qui motive, tant la prise à partie que l'appel; et cela, dit fort bien Pigeau, tom. I, pag. 715, par argument de l'art. 448 du Code de procédure, qui, en matière de faux et de rétention de pièces, ne fait courir le délai de l'appel que du jour de la découverte. Cette disposition, qui n'est point limitative, doit s'appliquer à tous les autres cas de dol, parce qu'elle est juste et conforme au principe général consacré par l'art. 1304 du Code civil, qui ne fait courir le délai pour se pourvoir que du jour de la découverte du dol, par la raison qu'on ne peut agir avant cette découverte.

Si le jugement est en dernier ressort, on peut se pourvoir en requête civile pour dol personnel, suivant l'art. 480, n°. 1, et l'art. 488 ne fait courir le délai que du jour de la découverte du dol.

218. Si la partie qui a obtenu le jugement n'est pas complice du dol ou de la concussion, comme si le juge avait agi de son propre mouvement, par esprit de parti, pour satisfaire une haine person-

nelle, ou pour céder aux instances ou à l'influence d'un tiers, le demandeur en prise à partie qui aurait laissé expirer les délais ne pourrait, si, en écartant le juge pris à partie, les autres restaient en nombre suffisant, se pourvoir ni par appel, ni par requête civile, parce que le dol d'un tiers n'y donne pas ouverture.

Mais si, en écartant le juge pris à partie, il en résultait que les juges ne fussent pas en nombre suffisant pour juger, conformément à la loi du 27 ventôse an VIII, sur l'organisation des tribunaux, dont l'art. 16 exige trois juges pour les tribunaux de première instance, et l'art. 27, sept juges pour les arrêts des Cours d'appel, on pourrait se pourvoir par appel pour cause de nullité du jugement, à raison de la violation des formes, et si le jugement était en dernier ressort, il y aurait ouverture à la requête civile, pour violation des formes lors du jugement, suivant l'art. 480, nº. 2, du Code de procédure.

Si les délais de la requête civile étaient expirés, M. Pigeau, *ubi suprà,* pag. 706, pense qu'ils reprendraient leur cours du jour de l'arrêt rendu sur la prise à partie, par argument des art. 448 et 488, comme dans le cas du dol résultant de pièces fausses, ou de rétention frauduleuse de pièces par l'autre partie. Cette opinion ne nous paraît pas fondée, parce que, dans le cas proposé, le dol étant le fait d'un tiers, le demandeur en prise à partie ne peut s'en faire un moyen contre la partie qui n'y a point participé.

C'est une conséquence du principe général suivi

à l'égard des conventions : si le dol vient d'un tiers, sans collusion, sans complicité de l'autre partie, le contrat subsiste et ne peut être rescindé ou annulé, sauf à la partie trompée à poursuivre l'auteur du dol, pour le faire condamner à payer l'indemnité qui lui est due (1); de même, le juge qui commettrait un dol sans aucune complicité de celui qu'il favorise, devrait être pris à partie, et condamné à tous les dommages et intérêts soufferts par la partie lésée ; mais le jugement subsisterait au profit de la partie favorisée par un dol auquel elle n'a participé en aucune manière, à moins qu'il n'existât d'autres moyens pour le faire réformer.

219. Si la prise à partie était fondée sur une responsabilité personnellement imposée aux juges; par exemple, si un tribunal avait prononcé la contrainte par corps, hors les cas où la loi permet de la prononcer, l'art. 2063 du Code civil le rend responsable des dommages et intérêts. La partie lésée pourrait donc appeler de ce jugement contre celui qui l'a obtenu, et demander en même tems à prendre à partie le juge ou le tribunal qui l'a rendu ; mais s'il avait laissé passer le délai de l'appel, le jugement subsisterait, et aurait acquis la force de la chose jugée. Il ne lui resterait que son action en prise à partie, pour ses dommages et intérêts, contre ce tribunal ; action qui est indépendante de l'appel ; car le jugement peut être bien rendu au fond, quoique la condamnation par corps soit injuste et illégale.

---

(1) *Voy.* ce que nous avons dit, tom. VI, n°. 95.

Si le jugement qui a prononcé la contrainte par corps, hors les cas où la loi la permet, était en dernier ressort, il serait cassé pour excès de pouvoir et contravention à la loi, et le demandeur pourrait en même tems demander la prise à partie contre la Cour qui l'aurait rendu.

S'il n'existait pas, contre ce jugement, d'autre moyen de cassation que la contravention à la défense de prononcer la contrainte par corps, hors les cas où la loi la permet, la Cour de cassation n'annulerait (1) que la disposition du jugement relative à la contrainte par corps; le surplus subsisterait. Mais, comme le pourvoi en cassation ne suspend point l'exécution des jugemens, la partie lésée pourrait, avant et même après la cassation,

_____

(1) Telle est la jurisprudence de la Cour de cassation. Lorsqu'un jugement déféré à la censure contient plusieurs dispositions, dont une seule est contraire à la loi, la Cour de cassation n'annule que cette disposition; elle maintient les autres. *Voy.* l'arrêt du 15 janvier 1806, Sirey, 1806, 1re. partie, pag. 192; Journal des audiences, 1806, pag. 51.

Il s'agissait d'un jugement du tribunal de commerce de Mâcon, qui avait prononcé la contrainte par corps pour paiement d'un reste de société, et qui l'avait étendue à trois autres sommes dues pour prêt.

La Cour, «considérant qu'aucune loi ne prononce la contrainte par » corps, à l'égard des obligations qui dérivent du prêt, et qu'ainsi le » tribunal de commerce de Mâcon a commis un excès de pouvoir, en » etendant la contrainte aux trois sommes rappelées;

» Mais considérant que les autres dispositions de son jugement sont » inattaquables;

» La Cour casse et annule, dans ce jugement, la disposition qui » etend la contrainte par corps au paiement de ces trois sommes ».

Il y a d'autres arrêts rendus dans les mêmes principes. *Voy.* le Dictionnaire des arrêts modernes, v° *cassation*, n°. 109. *Voy.* celui du 20 janvier 1807, Sirey, tom. VII, pag. 49 et suiv.; Journal des audiences, 1807, pag. 49.

demander à la Cour royale du ressort la prise à partie contre le tribunal qui avait prononcé illégalement la contrainte, afin de le faire condamner de payer les dommages et intérêts qui lui sont dus.

220. Il nous reste à voir quelles sont, à l'égard du juge, les suites de la prise à partie. Le Code de procédure ne contient, sur ce point, aucune disposition explicative et générale; mais l'art. 505, n°. 3, semble indiquer l'étendue de leur responsabilité, en disant que les juges peuvent être pris à partie dans les cas où la loi les déclare responsables, *à peine de dommages et intérêts.* En effet, la prise à partie n'est point une action pénale dont l'objet soit de faire prononcer une peine, une amende contre le juge, comme l'ordonnait Justinien, nov. 124, chap. 2, en cas de corruption. C'est une action civile, établie pour donner à la partie lésée le moyen d'obtenir la réparation du dommage que lui a causé le juge, en abusant de son ministère.

221. Mais à quels dommages et intérêts est-il tenu? Le droit romain faisait sur cela une distinction très-équitable dans les principes de cette législation. Si l'on ne pouvait reprocher au juge aucun dol, mais seulement de l'impéritie, de l'ignorance, de l'imprudence, l'estimation de l'indemnité était abandonnée à l'arbitrage du juge devant lequel l'action était portée : *Quia neque ex maleficio, neque ex contractu obligatus est, et utiquè peccasse aliquid intelligitur, licèt per imprudentiam, ideò videtur quasi ex maleficio teneri, et in quantum de eâ*

re æquum religioni judicantis videbitur pænam susti-nebit. (Pr. *Instit. de oblig. quæ ex quasi delicto*, etc., 4. 5).

222. Mais si l'on pouvait prouver que le juge était coupable de dol ; qu'il avait prononcé par faveur, par haine, par corruption ou avarice, par ambition, *per ambitionem*, pour complaire à l'autorité, alors il était tenu de payer à la partie lésée, non pas seulement l'estimation du dommage souffert, toujours difficile à arbitrer, mais la valeur entière de ce qui faisait l'objet du procès, *veram litis æstimationem* (1).

Cette distinction était sage dans une législation qui rendait les juges indéfiniment responsables, non seulement de leurs fautes, mais encore de leur impéritie, et qui les obligeait de venir soutenir leurs jugemens en cause d'appel.

223. Mais nous avons vu *suprà*, n°. 186, que cette rigueur injuste et impolitique était, depuis long-tems, bannie de notre législation. La responsabilité des juges ne s'étend plus aux fautes qu'ils commettent par ignorance et impéritie ; elle est resserrée à un petit nombre de cas dans lesquels seuls ils peuvent être pris à partie. Ainsi, pour connaître à quelle indemnité ou à quels dommages et intérêts les assujettit leur responsabilité, il faut examiner chacun de ces cas en particulier ; car

---

(1) Loi 15, § 2, *ff de judiciis*, 5. 1; loi 2, *Cod. de pœnâ judicis qui malè judicavit. Voy.* Perœze et Corvin sur cette dernière loi, et Voet sur le titre du Digeste *de judiciis*, n°. 58.

cette indemnité ne saurait être la même dans tous les cas.

224. Commençons par le déni de justice ; c'est l'un des cas où le juge peut être pris à partie, et où, par conséquent, il est soumis à des dommages et intérêts. Mais en quoi doivent-ils consister ? Il est évident que ce ne peut être dans la valeur de l'objet du procès, *in verâ litis æstimatione*, puisque, nonobstant le retardement injuste de juger, qui d'ailleurs n'a pas nui à la force de ses moyens, le demandeur pourra, s'ils sont justes et bien fondés, obtenir gain de cause en définitive : il ne peut donc exiger que l'indemnité des pertes, qui sont les suites de ce retardement. Pour les connaître, il faut recourir à la règle générale, sur la fixation des dommages et intérêts (1), et distinguer les pertes qui sont la suite immédiate du retardement de juger, de celles dont il n'a été que l'occasion ou la cause éloignée.

Par exemple, le séjour prolongé qu'il a été obligé de faire dans la ville où il a un procès, loin de ses affaires et de son domicile, a constitué le plaideur dans des dépenses souvent très-considérables. Ces dépenses sont la suite immédiate de l'injuste retardement du juge, dont il doit incontestablement l'indemnité (2). C'est le *damnum emergens*.

Il doit encore indemniser le demandeur en prise à partie, des pertes immédiates que son absence prolongée lui a causées. Par exemple, un chef d'a-

(1) *Voy.* ce que nous avons dit tom. VI, nos. 279, 286.
(2) *Voy.* Voet, *in tit. ff de judiciis*, n°. 56.

telier qui gagne tant par jour ou par semaine, a perdu son salaire par l'injuste retardement de juger ou de rapporter une affaire en état, ou de répondre une requête : le juge pris à partie doit donc indemniser l'artisan de cette perte. C'est le *lucrum cessans*. Enfin, il doit les frais des sommations nécessaires pour constater son déni de justice.

Mais il ne devra pas l'indemnité des pertes qui n'ont été que la suite éloignée du retardement de juger et du séjour forcé du demandeur hors de son domicile, non plus que celles que celui-ci pourrait éprouver pour avoir reçu plus tard la somme qui faisait l'objet du procès, et qu'il destinait à une entreprise lucrative qu'il a manquée, ou à rembourser un créancier qui a fait saisir ses biens ou protester une lettre de change.

225. Voyons maintenant quels doivent être les dommages-intérêts dans les cas où la loi rend les juges responsables; par exemple, si la prise à partie est fondée sur l'art. 2o63, qui défend aux juges de prononcer la contrainte par corps hors les cas déterminés par la loi, *à peine de nullité, dépens, dommages et intérêts.*

Les juges pris à partie en vertu de cet article ne doivent pas être tenus de payer la valeur entière du procès, *veram litis æstimationem ;* car le jugement peut être bien rendu au fond, quoique la disposition qui condamne par corps soit illégale et nulle. Les juges ne doivent donc payer que l'indemnité du préjudice qu'a éprouvé la partie condamnée par corps; et cette indemnité est peu considérable, si le jugement est sujet à l'appel; car le condamné peut en arrêter l'effet, en se portant de suite appelant.

Dans ce cas, les dommages-intérêts ne peuvent guère consister que dans les frais de la procédure d'appel et de l'arrêt de réformation, ainsi que dans les dépenses de l'appelant pour aller suivre l'appel et le faire juger. Ce sont des suites nécessaires de la faute des premiers juges.

Si la partie condamnée n'avait pas seulement relevé appel de la disposition qui prononce le par corps, mais encore de celle qui prononce sur le fond, et que cette disposition fût confirmée, les premiers juges ne devraient être condamnés qu'aux frais de la demande en prise à partie, qui seraient arbitrés par la Cour d'appel où elle serait portée.

Mais si le jugement qui a prononcé illégalement la contrainte par corps était en dernier ressort, les dommages et intérêts pourraient être beaucoup plus considérables; car le pourvoi nécessaire pour le faire casser n'étant point suspensif, il serait possible qu'en attendant la cassation, le condamné eût été constitué prisonnier, ou tout au moins qu'il eût été forcé de se cacher pour éviter l'emprisonnement.

Au premier cas, il serait dû des dommages-intérêts, à raison de l'atteinte indûment portée à la liberté individuelle, et par argument de l'art. 117 du Code pénal. Ajoutez à cela les dépenses et les faux frais de la partie lésée, qui peut même s'être transportée à Paris pour suivre son pourvoi et le faire juger. Au second cas, l'individu forcé de se cacher a pu faire des pertes ou profits cessans. Telles sont les considérations qui doivent, ce nous semble, guider les magistrats dans la fixation des dommages-intérêts.

226. Voici un cas où le juge pris à partie peut être condamné à la valeur entière du procès, *in reram litis æstimationem.* L'art. 15 du Code de procédure porte que si le juge de paix ordonne un interlocutoire, la cause doit être jugée définitivement, au plus tard dans les quatre mois du jour de ce jugement, faute de quoi l'instance est périmée de droit. L'article ajoute que si la péremption est arrivée par la faute du juge de paix, il est soumis aux *dommages et intérêts.*

Sans doute, comme l'a très-bien dit notre docte confrère et ami, M. Carré, sur cet article, l'instance seule est périmée, et l'action peut être renouvelée, si elle n'est pas prescrite. Alors, les dommages et intérêts ne consistent que dans les frais de la demande et de l'instance périmée.

Mais si l'action se trouvait éteinte par le concours de la prescription et de la péremption, ce qui peut facilement arriver dans le cas des courtes prescriptions de six mois et d'un an, établies par les art. 2271 et 2272 du Code civil, alors, le préjudice causé par la faute du juge de paix se trouvant irréparable, il devrait être condamné à une somme égale à la valeur du procès, outre les dépens.

Cependant, si la Cour où serait portée la demande en prise à partie trouvait que l'action n'était pas fondée, elle devrait rejeter la prise à partie.

Et de plus, comme les courtes prescriptions

n'empêchent point le demandeur de déférer le serment à ceux qui les opposent, si le juge de paix se
défendait de payer la somme qui était l'objet du
procès sous le prétexte que ce serment n'a pas été
déféré, la Cour devrait ordonner, avant faire droit,
qu'il sera déféré à ses risques et périls.

227. L'art. 114 du Code pénal rend encore responsables tous les fonctionnaires publics, et, par
conséquent, les juges qui auront ordonné ou fait
quelque acte arbitraire et attentatoire, soit à la liberté individuelle, soit aux droits civiques d'un ou
de plusieurs citoyens.

Et l'art. 119 rend aussi responsables des dommages et intérêts « les fonctionnaires publics char-
» gés de la police administrative ou judiciaire, qui
» auront refusé ou négligé de déférer à une récla-
» mation légale, tendant à constater les détentions
» illégales et arbitraires, soit dans les maisons des-
» tinées à la garde des détenus, soit partout ail-
» leurs, et qui ne justifieront pas les avoir dénon-
» cées à l'autorité supérieure. »

Dans ces deux cas, suivant l'art. 117 du même
Code pénal, les dommages et intérêts seront de-
mandés, soit par la poursuite criminelle, soit par
la voie civile, « et seront réglés eu égard aux per-
» sonnes, aux circonstances et au préjudice souf-
» fert, sans qu'en aucun cas, et quel que soit l'in-
» dividu lésé, lesdits dommages-intérêts puissent
» être au-dessous de 25^f pour chaque jour de dé-
» tention illégale et arbitraire, et pour chaque in-
» dividu. »

Nous avons vu, *suprà*, n°. 191, que la Cour de

cassation, par arrêt du 23 juillet 1806, avait condamné un directeur de jury à 6,000ᶠ de dommages
et intérêts envers le sieur B., avocat, contre lequel
il avait indûment décerné un mandat d'arrêt, qui
cependant n'avait pas été exécuté, parce qu'il
donna caution, mais qui donna lieu à une procédure, suivie d'un jugement, dont l'un des considérans blessait l'honneur du sieur B.

On ne peut être trop sévère envers les magistrats
qui portent des atteintes à la liberté individuelle
des citoyens, parce que c'est d'eux et des fonctionnaires dans l'ordre administratif, que ces atteintes sont le plus à redouter. Malheureusement,
ces derniers trouvent presque toujours moyen de
se mettre à l'abri de la responsabilité, sous l'égide
de l'art. 75 de la fameuse Constitution de l'an VIII,
que l'on prétend encore en vigueur, et qui ne permet pas de poursuivre un agent du Gouvernement
sans l'autorisation du Conseil d'état.

228. Passons aux dommages et intérêts dus dans
les cas où la prise à partie est expressément autorisée par la loi. On n'en trouve d'exemples que
dans six articles du Code d'instruction criminelle,
savoir : art. 77, 112, 164, 271, 370 et 595.

L'art. 77 l'autorise, *s'il y a lieu*, en cas d'inobservation des formalités prescrites par les trois articles précédens, pour la déposition des témoins.
L'omission de quelques - unes de ces formalités
pourrait causer du préjudice au prévenu ou à la
partie civile, suivant les circonstances, qu'il est
difficile d'indiquer.

L'art. 112 autorise la prise à partie, en cas d'inobservation des formalités prescrites par les mandats de comparution, de dépôt, d'amener ou d'arrêt. Les mandats illégaux peuvent devenir des moyens de porter atteinte à la liberté individuelle, et, par conséquent, donner lieu à des dommages et intérêts considérables, suivant les circonstances.

- Ce cas a beaucoup d'analogie avec celui où les juges ont ordonné ou fait quelque acte arbitraire attentatoire à la liberté individuelle.

Les art. 164, 370 et 593, autorisent la prise à partie contre les juges et même contre le greffier, lorsque la minute des jugemens ou arrêts n'est pas signée dans les vingt-quatre heures par les juges qui les ont rendus. Sans ces signatures, il n'y aurait point de jugement, ou, du moins, il serait impossible d'en constater l'existence : il peut donc en résulter un grand préjudice, soit pour l'accusé ou prévenu, soit pour la partie civile. Les circonstances seules peuvent faire connaître en quoi consiste le préjudice, dont les magistrats règlent l'indemnité, en prononçant sur la prise à partie.

Enfin, l'art. 271 autorise la prise à partie contre le procureur du roi ou son substitut, qui, méconnaissant ses devoirs, porterait à la Cour d'assises, contre un citoyen, une accusation où n'auraient pas été suivies les formes prescrites par le chap. 1, tit. 2, liv. 2 du Code d'instruction criminelle. Il est évident qu'une accusation, quoique illégalement déférée à la Cour d'assises contre un citoyen, porte toujours une atteinte plus ou moins grave à la réputation de l'accusé, et donne, par conséquent, ouverture à des dommages et intérêts toujours considérables, suivant les circonstances et les personnes. C'est aux magistrats de les arbitrer, en prononçant sur la prise à partie. Sans doute, ils se montreraient sévères en prononçant sur les suites d'une faute, fruit de l'ignorance la plus crasse, ou d'une secrète envie de nuire.

229. Il nous reste à voir en quels dommages et intérêts doit être condamné le juge pris à partie pour dol, fraude ou concussion. C'est, sans contredit, le cas qui paraît mériter le plus de sévérité. Cependant, il ne paraît pas qu'il doive toujours en ce cas être condamné à payer la valeur entière du procès, *veram litis æstimationem*.

Sans doute, si le dol du juge a déterminé la perte du procès, comme on doit toujours le présumer, lorsque le jugement est rendu par un seul juge, par exemple par un juge de paix, les dommages et intérêts, lorsque le préjudice est irréparable, doivent, outre les dépens, consister dans la valeur entière du procès, sans quoi le demandeur en prise à partie ne sortirait pas indemne.

Il en est encore de même, si le rapporteur d'un procès avait frauduleusement soustrait à la connaissance du tribunal une pièce décisive contre l'avis qui a passé : il devrait payer la valeur entière du procès pour dommages et intérêts, si le préjudice était irréparable. Par exemple, si le jugement était rendu par une Cour royale, dont le rapporteur eût soustrait la pièce sans complicité de l'autre partie, et que, sans le compter, il restât un nombre de juges suffisant pour la régularité du jugement, le dol du rapporteur ne pouvant donner ouverture ni à la requête civile, ni à la cassation, il devrait être condamné à payer, pour dommages et intérêts, outre les dépens, *veram litis æstimationem.* C'est le seul moyen d'indemniser le demandeur en prise à partie.

. Il faut en dire autant, si le commissaire chargé de faire une enquête avait frauduleusement dénaturé les dépositions de quelques témoins, et fait perdre ainsi un procès qui devait être gagné. Dans cette espèce, la question se compliquerait nécessairement, car on ne pourrait prouver la fraude que par une plainte en faux, dont il faudrait attendre le jugement.

Mais s'il n'était pas prouvé que le dol eût déterminé le jugement, ce serait le cas de condamner seulement le juge pris à partie, *in quantum de eâ re æquum religioni judicantis videbitur.* (*Pr. Inst. de obl. quæ quasi ex delicto, etc.,* 4. 5).

Par exemple, si l'un des juges avait commis une concussion dont les autres n'eussent pas été complices, en recevant une somme d'argent, alors on ne pourrait pas dire que la corruption de ce juge a déterminé le jugement, sur-tout si, sans le compter, les autres restaient en nombre suffisant pour la régularité du jugement. Ce jugement subsisterait donc s'il n'existait pas d'autres moyens de l'attaquer : le juge pris à partie ne pourrait donc être condamné que *in quantum religioni judicantis æquum videbitur.*

Mais s'il existait des moyens d'attaquer le jugement, le demandeur en prise à partie serait dans la nécessité de l'entreprendre, s'il voulait obtenir de plus grands dommages et intérêts. Alors, si le jugement attaqué était confirmé au lieu d'être réformé ou annulé, comme il se trouverait en définitive qu'il était bien rendu, on ne pourrait condamner le juge pris à partie à payer la valeur de ce procès, mais seulement *quantum religioni judicis æquum videbitur.*

Et de même si le jugement était réformé, on ne pourrait condamner le juge pris à partie à payer la valeur du procès, puisque l'autre partie y serait condamnée. Des exemples rendront ceci plus sensible.

Par un jugement soumis à l'appel, un juge de paix a rejeté une demande de 200ᶠ, formée par Caïus. Celui-ci découvre que le juge s'est laissé corrompre en recevant une somme d'argent. Deux voies sont ouvertes à Caïus, l'appel au tribunal civil du ressort, la prise à partie, qu'il ne peut demander qu'à la Cour royale, laquelle est incompétente pour connaître de l'appel d'un jugement de la justice de paix : Caïus doit donc opter. S'il se porte appelant, le jugement sera confirmé ou réformé. S'il est réformé, Caïus obtenant gain de cause, ne pourra plus prendre le juge de paix à partie, sous prétexte qu'il s'est laissé corrompre en recevant de l'argent. Caïus était sans intérêt pour demander à faire cette preuve ; il n'y serait pas reçu.

Si le jugement est confirmé, il sera prouvé aux yeux de la loi qu'il était bien rendu. Et alors que pourrait demander Caïus? A prouver que le juge de paix a reçu de l'argent? Ce fait peut donner lieu à l'action publique, en vertu des art. 174, 177 et 183 du Code pénal, mais non pas à l'action civile, puisque Caïus n'en a souffert aucun préjudice.

Si Caïus, au lieu de se porter appelant du jugement qui a rejeté sa demande, s'adresse directement à la Cour royale, pour obtenir la permission de prendre à partie le juge de paix, en vertu de l'art. 505, alors de deux choses l'une : ou le procureur du roi formera l'action publique, ou il gardera le silence.

S'il garde le silence, quels dommages-intérêts Caïus pourra-t-il prétendre, en demandant à prendre le juge à partie, sans se rendre appelant, ou après avoir tacitement renoncé à l'appel, en laissant écouler le délai après lequel on n'y peut plus recourir? La prise à partie n'est point un moyen de se pourvoir contre un jugement, mais seulement une action en réparation des dommages qu'il a causés. Or, en ne demandant point la réformation du jugement par la voie ordinaire, Caïus n'a-t-il pas reconnu qu'il était bien rendu, qu'il n'avait pas de grief légitime à y opposer? Il semble donc que la demande en prise à partie ne doit pas être accueillie; car il y a contradiction à ne point demander, contre celui qui a obtenu gain de cause, la réformation du jugement pour le grief qu'on en souffre, et former cependant contre le juge une action qui ne peut avoir d'autre objet que la réparation du préjudice que fait éprouver le même jugement.

Si, dans le cas proposé, le procureur du roi

forme l'action publique contre le juge corrompu ou concussionnaire, l'action civile en prise à partie sera suspendue, et si, après l'arrêt qui aurait condamné le juge pour corruption ou concussion, Caïus voulait reprendre sa demande en prise à partie, pour obtenir des dommages et intérêts, il semble qu'elle ne devrait pas être accueillie; car le jugement peut être juste, quoique le juge ait été corrompu et condamné comme tel. C'est une vérité reconnue par l'art. 177 du Code pénal, qui porte : Tout fonctionnaire de l'ordre administratif ou judiciaire qui aura reçu des dons ou présens, pour faire un acte de sa fonction *même juste,* sera puni du carcan et d'une amende double de la valeur des choses reçues, sans qu'elle puisse être inférieure à 200ᶠ. La condamnation de la personne du juge ne préjuge donc en rien la justice ou l'injustice du jugement au fond. Or, s'il est juste, le demandeur en prise à partie ne peut prétendre de dommages et intérêts, puisqu'il n'en souffre aucun préjudice : donc, s'il est mis hors d'état de prouver l'injustice du jugement, faute d'en avoir appelé, il ne peut plus avec succès prendre le juge à partie.

Supposons que le jugement rendu contre Caïus l'ait été par un tribunal de première instance dont l'un ou plusieurs des juges ont reçu des dons. Caïus peut en même tems porter son appel et sa demande en prise à partie à la Cour royale du ressort. Si le jugement est confirmé, il en résultera qu'il était bien rendu, et que les juges, quoique coupables de corruption ou concussion, ne lui ont causé aucun préjudice en le condamnant. Que peut-il donc demander autre chose que les frais de la prise à partie, et non ceux de l'appel, dans lesquels il doit être personnellement condamné ? Ce n'est point la faute des juges s'il a soutenu un appel mal fondé.

Si le jugement est réformé, l'adversaire de Caius sera condamné à lui payer la somme demandée et aux dépens. Que pourra-t-il donc prétendre contre les juges pris à partie ? Les faux frais dont il n'a pas reprise vers son adversaire, et les dépens de la prise à partie, *in quantum religioni judicantis æquum videbitur*? C'est la faute des premiers juges, s'il a été obligé de recourir à l'appel et à la demande en prise à partie.

SECTION II.

De la Responsabilité du fait des personnes ou des choses qu'on a sous sa garde.

SOMMAIRE.

230. *Les actions d'autrui ne peuvent nous être imputées qu'autant que nous y avons concouru, ou que nous pouvions et devions les empêcher ou les diriger.*

231. *Les législateurs romains respectèrent cette règle fondamentale de l'imputation des actions humaines. Les actions noxales ne s'en écartaient point ; elles étaient conformes à la justice, et pourquoi.*

232. *Le droit romain ne rendit point les pères civilement responsables des méfaits de leurs enfans.*

233. *L'action de dejectis et effusis n'est point contraire à la règle qui défend d'imputer à un autre les actions d'autrui.*

234. *Le maître de la maison ne répond point du dommage causé par ses hôtes, lorsqu'il est prouvé que ce sont eux qui ont jeté les choses nuisibles.*

235. *La responsabilité des aubergistes et hôteliers n'est point contraire à la règle; elle est fondée sur un contrat tacite. Renvoi.*

236. *Ce n'est qu'en des tems de barbarie, de tyrannie, de fanatisme ou d'anarchie, qu'on a violé cette règle sacrée.*

237. *Exemple chez nos Francs, dans le décret de Clotaire, en 575, qui rendait les habitans d'un territoire responsables des vols et rapines qui s'y commettaient.*

238. *Renouvelé et rendu plus inique par la fameuse loi du 10 vendémiaire an IV, sur la police intérieure des communes.*

239. *Rendue un peu moins inique par la Cour de cassation, qui en borna l'application aux attentats commis par des attroupemens. Qu'entend-on par attroupemens?*

240. *L'Assemblée constituante fut juste, en exigeant, pour la responsabilité des communes, la double condition qu'elles eussent été averties, et qu'elles eussent pu empêcher les attentats.*

241. *La loi du 10 vendémiaire an IV n'exige point ces conditions, et elle étend la responsabilité à des cas où il n'y a point d'attroupemens.*

242. *Autre exemple de l'oubli de la règle d'imputation dans un réglement du Parlement de Bretagne, qui rend les communes responsables de l'abatis des fossés élevés par les afféagistes de terrains vagues.*

243. *Dispositions du Code sur la responsabilité des faits d'autrui. (Art. 1584).*

244. *Cette responsabilité peut venir de la convention ou de la loi.*

245. *La convention de répondre du fait d'autrui est conforme aux principes. La convention peut être expresse ou tacite.*

246. *Exemple d'une responsabilité stipulée par convention expresse.*

247. *Les entrepreneurs, maçons, etc., répondent de leurs ou-*
vriers, en vertu d'une convention tacite.

248. *La responsabilité des hôteliers vient aussi d'un contrat*
tacite qui se forme, de la part d'un voyageur, en remet-
tant ses effets dans l'hôtellerie ; de la part du maître, en
les recevant.

249. *Il n'est pas même nécessaire qu'ils aient été remis au maî-*
tre ou à ses préposés ; il suffit qu'ils aient été transportés
dans l'auberge, même à l'insu du maître.

250. *Distinction de Pothier à cet égard, examinée et rejetée.*
Source de son erreur.

251. *Les art. 1952 et 1953 du Code proscrivent cette distinc-*
tion.

252. *Dureté de la responsabilité des hôteliers justifiée.*

253. *Elle est mitigée dans la pratique par la manière de l'exer-*
cer. 1°. Le voyageur doit prouver l'apport des effets, et
s'il peut le prouver par témoins au-dessus de 150ᵉ, le juge
ne doit l'admettre que suivant la qualité des personnes et
les circonstances.

254. *2°. Il doit en prouver la valeur, et si le juge admet son ser-*
ment in litem, il doit déterminer la somme jusqu'à con-
currence de laquelle il en sera cru.

255. *3°. La responsabilité ne doit pas s'étendre aux sommes d'or*
ou d'argent, diamans, etc., non déclarés à l'hôtelier.

256. *La seule déclaration du voyageur plaignant ne suffit pas*
pour lui faire déférer le serment in litem, et condamner
l'aubergiste.

257. *Les aubergistes qui ont négligé d'inscrire sur leur registre*
les noms de leurs hôtes, répondent civilement des délits
qu'ils pourraient commettre, même hors de l'auberge,
pendant leur séjour, s'il a duré plus de vingt-quatre
heures.

258. *Les responsabilités qui viennent de la loi ne peuvent être*
étendues ; elles sont contraires au droit commun.

259. *Si les pères doivent répondre du fait de leurs enfans, et*
quand.

260. *Responsabilité des pères trop étendue sous l'ancienne ju-*
risprudence.

261. *Bornée, par l'art. 1384, au cas où le père a pu empêcher le fait qui donne lieu à cette responsabilité. Conditions de cette responsabilité.*

262. *C'est au père de prouver qu'il n'a pu empêcher le fait.*

263. *L'excuse de l'impossibilité ne serait pas admise, si elle avait été précédée d'une faute du père, sans laquelle n'aurait point arrivé le fait qui a causé le dommage. Exemple.*

264. *Développement sur cette excuse. La faute la plus légère peut la faire rejeter. Tout dépend de la prudence du juge.*

265. *Si l'enfant est placé dans une maison d'éducation, ce n'est plus le père, mais le chef de l'établissement, qui répond de ses actions. (Art. 1384).*

266. *Injustice palpable du décret du 15 novembre 1811, sur le régime de l'université, qui donne au chef de l'établissement un recours contre les pères et mères et tuteurs.*

267. *Mais ce décret ne pouvant déroger au Code civil, il n'avait pas force de loi, même sous le Gouvernement impérial, et les juges ne devraient pas admettre l'action recursoire du chef de l'établissement.*

268. *Un membre de l'enseignement royal de l'instruction publique pense au contraire que si le fils, placé sous un maître d'apprentissage, causait du dommage à son père, celui-ci aurait action contre le maître. Doute sur ce point.*

269. *La loi inique du 17 ventôse an VIII, qui rendait les pères responsables de l'amende de 1,500ᶠ encourue par leurs fils conscrits réfractaires, est abolie par la Charte.*

270. *Le père ne répond pas du dommage causé par l'enfant impubère qui agit sans discernement, à moins qu'on ne prouve que l'action de l'enfant a pu être empêchée.*

271. *Nature de la responsabilité du père. C'est le cautionnement forcé d'une dette personnelle à l'enfant.*

272. *L'excuse du père n'empêcherait point la partie lésée de faire condamner personnellement l'enfant, même sans appeler le père, si le dommage était causé par un délit.*

273. *Mais elle ne pourrait agir contre un impubère, doli incapax.*

274. *Si le père était condamné pour n'avoir pas empêché l'action d'un impubère, il ne pourrait répéter la somme qu'il a*

payée, et l'enfant ne serait pas tenu de la rapporter a la succession.

275. *Si le père peut être condamné, pour réparation de la faute du fils, à une somme excédant la légitime de celui-ci.*

276. *Si, dans la réparation due par le père, est comprise la restitution des sommes volées.*

277. *Si la responsabilité du père cesse par l'émancipation.*

278. *Y a-t-il des cas où la mère soit responsable des fautes d l'enfant pendant la vie du père?*

279. *Les maris répondent du dommage causé par leurs femmes, dans le cas des délits ruraux, mais non du dommage cause par les autres délits.*

280. *A moins qu'il ne soit prouvé qu'il a pu empêcher le dommage.*

281. *La mère, et non pas le père absent, répond du dommage causé par l'enfant en bas âge confié à sa garde, lorsqu'ell a pu l'empêcher.*

282. *Responsabilité des maîtres et des commettans. Sa nature n'est pas la même que celle de la responsabilité des pères.*

283. *Ils ne peuvent, comme ces derniers, s'excuser sur ce qu'ils n'ont pu causer le dommage. Explication de l'art. 1584.*

284. *Le dommage causé par les domestiques ou préposes dans leurs fonctions peut l'être de deux manières, ou par l'action même qui leur est commandée, ou par la faute qu'ils ont commise en la faisant.*

285. *Dans ce dernier cas, le maître ou commettant a un recours contre le domestique ou préposé en faute.*

286. *Des fautes commises par les domestiques ou préposes hors de l'exercice de leurs fonctions. Exemples.*

287. *Les maîtres n'en répondent point, à moins qu'il ne soit prouvé qu'ils les avaient tolerées, et qu'ils pouvaient les empêcher.*

288. *Ils ne répondent point des rixes et injures verbales dont se sont rendus coupables les domestiques et préposes.*

289. *Ni des faits de chasse des domestiques qui ont chassé sans leur ordre.*

290. *En matière de contravention aux lois sur les douanes, les*

amendes sont, par exception, considérées comme la réparation du dommage causé à l'Etat, et tombent sous la
responsabilité civile.

291. Les actions en responsabilité étant purement civiles, passent contre les héritiers.

292. Elles se prescrivent avec le crime, le délit ou la contravention qui y donne lieu.

293. S'il s'agit de délits ruraux, ou d'un fait de chasse, elles
se prescrivent par le laps d'un mois.

294. La responsabilité d'un fait qui n'est ni crime, ni délit, ni
contravention, dure autant que l'action dont elle n'est que
l'accessoire.

295. Exemple dans la responsabilité du subrogé-tuteur qui a
négligé de faire faire pour le mineur une inscription sur
les biens du tuteur.

296. Responsabilité du dommage causé par les choses que l'on
a sous sa garde, et d'abord du dommage causé par les
animaux. (Art. 1385).

297. Les uns causent du dommage en suivant leur instinct, se-
condùm naturam; les autres en s'en écartant, contra
naturam. Mais de quelque manière qu'il l'ait été, le
maître de l'animal est tenu de le réparer.

298. Le droit romain lui permettait d'abandonner l'animal pour
le dommage; ce que ne permet point le droit français.

299. Droit de saisir, de son autorité privée, les bestiaux trouvés en dommage, et laissés à l'abandon dans son champ,
pour les mettre en fourrière.

300. Droit de tuer sur le lieu, mais hors de la présence du maître, les volailles qui causent du dommage.

301. Ce droit, quand on n'en a point usé, n'empêche pas qu'on
ne puisse agir pour réparation du dommage.

302. Quid des pigeons? Le maître d'un colombier ne peut être
poursuivi par voie de police, pour ne l'avoir pas tenu
fermé en tems prohibé. On ne peut pas tuer les pigeons
en tout tems et en tout lieu. A la note.

303. Mais il peut l'être par la voie civile, pour la réparation
du dommage causé par ses pigeons.

230. Nous nous sommes occupé jusqu'ici de la responsabilité des fautes, des négligences ou des

imprudences personnelles à celui qui a causé du dommage par son propre fait. Le fait d'autrui nous est étranger. La raison dit que les fautes sont personnelles ; que chacun n'est garant que de celles qu'il a commises, et qui peuvent lui être imputées ; que l'auteur seul de l'offense doit la réparation à l'offensé. Ainsi, dans la règle générale, il ne peut y avoir d'action contre celui qui n'est ni auteur ni complice de la faute ou du délit d'où est provenu le dommage.

La première règle d'imputation des actions humaines, en morale, est, sans contredit, que celles d'autrui ne sauraient nous être imputées qu'autant que nous y avons concouru, ou que nous pouvions et devions les empêcher ou les diriger ; car chacun est obligé d'empêcher les autres, autant qu'il le peut, de faire une mauvaise action.

La loi qui violerait cette règle fondamentale de l'imputation des actions, en nous rendant garans des actions d'autrui, auxquelles nous n'avons contribué directement ni indirectement, serait donc une loi injuste et destructive de la morale.

231. Nos maîtres en jurisprudence, ces jurisconsultes romains, à qui seuls, selon d'Aguesseau (1), la justice a pleinement dévoilé ses mystères, respectèrent cette règle éternelle et fondamentale d'imputation ; et si nous examinons de près celles de leurs décisions qui paraissent au premier abord s'en écarter, nous verrons qu'elles n'y sont point contraires.

----

(1) Treizième mercuriale, tom. I de ses Œuvres, pag. 157.

Par exemple, ils donnaient à la personne lésée
par le méfait d'un esclave, une action civile contre
le maître, pour la réparation du dommage causé;
c'est ce qu'ils appelaient *action noxale*. Cette action
était conforme à la justice; car il est évident que
l'esclave qui avait causé le dommage, était, en qualité d'être intelligent, personnellement tenu de le
réparer; mais il n'avait rien en propre, si ce n'est
le pécule que lui laissait précairement son maître.
Celui-ci était donc obligé de payer la réparation
sur le pécule de l'esclave; et de plus, comme ce
pécule pouvait être insuffisant pour l'indemnité
due, le maître pouvait abandonner l'esclave à celui
qui avait souffert le dommage, pour être dispensé
de le réparer, parce que, dit la loi, il est contraire
à la justice que la méchanceté d'un esclave puisse
obliger son maître à payer plus qu'il ne vaut lui-
même : *Namque erat iniquum, nequitiam eorum ul-
tra ipsorum corpora, dominis damnosam esse.* (§ 2,
Instit. de noxal. actionibus, 4. 8.)

Et pourquoi était-il injuste qu'on pût faire payer
au maître plus que la valeur de son esclave, pour
réparation du méfait de ce dernier? Précisément
parce que la justice ne permet pas de le rendre personnellement responsable et garant de la faute d'autrui, quand il n'y a participé directement ni indirectement; mais s'il n'en était pas garant, il ne devait pas, au préjudice de la personne lésée, conserver la propriété de l'esclave, obligé personnellement et par corps, suivant les principes du droit
romain, à la réparation du dommage qu'il avait
causé par sa faute. Ainsi, en dernière analyse, l'a-

bandon de l'esclave, *noxæ deditio,* était fondé sur le principe qu'on n'est point garant de l'action d'autrui. Ces dispositions étaient justes, dans une législation qui admettait l'esclavage, quoique contraire à la nature et à la saine raison.

232. Pendant que les enfans furent considérés comme une propriété du père de famille, en un mot comme *une chose* dont il avait la disposition, il pouvait aussi les abandonner comme ses esclaves, *noxæ dedere,* pour se dispenser de payer le dommage qu'ils avaient causé par leurs fautes. C'était une conséquence bien déduite d'un principe absolument injuste et faux.

Mais la raison et les progrès de la civilisation firent proscrire cet usage barbare, ce révoltant abus de la puissance paternelle, qui réduisait les enfans à la condition des bêtes de somme, qu'on pouvait vendre et même tuer. La personne lésée par le méfait d'un enfant n'eut plus d'action contre le père pour la réparation civile du dommage, qu'autant qu'il se trouvait possesseur de quelques biens de l'offenseur. Elle ne pouvait diriger son action que contre le fils de famille. Elle pouvait seulement, après l'avoir fait condamner, appeler le père, pour faire exécuter le jugement sur le pécule de l'enfant (1).

Les romains ne rendirent donc point les pères garans, même civilement, des méfaits de leurs en-

(1) *Instit.*, § 7, *de noxal. actionib.*, 4. 8, *et ibi* Vinnius. *Voy.* aussi la loi 1, § 7, ff *de his qui effuderint*, 9. 3.

fans. C'était le fait d'autrui, dont personne ne doit répondre, s'il n'y a coopéré directement ni indirectement. Les moralistes sont d'accord sur ce principe : *Quoniam factum alienum ad quod modo nullo concurrit nemini imputari potest, factum unius conjugis imputari nequit alteri ad quod non concurrit, nec factum liberorum parentibus,* dit fort bien Wolf, *Instit. jur. nat.,* § 873.

Patri non imputantur actiones filii, nec filio patris, nisi quatenùs hoc jussit, vel alio modo causa moralis fuit. (Heineccius, *in Puffendorfium, de officio hominis et civis, lib.* 1, *cap.* 1, § 18).

233. On pourrait croire d'abord que les jurisconsultes romains s'écartèrent de la grande règle d'imputation ci-dessus expliquée, en rendant le maître d'une maison responsable du dommage que peuvent causer les choses imprudemment jetées sur les passans par lui, par ses domestiques, ou même par un étranger qu'il aurait reçu chez lui; mais en examinant de plus près l'édit du préteur, qui prononce cette responsabilité, on voit qu'elle n'est pas fondée sur ce qu'il doit répondre de la faute d'autrui, mais seulement de sa négligence personnelle.

Il importe à la sûreté publique qu'on puisse librement aller et venir dans les rues, dans les chemins, sur les places publiques, sans être exposé à être tué, blessé ou autrement endommagé dans sa personne ou dans ses vêtemens, par ce qui peut tomber où être jeté des maisons voisines. Sans doute celui qui a causé le dommage doit le réparer.

Mais on ignore le plus souvent quel en est l'auteur. Contre qui donc agir? C'est ce que le préteur décida par un édit, ou réglement de police, très-sage. Si l'on ne connaît pas l'auteur du méfait, on connaît toujours du moins la maison où il a été commis. Ce fut donc contre celui qui l'habite que le préteur ordonna de diriger l'action : *Undè in eum locum quo vulgò iter fit........ dejectum vel effusum quid erit, quantum ex eâ re damnum datum, faciumve erit, in eum qui ibi inhabitaverit, in duplum judicium dabo. Loi* 1, *ff de his qui effuderint,* 9. 3.

Le père de famille étant maître absolu dans sa maison, fut donc chargé, sous peine de responsabilité personnelle, de veiller à ce qu'on ne jetât rien qui pût causer du dommage aux passans. Cette disposition n'a rien de contraire à la raison ; car il pouvait et devait empêcher le méfait.

Mais comme la justice ne permet pas d'imputer à personne le fait d'autrui, si c'était un esclave qui eût causé le dommage à l'insu du maître, celui-ci avait, comme dans l'action noxale, l'option de payer le dommage ou d'abandonner l'esclave : *Si servus, insciente domino, fecisse dicetur, aut æstimationem dari, aut noxæ dedi jubebo. Loi* 5, § 6, *ibid.*

234. On ne trouve point, dans le Code civil, de dispositions particulières sur ce quasi-délit. Nous avons vu *suprà,* n°. 148, qu'on avait proposé au Conseil d'état d'y ajouter deux articles, dont l'un fut d'abord adopté sans discussion ; mais que, sur l'observation que l'énonciation du principe suffisait, et qu'il fallait retrancher les exemples, les

deux articles furent en effet retranchés. Le premier proposait de rendre *solidairement* responsables tous les habitans de l'appartement d'où l'on a jeté des choses nuisibles sur les passans, à moins qu'on ne connût celui qui les a jetées, auquel cas il doit seul la réparation.

Nous avons ajouté, n°. 149, que le retranchement de cet article ne laisse point subsister la solidarité contre les habitans, faute d'une loi qui l'ordonne, contre les auteurs d'un quasi-délit et d'une contravention.

Le second article proposé portait que les hôtes, qui n'habitent qu'en passant la maison d'où la chose a été jetée, ne sont point tenus à réparer le dommage, à moins qu'il ne soit prouvé que ce sont eux qui on jeté les choses nuisibles, mais que celui qui les loge en est tenu.

Il résultait de cette rédaction que lorsqu'il est prouvé que ce sont les hôtes qui ont causé le dommage, il n'y a d'action que contre eux seuls, et non contre le maître de la maison.

Le droit romain, au contraire, loi 9, § 3, ff *de his qui effuderint*, 9. 3, refusait toute action contre les hôtes, et n'en donnait que contre le maître de la maison, sans doute sauf le recours contre ses hôtes.

Le retranchement de l'article paraît d'abord laisser la question indécise, car on ne peut argumenter de sa disposition pour la résoudre; mais il n'a été retranché que parce que l'énonciation du principe suffisait. Ce n'est donc point par le droit romain qu'il faut décider la question, mais par les conséquences des principes établis par le Code. Or, l'art. 1384 ne met point au nombre des personnes dont on doit répondre, les hôtes qui ont causé du dommage par un quasi-délit, mais seulement les domestiques de la maison, les enfans, etc., et non ceux qui n'y logent qu'en passant; et les art. 1952 et 1953 ne rendent point les hôteliers responsables du dommage causé par leurs hôtes, en jetant des choses nuisibles par la fenêtre.

Il faut donc dire que le maître de la maison ne répond point du dommage, et qu'on ne peut former contre lui aucune action, quand il est prouvé que ce sont ses hôtes qui ont jeté les choses nuisibles. Faute de cette preuve, il répond du dommage, parce qu'il est censé causé par ses domestiques, dans l'exercice de leurs fonctions.

Mais il ne répond que du dommage civil, et non de l'amende de 1ᶠ à 5ᶠ, prononcée par le Code pénal, art. 471, nᵒˢ. 6 et 12, contre ceux qui ont jeté des immondices sur quelque personne; car l'amende est une peine, et la responsabilité civile ne s'étend qu'à la réparation du dommage, et non point à la peine, comme nous le dirons *infrà*, nᵒ. 290.

235. Quant aux actions que donnent les lois romaines contre le maître d'un navire ou d'une hôtellerie, pour réparation du dommage causé par les vols et autres méfaits commis dans le navire où dans l'hôtellerie, soit par ses domestiques, soit même par des étrangers, elles sont fondées sur le contrat tacite, mais réel, qui intervient entre les passagers ou les voyageurs, d'une part, et le maî-

tre du navire ou de l'hôtellerie, d'autre part, comme nous le verrons bientôt.

236. Les législateurs romains ont donc toujours respecté la règle fondamentale d'imputation, qui ne permet pas d'imputer à personne le fait ou la faute d'autrui. On ne la trouve violée que par les despotes et les tyrans, chez les peuples encore barbares, où le flambeau de la raison est resté entouré de ténèbres, et chez ceux encore où le fanatisme, l'anarchie, l'esprit de parti, l'ont couvert d'un voile qui ne permet plus de l'apercevoir, si ce n'est à un petit nombre de sages sans influence.

237. On voit, par un décret de Clotaire II (1), de l'an 595, que, pour rendre tous les individus responsables des délits commis par leurs voisins, on avait, chez nos Francs, divisé la population par centaines et par dizaines de familles, habitant le même territoire, sous la surveillance d'un centenier. Il paraît que cette division par centuries, qui d'ailleurs facilitait le service militaire, était anciennement établie chez les peuples d'origine germanique (2). Ces centuries ou décanies formaient un bourg; et les bourgs répondaient des vols et des rapines commis dans leur territoire. Ainsi, les habitans étaient cautions ou garans des faits les uns des autres; et s'il avait été dérobé quelque chose dans le canton, la valeur en était payée par

---

(1) *Voy.* les Capitulaires de Baluse, tom. I, col. 20.

(2) *Voy.* Blackstone, *Commentaries on the laws of England*, tom. I, introd., § 4, *versùs finem*, pag. 114 et suiv., 9e. édition in-8°., Londres, 1783. *Voy.* aussi Montesquieu, Esprit des lois, liv. 30, chap. 17.

tous les habitans de la centurie ou de la décanie ; mais ils étaient admis à prouver que le délit et la faute du coupable n'étaient pas de leur faute (1).

258. On ne s'étonne point de trouver une loi si évidemment contraire à toute notion de justice, dans le Code d'un peuple encore barbare. Mais si l'expérience n'avait point démontré à quels écarts peut entraîner l'esprit de parti, soutenu par le pouvoir, jusqu'à quel point il peut égarer et aveugler les esprits d'ailleurs les plus éclairés, on serait frappé de surprise, en voyant cette loi barbare renouvelée dans le siècle tant vanté de la philosophie, dans le 18°. siècle, où le flambeau de la raison, après avoir brillé d'un éclat si vif, semblait éteint par l'anarchie et par les troubles civils.

Ce fut le 10 vendémiaire an IV (2 octobre 1795), que fut décrétée cette fameuse loi, sur la *police intérieure des communes,* dont le tit. 1er. porte :

« Tous citoyens, habitant la même commune, » sont garans civilement des attentats commis sur » le territoire de la commune, soit envers les pro- » priétés, etc. »

C'est dans le tit. 5 que se trouve cette loi des passe-ports, si favorable au despotisme ombrageux, et dont on a inutilement signalé les abus.

On peut voir dans la loi même les moyens tyranniques établis pour faire exécuter cette injuste responsabilité, qui frappe même les citoyens contre

---

(1) *Voy.* Meyer, Esprit, Origine et Progrès des Institutions judiciaires des principaux pays de l'Europe, tom. I, liv. 1, chap. 8, pag. 136.

lesquels il ne s'élevait aucune preuve de complicité ; et cette loi ne leur permet même pas, comme les lois des peuples barbares que nous venons de citer, de prouver leur innocence : cette preuve ne peut les dispenser de contribuer au paiement du prix *des effets pillés et choses enlevées par force, sur le pied du double de leur valeur.* (Tit. 5, art. 1).

En voyant l'injustice de ces dispositions, un sentiment d'indignation s'élève dans le cœur de l'homme paisible, sans cesse exposé à se voir ruiné pour réparation d'un délit commis souvent pendant la nuit, pendant qu'il dormait, et à une telle distance de son habitation que, même pendant le jour, il n'eût pu en avoir connaissance.

239. Nous ne rappellerons point les nombreux exemples de l'application abusive de la loi du 10 vendémiaire an IV. En voici quelques-uns, à l'occasion desquels la Cour de cassation en a fixé l'interprétation de manière à la rendre un peu moins odieuse :

En 1811, un procès-verbal de l'adjoint du maire de Raunen constata que des malveillans avaient entièrement dévasté une prairie située sur la *banlieue* de la commune de Bollenbach.

Le 1er. août 1812, un procès-verbal de l'adjoint du maire de Meisenheim constata que, *dans la nuit* du 27 au 28 juillet, des malveillans avaient cassé au sieur Henri Bischman, notaire dans la même commune, *sept jeunes arbres* plantés dans sa terre d'Allumberg Ban de Breidenhem.

Enfin, le 10 août de la même année, le maire de Bourgtichemberg constata, par un procès-verbal, que, dans la nuit du 9 au 10, des malveillans avaient incendié une partie de la récolte de lin appartenant au sieur Gassut.

Trois jugemens rendus sur les procès-verbaux dans les formes expéditives établies par la loi du 10 vendémiaire an IV, condamnèrent les communes à payer les sommes dues pour réparation de ces délits et aux dépens. Ils furent exécutés; mais ils furent dénoncés au Gouvernement, qui chargea le procureur général près la Cour de cassation d'en requérir l'annulation, dans l'intérêt de la loi. Ils furent en effet annulés par arrêt du 27 avril 1813 (1), sur le motif que si l'art. 1 du tit. 1 de la loi déclare « les habitans de la même commune ga- » rans civilement des attentats commis sur le ter- » ritoire de la commune, soit envers les personnes, » soit envers les propriétés, » cet article n'établit qu'un principe dont le tit. 4 détermine l'application dans l'art. 1, qui ne rend chaque commune responsable que des délits commis à force ouverte ou par violence sur son territoire, par des *attrou- pemens* ou *rassemblemens* armés ou non armés; qu'il n'était point prouvé que les attentats dont il s'agissait dans les trois jugemens annulés, l'eussent été par des *attroupemens* ou *rassemblemens*, et qu'en pareille matière, les juges ne peuvent s'en rapporter à des présomptions.

Pour connaître quand il y a *attroupement* ou *ras-*

---

(1) Rapporté par Denevers, an 1813, pag. 257 et suiv. Il est aussi rapporté par Sirey, tom. XX, pag. 471; mais les faits sont tronqués dans ce dernier recueil.

semblement, l'arrêt renvoie à la loi 4, *ff de vi bon. rap.*, 47. 8., qui exige dix ou quinze personnes au moins pour caractériser un attroupement. Le Code pénal du 25 septembre 1791, sanctionné le 6 octobre suivant, 2°. part., tit 1, sect. 4, art. 5 et 4, semble aussi exiger quinze personnes au moins pour caractériser un attroupement, en matière de délits contre le respect et l'obéissance dus à la loi.

On peut donc prendre pour constant que les communes ne peuvent être responsables des délits commis sur leurs territoires, s'ils ne l'ont été par un attroupement de quinze personnes au moins. Avec cette modification, la loi du 4 vendémiaire an IV n'est guère moins inique.

240. Pour faire cesser l'injustice, il fallait rappeler la loi de l'Assemblée constituante, décrétée le 23 février 1790, et sanctionnée le 26. L'art. 5 porte : « Lorsqu'il aura été causé quelques dommages par un attroupement, la commune en répondra, si elle a *été requise,* et si elle *a pu l'empêcher*, sauf le recours contre les auteurs de l'attroupement ; et la responsabilité sera jugée par les tribunaux des lieux. » (1).

On ne peut regarder comme contraire à la justice cette responsabilité prononcée sous la double condition que la commune a été *avertie,* et qu'elle

___

(1) *Voy.* aussi la loi d'octobre 1790, sanctionnée le 12, qui porte: « L'indemnité des dégâts et dommages est prise d'abord sur les biens » des coupables, et subsidiairement supportée par les communes qui » ne les auraient pas empêchés, lorsqu'elles *l'auraient pu*, et qu'elles » en auraient *été requises* par les officiers municipaux, qui sont responsables de leur négligence à cet égard. »

pu empêcher les attentats ; car on se rend complice d'un délit qu'on peut empêcher, lorsqu'on ne l'empêche pas. Encore devrait-on accorder une excuse à ceux qui n'ont pas été avertis ou qui ont pu l'être.

241. Mais l'odieuse loi du 10 vendémiaire an IV n'exige point les conditions prescrites par la loi du 26 février 1790, nécessaires pour faire cesser l'injustice de la responsabilité prononcée contre les communes, et elle n'accorde aucune excuse aux habitans.

Bien plus : il y a des délits dont les communes répondent, quoiqu'ils n'aient pas été commis par des attroupemens. Ainsi l'a formellement décidé la Cour de cassation dans l'arrêt précité. Ce sont les délits prévus par les art. 9 et 10, dont le premier porte : « Lorsque, dans une commune, des › cultivateurs tiendront leurs voitures démontées, › ou n'exécuteront pas les réquisitions qui seront › faites légalement pour transports et charrois, les › habitans de la commune sont responsables des › dommages-intérêts en résultant. »

Ainsi, à l'autre extrémité du territoire, à deux lieues peut-être ou plus, s'il plaît à un cultivateur de tenir sa voiture démontée, ou de ne pas obéir aux réquisitions qui lui sont faites par l'autorité, un simple habitant, une pauvre mère de famille, qui ignore ce qui se passe aussi loin d'elle, et qui n'a elle-même ni chevaux ni voiture, n'en répondront pas moins du dommage qu'il plaira à l'autorité d'arbitrer.

Il est difficile d'imaginer une plus criante injus-

tice. En voici cependant encore une plus révoltante :

L'art. 10 porte : « Si, dans une commune, des
» cultivateurs à part de fruits refusent de livrer,
» aux termes du bail, la portion due au proprié-
» taire, tous les habitans de cette commune sont
» tenus des dommages-intérêts. »

Les expressions manquent pour qualifier une
pareille iniquité. Qu'un tyran rende tous les habitans du territoire responsables de la désobéissance
d'un cultivateur, on le conçoit. Rien n'étonne de
sa part. Le voile de l'intérêt public est son prétexte, quand il daigne en prendre un ; mais rendre
tous les habitans garans du refus que fait un fermier de payer ce qu'il doit à son maître, qui peut
armer en sa faveur la force publique pour faire
exécuter son bail, même par voie d'exécution pa-
rée, c'est ce qui paraît tellement inconcevable,
que, nonobstant l'arrêt précité, la raison plus forte
nous contraint à penser que dans l'esprit du législateur, l'art. 10 ne peut s'appliquer au refus d'un
fermier, hors les tems de troubles et de rebellion,
où, comme dans ceux qui précédèrent la loi du 10
vendémiaire an IV, les propriétaires, forcés de se
réfugier dans les villes, n'avaient aucuns moyens
de contraindre leurs fermiers, dont le refus n'était
souvent que l'effet de la crainte et des menaces des
séditieux. Faisons des vœux pour voir retrancher
cette loi de notre législation, comme nous désire-
rions pouvoir arracher de nos annales les pages où
se trouve écrite l'histoire des excès qui l'ont précédée et amenée !

242. Cet oubli des principes et ces injustices·, dont on ne trouve point d'exemples dans la législation romaine, ne sont point en France particuliers à nos tems révolutionnaires. L'exemple nous en fut donné par les Parlemens, qui, sous le nom de *réglemens*, faisaient des lois, comme les préteurs en faisaient à Rome, sous le noms d'édits. Voici l'un de ces réglemens, fait par le Parlement de Bretagne, le 10 septembre 1736 (1).

On sait qu'en Bretagne, en vertu de la maxime *nulle terre sans seigneur*, les seigneurs de fief étaient *réputés* propriétaires des terrains vagues et déclos qui joignaient leurs domaines et leurs fiefs. Telle était la jurisprudence du tems; elle n'était pas contestée. Cependant, les habitans riverains étaient en possession immémoriale d'y faire paître leurs bestiaux, couper des litières, et prétendaient aussi être propriétaires de ces terres`, en vertu d'un droit antérieur aux fiefs. Leur prétention a depuis été consacrée par la nouvelle législation.

Quand les seigneurs ou leurs afféagistes faisaient clorre ces terres, les habitans croyaient n'user que de leur droit, en détruisant les fossés et clôtures.

Un premier réglement, du 1er. décembre 1724, avait ordonné que les auteurs de ces entreprises seraient poursuivis à l'extraordinaire, c'est-à-dire

---

(1) Il est rapporté au long dans le Journal du Parlement de Bretagne, tom. II, pag. 256 et suiv., et par extrait, dans les Principes de Duparc-Poullain, tom. II, pag. 583, n°. 547. Quelque dévoué qu'il fût aux principes du droit féodal, cet auteur ne peut s'empêcher de faire sur le reglement des réflexions qui tendent à le rendre moins injuste.

criminellement, et punis suivant l'exigence de
cas. Mais ce remède était inutile, parce que les
habitans, intéressés à se maintenir dans la possession de leur prétendu droit de propriété ou
d'usage des landes, ne déposaient jamais les uns
contre les autres. Ce fut par ce motif que le Parlement établit, contre les voisins des landes, une
présomption légale de culpabilité, en vertu de laquelle il les rendit responsables des dommages et
intérêts. Il fit « défenses à toutes personnes, de
» quelque état et condition qu'elles soient, de dé-
» molir ou faire démolir les fossés qui seront faits
» pour clorre tout ou partie des landes ou terrains
» vagues qui auront été ou seront ci-après afféa-
» gés, sous peine de *punition corporelle ;* ordonne
» que.... le procès sera fait et parfait aux coupa-
» bles, jusqu'à jugement définitif inclusivement,
» sur les dénonciations qui leur seront faites par
» les seigneurs ou afféagistes; que *les généraux des*
» *paroisses,* ou, au moins, *les habitans* des vil-
» lages voisins des landes, gallois ou terrains va-
» gues où les fossés auront été démolis, ou les ar-
» bres coupés, demeureront civilement responsa-
» bles, *solidairement,* des dommages et intérêts ré-
» sultant de la démolition des fossés et abatis des
» bois, en cas qu'ils ne dénoncent pas *les coupables,*
» *sans qu'il soit besoin d'autres preuves.* »

Nous croyons sincèrement que les intentions
des magistrats furent très-pures, en faisant un rè-
glement aussi inique. Cependant la notoriété publique qu'ils étaient tous seigneurs de fief, aurait
dû peut-être les rendre plus circonspects à pro-

noncer sur un point qui semblait être leur propre affaire. Ce qui doit surprendre sur-tout, c'est de voir que ce réglement fut provoqué par le célèbre procureur général, M. de la Chalotais, qu'une philosophie solide aurait dû prémunir contre des écarts aussi contraires à la raison. Tant les préjugés ont d'empire sur les esprits les plus forts, quand ils en sont imbus!

Il est pénible, pour un Français, d'être forcé d'avouer que, dans sa patrie, on s'est dans tous les tems si évidemment écarté des principes d'imputation dictés par la raison.

On ne devait pas attendre un retour à ces principes de la part de Napoléon, qui foula si scandaleusement aux pieds les droits de l'homme les plus sacrés ; mais on pouvait espérer de voir revenir à ces principes d'éternelle justice, ces jurisconsultes célèbres, ces hommes d'état, qui furent chargés de la rédaction d'un Code fait pour passer à la postérité, et servir de modèle aux nations voisines.

245. Cependant, on n'y revint point encore entièrement.

L'art. 1584 porte : « On est responsable non seu- » lement du dommage que l'on cause par son pro- » pre fait, mais encore de celui qui est causé par » le fait *des personnes dont on doit répondre,* ou des » choses que l'on a sous sa garde. »

Cette première disposition de notre article n'est autre chose qu'une exception, ou plutôt c'est la limitation du grand principe d'imputation, *on ne répond point du fait d'autrui;* voilà le principe.

Excepté du fait des personnes *dont on doit répondre;* voilà la limitation.

244. Mais quand et de quelles personnes doit-on répondre? Cette responsabilité ne peut résulter que d'un devoir, autrement d'une obligation imposée à celui qui est chargé de répondre. Or, nous avons vu, *suprà*, n°. 2, qu'aucune obligation ne peut venir que de la loi ou de la volonté de l'homme, manifestée par la convention : on ne peut donc répondre du fait d'autrui qu'en vertu de la convention ou de la loi.

En vertu de la convention, lorsqu'on s'est rendu garant ou caution qu'une personne fera ou ne fera point telle chose, qui, si elle était faite ou omise, nous causerait du dommage. Cette convention peut même avoir lieu sans l'intervention de la personne de laquelle on répond; car, « on peut se » rendre caution sans l'ordre de celui pour lequel » on s'oblige, et même à son insu. » (2014).

245. Ceci n'a rien de contraire au principe que nous avons établi, tom. VI, n°s. 130 et 134, que les actions d'autrui n'étant point en notre pouvoir, ne peuvent valablement être la matière d'un contrat; que la convention par laquelle nous promettons qu'un tiers fera ou ne fera pas est nulle : *Alius pro alio promittens daturum facturumve, non obligatur; nam de se promittere quemque oportet.* Loi 83, ff de *V. O.*, 45. 1. Car on n'engage que sa personne, on ne promet que son propre fait, quand on garantit le fait d'autrui, en promettant de payer le dommage qui en résulterait pour un tiers; c'est une obligation conditionnelle. Si telle personne fait ou ne

fait pas telle chose, je vous indemniserai du dommage que vous causera son action ou son omission. (*Voy.* tom. VI, n°. 138). C'est une sorte d'assurance, qui peut être faite par convention expresse ou tacite.

246. On trouve l'exemple d'une responsabilité stipulée par convention expresse, dans l'espèce d'un arrêt rendu le 1er. juillet 1814 (1). Rolland était devenu adjudicataire d'un canton de pêche dans la rivière de Seine. Le cahier des charges portait qu'il ne pourrait avoir plus de huit associés, qui seraient agréés par le conservateur, et *dont il serait responsable.* Dupui, l'un de ses associés, fut pris en contravention pour avoir pêché avec un filet prohibé. Rolland fut jugé responsable des dépens, mais non de l'amende, qui est une peine.

247. L'obligation de répondre du fait d'autrui résulte, en plusieurs cas, d'une convention tacite ou présumée, comme dans le cas des *marchés à prix fait* avec une seule personne, qui répond alors des autres personnes qu'elle emploie; par exemple, «l'entrepreneur répond du fait des personnes »qu'il emploie.» (1797).

Ainsi encore, les maçons, charpentiers, serruriers et autres ouvriers qui font *directement des marchés à prix fait,* répondent des ouvriers qu'ils emploient. Ils sont entrepreneurs de la partie qu'ils traitent. (1799.)

C'est aussi par une convention tacite que le

(1) Sirey, tom. XIV, pag. 275.

mandataire répond de celui qu'il s'est substitué
dans sa gestion, quand il n'a pas reçu le pouvoir
de se substituer quelqu'un. (1794).

248. C'est encore en vertu d'une convention tacite que les hôteliers ou aubergistes répondent des
délits et quasi-délits commis dans leurs hôtelleries.

« Il se forme, dit Domat (1), une convention
entre l'hôtelier et le voyageur, par laquelle l'hôtelier s'oblige envers le dernier de le loger et de garder ses hardes, chevaux et autres équipages, et le
voyageur, de sa part, s'oblige de payer sa dépense.»

Cet engagement se forme sans convention expresse, par la seule entrée du voyageur dans l'hôtellerie, et par le dépôt des hardes et autres choses
mises entre les mains de l'hôtelier, ou de ceux qu'il
charge du soin de l'hôtellerie. « Les hôteliers, dit
» l'art. 1952 du Code, sont responsables comme
» dépositaires des effets apportés par le voyageur
» qui loge chez eux : le dépôt de ces sortes d'effets
» doit être regardé comme un dépôt nécessaire, »
dont la preuve par témoins est admise, à quelque valeur que s'élève la valeur des effets déposés.
(1348) (2).

Il n'est pas nécessaire que le voyageur remette
ses effets au maître lui-même, qui répond de ses
domestiques, des gens qui font le service de sa
maison, selon les fonctions qui leur sont com-

(1) Lois civiles, liv. 1, tit. 16, sect. 1.
(2) *Voy.* ce que nous avons dit tom. IX, n°. 202 et suiv.

mises. Ainsi, lorsqu'un voyageur donne aux domestiques qui le conduisent dans les chambres, une valise ou autres effets, ou lorsqu'il remet son cheval dans l'écurie, à la garde du palfrenier, le maître en répond comme si la remise lui en avait été faite à lui-même. Il les reçoit par le ministère de ses préposés, dans l'exercice de leurs fonctions : *Quia is qui eos hujusmodi officio præponit, committi eis permittit. Loi* 1, § 5, ff *nautæ, caupones, etc.*, 4. 9.

Si, au contraire, un voyageur imprudent remettait, hors de la présence du maître, des effets à un enfant ou autre personne qu'il trouve à la porte, et qu'il a cru, par erreur, domestique de la maison, le maître n'en répondrait pas. Il n'en répond que dans le cas de la remise ou dépôt fait à lui-même ou à ses domestiques et préposés.

249. **Bien plus :** la rigueur de la responsabilité est telle que, pour autoriser le recours du voyageur contre l'aubergiste, les lois n'exigent pas que le premier ait spécialement donné ses effets à garder au second ou à ses préposés ; il suffit qu'il soit reconnu ou prouvé qu'ils ont été apportés dans l'auberge, quand même ce serait à l'insu du maître, et sans qu'il en eût connaissance. Ainsi le décident les lois romaines (1), depuis long-tems

---

(1) La loi 1, § 8, ff *nautæ, caupones, stabularii, ut recepta restituant,* 4 9, dit : *Recipit autem salvum fore, utrum si in navem res missæ ei adsignatæ sunt, ut, etsi non sint adsignatæ, hoc tamen ipso quod in navem missæ sunt, receptæ videntur? Et puto omnium eum recipere custodiam quæ in navem illatæ sunt : et factum non solùm nautarum præstare debere, sed et vectorum.*

La loi 2 ajoute : *Sicut et caupo viatorum.*

adoptées en France : « Il est sans difficulté qu'un
» hôtelier, du moment qu'il a reçu un hôte et son
» bagage, ou que même la bagage est *simplement*
» *entré* dans son hôtellerie, *sans qu'il en ait eu con-*
» *naissance,* il doit répondre du vol qui s'en fait ;
» tous nos livres sont pleins d'arrêts qui l'ont ainsi
» décidé, » dit le savant Gueret (1).

Depuis qu'il écrivait, la jurisprudence continua
d'être la même, si l'on en excepte quelques arrêts
déterminés par les circonstances, et dont plusieurs
excitèrent même des réclamations.

Il serait inutile de rapporter ici tous les arrêts
qu'on trouve sur cette matière. Il suffit, pour faire
voir que la jurisprudence n'avait pas varié, de citer ici le dernier de ceux qui furent rendus avant
nos lois nouvelles. Il est dans l'espèce la plus favorable pour l'aubergiste, qui n'en fut pas moins condamné.

Verdier, marchand forain, alla loger, le 31 mai
1772, chez Mercier, aubergiste à Étampes. Celui-ci
lui proposa de coucher dans une chambre à deux
lits, où couchait un autre particulier inconnu à
l'aubergiste. Verdier accepta, et prit, en se cou-
chant, la précaution de mettre ses boucles d'argent et son porte-col dans la poche de sa veste,
qu'il plaça sous le chevet de son lit, avec sa cu-
lotte, où il avait une montre et 15ᶠ; puis il s'en-
dormit d'un sommeil profond, dont l'inconnu pro-

---

(1) Dans ses Annotations sur Leprêtre, cent. 1, chap. 19, pag. 48.
Voy. aussi Danti, dans ses Annotations sur le chap. 3 de Boiceau.

fita pour lui enlever ses effets. A son réveil, Verdier s'aperçoit du vol; on dépêche sur les traces du voleur un domestique, qui n'en rapporte aucune nouvelle.

Verdier va terminer quelques affaires à Paris, en revient huit jours après à Étampes, où son hôte, refusant de lui tenir compte des effets volés, il fait sa déclaration au juge et fait assigner Mercier, pour lui payer la somme de 146ᶠ, valeur des effets volés. La demande est rejetée, parce que Mercier n'a point empêché Verdier de faire sa déclaration sur-le-champ, et n'a point promis de lui garantir ses effets. Appel de la part de Verdier.

L'avocat général Joly de Fleury portant la parole, pensa que l'aubergiste à qui le voyageur ne donne pas spécialement ses effets à garder, n'est point responsable de leur perte, et que Verdier ayant accepté de coucher dans la chambre avec un particulier que Mercier lui avait dit ne pas connaître, il ne pouvait avoir aucun recours. C'était à lui de garder ses effets, etc.

Nonobstant ces circonstances, les conclusions ne furent point suivies, et par arrêt du 22 février 1780 (1), la Cour infirma la sentence, condamna Mercier de payer à Verdier les 146ᶠ pour valeur des effets volés, et lui enjoignit, sous peine d'amende, de faire à l'avenir sur-le-champ sa déclaration des vols qui pourraient être faits dans sa maison.

_____

(1) Cet arrêt est rapporté dans le Répertoire de jurisprudence, au mot *Vol*, sect. 5, § 3, n°. 2, pag. 825 et 826, 4ᵉ. édition.

Cet arrêt jugea, comme on le voit, qu'il n'est pas nécessaire, pour fonder le recours du voyageur contre l'aubergiste, qu'il lui ait donné à garder ses effets, qu'on ne nie pas avoir été volés.

250. On ne peut se dissimuler que ce point de jurisprudence paraît infiniment dur. Pothier, dans son Traité du dépôt, n°. 79, ne l'adopta point, et crut devoir le modifier. Il enseigne que le dépôt d'où naît la responsabilité de l'aubergiste ou hôtelier, « n'est pas censé intervenu par cela seul
» que le voyageur a apporté ses effets dans l'au-
» berge au vu et su de l'aubergiste, s'il ne les lui
» a pas *expressément* donnés en garde. C'est pour-
» quoi, si les effets de ce voyageur sont volés ou
» endommagés dans l'auberge par les allans et ve-
» nans, ou même par d'autres voyageurs qui lo-
» gent comme lui dans l'auberge, l'aubergiste n'en
» est point responsable ; mais si le vol avait été
» fait, ou le dommage causé par les serviteurs de
» l'aubergiste ou par ses pensionnaires, il en serait
» responsable, quand même les choses ne lui au-
» raient pas été données en dépôt ; car il ne doit
» se servir pour domestiques, ni avoir pour pen-
» sionnaires, que des personnes dont il connaisse
» la fidélité, au lieu qu'il n'est pas obligé de con-
» naître les voyageurs qui ne logent qu'en passant
» dans son auberge. »

Pothier fondait cette distinction sur la loi 1. § *fin., ff furt. adv. naut.*, 47. 5 (1), et la croyait

---

(1) Cette loi porte : *Caupo præstat factum eorum qui in eâ caupoâ ejus cauponæ exercendæ causâ ibi sunt : item eorum qui habitandi caus*

nécessaire pour concilier cette loi avec la loi 1,
§ 8, *in fine*, et les lois 2 et 3, *ff nautæ, caupones,
etc.*, 4. 9; mais ce grand jurisconsulte se trompait. Ces lois n'ont rien de contraire; seulement
elles s'appliquent à deux cas différens. Les lois romaines accordaient aux voyageurs dont les effets
avaient été volés dans une auberge ou dans une
barque, deux actions, l'action ordinaire *ex recepto*,
qui n'avait pour objet que la restitution des effets,
ou de leur valeur *in simplum*; l'action de vol, *actio
furti*, qui était pénale, et dont l'objet était d'obtenir le double de la valeur des effets volés, *in
duplum*.

La première était accordée au voyageur, quelles
que fussent les personnes qui avaient volé les effets, même des allans et venans, ou d'autres voyageurs logeant aussi dans l'auberge, et lorsqu'on
ignorait par qui le vol avait été fait.

Mais la seconde n'était accordée contre le maître
qu'en prouvant que le vol avait été fait par les

---

di sunt. *Viatorum autem factum non præstat; namque viatorem sibi eligere caupo non videtur, nec repellere potest iter agentes; inhabitatores
verò perpetuos, ipse quodam modo elegit, qui non rejecit, quorum factum
oportet eum præstare. In nave quoque vectorum factum non præstat.*
D. l. 1, § fin., ff furt. adv. naut., 47. 5.

La loi 1, § 8, *in fine*, ff nautæ, caupones, etc., 4. 9, porte au contraire : *Et puto, omnium cùm recipere custodiam, quæ in navem illatæ
sunt; et factum non solùm nautarum præstare debere, sed et vectorum.*

Et la loi 2 ajoute : *Sicut et caupo viatorum.*

Tous les auteurs ont concilié ces lois par la distinction que nous avons
faite. *Voy.* Pacius, ENANTHOPHANÒN ; Coccejus, *Jus civile controversum*,
tom. 1, pag. 375 et autres. Il est étonnant que Pothier se soit trompé
sur la conciliation de ces lois.

gens de la maison, et non pas lorsqu'il avait été fait par des étrangers, ou par d'autres voyageurs.

251. Mais comme, en France, on n'avait point admis les actions *in duplum*, on n'avait point aussi adopté la distinction entre le vol fait par des gens de la maison, et le vol fait par des étrangers ou par d'autres voyageurs; et cette distinction est clairement rejetée par le Code civil, qui porte :

Art. 1952. « Les aubergistes ou hôteliers sont » responsables, comme dépositaires, des effets *ap-* » *portés par le voyageur* qui loge chez eux. Le dé- » pôt de ces sortes d'effets doit être regardé comme » un dépôt nécessaire. »

Art. 1953. « Ils sont responsables du vol ou du » dommage des effets du voyageur, soit que le vol » ait été fait, ou que le dommage ait été causé » par les domestiques et préposés de l'hôtellerie, » ou *par des étrangers allant et venant dans l'hô-* » *tellerie.* »

Art. 1954. « Ils ne sont pas responsables des vols » faits avec force armée ou autre force majeure. »

Les termes de l'art. 1953 proscrivent bien formellement la distinction proposée sur la responsabilité, entre les vols commis par les gens de la maison et ceux commis par des étrangers allant et venant dans l'hôtellerie ; le maître répond des uns ainsi que des autres ; la force majeure seule met sa responsabilité à l'abri.

L'art. 1952 ne proscrit pas aussi positivement à la vérité la distinction de Pothier, entre les effets seulement apportés par le voyageur dans l'auberge, et ceux qu'il a spécialement donnés en garde au maître ou à ses préposés ; mais il la proscrit par une induction nécessaire, en n'exigeant pas autre chose pour rendre le maître responsable, si ce n'est que les effets aient été *apportés par un voyageur :* on ne peut donc rien exiger de plus que cet apport, sans ajouter à la loi ; ce que le juge ne peut faire sans excéder ses pouvoirs. L'aubergiste est donc également responsable des effets que le voyageur a simplement apportés dans l'hôtellerie, sans même lui en donner connaissance, et de ceux dont il lui a confié la garde.

Ainsi l'a décidé la Cour de cassation dans l'espèce suivante : L'art. 386, n°. 4, du Code pénal punit de la *reclusion*, « le vol commis par un aubergiste ou hôtelier, ou leurs préposés, lorsqu'ils » auront volé tout ou partie des choses qui leur » *étaient confiées à ce titre,* etc. »

C'est donc un crime puni d'une peine afflictive et infamante, et, en cette qualité, la connaissance appartient aux tribunaux criminels.

L'aubergiste Netti avait volé la montre d'Ange Lotti, que celui-ci ne lui avait pas *confiée,* mais qu'il avait seulement laissée sur la table de l'auberge. Netti fut traduit à la police correctionnelle, qui rendit un jugement. Mais le procureur impérial en appela, et soutint que le vol était un crime. La Cour de Pise, où l'affaire fut portée, pensa que l'art. 386 du Code pénal n'était applicable qu'à l'aubergiste entre les mains duquel il y aurait eu *dépôt préalable et spécial* des objets. C'est, en effet, ce que semblent annoncer les expressions de cet article. Or, en matière criminelle sur-tout,

on ne peut étendre la lettre de la loi pour la rendre plus rigoureuse. Cependant l'arrêt fut cassé le
28 octobre 1813. (*Voy.* Sirey, tom. XIV, 1ʳᵉ. part.,
pag. 17).

« Attendu que si, en matière civile, le main-
» tien de l'ordre public a exigé que les aubergistes
» et hôteliers fussent assujettis à la rigueur des lois
» établies relativement aux dépôts nécessaires pour
» les effets *apportés* par le voyageur reçu chez eux,
» et qu'ils en fussent déclarés responsables comme
» leur ayant été *confiés de droit,* et sans qu'il fût
» besoin d'aucune convention particulière, *par cela*
» *seul que les voyageurs les avaient apportés chez eux,*
» la même règle doit avoir lieu pour l'application
» de l'art. 386 du Code pénal, relatif aux vols com-
» mis par les aubergistes et hôteliers, des choses
» apportées chez eux par les voyageurs ou per-
» sonnes qui y ont été reçues, ces expressions *qui*
» *leur étaient confiées à ce titre,* insérées dans le der-
» nier article, ayant eu pour objet, non d'apporter
» aucun changement à la corrélation de cet article,
» avec ce qui est établi pour la responsabilité, arti-
» cle 1952 du Code civil, mais d'en prévenir l'ap-
» plication, au cas où les mêmes rapports ne se ren-
» contreraient pas entre l'aubergiste auteur du vol,
» et les personnes au préjudice desquelles aurait
» eu lieu la soustraction frauduleuse ;

» Que, dans l'espèce, Netti, aubergiste à Li-
» vourne, était prévenu de la soustraction d'une
» montre laissée dans sa maison par Ange Lotti,
» qui avait été reçu chez lui, et qui, ainsi, lui était
» confiée de droit, etc. »

Prenons donc pour certain que les aubergistes sont responsables, non seulement des effets qui leur sont donnés en garde par les voyageurs, mais encore de ceux que ces derniers y apportent, soit que le maître en ait connaissance ou non, soit que le vol ait été fait par des gens de la maison ou par des étrangers.

252. Ces dispositions sont dures, sans contredit; mais la nécessité et la sûreté publique ont paru exiger cette sévérité : *Maxima utilitas est hujus edicti,* dit Ulpien, *loi* 1, § 1, *ff nautæ, caupones, etc.,* 4. 9, *quia necesse est plerùmque eorum fidem sequi, et res custodiæ eorum committere. Ne quisquam putet graviter hoc adversùs eos constitutum : nam est in ipsorum arbitrio, ne quem recipiant ; et nisi hoc esset statutum, materia daretur, cum furibus adversùs eos quos recipiunt, cœundi, cùm ne nunc quidem abstineant hujusmodi fraudibus*

Les hôtelleries sont des asyles nécessaires. Ceux que leur santé ou leurs affaires obligent à voyager sont contraints d'y loger, et de suivre ainsi la foi du maître, pour la garde et la sûreté de leurs effets. Ajoutez à cela la crainte de voir s'établir entre eux et les voleurs ou les filoux une société secrète, pour dépouiller les voyageurs. Tout a contribué à faire prononcer contre eux une responsabilité qu'on ne peut, quelque dure qu'elle soit en plusieurs cas, taxer précisément d'injustice, puisqu'ils y consentent au moins tacitement, en embrassant une profession dont ils doivent connaître les devoirs et les obligations ; et depuis même qu'ils l'ont embrassée, ils sont libres de ne

pas recevoir tel ou tel voyageur, ou de ne le recevoir que sous la condition de ne répondre que
de leurs fautes personnelles ; et si le voyageur con-
sent à cette condition , ils ne répondent point des
pertes arrivées sans leur faute. Loi 7, *ff nautæ, caupones, etc.*, 4. 9.

253. Au reste, la dureté en théorie de cette responsabilité peut être, et est souvent mitigée dans
la pratique, par la manière dont elle est exercée.
D'abord , le voyageur qui réclame les effets qu'il
prétend avoir perdus dans l'hôtellerie, doit prouver qu'il les y a réellement apportés , si l'hôtelier
ne reconnaît pas cet apport. Celui-ci n'est même
pas obligé de le nier formellement ; il lui suffit de
dire qu'il n'a pas connaissance de cet apport ; car,
puisqu'il en répond , même quand l'apport est fait
à son insu , et sans qu'il en ait eu connaissance,
il est naturel qu'il puisse borner sa défense à déclarer son ignorance , comme des héritiers auxquels on oppose un acte sous seing privé de leur
auteur, peuvent se borner à dire , sans la dénier.
qu'ils ne reconnaissent pas l'écriture : c'est alors
au demandeur de la faire vérifier. Par identité de
raison, quand un voyageur dit avoir apporté dans
l'auberge des effets qui se trouvent perdus, c'est
à lui de prouver le fait de l'apport, sans lequel il
ne peut avoir rien à réclamer. Il est vrai qu'il peut
le prouver par témoins, comme dépôt nécessaire,
à quelque somme que s'élève la demande : le Code
le permet expressément, par la seconde disposition
de l'art. 1348 ; mais il faut remarquer que les juges ne sont pas obligés d'admettre cette preuve.

Ce n'est qu'une faculté que la loi leur donne, et dont ils ne doivent user, dit l'article cité, *que suivant la qualité des personnes et les circonstances du fait.*

Cette disposition est tirée de l'art. 4, tit. 20 de l'ordonnance de 1667, et contre l'admission duquel le président de Lamoignon fit de très-sérieuses objections. Il serait trop dur, disait-il, d'abandonner les hôtes à la discrétion des filoux, et de toutes sortes de gens qui vont loger chez eux. Si, néanmoins, ajoute-t-il, il arrivait que ce fût un homme de bien qui se plaignît d'un homme mal famé, il dépendrait de la prudence du juge d'y faire les considérations nécessaires. M. Pussort répondit que l'article laissait au juge la liberté de recevoir la preuve ou de la rejeter, suivant les différentes circonstances des personnes, des tems et des choses. (*Voy.* le Procès-verbal de l'ordonnance de 1667, pag. 218).

254. Voilà donc déjà un premier moyen laissé à la prudence et à la sagacité des juges, d'adoucir la responsabilité des aubergistes et d'en prévenir les abus.

Ce n'est pas tout : lorsque l'apport des effets perdus ou volés est reconnu ou prouvé, il faut en prouver aussi la valeur, et l'on admet alors le serment *in litem* du demandeur, sur une déclaration détaillée qu'il donne de ses effets, et qu'il doit affirmer véritable ; et si, considération faite des personnes et des circonstances, le juge trouve l'évaluation trop forte, il est de son devoir de la modérer et déterminer la somme jusqu'à la concurrence de laquelle le demandeur doit en être cru sur son serment (1). L'art. 1369 porte :

« Le serment sur la valeur de la chose demandée
» ne peut être déféré par le juge au demandeur,
» que lorsqu'il est d'ailleurs impossible de consta-
» ter autrement cette valeur. — Le juge doit même,
» en ce cas, déterminer la somme jusqu'à concur-
» rence de laquelle le demandeur en sera cru à son
» serment. »

255. Enfin, ce n'est pas tout encore : si le de-mandeur prétendait qu'il y avait dans ses ballots perdus ou volés des espèces d'or et d'argent, des bijoux, etc., devrait-il en être cru à son serment? La négative nous paraît conforme à la justice et à l'esprit du Code. L'art. 1952 dit que « les auber-
» gistes ou hôteliers sont responsables, comme dé-
» positaires des *effets* apportés par le voyageur qui
» loge chez eux, etc. »

Les espèces d'or et d'argent sont-ils compris sous le nom générique d'effets apportés par le voyageur sans une déclaration ?

Les entrepreneurs de voitures publiques, les voituriers par terre et par eau sont, dit l'art. 1782, assujettis, pour la garde des choses qui leur sont confiées, *aux mêmes obligations que les aubergistes,* et s'il leur arrive de perdre les malles ou ballots dont ils sont chargés, on admet le serment *in li-tem* du propriétaire, sur la valeur des effets qui y étaient contenus.

---

(1) Sur le serment *in litem*, voy. ce que nous avons dit au tom. X, nos. 457—447.

Cependant, on a jugé que si les propriétaires avaient mis dans leurs malles ou ballots des sommes d'argent, sans les déclarer autrement que sous le non générique d'effets à eux appartenant, les entrepreneurs de messageries n'en sont pas tenus, et cette décision est fondée sur l'art. 1785, qui dit que les entrepreneurs de voitures publiques....... doivent tenir registre de *l'argent,* des effets et des paquets dont ils se chargent. On en a induit, avec raison ce nous semble, que les propriétaires doivent faire sur le registre une déclaration spéciale de l'argent qu'ils chargent, s'ils veulent engager la responsabilité des entrepreneurs, qui, sans cela, ne sont censés avoir contracté aucun engagement relatif à la garde de l'argent. Cette décision est conforme à la justice, parce qu'en effet, les espèces d'or et d'argent exigent, à raison du péril, un plus grand soin, une plus grande surveillance pour leur garde. Ainsi l'a décidé la Cour de Bruxelles, par un arrêt du 28 avril 1810 (1), qui rejeta la demande d'un sieur Depinois, qui réclamait de l'administration des messageries une somme de 4,000ᶠ, qu'il prétendait avoir mise dans son porte-manteau, chargé au bureau de Gand, mais sans déclaration de la somme de 4,000ᶠ.

La Cour de Paris appliqua les mêmes principes au cas d'un vol d'argent et de bijoux prétendu fait dans une hôtellerie de Reims, et dont le sieur Halinbourg voulait rendre responsable la veuve

---

(1) *Voy.* Sirey, tom. XI, 2ᵉ part., pag. 21 et 22 ; Journal des audiences, 1811, supplément, pag. 59.

Woel Ferdin, aubergiste. Elle répondait qu'on ne pouvait lui appliquer l'art. 1953 du Code, 1°. parce que l'argent et les bijoux ne lui avaient pas été montrés ni déclarés ; 2°. parce que le sieur Halinbourg n'avait pas pris les précautions suffisantes pour garder son argent, n'ayant fait aucun usage d'une armoire dont il avait la clef, ainsi que celle de sa chambre.

Par arrêt du 2 avril 1811 (1), la Cour rejeta sa demande, parce qu'il n'était pas constant qu'il eût été volé dans l'auberge, et que, *lors même qu'il eût été volé des effets dont il réclame la valeur, l'intimée n'ayant pas été instruite qu'il avait avec lui de l'argent et sur-tout des bijoux, l'art. 1953 ne pouvait être invoqué contre elle ;* d'autant moins qu'il avait été remis à d'Halinbourg les clefs de l'armoire et de la chambre, ce qui l'avait mis dans le cas d'empêcher la soustraction des effets par lui réclamés.

Cette décision est sage. Il est certain qu'en jugeant par induction et analogie de l'art. 1785, que l'aubergiste ne répond pas des sommes que le voyageur n'a point déclarées et qu'il apporte dans l'auberge sans en donner connaissance au maître, les juges ne contreviennent à aucune loi, et ne font que suivre la raison naturelle. L'opinion contraire pourrait donner lieu, comme le disait le président de Lamoignon, à des fraudes concertées entre des filoux, sans que l'aubergiste pût éviter leurs pièges, tandis que le voyageur peut mettre son argent en sûreté, en le donnant à garder à l'aubergiste.

Les savans auteurs de la Collection de jurisprudence connue sous le nom de nouveau Denisart, disent fort bien, v°. *Aubergiste,* § 3, n°. 3 : « On » n'est pas libre de rendre des aubergistes respon- » sables de sommes indéfinies, en supposant dans » des malles des effets précieux, tels que des dia- » mans et des bijoux qui ne soient pas présumés » y être. En pareil cas, il faut déclarer à l'auber- » giste qu'on est porteur d'effets précieux dont on » le charge nommément. »

256. Mais il nous est impossible d'admettre un principe que hasardent les mêmes auteurs, *ibid.*, n°. 4 :

« Hors ces cas particuliers, disent-ils, *la seule dé-* » *claration des plaignans,* pourvu que d'ailleurs ils » jouissent d'une réputation saine et entière, suffit » pour faire condamner l'aubergiste à la restitution » des effets que ceux-ci articulent avoir perdus. »

Ils citent un arrêt qui déféra le serment *in li-* *tem* à un chanoine et à un prêtre, sur leur seule déclaration, et condamna l'aubergiste à leur payer environ 2,000'. Une pareille décision est contraire à la raison et aux principes du droit. Quelque respectable, quelqu'élevée en dignité que soit une personne, son seul témoignage ne peut être un titre suffisant en sa faveur, pour lui déférer le serment. Il faut que sa demande ne soit pas totalement dénuée de preuves (1369); il faut, pour rendre l'aubergiste responsable, prouver l'apport des paquets dans l'auberge. Ce n'est que lorsqu'il est prouvé, que le juge, sur la déclaration détaillée du demandeur, peut lui déférer le serment *in litem* sur leur valeur. On ne peut pas accuser la loi de trop d'indulgence pour les aubergistes, puisqu'elle permet indéfiniment la preuve testimoniale contre eux; et comme les gens de l'auberge peuvent être regardés comme témoins nécessaires, leur témoignage pourrait aussi être admis, toujours suivant les circonstances et les personnes.

257. A cette responsabilité établie par le Code civil, le Code pénal en ajoute une autre plus sévère, mais qu'il leur est facile d'éviter, en se conformant à l'art. 475, qui leur ordonne, n°. 2, d'inscrire de suite et sans aucun blanc, sur un registre tenu régulièrement, les noms, qualités, domicile habituel, dates d'entrées et de sortie de toute personne qui aurait couché ou passé une nuit dans leurs maisons, sous peine d'une amende de 6 à 10^f.

Indépendamment de cette amende, l'art. 73 ordonnait que « les aubergistes et hôteliers convaincus d'avoir logé plus de vingt-quatre heures quelqu'un qui, pendant son séjour, aurait commis un crime ou un délit, seront civilement responsables des restitutions, des indemnités et des frais adjugés à ceux à qui ce crime ou ce délit aurait causé quelque dommage, faute par eux d'avoir inscrit sur leur registre le nom, la profession et le domicile du coupable, sans préjudice de leur responsabilité, dans le cas des articles 1952 et 1953 du Code civil. »

La sévérité de cette responsabilité peut paraître frappante au premier abord ; mais elle disparaît quand on considère, d'une part, qu'il leur est facile de s'y soustraire, en se conformant à la loi, et de l'autre, que faute par les aubergistes et hôteliers de remplir une formalité facile et simple, ils fournissent à des coupables les moyens de se dérober plus aisément aux recherches de la justice ; qu'ainsi, leur négligence favorise l'impunité, par le défaut de notions propres à faire découvrir les traces du crime ou du délit, et qu'enfin, cette responsabilité est la peine de leur contravention à la loi.

258. On peut répondre du fait d'autrui en vertu de la loi ; mais il faut que sa disposition soit expresse et formelle ; car cette responsabilité étant contraire à la raison, on ne peut, en cette matière, raisonner par analogie : *Quod contrà rationem juris receptum est, non est producendum ad consequentias.* Loi 14, *ff de legib.,* 1. 3. La loi qui prononce la responsabilité du fait d'autrui est même presque toujours injuste. Nous en avons vu un exemple dans la fameuse loi du 10 vendémiaire an IV, sur la responsabilité des communes. Examinons les responsabilités prononcées par les dispositions du Code :

259. L'art. 1384 porte : « Le père, et la mère, » après le décès du mari, sont responsables du dommage causé par leurs enfans *mineurs habitant* avec » eux. »

Cette disposition tranche, en peu de mots, une question très-importante, et sur laquelle il n'exis-

·tait point en France de loi générale avant la pro
mulgation du Code civil. En partant du principe
que le fait d'autrui ne peut nous être imputé,
.quand nous n'y avons coopéré directement ni in-
·directement, les moralistes et les livres saints en
· ont conclu, avec .raison, qu'on ne peut pas plus
·imputer au père le fait du fils, qu'au fils celui du
père (1). Il y a cependant une grande différence
entre ces deux cas. Le fils n'a aucune autorité sur
· la personne ni sur les actions de son père. Au con-
·traire, la nature et la loi ont placé les enfans sous
la puissance du père, spécialement chargé de leur
donner une éducation convenable, et de diriger
leurs actions : c'est le censeur que la loi leur a
·donné.

Or, la règle qu'on ne peut imputer à personne
les actions d'autrui, reçoit une limitation, dans
· le cas où l'on *peut* et *doit* les diriger (2). Cette limitation n'est pas moins fondée en raison que la règle
même ; car, celui qui peut et doit empêcher un
mal, et qui ne l'empêche pas, en répond comme
s'il l'avait fait ou ordonné lui-même. Il peut donc
·y avoir, et il y a, en effet, des cas où le père doit
répondre des dommages causés par ses enfans; ce
sont ceux où il a pu empêcher l'action qui les a
causés.

260. On était allé plus loin sous l'ancienne légis-

---

(1) *Filius non portabit iniquitatem patris, et pater non portabit iniquitatem filii*, dit le prophète Ezechiel, *cap.* 18, *vers.* 20.

(2) *Actiones ab alio patratæ.... non possunt alteri imputari, nisi quate-
nus ille potest et tenetur istas moderari*, dit fort bien Puffendorf, *de offi-
hom. et civ.*, *lib.* 1, *cap.* 1, *n°.* 18.

lation, et, en partant de la fausse supposition que le père peut toujours prévenir et empêcher ses enfans de faire des fautes, notre nouvelle Coutume de Bretagne, conforme en cela à l'ancienne et à la très-ancienne, rédigée vers l'an 1230, porte, article 656 : « Si l'enfant fait tort à autrui, tant qu'il » sera au pouvoir de son père, le père doit payer » l'amende civile, pour ce qu'il doit châtier ses en- » fans. »

On voit par différens arrêts du Parlement de Paris, et les auteurs nous enseignent, que cet article fut suivi dans les provinces dont les Coutumes ne contenaient point de disposition semblable, et qu'il devint le droit commun de la France : il s'est même trouvé des auteurs qui ont écrit que cet article était juste et fondé en raison (1).

Cependant, dans notre Bretagne, où cette doctrine avait pris naissance, notre savant d'Argentré (2) s'éleva avec toute la force de la raison contre une disposition si évidemment injuste par sa généralité. Sans doute, disait-il, le père doit corriger ses enfans; mais il ne le peut pas toujours : il y a des naturels tellement indociles et féroces, que tous les soins, toutes les remontrances ne peuvent changer ; qui n'écoutent, qui ne souffrent pas même les corrections. La raison ne permet donc pas de punir un père pour les actions d'un enfant, lorsqu'il n'a pu les empêcher ; lorsqu'au

---

(1) M. Levasseur, dans la Collection de jurisprudence connue sous le nom du nouveau Denisart, v°. *Délit*, § 3, n°. 5.

(2) Sur l'art. 611 de l'ancienne Coutume.

contraire il a fait tout ce qui était en lui pour les prévenir; lorsqu'il était absent, lorsqu'il en a confié l'éducation à des maîtres sages. Il faut donc, ajoute l'auteur, ou changer la disposition, en tempérer la dureté et l'injustice, ou rétablir la raison dans l'esprit des enfans, ce qui n'est pas au pouvoir des hommes.

Ni le poids des raisons de d'Argentré, ni l'autorité des jurisconsultes les plus célèbres (1), ni l'observation journalière, qui nous démontre que la prévoyance la plus active des pères de famille les plus vigilans, ne peut, le plus souvent, empêcher ni prévenir les actions d'un enfant qui cause du dommage, rien ne put ramener les esprits à la justice. On appliqua rigoureusement la responsabilité prononcée indéfiniment par la Coutume de Bretagne, aux cas même où les pères n'avaient pu empêcher l'action de leurs enfans (2). La juris-

---

(1) De Cujas, de Barthole, dont l'autorité était alors si grande. Ils raisonnent dans le cas où la responsabilité ne s'étendrait qu'à payer d'avance la légitime de l'enfant; et dans ce cas-là même, ils décident qu'on ne peut l'exiger du père. Cujas, *in leg.* 1, § 21, *ff de collat. bon.,* 57. 6, *tom. IV, op. post., part. sec., pag.* 102, *édit. Frabrot.,* dit :

Hic quærit Bartolus an pater cujus filius est condemnatus ob delictum et ei gravis mulcta dicta est, debeat legitimam repræsentare, quâ possit condemnatus filius satisfacere? Et concludit justissimè hoc non jure postulari.

(2) Nous en trouvons un exemple dans l'arrêt du 11 septembre 1673, rapporté dans le Journal du palais. Jean Thorel, enfant de quatorze ans quatre mois, jouant avec d'autres enfans, amassa une boule de neige pour la jeter à Charles Macherel; mais au lieu de frapper celui-ci, il frappa Michel Balthus, autre enfant qui vint par hasard à passer, et lui creva l'œil. Il est évident que le père Thorel, qui n'était pas présent, n'avait pu prévenir ni empêcher cet accident. Cependant, il fut condamné de payer la réparation civile, en vertu de la responsabilité indéfinie prononcée par la Coutume de Bretagne.

prudence n'y apporta d'autre adoucissement que celui de dispenser les pères de la responsabilité, quand le dommage avait été causé par un impubère encore incapable de malice et sans discernement du bien et du mal (1), parce que leurs actions, de même que celles d'un insensé, n'étant pas susceptibles d'imputation, et ne pouvant constituer ni un délit ni un quasi-délit (2), le dommage qu'ils peuvent causer, lorsqu'il n'a pu être prévenu ni empêché par les personnes chargées de les surveiller, ne saurait être considéré que comme l'effet d'un cas fortuit.

261. Mais cet adoucissement laissait subsister la responsabilité indéfinie du dommage causé par les enfans pubères, dont l'injustice était évidente.

Enfin, nos sages législateurs ont fait cesser cette injustice, et rétabli l'empire de la raison, par la disposition finale de l'art. 1384, qui porte : «La » responsabilité ci-dessus a lieu, à moins que les » pères et mères, instituteurs et artisans ne prou- » vent qu'ils n'ont pu empêcher le fait qui donne » lieu à cette responsabilité. »

---

(1) Cette jurisprudence était constante. *Voy.* l'arrêt du Parlement de Bretagne, du 23 octobre 1612, rapporté par Frain, 3e. plaid.; celui du 24 janvier 1621, rapporté dans le Journal des audiences; celui du 11 septembre 1673, rapporté dans le Journal du palais, dans lequel l'avocat général le Laboureur atteste qu'on avait toujours ainsi jugé. *Voy.* enfin Perrier, quest. 65; ce qui est conforme au droit romain, loi 5, § 2, ff ad leg. aquil., 9. 2; à la loi salique, *cap.* 26, *art.* 9, et au droit canonique, *cap.* 2, *X de delict. pueror.*, lib. 5, tit. 23. M. Levasseur s'est trompé en assurant, dans le nouveau Denisart, v°. *Délit*, § 3, que telle n'était pas la jurisprudence.

(2) *Voy.* Puffendorf, Devoirs de l'homme et du citoyen, liv. 1, chap. 1, § 25; Pothier, Traité des obligations, n°. 118.

Au moyen de cette disposition, depuis si long-tems sollicitée par la raison, la responsabilité du père n'a plus rien de contraire à la justice. La nature a placé les enfans sous la surveillance et la direction du père ; il est le censeur-né de leurs actions, il doit les diriger : il est donc juste qu'il en réponde ; c'est une garantie qu'il doit à la société : voilà la règle.

262. Mais il existe une autre règle, également fondée sur la raison, c'est que personne n'est tenu à l'impossible. On ne peut imputer à personne de n'avoir pas fait une chose qui n'était pas dans son pouvoir ; c'est un axiôme de vérité éternelle. Cependant cette excuse même, fondée sur l'impossibilité, n'étant qu'une exception à la règle de la responsabilité, c'est le père qui doit la prouver, comme l'exige notre art. 1384, conforme, en ce point, au principe reçu en matière de preuve. C'est au demandeur à prouver, et le défendeur devient *demandeur*, en alléguant une exception.

263. De plus, l'excuse ne devrait pas être reçue, si l'impossibilité d'empêcher l'action a été précédée d'une faute du père, sans laquelle l'événement qui a causé le dommage ne serait pas arrivé. En voici un exemple dans l'espèce d'un arrêt rendu par le Parlement de Paris, au mois de mars 1784, dont voici l'espèce :

Le fils de Carlier, armurier à Guise, et la fille de Taffin, tailleur, tous deux enfans de sept à huit ans, jouaient dans la boutique du père Carlier, qui était absent. L'enfant Carlier ouvre un tiroir, en tire un pistolet chargé à poudre, presse la détente,

le pistolet part, et blesse la fille Taffin au visage.
Taffin rend plainte contre Carlier père et fils. Le
lieutenant criminel rend un décret d'ajournement
personnel contre le fils Carlier.

Il était bien évident que le fait de ce dernier,
dans un âge aussi tendre, ne constituait point un
délit, et ne pouvait lui être imputé; aussi, sur l'appel de la procédure, le décret fut déclaré nul.

Il était encore évident que Carlier père, étant
absent, n'avait pu empêcher l'action de l'enfant;
mais il n'était pas moins évident que le père Carlier avait commis une faute, tout au moins une
haute imprudence, en laissant, sans l'enfermer
sous la clef, un pistolet chargé, dans un lieu où
les enfans allaient jouer. Sans cette faute, l'événement ne serait point arrivé. Il fut donc condamné
à 200ᶠ de dommages et intérêts et aux dépens. De
plus, l'arrêt lui fit défense de tenir des armes chargées dans sa boutique, et, pour l'avoir fait, le condamna en 3ᶫ d'amende, par forme de police (1).

Cet arrêt confirme ce que nous avons déjà dit,
que le père répond de la faute de ses enfans, même
impubères, quoiqu'il n'ait pu empêcher l'action;
lorsqu'elle a été précédée d'une faute de sa part,
sans laquelle l'événement ne serait point arrivé,
car c'est alors sa faute personnelle qui a occasionné

(1) *Voy.* le nouveau Denisart, vᵒ. *Délit*, § 6, nᵒ. 5. C'est sur cet arrêt
que M. Levasseur, qui le rapporte, prétendait prouver que la jurisprudence ancienne, sur le point de non responsabilité des fautes commises par des enfans en bas âge, n'était pas constante. Il est évident
qu'il se trompait.

le dommage. Cela est conforme au principe établi *suprà*, n°. 154.

264. L'excuse d'impossibilité rend inutiles aujourd'hui beaucoup de questions que faisait naître l'injustice de la responsabilité indéfinie. D'Argentré demandait si elle s'étendait au cas d'absence du père. Aujourd'hui la négative est en général évidente, car le père absent n'a pu empêcher le fait qui a causé le dommage.

Cependant il ne faut pas en conclure que le père absent soit toujours dégagé de la responsabilité. Il ne l'est pas en plusieurs cas; par exemple, si le fait a été précédé d'une faute de sa part, sans laquelle l'événement n'aurait pas eu lieu, comme dans le cas du père Carlier, dont nous venons de citer l'exemple. La faute la plus légère suffirait pour faire rejeter l'excuse d'impossibilité. La loi ne peut balancer entre celui qui a commis une faute, même légère, et celui qui en souffre, sans en avoir commis aucune. Quiconque a causé ou occasionné du dommage, doit le réparer. C'est au magistrat d'examiner s'il n'y a pas de reproches fondés à faire au père; si, au lieu de réprimander et de châtier l'enfant, quand l'occasion s'en est présentée, il avait, par trop de faiblesse, passé sous silence, excusé, peut-être quelquefois autorisé, par ses exemples et sa conduite, des fautes de la nature de celles dont on se plaint, il pourrait, malgré son absence, être jugé responsable du dommage causé par l'enfant. On pourrait encore examiner s'il ne devait pas, s'il n'avait pas les moyens de faire surveiller un enfant vicieux ou connu par la pétulance de son caractère. Tout dépend des circonstances. L'excuse est abandonnée à la prudence et à la sagacité des magistrats.

265. La responsabilité cesse quand le père a placé son enfant dans un collége ou autre maison d'éducation ; c'est alors le chef de l'établissement qui répond civilement de ses actions. Ainsi le veut la quatrième disposition de l'art. 1384. Le père s'est reposé sur lui, en lui confiant l'enfant, d'une surveillance qu'il n'est plus désormais à lieu d'exercer : c'est donc l'instituteur qui en est chargé dans la place du père. La loi lui délègue une portion d'autorité suffisante pour retenir l'enfant dans les bornes du devoir. C'est lui seul qui est en faute, *si ce dernier s'en écarte.* Il doit donc en répondre civilement, sans recours contre le père, mis désormais à l'abri de toute responsabilité, par la disposition de la loi, et par le mandat qu'il a spécialement donné au chef de la maison où il a placé son fils.

266. Cependant l'art. 79 du décret impérial du 15 novembre 1811, concernant le régime de l'Université, en statuant que pour les délits commis par les élèves au dehors des lycées, dans les sorties et promenades faites en commun, la partie lésée a le droit d'en poursuivre la réparation par les voies ordinaires, dit : « Dans tous les cas, l'action sera « dirigée contre le chef de l'établissement auquel « l'élève appartiendra, lequel chef sera civilement « responsable. »

Ceci est parfaitement conforme au Code civil ; mais l'article ajoute : « *Sauf son recours contre les*

» *pères et mères, ou tuteurs, en établissant qu'il n'a*
» *pas dépendu des maîtres de prévenir ni d'empê-*
» *cher le délit.* »

Cette dernière disposition est dans une contradiction manifeste avec l'art. 1384 du Code. 1°. Si
l'instituteur prouve qu'il n'a pas dépendu des
maîtres de prévoir et d'empêcher le délit, l'impossibilité existe, à bien plus forte raison, à l'égard
du père, demeurant peut-être à cent lieues de l'é-
tablissement où il a placé son fils. Comment donc
exercer un recours contre lui, pour un cas où la
loi dégage de la responsabilité? Comment en exercer un contre le tuteur, que le Code n'assujettit
point à cette responsabilité?

2°. S'il est prouvé que les maîtres n'ont pu prévenir ni empêcher le délit, il est dégagé de la responsabilité par le Code, art. 1384. Il n'a donc pas
de recours à exercer.

Au reste, il est difficile de prouver l'impossibilité de prévenir ou d'empêcher le dommage causé
par un élève; car, dans un collége bien tenu, les
élèves doivent être perpétuellement sous les yeux
des maîtres : il y a donc le plus souvent défaut de
surveillance de ces derniers.

267. Il faut ajouter que la disposition du décret
impérial n'a pu ni déroger au Code civil, ni l'a-
broger. Il n'avait pas force de loi; et des magistrats pénétrés de leurs devoirs n'auraient pas dû
asseoir un jugement sur cette disposition, même
sous le gouvernement impérial, à plus forte raison
sous le règne d'un monarque sage, qui, depuis
long-tems, a jugé l'Université, senti la nécessité

de corriger ses vicieuses institutions, et annoncé le dessein de les réformer, comme incompatibles *avec ses intentions paternelles , et avec l'esprit libéral de notre gouvernement.*

Ce sont les expressions du préambule de l'ordonnance du 17 février 1815, *portant réglement sur l'instruction publique* (1).

Les tribunaux ne devraient donc pas admettre, aujourd'hui, l'action récursoire d'un instituteur contre le père de l'enfant confié à ses soins.

268. Un professeur célèbre, aujourd'hui membre du Conseil royal de l'instruction publique, va jusqu'à dire que si l'enfant qui a causé du dommage à son père demeure en même tems chez un maître d'apprentissage, le maître est tenu de réparer le dommage, parce que le père n'est tenu qu'autant que l'enfant demeure chez lui (2).

C'est peut-être aller un peu loin, sur-tout si le maître demeure dans la même ville que le père, et si le dommage est causé dans la maison du père.

269. Une loi du 17 ventôse an VIII prononça, art. 9, une amende de 1,500ᶠ contre les conscrits réfractaires considérés comme déserteurs. Une autre loi, du 6 floréal an XII, art. 9, ajouta que les père et mère répondraient civilement de l'amende

---

(1) Malheureusement, cette réforme salutaire sera toujours empêchée par le grand nombre de gens en crédit, intéressés à maintenir les abus de cette institution, et l'énorme quantité de sinécures dont ils disposent. N'a-t-on pas vu un ministre occuper une place d'inspecteur de l'Université, pour en recevoir l'émolument : *Rem, quocumque modo rem.*

(2) M. Delvincourt, tom. III, pag. 685, not. 4.

prononcée contre le conscrit réfractaire; ce qui n'empêchait point que le conscrit ne fût remplacé par sa municipalité.

Cette loi tyrannique, ainsi que toutes les lois sur la conscription, décrétées sous Bonaparte, est abrogée par l'art. 12 de la Charte, et remplacée par la loi du 10 mars 1818, sur le recrutement de l'armée.

270. Nous avons dit, n°. 260, que l'ancienne jurisprudence dispensait le père de la responsabilité, lorsque l'enfant impubère avait agi sans discernement, parce que l'action n'est point alors imputable à l'enfant. Ce principe, émané de cette loi éternelle et immuable fondée sur la raison, est toujours le même : il a été consacré par l'art. 66 du Code pénal, qui laisse même aux juges une grande latitude de pouvoir pour décider si l'enfant a agi ou non avec discernement. Il porte : « Lors- » que l'enfant est âgé de moins de seize ans, s'il » est décidé qu'il a agi sans discernement, il sera » acquitté. » La loi, dit la Cour de cassation, *ne le reconnaît coupable de crime ni de délit,* parce que l'action ne lui est pas imputable. Ajoutons, avec Pothier, n°. 118, ni de *quasi-délit,* parce que l'action ne lui est pas imputable : il n'est donc pas obligé; le dommage est considéré comme un cas fortuit.

Pour s'excuser de la responsabilité, le père n'a donc en ce cas rien autre chose à prouver, si ce n'est que son enfant était en trop bas âge pour agir avec discernement. Si le demandeur en répa- ration prétendait faire rejeter cette excuse, en disant que l'action de l'enfant pouvait être empêchée par le père ou par les personnes dont il répond, ce serait à lui de le prouver, à la différence du cas dont nous avons parlé, n°. 262, où c'est au père de prouver qu'il a été dans l'impossibilité d'empêcher l'action de son enfant, dont la loi l'oblige de répondre, s'il n'a pas l'excuse d'impossibilité; au lieu que la loi ne l'oblige point de répondre des actions d'un enfant impubère et sans discernement.

Il en répondrait cependant, comme nous l'avons dit, n°. 263, si l'action de l'enfant a été précédée d'une faute du père, sans laquelle l'action n'aurait pas eu lieu.

271. Ceci donne lieu à une observation importante. La responsabilité du père, obligé de réparer le dommage causé par son enfant, n'est pas autre chose qu'un cautionnement légal et forcé, une garantie que la loi exige pour le rendre plus attentif à veiller sur la conduite et les actions de ses enfans. L'enfant qui a causé le dommage n'en reste pas moins personnellement obligé à la réparation. C'est l'obligation principale; celle du père n'en est que l'accessoire. S'il est obligé de payer, c'est pour son enfant, c'est parce que son enfant doit; en un mot, c'est la dette de l'enfant qu'il est contraint de payer d'avance et sans bénéfice de discussion. Il peut la répéter (1) vers lui, en rendant

_____

(1) *Voy.* d'Argentré, sur l'art. 611 de l'ancienne Coutume de Bretagne, et les auteurs qu'il cite.

son compte de tutelle, la reprendre, ou s'en fair payer sur les biens avenus à l'enfant, par succession ou autrement, et s'il ne l'a pas répétée de son vivant, l'enfant en devra le rapport à la succession du père (1), ou devra l'imputer sur sa portion héréditaire.

272. Si le père est excusé de la responsabilité en prouvant qu'il est sans reproche, et qu'il n'a pu empêcher le fait qui a causé le dommage, cette excuse, qui est un acte de justice, lui est personnelle, et ne dégage pas l'enfant, véritable auteur du dommage. La partie lésée peut donc agir contre lui sous l'autorité du père, et le faire condamner personnellement à la somme due pour réparation du dommage, et aux dépens; somme dont il pourra se faire payer dans la suite sur les biens qui aviendront à l'enfant.

Si même le dommage était causé par un crime ou par un délit, la partie lésée pourrait intervenir devant le tribunal criminel, pour exercer son action civile en dommages et intérêts, comme l'y autorise l'art. 3 du Code d'instruction criminelle, sans être obligée d'appeler le père.

273. Mais s'il s'agit du dommage causé par un enfant impubère, sans discernement, *doli incapax,*

---

(1) C'est ce qu'enseigne Duparc-Poullain, dans ses Principes du droit tom. IV, pag. 210, n°. 309.

C'est aussi une conséquence nécessaire de l'art. 851 du Code civil, qui porte que « le rapport est dû de ce qui a été employé pour l'établissement d'un des cohéritiers, *ou pour le paiement de ses dettes.* »

il est évident que la partie lésée ne peut agir contre lui, parce que le fait ne lui est pas imputable. La procédure serait donc annulée, comme le fut le décret rendu contre l'enfant Carlier, âgé de sept à huit ans. (*Suprà*, n°. 263).

274. De là une autre conséquence en faveur de l'impubère, si son père est condamné à la responsabilité, parce qu'il pouvait empêcher le fait qui a causé le dommage, ou que ce fait a été précédé d'une faute de sa part, sans laquelle il ne serait pas arrivé. C'était le cas où se trouvait le père Carlier. Non seulement le père ne pourra, dans ce cas, répéter de son fils devenu majeur la somme qu'il a été condamné de payer, parce qu'il y a été condamné pour une faute qui lui est personnelle ; mais encore, et par la même raison, le fils ne sera point obligé de rapporter cette somme à ses cohéritiers à l'ouverture de la succession du père, parce que ce n'est point la dette personnelle du fils, qui n'était point obligé, que le père commun a acquittée.

275. L'enfant pubère étant incontestablement obligé de rapporter, à l'ouverture de la succession, la somme payée pour réparation de sa faute, puisque c'est sa dette personnelle que le père a payée d'avance, l'exacte justice semblerait exiger que la responsabilité du père fût bornée à la légitime de l'enfant, c'est-à-dire à sa portion héréditaire dans les biens du père, toutes charges déduites ; car si le père est obligé de payer indéfiniment la totalité du dommage causé par l'enfant, toute la famille peut se trouver ruinée pour la

faute d'un seul (1). Il peut, en effet, arriver que
la valeur du dommage à réparer excède la fortune
du père; par exemple, si un pubère, demeurant
chez son père, avait par imprudence incendié une
maison voisine d'une valeur, meubles compris,
supérieure aux biens du père; dans ce cas, la famille entière serait ruinée, et les innocens seraient
punis pour le coupable. Un auteur, qui écrivait
sur la Coutume de Bretagne (2), pensait donc que
la limitation de la responsabilité du père à la légitime de l'enfant était nécessaire. Mais notre article 1384 est conçu dans des termes trop généraux
pour que les tribunaux puissent admettre, sans
une loi nouvelle, une pareille limitation, quelque
juste qu'elle soit. C'est *le dommage,* et non une
portion du dommage, qu'il ordonne de réparer:
il faut donc exécuter la loi, quoique dure, pendant qu'elle existe. On ne peut se dissimuler qu'une
responsabilité aussi étendue, qui oblige indéfiniment le père à payer des sommes rapportables à
sa succession par le fils coupable, peut, en certains cas, être plus injuste que cette loi fameuse,
qui ordonna le partage de présuccession des biens
des pères et mères en faveur du fisc, pour répondre de la faute commise par les enfans émigrés;
car cette loi du moins ne confisqua que la part

---

(1) Pour tempérer un peu cette injustice, un arrêt du Parlement de
Bretagne, du 22 octobre 1605, sursit l'exécution de la réparation après
la mort du père, ayant égard à sa pauvreté et caducité. C'est le second
arrêt rapporté par Hévin, sur l'art. 656 de la Coutume.

(2) Belordeau, Observations forenses, liv. 1, chap. 15.

virile de chaque enfant émigré, et en donna une au père, une à la mère, une autre à chacun des autres enfans.

276. Le Parlement de Bretagne sentait tellement l'injustice de la responsabilité des pères, telle que l'ordonnait l'art. 656 de la Coutume, qu'il saisissait tous les prétextes d'en amollir la dureté. Un arrêt de 1607 (1) jugea que le père n'était pas tenu de rendre les sommes prises et volées par son fils, parce que la Coutume n'oblige le père qu'à la réparation civile du délit, et non à la restitution de ce qui a été volé, *qui sont,* dit Belordeau, *choses bien différentes.* Il est au moins fort douteux qu'une pareille subtilité fût admise, sous l'empire du Code civil, quoiqu'il ait rendu la responsabilité des pères moins dure, en ce qu'il leur permet de prouver qu'ils n'ont pu empêcher le fait qui y donne lieu.

277. La Coutume de Bretagne n'obligeait le père à réparer le dommage causé par son enfant, que *tant qu'il sera en son pouvoir.* Ainsi, la responsabilité cessait par l'émancipation de l'enfant. En est-il de même sous l'empire du Code?

C'est aussi sur la puissance paternelle qu'il fonde la responsabilité du père. La preuve en est qu'après la mort de celui-ci, il impose la même responsabilité à la mère, qui exerce alors l'autorité ou la puissance paternelle. Cependant, le Code ne dit point, comme la Coutume de Bretagne, que

---

(1) Rapporté par Belordeau, *ubi suprà.*

la responsabilité du père n'existe qu'autant que les enfans sont en son pouvoir : on ne peut donc douter qu'elle cesse par l'émancipation. La négative paraîtrait d'abord plus conforme à la lettre de l'art. 1384, qui porte, sans distinction ni limitation, que le père, et après sa mort la mère, sont responsables du dommage causé par leurs enfans *mineurs, habitant avec eux.* Or, l'émancipation ne fait pas cesser *la minorité.*

Mais considérons que l'art. 372 porte que l'enfant « reste sous l'autorité de ses père et mère *jus-* » *qu'à sa majorité* ou *son émancipation* » ; que, d'un autre côté, la responsabilité est incontestablement fondée sur la puissance paternelle, et qu'enfin elle est contraire au droit commun, et même au droit divin (1) ; que, par conséquent, au lieu de l'étendre, il faut la restreindre dans les bornes les plus étroites. Nous pensons qu'elle doit, comme autrefois, cesser par l'émancipation.

278. Le Code ne soumet la mère à la responsabilité du dommage causé par ses enfans, qu'après la mort du père, parce que ce n'est qu'alors qu'elle exerce la puissance paternelle (373). Mais n'y a-t-il point des cas où elle peut y être soumise auparavant? C'est elle qui est spécialement chargée de la garde des enfans dans le premier âge, et si le dommage qu'ils ont causé lorsqu'ils sont encore sans discernement, ne peut leur être imputé, nous avons vu que le père n'en est pas moins respon-

(1) Ezechiel, *cap.* 18, *vers.* 20.

sable, quand il est prouvé qu'il a pu empêcher le fait de l'enfant. Or, si, dans l'absence du père, l'enfant cause du dommage par un fait que la mère présente pouvait empêcher, le père et la mère seront-ils dégagés de la responsabilité, le père, en prouvant qu'il était absent et n'a pu empêcher l'action, la mère, en alléguant que le Code ne la soumet à la responsabilité qu'à la mort du père?

279. Cette question nous conduit à l'examen d'une autre, dont la solution facilitera la décision de celle-ci : c'est de savoir si, sous l'empire du Code, les maris répondent civilement des délits de leurs femmes, qui sont en leur puissance?

L'art. 657 de la Coutume de Bretagne portait « que le mari est tenu réparer civilement le forfait » que sa femme ferait sur les biens de leur com- » munauté. »

Mais cet article, loin d'être suivi dans le reste de la France, était contraire au droit commun (1). Dans la législation actuelle, il faut distinguer.

L'art. 7, tit. 2, de la loi du 28 septembre — 6 octobre 1791, *sur les biens et usages ruraux et sur la police rurale,* porte : « Les maris, pères, mères, » tuteurs, maîtres, entrepreneurs de toute es- » pèce, seront civilement responsables des délits » commis par leurs femmes et enfans, pupilles, » n'ayant pas plus de vingt ans et non mariés, do- » mestiques, voituriers ou autres subordonnés.

---

(1) *Voy.* les notes de Dupare-Poullain sur cet article, et les auteurs qu'il cite.

/

» L'estimation du dommage sera toujours faite par
» le juge de paix ou ses assesseurs, ou par des ex-
» perts par eux nommés. »

Mais il faut remarquer que cet article n'a pour
objet que les délits ruraux, dont s'occupe la loi
dont il fait partie, c'est-à-dire les délits relatifs à
la police rurale. Or, les lois spéciales sur la responsabilité, en certains cas particuliers, étant contraires au droit commun, doivent être strictement
renfermées dans leurs termes. On ne peut donc
étendre aux délits commis par les femmes, dans
les autres cas, la responsabilité des maris, pour les
délits ruraux qu'elles ont commis : c'est ici une
disposition spéciale. Aussi l'art. 1384 du Code, relatif aux dommages causés dans les cas ordinaires
des autres délits et quasi-délits, n'a point rendu les
maris responsables des délits de leurs femmes, et
l'art. 1424 dit que les amendes encourues par la
femme « ne peuvent s'exécuter que sur la nue pro-
» priété de ses biens personnels, tant que dure la
» communauté. »

Il n'est pas douteux qu'il en est de même des
dommages-intérêts auxquels la femme a été condamnée, pour les dommages résultant des délits
ordinaires et des quasi-délits qu'elle a commis. On
trouve, dans le Répertoire de jurisprudence (1),
trois arrêts de la Cour suprême qui ont cassé, dans
l'intérêt de la loi, des arrêts par lesquels, en déclarant des femmes coupables du délit d'injures

(1) V°. *Délit*, § 8.

erbales, les juges avaient condamné leurs maris
olidairement avec elles à l'amende et aux dommages et intérêts. On en trouve, au même en-
roit, un quatrième rendu sur le recours d'É-
ienne Freret. C'est donc un point de jurisprudence bien constant, que le Code ne rend pas, en
général, les maris responsables civilement des dé-
its de leurs femmes.

Mais le même Code n'ayant point abrogé la loi
péciale du 6 octobre 1791, relative aux délits ruraux, il en résulte que cette loi doit continuer
l'être suivie, et que le mari est responsable des
délits ruraux commis par sa femme, et doit payer
la réparation civile et les dépens. C'est ce qu'a décidé l'arrêt de la Cour de cassation, du 23 décembre 1818, dont nous avons parlé à une autre occasion, *suprà,* n°. 152. Les femmes Rigaud, Menager et Charbonnier, et plusieurs filles, avaient
glané, avec des râteaux de fer prohibés, dans les
champs du sieur Chevalier, ensemencés de trèfle
et de luzerne : c'était certainement un délit rural ;
aussi, leurs maris furent condamnés aux dommages et intérêts solidairement avec elles, comme
civilement responsables. Cet arrêt fut maintenu
et le pourvoi rejeté le 23 décembre 1818, par le
motif « que le jugement attaqué, en ce qu'il con-
« damne les pères et mères comme civilement res-
« ponsables des délits de leurs enfans, et les maris
« comme civilement responsables de ceux de leurs
« femmes, n'a fait, dans les cas où ces délits ont
« produit un dommage, qu'une juste application
« des art. 1383 et 1384 du Code civil, les uns et

» les autres ne prouvant point qu'ils n'ont pu em-
» pêcher de les commettre ceux qui étaient sous
» leur surveillance. » (1)

On peut remarquer que, dans ce considérant,
si la Cour de cassation ne cita point la loi de 1791,
qui prononce expressément la responsabilité contre les maris, pour les délits ruraux de leurs femmes, mais seulement les art. 1385 et 1384, qui ne
la prononcent point spécialement pour les autres
délits, ce fut sans doute parce que la Cour trouva,
dans les circonstances de l'affaire, des raisons suffisantes pour appliquer aux maris des trois femmes condamnées, la règle générale établie par la
première disposition de l'art. 1384, qui porte:
« On est responsable non seulement du dommage
» que l'on cause par son propre fait, mais encore
» de celui qui est causé par le fait *des personnes*
» *dont on doit répondre.* »

Mais quelles sont les personnes dont on doit répondre?

Celles, sans contredit, qu'on a sous sa puissance, et auxquelles on peut commander.

Les dispositions suivantes font une application
spéciale de la règle,

1°. Au père, et, après son décès, à la mère, qui
répondent de leurs enfans mineurs habitant avec
eux, parce qu'ils peuvent leur commander, et qu'ils
ont sur eux la puissance paternelle;

2°. Aux maîtres, qui répondent de leurs domestiques et préposés dans les fonctions auxquelles ils les ont employés, parce qu'à cet égard ils peuvent leur commander ;

5°. Aux instituteurs, etc., qui répondent de leurs élèves, etc., auxquels aussi ils peuvent également commander.

De ces applications spéciales de la règle, il résulte que la seule qualité de père, de maître, d'instituteur, suffit pour autoriser la partie lésée à diriger contre eux une action en dommages et intérêts, sans prouver autre chose que la réalité du délit ou quasi-délit de celui qui a causé le dommage. S'ils ont une excuse légitime, c'est à eux de la prouver. La dernière disposition de l'article leur permet de prouver *qu'ils n'ont pu empêcher le fait qui donne lieu à la responsabilité;* mais c'est à eux d'en apporter la preuve, parce que l'art. 1384 du Code établit contre eux une présomption de négligence.

280. Au contraire, l'art. 1384 n'a point fait aux maris l'application spéciale de la règle ; il n'a point établi contre eux la présomption de négligence, qu'il a établie contre les pères, les maîtres, les instituteurs. Faut-il en conclure que les maris ne sont, en aucun cas, responsables des délits de leurs femmes? Non, certes; c'est ce que le Code n'a dit ni pu dire; car la femme est en la puissance du mari; il peut lui commander, elle doit lui obéir; ainsi le veulent les lois divines et humaines : il doit donc diriger ses actions. Mais quand doit-il en répondre envers des tiers qu'elle a lésés? Quand il est en faute de ne l'avoir pas dirigée; quand il pouvait

empêcher, et qu'il n'a pas empêché le dommage qu'elle a causé, ou bien encore, quand elle l'a causé dans les fonctions auxquelles il l'a employée. Voilà ce que dit la raison.

Mais la loi n'ayant point établi contre les maris la présomption de négligence, relativement à la surveillance des actions de leurs femmes, en ne leur faisant point l'application spéciale de la règle de responsabilité, comme elle l'a spécialement appliquée aux pères, etc., il en résulte que la partie lésée, qui prétend les rendre responsables du fait de leurs femmes, doit prouver qu'ils sont en faute et qu'ils ont pu l'empêcher; mais aussi, cette preuve faite, la responsabilité du mari n'est pas douteuse. C'est l'opinion de Pothier, dans son Traité de la puissance maritale, n°. 52, où il dit que ceux qui ont obtenu des condamnations pécuniaires contre la femme, pour délits ou quasi-délits, ne peuvent s'en faire payer sur le revenu de ses propres, pendant que dure la communauté, comme le porte aussi l'art. 1424 du Code, parce que, dit Pothier, le mari ne doit pas souffrir des délits ou quasi-délits de sa femme, lorsqu'il n'y a point eu de part et *qu'il n'a pu les empêcher.* Donc il en répond, s'il a pu les empêcher. C'est aussi la doctrine des moralistes et des auteurs qui ont écrit sur le droit naturel. Ils posent en principe général que les actions d'autrui peuvent être imputées à celui qui a pu et dû les empêcher (1). Enfin, on trouve la même

_____

(1) *Actiones ab alio patratæ...... non possunt alteri imputari, nisi quæ-*

maxime dans les lois romaines : *Qui scit et prohibere potuit, fecisse videtur* (1).

Dans l'espèce de l'arrêt du 23 décembre 1818, les faits mêmes de l'affaire prouvaient que les maris avaient connu et pu empêcher le délit commis par leurs femmes, puisqu'elles étaient sorties de leurs maisons avec les râteaux de leurs maris, pour aller glaner dans les champs de Chevalier. Or, un laboureur n'ignore jamais ni le lieu où sa femme va travailler, ni les travaux qu'elle va faire ; c'est toujours lui qui dirige et ordonne le travail de chaque jour. Ce fut donc avec raison que la Cour de cassation décida qu'en condamnant les maris à la réparation d'un délit commis par leurs femmes, et qu'ils avaient pu empêcher, on avait fait une juste application des art. 1383 et 1384.

281. Appliquant ces principes à la question que nous avons posée *suprà*, n°. 278, savoir : si la mère doit répondre du dommage causé par son enfant en bas âge et incapable de discernement, lorsqu'elle a pu empêcher le dommage, l'affirmative ne nous paraît pas douteuse ; la responsabilité générale, prononcée par la première disposition de l'art. 1384, est évidemment applicable à ce cas ; car, comment nier que la mère doive répondre de l'enfant que la nature et la loi ont spécialement

tenui ille potest, et tenetur eas moderari. Puffendorf, *de offic. hom. et civ.*, lib. 1, cap. 1, § 18. *Voy.* aussi Burlamaqui, Principes du droit de la nature et des gens, 2e. part., chap. 10, § 10, nos. 1 et 2, tom. II, pag. 33, édition de Paris, 1820.

(1) Loi 1, § 1, *ff si familia furtum fecisse dicetur*, 47. 6.

confié à sa garde et à sa vigilance, lorsqu'elle a pu l'empêcher de mal faire?

Mais le père, absent au moment où la mère a négligé d'empêcher le dommage causé par l'enfant, doit-il répondre de la négligence de sa femme? La négative nous paraît également certaine; sa responsabilité cesse dans tous les cas, suivant la dernière disposition de l'art. 1384, lorsqu'il prouve qu'il n'a pu *empêcher le fait qui donne lieu à cette responsabilité;* il est absolument sans reproche, en laissant à la mère la garde et la surveillance de l'enfant.

On peut objecter qu'en n'empêchant point l'enfant dont elle a la garde de causer du dommage, quand elle le peut empêcher, c'est une faute commise dans l'exercice des fonctions que son mari lui a confiées, et que, par conséquent, il doit en répondre; mais remarquons que c'est moins le mari que la nature et la loi qui ont mis l'enfant en bas âge sous la garde de la mère. On ne peut donc assimiler ce cas à celui où le mari emploie sa femme à des fonctions étrangères à la maternité, comme dans le cas des femmes Rigaud, Ménager et Charbonnier, dont nous avons parlé n°. 229. C'est alors seulement que le mari doit répondre du dommage causé par sa femme, dans les fonctions auxquelles il l'a spécialement employée, comme il y eût employé toute autre personne.

Mais il en est tout autrement, quand le mari n'a fait que laisser son épouse remplir un devoir naturel, qu'il n'eût pu, sans barbarie, l'empêcher de remplir. Alors, certes, il n'y a pas l'ombre d'un reproche à lui faire; la mère seule est en faute, elle doit seule répondre du dommage qu'elle pouvait empêcher, et qu'elle n'a pas empêché.

282. La troisième disposition de notre art. 1384 fait une seconde application spéciale du principe général de responsabilité, posé dans la première disposition, en statuant que *les maîtres et les commettans* répondent « du dommage causé par leurs *domestiques et préposés, dans les fonctions auxquelles ils les ont employés.* »

Cette disposition n'a rien que de conforme à la raison. Dans la règle, les maîtres ne répondent pas des dommages causés par leurs domestiques. (1) C'est une conséquence du principe qu'on ne répond pas des actions d'autrui.

Mais ce principe souffre exception, à l'égard de celui qui a commandé une action; il répond éminemment des dommages qui en résultent.

Or, c'est commander une action que d'y employer un domestique, ou de charger tout autre préposé de le faire pour soi. L'action devenant alors le fait du maître ou des commettans, il en doit répondre comme de son propre fait. L'obligation de réparer le dommage qu'elle peut avoir causé, est donc une obligation personnelle et principale du maître ou commettant, comme l'a fort

_____

(1) Hutcheson, Système de physique morale, tom. II, liv. 1, chap. 5, n°. 1, *droits qui naissent des injures et des dommages causés par autrui,* pose ainsi la règle : « Les dommages causes par les domestiques à gage ne retombent que sur eux; mais leurs maîtres en sont responsables, lorsque c'est par leurs ordres qu'ils les ont causes. »

bien dit la Cour de cassation, dans un arrêt du 11 juillet 1808 (1), d'où il résulte que toute action en réparation peut être, en ces cas, dirigée directement contre le maître ou le commettant, sans appeler le domestique ou le préposé, qui n'a fait qu'exécuter ses ordres, et qui pourrait même, suivant les circonstances, se faire renvoyer hors de cause (2), si on l'y avait mis en même tems que le maître ou le commettant; et si on l'y avait mis seul, appeler le maître ou le commettant en garantie. Par exemple, un maître envoie son domestique, ou un ouvrier salarié, recueillir les fruits d'un champ. Celui-ci y va, et les recueille; le propriétaire du champ l'entreprend comme voleur. Le domestique, ou l'ouvrier à gages, qui a agi de bonne foi, peut, sans contredit, appeler en garantie son maître ou son commettant, en alléguant qu'il n'a fait que suivre ses ordres, et demander à être mis hors de cause (3).

---

(1) Sirey, tom. X, pag. 217 et 218.

(2) *Voy.* Duparc-Poullain, Principes du droit, tom. VIII, pag. 91.

(3) *Voy.* d'Argentré, sur l'art. 146 de l'ancienne Coutume de Bretagne.

Il en serait autrement, si la chose à laquelle le domestique ou l'ouvrier a été occupé était criminelle en soi; car alors ils ne devaient pas obéir au maître, ni se charger de faire une pareille action. Ils ne pourraient, en ce cas, appeler le maître en garantie. *En délit et forfait n'y a garant*, dit l'art. 139 de la Coutume de Bretagne. *Mandato in re illâ parendum non fait.* Le commettant et le préposé devraient alors être condamnés solidairement, sans recours l'un vers l'autre.

Voy. le Commentaire de Duparc-Poullain, sur la Coutume de Bretagne, tom. I, pag. 121 et 441.

Il n'est même pas nécessaire de prouver la mission du domestique. Il suffit qu'on l'ait vu occupé des travaux auxquels il est ordinairement employé ; qu'on ait vu l'ouvrier travaillant avec les domestiques de la maison. Absent ou présent , le maître est présumé savoir que ses domestiques ont été employés à leurs travaux ordinaires , et, par conséquent , leur en avoir donné l'ordre par lui-même , ou par ceux qu'il a laissés à la tête de ses affaires (1).

La responsabilité du maître ou du commettant est donc d'une nature essentiellement différente de celle du père de famille, obligé de répondre du dommage causé par son enfant mineur. La responsabilité de ce dernier , comme nous l'avons vu n°. 267 , n'est pas autre chose qu'une garantie que la loi exige du père , un cautionnement forcé du dommage causé par l'enfant , qui reste toujours le principal obligé. L'obligation du père n'est qu'accessoire ; sauf son recours contre l'enfant ; au lieu que le maître ou le commettant est obligé principal et non subsidiaire, en ce qui concerne la réparation du dommage causé par une action qu'il a commandée, ou qu'il est censé avoir commandée ; en un mot, il est considéré comme l'ayant faite lui-même par le ministère de son domestique ou de son préposé , contre lesquels il ne peut, par conséquent, avoir de recours ; car il serait ab-

---

(1) *Voy.* Serpillon, Code criminel, tom. I , pag. 595 , et Farinacius, qu'il cite.

surde que celui qui a commandé une action pût
avoir, à raison de cette action, un recours à exercer contre celui qui l'a faite par son ordre.

283. Ceci nous suggère la véritable raison du
silence gardé à l'égard des maîtres et commettans,
dans la dernière disposition de l'art. 1384, qui
porte que la responsabilité *des pères et mères, des
instituteurs et artisans,* cesse, quand ils « prouvent
» qu'ils n'ont pu empêcher le fait qui donne lieu
» à cette responsabilité », et qui ne dit point que
celle des maîtres et commettans cesse par la même
preuve.

Nonobstant ce silence, M. Tarrible, dans son
discours au Corps législatif, en lui présentant le
vœu du Tribunat, sur la loi relative aux engagemens sans convention, pense que la responsabilité
cesse à l'égard des maîtres et des commettans,
comme à l'égard des pères, mères, instituteurs et
artisans, s'ils prouvent qu'ils n'ont pu empêcher
le fait qui y donne lieu.

M. Bertrand de la Grenille, au contraire, dans
le rapport qu'il fit au Tribunat sur la même loi,
dit positivement que les maîtres et commettans ne
peuvent, en aucun cas, argumenter de l'impossibilité où ils prétendraient avoir été d'empêcher le
dommage causé par leurs domestiques ou préposés, dans les fonctions auxquelles ils les ont employés.

« Le projet, dit-il, les assujettit à la responsabilité la plus entière et la moins équivoque. Cette
disposition, ajoute-t-il, qui se rencontre déjà dans
le Code rural, ne présente rien que de très-équi-

table. N'est-ce pas, en effet, le service dont le maître profite qui a produit le mal qu'on le condamne à réparer? N'a-t-il pas à se reprocher d'avoir donné sa confiance à des hommes méchans, maladroits ou imprudens? Et serait-il juste que des tiers demeurassent victimes de cette confiance inconsidérée, qui est la cause première, la véritable source du dommage qu'ils éprouvent? La loi ne fait donc ici que ratifier ce que l'équité commande, ce que de trop fréquens et de trop fâcheux exemples rendent nécessaire, et ce que la jurisprudence de tous les tems et de tous les pays a consacré. »

M. Maleville, sur cet article, s'est rangé à cette dernière opinion, qui est aussi celle de Pothier, Traité des obligations, n°. 121. Il enseigne que le maître est responsable des délits et quasi-délits des serviteurs et ouvriers qu'il emploie, même dans le cas où il n'aurait pas été en son pouvoir de les empêcher, lorsqu'ils sont commis dans l'exercice des fonctions auxquelles ils sont employés, même en l'absence du maître; ce qui a été établi, dit-il, pour rendre les maîtres attentifs à ne se servir que de bons domestiques.

Cette opinion est la seule vraie, la seule conforme au texte et à l'esprit du Code. Dès qu'il ne rend le maître responsable du dommage causé par ses domestiques, que *dans les fonctions* auxquelles il les emploie, dit l'art. 1384, dans l'exercice de ces fonctions, dit Pothier, on ne peut admettre l'excuse qu'il n'a pu empêcher le dommage, puisque c'est lui qui a commandé ou qui est censé avoir commandé l'action qui l'a causé. La seule excuse recevable serait la preuve que le dommage a été causé hors de l'exercice de leurs fonctions.

284. Le dommage causé par les domestiques ou préposés, *dans les fonctions* auxquelles on les emploie, peut l'être de deux manières : ou par l'action même qui leur a été commandée, sans aucune faute de leur part, comme dans l'exemple du domestique ou de l'ouvrier que le maître a envoyé couper la récolte, ou cueillir les fruits d'un champ qu'il croyait lui appartenir.

C'est dans ces cas et autres semblables qu'ils peuvent appeler le maître en garantie, et demander à être renvoyés hors de cause, lorsqu'ils y ont été mis. Il est évident que, dans des cas semblables, le maître ou le commettant ne peut avoir aucun recours contre ceux qui n'ont fait qu'exécuter ses ordres.

Il peut arriver aussi que le dommage causé par les domestiques ou préposés ne vienne pas de l'action même à laquelle ils ont été employés, mais seulement de la faute qu'ils ont commise en la faisant, par ignorance, maladresse ou imprudence. Par exemple, un cocher maladroit ou mal intentionné a blessé un passant ou causé d'autre dommage; un charpentier, chargé de placer une charpente, a, par impéritie ou défaut de précaution, laissé tomber sur la maison voisine une pièce de bois dont la chute a causé un grand dommage. Dans ces cas et autres semblables, le maître ou le commettant n'en est pas moins responsable du dommage, et même principal obligé à la répara-

tion, quand même il eût été absent (1), quand
même il n'eût pas été dans son pouvoir d'empêcher le dommage; car il est commis *dans les fonctions* auxquelles il avait employé le cocher ou le
charpentier. Ce qui a été établi, dit Pothier, numéro 121, pour rendre les maîtres attentifs à ne
se servir que de bons domestiques et d'ouvriers
adroits. C'est le cas de dire, avec les lois romaines,
qu'on n'est point sans reproche, ni exempt de
faute, en employant des hommes maladroits, imprudens ou méchans, à des fonctions dans lesquelles ou à l'occasion desquelles ils peuvent causer du dommage à autrui : *Aliquatenùs culpæ reus
est, quòd operâ malorum hominum uteretur. Loi 5,
§ 6, ff de obligat. et act.,* 44. 3.

285. Mais, dans les cas où le dommage est arrivé par la faute des domestiques ou préposés,
quoique la faute soit commise dans les fonctions
ou à l'occasion des fonctions auxquelles ils étaient
employés, le maître a un recours contre eux ; car
ils sont eux-mêmes soumis au principe général
consacré par l'art. 1382, que toute personne doit
réparer le dommage arrivé par sa faute. La loi sur
la police rurale, du 6 octobre 1791, tit. 2, contient même une disposition spéciale sur ce point.
L'art. 7 déclare les maîtres responsables des délits
commis par leurs domestiques, ouvriers ou subordonnés, et l'art. 8 ajoute : « Les domestiques, ou-

---

(1) Telle etait aussi l'ancienne jurisprudence. *Voy.* Serpillon, Code
criminel, tom. 1, pag. 393 et suiv. ; les arrêts et les auteurs qu'il cite ;
le nouveau Denisart, v°. *Délit,* § 8, n°. 2.

» vriers..... ou autres subordonnés, seront à leur
» tour responsables de leurs délits envers ceux qui
» les emploient. » Cette disposition est de toute
justice.

286. Enfin, les délits et quasi-délits des domestiques et préposés qui causent du dommage, peuvent être et sont le plus souvent commis hors de
l'exercice de leurs fonctions; mais alors les maîtres
et les commettans n'en répondent pas plus sous
l'empire du Code, qu'ils n'en répondaient sous la
précédente législation.

C'est un point de droit très-ancien, et conforme
à la raison ; car on ne peut jamais présumer que
le maître ait donné à ses subordonnés l'ordre ou
le mandat de délinquer hors de l'exercice des fonctions auxquelles il les emploie, non plus qu'à leur
occasion.

Un arrêt rapporté par Soesve, tom. II, pag. 52,
nous en donne un exemple dans l'espèce suivante:
Un laquais ayant insulté et grièvement blessé un
particulier de deux ou trois coups d'épée dans les
reins, fut poursuivi criminellement; mais le blessé
prétendit que le maître était tenu à la réparation
civile, comme ayant favorisé l'évasion du laquais,
en lui payant l'argent qu'il lui devait, pour se sauver. L'arrêt du 20 février 1657 jugea que le maître
n'en était point tenu. Il était justifié, par les informations, que le maître n'était point présent à l'action, et que le laquais n'avait point d'épée au moment de la rixe ; il en alla chercher une, non
encore chez son maître, mais en une maison prochaine.

Un autre arrêt, du 18 juillet 1698, rapporté à sa date dans le Journal des audiences, a jugé qu'un maître ne répond point des vols de fruits faits dans un jardin ou verger voisin, par ses domestiques.

287. Il en serait autrement, s'il était prouvé que le maître avait connaissance de ces délits, qu'il les avait tolérés et pouvait les empêcher. Lois 3 et 4, *ff de noxal. act.*, 9. 4.

288. Les rixes, les injures verbales dont les domestiques peuvent se rendre coupables, sont aussi des délits absolument étrangers à leur service et aux fonctions auxquelles on les emploie, et dont par conséquent les maîtres ne sont point responsables. Un arrêt de la Cour de cassation, rendu dans l'intérêt de la loi, sur les conclusions de M. Merlin, le 17 septembre 1806, annula, comme ayant contrevenu à l'art. 1384 du Code, un jugement qui avait condamné François Pensin, solidairement avec Marie-Anne Lallemand, sa domestique, aux dommages-intérêts, à raison des injures verbales dont cette dernière s'était rendue coupable envers la femme de Claude Sery (1).

289. M. Levasseur, dans le nouveau Denisart, v°. *Délit*, § 3, n°. 3, prétend qu'en fait de chasse, les maîtres répondent civilement des *amendes* et dommages et intérêts, auxquels donnent lieu les délits commis par leurs domestiques; qu'on n'examine pas alors s'ils ont chassé en présence de leurs maîtres, par leur ordre ou par leur permission,

_____

(1) Cet arrêt est rapporté dans le Répertoire, v°. *Délit*, § 8, pag. 436.

sans leur aveu et malgré leur défense ; que dans les deux derniers cas, le maître est *présumé* avoir pu empêcher son domestique de chasser; qu'en conséquence, dans tous les cas quelconques, il est condamné comme garant des faits de son domestique.

Au soutien d'une doctrine si contraire aux principes, il cite l'art. 7, tit. 32, de l'ordonnance des eaux et forêts, de 1669, qui n'en parle point, et deux arrêts de la Maîtrise des eaux et forêts, rendus, l'un en 1735, et l'autre en 1767. Celui-ci condamna la veuve Duval en l'amende, *solidairement* avec ses domestiques, qui avaient tendu des collets; celui-là, les religieux de Saint-Vincent du Mans, en l'amende, aussi solidairement avec leurs domestiques qui avaient chassé.

Cette doctrine de M. Levasseur, qui rend les maîtres responsables des faits de chasse de leurs domestiques qui ont chassé à leur insu, et même *malgré leurs défenses,* est contraire aux principes reçus même antérieurement à la révolution. « Les » maîtres, dit Pothier, n°. 456, sont tenus des dé- » lits de leurs domestiques, lorsqu'ils ne les ont » pas empêchés ayant pu le faire. »

Si quelques Maîtrises, qui n'étaient que des juridictions d'exception, suivirent d'autres principes, leurs sentences n'en étaient pas moins injustes, et leur jurisprudence n'était pas générale. Elle n'est plus soutenable aujourd'hui.

Les injustes et même barbares lois sur la chasse furent abrogées par le décret du 4 août 1789, sanctionné le 5 novembre suivant. Le droit de

basse est réglé par la loi du 30 avril 1790, qui
e punit les faits de chasse que d'une amende de
o¹ envers la commune du lieu, et d'une indemnité de 10¹ envers le propriétaire des fruits, sans
réjudice de plus grands dommages et intérêts,
il y échoit. L'art. 6 de la même loi rend les pères
t mères responsables des délits de chasse de leurs
nfans mineurs de vingt ans, non mariés, et do-
niciliés avec eux, mais non pas de ceux de leurs
domestiques, dont les maîtres ne répondent que
orsqu'ils ont pu empêcher les délits, ou qu'ils
ont commis dans les fonctions auxquelles ils les
ont employés. (1384).

290. Il faut rappeler ici un principe général
fondé sur la raison ; c'est qu'en matières criminelles, comme en matières civiles, les responsabilités légales que peuvent encourir les personnes,
sans avoir participé au crime, délit ou contraven-
ion qui y donne lieu, ne s'étendent point aux
peines prononcées contre les délinquans. Les peines sont toujours personnelles. La responsabilité
ne peut porter que sur le dommage causé à autrui.

Or, les *amendes* prononcées contre les infractions des lois sur la chasse ou sur la pêche ont,
comme celles prononcées en punition des autres
délits, le caractère des peines. Ce sont des peines
correctionnelles, suivant l'art. 9 du Code pénal :
les ne peuvent donc être prononcées contre ceux
qui ont encouru la responsabilité légale des faits
d'autrui.

Au contraire, les dépens ne sont point des peines ; ils ne sont que l'indemnité des frais avancés

pour la poursuite du délit, ou de la contravention, et dès lors, ils doivent être considérés comme faisant partie des dommages et intérêts dont la responsabilité peut être prononcée contre ceux qui sont assujettis par les lois, ou qui s'y sont soumis par convention.

Ces principes sont nettement exposés dans un arrêt de la Cour de cassation du 14 juillet 1814, Sirey, tom. XIV, 1ᵉ. part., pag. 275, et Journal des audiences, 1814, pag. 524.

On voit par là combien les arrêts cités par M. Levasseur étaient contraires aux vrais principes.

Si l'amende est en général considérée comme peine, qui ne peut être prononcée contre ceux qui ne sont pas civilement responsables d'un fait auquel ils n'ont pas concouru, il en est autrement, par exception, des amendes en matière de contravention aux lois sur les douanes. L'amende n'est alors considérée que comme une réparation du préjudice causé à l'État par les effets de la fraude, et par cette raison, les tribunaux civils ont aussi, dans beaucoup de cas, le droit de la prononcer. Elle ne peut donc être assimilée aux peines, qui sont personnelles, et qu'on ne peut, par cette raison, appliquer qu'à ceux qui ont commis le délit qui y donne lieu.

D'où il suit qu'elle peut être prononcée contre ceux qui ont encouru la responsabilité légale du délit, ou de la contravention commise par la personne dont ils doivent répondre.

La loi du 22 août 1791 contient même une dis-

position (1) qui rend les propriétaires des mar-
chandises civilement responsables du fait de leurs
gens, en ce qui concerne les droits, la confisca-
tion et l'amende. Cela prouve que l'amende n'est
point une peine exclusivement applicable à celui
qui a personnellement et matériellement commis
la contravention. Ce fut sur ces principes, développés dans les considérans, qu'un arrêt de la
Cour de cassation, du 6 juin 1811 (2), annula le
jugement d'une Cour criminelle, qui avait jugé
que les peines étant personnelles, la mère d'une
fille de dix ans, sur laquelle on avait fait une saisie
de sel, ne pouvait être condamnée à l'amende
de 100ᶠ, encourue par la contravention de sa fille,
dont elle devait répondre, puisqu'elle demeurait
chez elle.

291. L'action en responsabilité du dommage
causé par le fait des personnes dont on doit répondre, n'étant qu'une action purement civile,
elle passe contre les héritiers de celui que la loi
soumet à la responsabilité, même lorsqu'elle n'a
pas été intentée avant sa mort.

Mais par quelle prescription cette action est-elle
éteinte?

292. Nous avons dit plusieurs fois qu'en général l'obligation de celui qui est soumis à la responsabilité d'un fait auquel il n'a point concouru, est

---

(1) Tit. 2, art. 29.
(2) Rapporté par Sirey, tom. XVI, pag. 304, et Journal des audiences, 1811, pag. 522.

une obligation accessoire : elle ne peut donc durer plus que l'obligation principale. Si donc le fait qui donne lieu à la responsabilité civile du dommage qu'il a causé, est un crime, l'action se prescrira comme le crime lui-même, après deux années révolues, à compter du jour où le crime aura été commis, si dans cet intervalle il n'a été fait aucun acte d'instruction ni de poursuite.

Si, dans cet intervalle, il est fait des actes d'instruction ou de poursuites non suivis de jugement, l'action publique et l'action civile, et par conséquent l'action en responsabilité du dommage, ne se prescriront qu'après dix années révolues, à compter du dernier acte. (Art. 637 du Code d'instruction criminelle).

Dans les deux cas exprimés en cet article, et suivant les distinctions d'époques qui y sont établies, la durée de la prescription est réduite à trois années révolues, s'il s'agit d'un délit de nature à être puni correctionnellement. (Art. 638 du même Code).

Enfin, l'action publique et l'action civile, et par conséquent l'action en responsabilité, pour une contravention de police, sont prescrites après une année révolue, à compter du jour où elle aura été commise, même lorsqu'il y aura eu procès-verbal, saisie, instruction ou poursuite, si, dans cet intervalle, il n'est point intervenu de condamnation. S'il y a eu un jugement définitif de première instance de nature à être attaqué par la voie de l'appel, l'action se prescrit après une année révolue, à compter de la notification de l'appel qui en aura été interjeté. (Art. 640 du même Code.)

293. La poursuite des délits ruraux, et par conséquent des actions en responsabilité auxquelles ils donnent lieu, doit être faite au plus tard dans le délai d'un mois, faute de quoi il n'y aura plus lieu à poursuite, dit l'art. 8, sect. 7, tit. 1 de la loi du 6 octobre 1791, *sur les biens et usages ruraux et sur la police rurale.*

Il en est de même des actions pour délit de chasse, qui sont prescrites par le laps d'un mois, à compter du jour où le délit a été commis. (Article 12 de la loi du 30 avril 1790). (1)

294. Quant aux responsabilités auxquelles peuvent donner lieu des actes ou omissions d'autrui, qui ne sont point rangées au nombre des crimes, des délits ni des contraventions, elles durent autant que l'action principale, dont elles ne sont que les accessoires.

295. En voici un exemple, tiré de l'art. 2137 du Code civil, qui enjoint aux subrogés-tuteurs, sous peine de responsabilité personnelle et de tous dommages et intérêts, de veiller à ce que les inscriptions soient prises sans délai sur les biens du tuteur, pour raison de sa gestion, même de faire faire lesdites inscriptions.

Si le tuteur vend son bien à un tiers, qui ignorait sa qualité de tuteur, qui n'a pu la connaître,

_____

(1) *Voy* aussi l'arrêt de la Cour de cassation, du 1er octobre 1815, rapporté par Jalabert, continuateur de Denevers, an 1814, pag 123.

faute au subrogé-tuteur d'avoir fait inscrire l'hypothèque du mineur, et que cet acquéreur de
bonne foi vienne, dans la suite, à être évincé par
le mineur devenu majeur, lequel exerce son hypothèque légale sur les biens vendus par son tuteur
devenu insolvable, il a, après discussion des biens
de ce dernier, une action récursoire contre le subrogé-tuteur (1), personnellement responsable à
son égard du défaut d'inscription, et cette action
récursoire dure autant que l'action du mineur
contre son tuteur.

296. La défense de faire tort à autrui n'oblige
pas seulement les hommes en société de ne nuire
en rien à qui que ce soit, personnellement et par
eux-mêmes, mais encore de tenir toutes les choses
qu'ils possèdent en tel état que personne n'en re-
çoive aucun dommage. C'est sous la condition de
remplir ce devoir que la loi protège nos propriétés.

On n'est donc pas seulement responsable du
dommage causé par son propre fait, ou par celui
des personnes dont on doit répondre, mais encore
par les choses que l'on a sous sa garde. (1384).

De là il suit que « le propriétaire d'un animal,
» ou celui qui s'en sert, pendant qu'il est à son
» usage, est responsable du dommage que l'animal
» a causé, soit que l'animal fût sous sa garde, soit
» qu'il fût égaré ou échappé. » (1385).

_____

(1) Cette action est fondée tant sur l'art. 2157, que sur les art. 1384
et 1385. *Voy.* le Regime hypothécaire de M. Persil, sur l'art. 2137,
tom. II, pag. 405 et 406, 2e. édition ; le Répertoire de jurisprudence,
vo. *Inscription hypothécaire,* § 5, no. 15, pag. 209, col. B, 4e. édition.

297. Les animaux peuvent causer du dommage, en ne faisant que suivre la nature de leur instinct et de leurs habitudes, *secundùm naturam*, comme les bestiaux qui vont paître sur les terres d'autrui, en brouter les récoltes et autres productions ; ou en s'écartant de leur instinct et de leurs habitudes naturelles, *contra naturam*, comme un cheval qui mord ou qui rue, un bœuf, une vache, qui blessent avec leurs cornes ; car ces vices ne sont pas naturels à ces sortes d'animaux.

Celui qui souffre du dommage causé par des animaux, de quelque manière que ce soit, si ce n'est par cas fortuit, ou s'il n'est pas lui-même en faute, a toujours une action contre le maître de l'animal qui lui a fait tort.

298. Mais le droit romain donnait, en beaucoup de cas, à ce dernier, la faculté d'abandonner l'animal pour le dommage, *noxæ dedere*, afin d'être dispensé d'en payer l'estimation, qui pouvait excéder la valeur de l'animal. En d'autres cas, cette faculté était refusée au maître de l'animal, obligé de payer alors absolument la valeur entière du dommage souffert par la partie lésée (1). C'était sur-tout lorsqu'il y avait quelque faute à lui reprocher.

Il serait inutile d'expliquer ici les cas où cette action avait lieu dans le droit romain ; il nous

(1) *Si quadrupes pauperiem fecerit, damnumve dederit, quidve depasta sit, in dominum actio datur, ut aut damni æstimationem subeat, aut quadrupede cedat : quod etiam lege posulanid de cane cavetur. Pauli sentent. recept., tit. 15, § 1.*

suffit de dire que quelques-unes de nos Coutumes en avaient adopté les dispositions sur ce point. Notre Coutume de Bretagne, entre autres, portait, art. 640 : « Si les chevaux ou charrettes, ou » autres choses, méfaisaient, réparation en serait » faite sur la valeur; et au cas que ceux à qui sont » les chevaux, charrettes ou autres choses, ne les » voudraient laisser pour la réparation du méfait, » ils seraient tenus le réparer à la discrétion du » juge. »

Nous ne rechercherons point ici quelles étaient les Coutumes qui avaient des dispositions du même genre; il suffit de dire que le droit commun de la France ne laissait point aux propriétaires des animaux la faculté de les abandonner pour la réparation du dommage qu'ils avaient causé......; et que cette faculté ne leur est point laissée par l'art. 1385, qui les rend expressément responsables *du dommage causé* par les animaux, parce qu'ils ont dû veiller sur eux ou les faire garder.

299. Les lois romaines ne permettaient pas au maître de saisir ou arrêter de son autorité privée les bestiaux d'autrui trouvés dans son champ, dans son bois ou sa vigne, et de les retenir en séquestre; elles ne lui donnaient qu'une action pour se pourvoir en justice et se plaindre du dommage.

Dans notre droit français, quoiqu'en général il ne soit pas permis de se faire justice à soi-même, plusieurs de nos Coutumes, pour faciliter la réparation du dommage causé par les bestiaux, permettaient au propriétaire ou au fermier de l'héritage dans lequel il trouvait des bestiaux, de les arrêter par lui-même ou par ses gens, sans ministère ni formalité de justice, et de les tenir enfermés par forme de saisie : c'est ce qu'on appelait mettre les bestiaux en *fourrière*. (1)

Il est inutile de rapporter les dispositions de ces Coutumes, parce qu'aujourd'hui il faut suivre, en cette matière, la loi du 28 septembre —6 octobre 1791, concernant la police rurale, tit. 2, art. 12, qui porte : « Les dégâts que les bestiaux (2) de » toute espèce, *laissés à l'abandon*, feront sur les » propriétés d'autrui, soit dans l'enceinte des ha» bitations, soit dans un enclos rural, soit dans les

---

(1) Terme qui vient des vieux mots *fuarre*, *fouerre* ou *feure*, dérivés du mot latin *fodrum*, *foderum*, *fodrium*, en français *fourrage*.

Du mot *fouerre* on fit *fourrie*, pour etable, *stabulum*, parce qu'on y met du *fouerre* ou fourrage, pour la nourriture et pour la litière des bestiaux.

Et du mot *fourrie* on fit ensuite *fourrière*, pour designer une saisie de bestiaux pris en délit, et mis, par forme de séquestre, en garde dans une écurie ou étable, où ils sont nourris aux dépens du maître auquel ils appartiennent, pour l'obliger à payer le dommage qu'ils ont causé.

(2) Les chevaux, mules, mulets, ânes, sont-ils compris ici sous le nom générique de *bestiaux* ?

Par un arrêt du 17 juin 1806, rapporté dans le Répertoire, au mot *Cheval*, n°. 4, la Cour de cassation a décidé que les chevaux, mules et mulets, ne sont pas compris dans l'expression générique de bestiaux, dans l'art. 4 de la loi du 19 vendémiaire an VI, suivant lequel *les bestiaux* peuvent, lorsqu'ils ne font pas route vers la frontière, circuler sans passe-avant dans les deux lieues limitrophes de l'étranger. Mais cette décision n'avait pour objet que d'empêcher de frauder les lois sur les douanes.

Nous ne pensons donc pas qu'on puisse en argumenter, pour prétendre qu'on ne doit pas appliquer aux chevaux, mules, mulets et ânes, laissés à l'abandon dans un champ où ils causent du dommage, l'art. 12 précité, qui ne parle que *des bestiaux*, d'autant plus que cet article ajoute, *les bestiaux de toute espèce*, pour donner à l'acception de ce mot la plus grande étendue possible.

» champs ouverts, seront payés par les personnes
» qui ont la jouissance des bestiaux ; si elles sont
» insolvables, ces dégâts seront payés par ceux qui
» en ont la propriété. Le propriétaire qui éprou-
» vera les dommages aura le droit de saisir les
» bestiaux, sous l'obligation de les faire conduire,
» dans les vingt-quatre heures, au lieu du dépôt
» qui sera désigné à cet effet par la municipalité.

» Il sera satisfait aux dégâts par la vente des
» bestiaux, s'ils ne sont pas réclamés, ou si le
» dommage n'a point été payé dans la huitaine
» du jour du délit. »

Remarquez que cet article ne parle que des
bestiaux *laissés à l'abandon.* Il serait trop dangereux de permettre au propriétaire du champ de
saisir et d'emmener, de son autorité privée, les
bestiaux trouvés en dommage, en présence de
leur maître ou de leur gardien. Cette voie de fait
donnerait lieu à des rixes et à des violences que la
loi a sagement prévenues, en n'autorisant la saisie
d'autorité privée que dans le seul cas où les bestiaux sont laissés à l'abandon. Si leur maître ou
leur gardien est présent, il faut recourir aux voies
de droit.

300. L'article ajoute : « Si ce sont des volailles
» *de quelqu'espèce que ce soit*, qui causent le dom-
» mage, le propriétaire, le détenteur ou le fer-
» mier qui l'éprouvera, pourra les tuer, mais seu-
» lement sur le lieu, au moment du dégât. »

On entend par *volailles* tous les oiseaux domestiques qu'on nourrit ordinairement dans une
basse-cour, sur lesquels le propriétaire conserve

ses droits, lors même qu'ils s'échappent et passent dans une autre habitation, tels que les poulets, les canards, les dindons, les oies, etc.

La difficulté de saisir et d'arrêter ces animaux sur le lieu où ils causent du dommage, celle de reconnaître positivement à qui ils appartiennent, peut-être aussi la difficulté d'évaluer le dommage souvent considérable, quelquefois presque nul ou inaperçu, tout cela a porté le législateur à permettre à la personne qui souffre le dommage de les tuer sur le lieu.

Remarquez encore que la disposition finale de l'art. 12, qui permet de tuer les volailles sur le lieu et au moment du dégât, est placée à la suite de la première, qui ne permet de saisir d'autorité privée que les bestiaux laissés à l'abandon, et qu'elle ne doit s'entendre, comme la précédente, que des volailles trouvées *à l'abandon* (1) : on n'est donc pas autorisé à les tuer en présence du propriétaire, dans la crainte des rixes et des violences que cette voie de fait pourrait occasionner.

3o1. Il ne faut pas aussi induire de cette permission, de tuer les volailles, quand on n'en a point usé, que le propriétaire de celles qui sont trouvées sur le terrain d'autrui ne soit soumis à aucune peine ni à aucune action civile en dommages et intérêts. Il résulte, au contraire, de la combinaison

---

(1) C'est de cette manière que M. Merlin applique cette disposition, dans le tom. XV de son Répertoire, contenant les additions, pag. 125, col. A.

des art. 3 et 12 de la loi du 28 septembre — 6 octobre 1791, que le dommage causé par les volailles est un délit rural punissable des peines de police. Il résulte également de l'art. 1385 du Code civil, que ce dommage donne lieu à une action civile en réparation, puisque les volailles sont incontestablement comprises sous le nom générique d'animal. Aussi, la Cour de cassation annula, le 11 août 1808, par violation de l'art. 3 précité, et fausse application de l'art. 12, un jugement du tribunal de police de Jumeville, qui avait dechargé Vaquier des peines de police qu'il avait encourues, à raison du dommage causé par ses oies en la terre ensemencée du sieur Prudhon, sous le spécieux prétexte que celui-ci était autorisé à tuer les oies sur son héritage (1).

302. Ce qu'on vient de dire des volailles est-il applicable aux pigeons? Ces animaux, suivant l'article 564 du Code, appartiennent au propriétaire du colombier où ils ont l'habitude de se retirer. L'art. 524 les déclare même immeubles par destination. Personne n'ignore d'ailleurs que les pigeons causent de grands dégâts sur les terres, sur-tout dans le tems des semailles et des moissons; et c'est par ce motif que les lois ordonnent de tenir les colombiers fermés dans le tems des semailles et des moissons.

On demande donc si le propriétaire d'un colom-

_____

(1) L'arrêt est rapporté dans le Bulletin criminel de la Cour de cassation et dans le Répertoire, v°. *Volailles*, n°. 1.

bier peut être poursuivi par voie de police, comme coupable d'un délit rural, pour n'avoir pas tenu son colombier fermé aux époques déterminées par l'administration, c'est-à-dire pendant le tems des semailles et de la récolte, pour avoir, pendant ce tems, laissé ses pigeons vaguer librement dans les campagnes?

Et s'il peut du moins être poursuivi par voie civile pour réparation du dommage qu'ils ont causé?

Sur la première question, il est d'abord certain que les propriétaires de pigeons ne peuvent être poursuivis par voie de police, en vertu des art. 3 et 12 de la loi du 6 octobre 1791, qui rangent au nombre des délits ruraux les dommages causés par *les bestiaux laissés à l'abandon* et par *les volailles;* car il est évident que, sous la dénomination de bestiaux, on ne comprend que les quadrupèdes domestiques. Il serait absurde d'appliquer ces expressions, *bestiaux laissés à l'abandon,* à des oiseaux tels que les pigeons, qui, voués en quelque sorte par leur nature et par leur instinct à la divagation, ne sont pas susceptibles d'être gardés à vue, et ne peuvent conséquemment être considérés comme *laissés à l'abandon.*

D'un autre côté, il n'est pas permis de supposer les pigeons compris dans le même article, sous la dénomination générique de *volailles;* dénomination qui ne s'applique qu'aux oiseaux que l'on tient en état de domesticité, aux oiseaux de l'espèce de ceux qu'on élève et qu'on nourrit dans les basses-cours. C'est la définition qu'en donne le dictionnaire de l'Académie : « Volaille, nom collectif qui

» comprend les oiseaux qu'on nourrit ordinaire-
» ment dans une basse-cour. «

Or, il est de principe que, dans l'application des
lois, et sur-tout des lois pénales, on ne doit s'attacher qu'à la signification usuelle des mots.

Reste donc à voir si quelque autre loi a prononcé
une peine contre ceux qui ont laissé sortir leurs
pigeons en tems prohibés.

Le décret du 4 août 1789, art. 2, porte que « les
» pigeons seront enfermés aux époques fixées par
» les communautés. «

Mais ce décret ne prononce aucune peine contre
ceux qui ne les tiendront pas enfermés ; il ajoute
seulement que « *pendant ce tems,* ils seront regar-
» dés comme gibier, et chacun aura le droit de les
» tuer *sur son terrain.* » (1) La peine ne tombe donc
directement que sur les pigeons, non sur la personne du propriétaire, qui n'est puni qu'indirectement par la destruction permise de sa propriété.
C'est à cette seule mesure répressive que ce décret
est restreint. Il ne qualifie pas de délit ou de contravention le fait du propriétaire qui laisserait sor-

---

(1) De ces expressions limitatives, il résulte, 1°. que les pigeons ne
peuvent être tués que dans les tems prohibés ; 2°. qu'ils ne peuvent
l'être que par celui sur le terrain duquel ils causent du dommage, ou
par son ordre, et sur son terrain.

Celui qui les tuerait ailleurs que sur son terrain, ou hors des tems
prohibés, serait donc répréhensible, et s'exposerait à être traduit en
justice civile, pour être condamné à payer la valeur des pigeons tués
et aux dépens, et lui être en outre fait défense de tomber en pareille
faute ; car enfin les pigeons sont une propriété reconnue par la loi, et
qu'elle doit par conséquent protéger. *Voy.* le Répertoire, v°. *Gibier,*
tom. V, pag. 539, col. B, lig. 8.

tir et vaguer ses pigeons en tems prohibé. Or, aucun fait ne peut être puni des peines qui n'étaient pas prononcées par *la loi*, avant qu'il fût commis (art. 4 du Code pénal) ; et les tribunaux de police ne peuvent connaître que des faits auxquels la loi attribue le caractère de contravention, et dont elle soumet les auteurs à des peines.

Aucune autorité, aucun corps administratif ne peut suppléer au silence de la loi, en prononçant des peines qu'elle n'a point établies. Les tribunaux ne pourraient appliquer ces peines par leurs jugemens, sans être soumis à la censure. La Cour de cassation l'a décidé avec raison par une foule d'arrêts (1), rendus dans l'intérêt de la loi.

Le comité féodal de l'Assemblée constituante l'a aussi décidé ainsi, relativement au fait de laisser sortir les pigeons en tems prohibé. Il fut consulté, le 25 juillet 1790, sur la question de savoir « si les « communautés d'habitans, ou les conseils géné- » raux des communes, ou enfin les municipalités, » peuvent défendre la sortie des pigeons, *à peine* » *d'amende arbitraire.* »

Il répondit que « l'art. 2 du décret du 4 août » 1789 ne prononçant, contre le défaut de clôture » des colombiers, pendant les tems fixés par les » communautés d'habitans, c'est-à-dire par les » conseils généraux des communes, d'autre peine » que d'exposer les pigeons à être tués par les pro-

---

(1) *Voy.* le Répertoire de jurisprudence, v°. *Tribunal de police*, sect. 1, § 2, n°. 5, et les Questions de droit, v°. *Préfet*, § 4.

» priétaires sur leur terrain, il n'est permis ni aux
» municipalités, ni aux conseils généraux des com-
» munes, ni aux communautés d'habitans, *d'éten-*
» *dre cette peine ou d'en proposer une autre quel-*
» *conque.* »

Il est donc constant que, faute d'une loi qui
prononce une peine contre la sortie des pigeons
en tems prohibés, le propriétaire ne peut être,
pour ce fait, poursuivi par voie de police; et c'est
ainsi que l'a décidé la Cour de cassation, par plusieurs arrêts rendus dans l'intérêt de la loi, dans
les cas même où le maire aurait pris des arrêtés
pour déterminer les époques de la clôture des colombiers (1).

305. Mais si, faute d'une loi pénale, les propriétaires de colombiers ne peuvent être poursuivis
par voie de police pour ne les avoir pas tenus fermés aux époques déterminées, ils peuvent être
poursuivis par voie civile (2), pour la réparation
du dommage que leurs pigeons ont causé. On ne
peut prétexter, en ce cas, le défaut de loi; car les
pigeons sont, sans contredit, *des animaux* dont le
maître du colombier est *propriétaire.* Il doit donc,
aux termes de l'art. 1385, réparer le dommage
qu'ils ont causé, et qui peut souvent être très-con-
sidérable. Nous avons l'exemple d'une indemnité
demandée pour dommage causé par des pigeons,

(1) Ils sont rapportés dans les additions au Répertoire de jurisprudence, tom. XV, contenant les additions de la 4e. edition, v°. *Colombier.*

(2) *Voy.* Repertoire, v°. *Gibier,* pag. 540, col. A, 4e. édition.

ans l'espèce d'un arrêt du 30 octobre 1813 (1).
es pigeons de Desguez étaient allés dévaster la
erre de Piel, ensemencée en pois. Le maire de la
ommune cita Desguez devant le tribunal de po-
ice, où Piel intervint pour réclamer une indem-
ité, à raison du dommage causé à sa récolte par
es pigeons de Desguez, qui, par jugement du
août 1813, fut condamné de livrer à Piel un hec-
olitre et demi de pois, pour lui tenir lieu d'indem-
ité, et en outre à 1ᶠ d'amende envers la commune.

La Cour de cassation annula ce jugement, le
0 octobre 1813 (2); mais ce ne fut que pour cause
l'incompétence, parce que, faute d'une peine
rononcée par la loi contre le fait dont il s'agis-
ait, le tribunal de police n'en avait pu connaître :
l'où résultait que Piel n'avait pas eu, dit la Cour
le cassation, de motifs légitimes pour traduire
esguez à la police, à raison du dommage qu'il
avait pu éprouver par un fait auquel la loi n'attache
pas le caractère de contravention. L'action de Piel
'aurait pu être portée devant le tribunal de police,
qu'autant que le dégât prétendu fait par les pigeons
de Desguez eût constitué un délit; et s'il n'y avait
point eu de délit dans ce dégât, le tribunal de police devait annuler la citation, et renvoyer le sieur
Piel *se pourvoir par la voie civile, etc.*

504. Les lapins sont encore des animaux nuisibles qui, quoique d'une nature très-différente de

(1) Rapporté dans les additions au Répertoire, *ubi suprà.*
(2) Journal des audiences, 1823, pag. 419, à la note.

celle des pigeons, ont néanmoins, dans leurs habitudes, des points d'analogie avec eux. Ils sont, comme les pigeons, de la classe des animaux sauvages (1); mais, comme eux aussi, ils ont une demeure fixe, où ils se retirent et vivent en société dans leurs garennes, comme les pigeons dans leur colombier. Ceux-ci sortent le jour pour se répandre sur les terres voisines et même éloignées, au grand dommage des propriétaires, pour y chercher leur nourriture.

Ceux-là vont aussi chercher leur nourriture sur les terres voisines, mais ce n'est que pendant la nuit; ce qui les rend, par cela même, plus dangereux, parce qu'il est plus difficile de s'en défendre.

Plus dévastateurs encore que les pigeons, ils gâtent les bleds et les autres grains dont les terres sont ensemencées, mangent les herbages et les fruits, gâtent les vignes, et rongent jusqu'à l'écorce des jeunes arbres fruitiers et autres, souvent au point de les faire périr; et se multipliant à l'excès, ils désolent les campagnes qui se trouvent autour de leurs demeures.

Sous l'ancienne jurisprudence, les seigneurs de fief, propriétaires de garennes et de bois où existaient des terriers de lapins, et même des bêtes fauves, étaient responsables des dégâts qu'ils faisaient sur les terres voisines; il n'y avait de diffi-

---

(1) *Quorum fera natura est,* dit la loi 5, § 5, *ff de adquir. rer. dom.,* 41. 1.

culté que sur la manière de constater le dommage (1). Nos rois même ordonnaient la destruction des lapins dans leurs bois, et faisaient estimer le dommage qu'ils avaient causé aux voisins.

Rien de plus juste alors que cette obligation imposée aux seigneurs de fief, de réparer les dégâts causés par le gibier qui peuplait leurs bois et leurs forêts. Ce n'est pas que notre ancienne jurisprudence regardât le seigneur de fief comme propriétaire du gibier qui se trouvait dans sa seigneurie ; elle laissait le gibier dans la classe des animaux sauvages, et, comme les lois romaines, elle le réputait n'appartenir à personne. Mais précisément par la raison qu'il n'appartenait à personne, elle réservait au seigneur le droit exclusif de le tuer ; et de là dérivait pour lui l'obligation de garantir les propriétaires voisins des dégâts que le gibier pouvait causer à leurs récoltes ; car ne pouvant pas les défendre eux-mêmes contre le gibier, qu'il ne leur était pas permis de tuer, il fallait bien que le seigneur fût chargé de les défendre pour eux. Privés du droit si naturel de détruire les animaux sauvages qui dévastaient leurs propriétés, il fallait bien qu'ils eussent un recours contre celui qui exerçait le droit à leur exclusion.

Il est si vrai que la réserve du droit exclusif de la chasse au profit du seigneur était le seul fondement de l'action qu'avaient contre lui les propriétaires, à raison des dégâts commis dans leurs

---

(1) *Voy.* le Répertoire de jurisprudence, v⁰ˢ. *Gibier*, n⁰. 7, et *Lapins.*

récoltes par le gibier, que cette action n'avait lieu que pour les dégâts commis dans l'enclave de sa seigneurie ou de son fief. Vainement aurait-on tenté de le rendre responsable des dommages que le gibier de sa terre aurait causés dans des champs ou des vignes placés hors de cette enclave, quelque rapprochée d'ailleurs qu'en fût sa terre, il aurait répondu : Le gibier qui vit dans ma terre n'est pas ma propriété; je n'ai que le droit de le chasser et de le tuer, soit dans ma terre elle-même, soit dans les terres qui relèvent de mon fief; une fois qu'il en est sorti, il ne m'est plus permis de le détruire (1).

C'est sur ce principe que M. Merlin, avec sa solidité ordinaire, fonde la jurisprudence ancienne. qui obligeait les seigneurs de réparer les dommages causés par le gibier de leurs bois et de leurs garennes, aux récoltes de leurs vassaux.

305. Mais les décrets des 4 et 11 août 1789, en abolissant le droit exclusif de chasse que l'ancienne jurisprudence réservait aux seigneurs, en rendant le droit de chasse commun à tous les propriétaires, ont anéanti ce principe de responsabilité, et dès lors l'action qui en dérivait, l'action qui, sans ce principe, n'aurait pu avoir lieu, même sous l'ancienne jurisprudence, ne peut plus subsister aujourd'hui, suivant la règle de droit fondée sur la raison : *Cùm principalis causa non consistit, nec ea*

_____

(1) C'est ce qu'enseigne M. Henrion de Pansey, dans le Repertoire, 1°. *Garenne.*

quidem quæ sequuntur locum habent. Loi 14, § 1, *ff de R. J.*

306. Nos législateurs ont donc adopté et consacré un autre principe de responsabilité, à l'égard du dommage causé par les animaux, le principe de la propriété, établi par le droit romain, mais seulement sous l'alternative laissée au propriétaire d'abandonner l'animal pour le dommage, ou d'en payer la juste estimation (1); alternative que le Code n'a point laissée au propriétaire de l'animal. L'art. 1385 porte :

« Le propriétaire d'un animal, ou celui qui s'en » sert pendant qu'il est à son usage, est responsa-» ble du dommage que l'animal a causé, soit que » l'animal fût sous sa garde, soit qu'il fût égaré ou » échappé. »

En limitant la disposition au propriétaire de l'animal, le Code fait entendre assez clairement qu'elle ne doit pas être appliquée à celui dans l'héritage duquel se trouvent des animaux dont il n'est pas propriétaire, et qui ne sont point en son pouvoir. Ce qui est conforme à la raison; car on ne peut m'imputer un fait qu'il n'a pas été en mon pouvoir d'empêcher.

Ainsi des loups, des renards, réfugiés dans ma forêt, en sont sortis pour dévorer des moutons, des volailles; des cerfs, des sangliers, pour ruiner les moissons voisines : je n'en serai pas plus responsable que des dégâts causés par les corbeaux,

---

(1) Loi 1, § 12, *ff si quadrupes pauperiem fecisse dicatur,* 9. 1.

les moineaux, etc., excessivement multipliés dans mon domaine. Mes voisins ne peuvent s'en prendre qu'à eux-mêmes, et non à moi; ils pouvaient détruire ces animaux au moment où ils se sont répandus sur leurs propriétés.

307. Mais en sera-t-il de même du dommage causé par des lapins qui ont leurs terriers dans mon bois? La difficulté vient des dispositions des art. 524 et 564 du Code, qui déclarent qu'ils appartiennent au propriétaire de la garenne où ils se retirent.

La question s'est présentée deux fois à la Cour de cassation. D'abord, en 1807, dans l'affaire de Nicolas Palin, qui avait, en 1806, fait citer devant le juge de paix du canton de Nevillé, Bourée, propriétaire d'un bois adjacent à ses terres, pour se voir condamner à lui payer le montant, à dire d'experts, du dommage causé à ses grains par les lapins de ce bois.

Bourée répondit que le droit exclusif de la chasse et de garennes ouvertes étant aboli, et chacun ayant droit de détruire sur son propre terrain toute espèce de gibier, Palin ne pouvait avoir aucune action contre lui, et devait être déclaré non recevable.

Par jugement du 3 février 1806, le juge de paix décida que Bourée était responsable, et ordonna une visite d'experts pour vérifier le dommage. Le même jour il rendit, contre le même Bourée, en faveur de différens particuliers, quatre autres jugemens semblables, qui furent confirmés sous l'appel, le 6 mars suivant, par le tribunal de Beauvais.

Bourée se pourvut en cassation ; et M. Merlin, qui porta la parole, traita la question, suivant son ordinaire, avec beaucoup d'érudition, et une grande force de raisonnement. Il fonda son opinion sur ce que, quoique le lapin soit un animal très-sauvage, « il ne laisse pas d'être considéré » comme appartenant *au propriétaire du fonds où* » *il a établi son terrier.* » (1) Et après avoir cité les auteurs, les ordonnances et les lois d'où résulte que les lapins appartiennent au propriétaire de la garenne, il en tira la conséquence qu'il est responsable du dommage qu'ils causent aux terres voisines, et conclut au rejet du pourvoi, qui néanmoins fut admis le 11 mai 1807.

Mais Bourée transigea avec ses adversaires, et l'affaire n'eut pas de suite.

508. La question se présenta de nouveau à la Cour de cassation, dans l'affaire de la dame Massy, qui avait, en 1808, fait citer la dame de Montmorency, propriétaire de la forêt de Fretteval, devant le juge de paix de Moric, pour se voir condamner à lui payer une somme de 200f, montant du dommage qu'elle prétendait causé sur ses terres par les lapins de cette forêt.

La cause portée devant le tribunal de Vendôme, sur l'appel d'un jugement interlocutoire du juge

---

(1) *Voy.* le Répertoire, v°. *Gibier,* pag. 558, col. B, *in principio,* 4°. édition.

de paix, le tribunal admit la dame de Massy à *faire preuve* qu'il existe, dans la forêt de Fretteval, une telle quantité de lapins, qu'il en résulte des dévastations pour les terres limitrophes qui sont ensemencées (1), et que ce sont les lapins qui ont causé le dommage dont elle demande la réparation.

Et après une *enquête* et un rapport d'experts, jugement définitif du 5 novembre de la même année, qui condamne la dame de Montmorency à 95ᶜ de dommages-intérêts envers la dame de Massy.

La dame de Montmorency se pourvut en cassation contre ce jugement; mais son pourvoi fut rejeté par arrêt du 3 janvier 1810 (2), « attendu » qu'il a été jugé, en fait, qu'il existe, dans la forêt » de Fretteval, au canton de Richerai, une telle » quantité de lapins, que les récoltes ensemencées » étaient dévastées, et que la récolte de la pièce » de terre appartenant à la dame de Massy, avait » été considérablement endommagée par lesdits » lapins; attendu que la demanderesse, proprié- » taire de ladite forêt, a pu être jugée responsable » du dommage, suivant l'art. 1383 du Code, pour » avoir négligé de les y faire détruire, *ou d'avoir*

---

(1) Remarquez bien que M. Merlin, dans le tom. XV du Répertoire contenant les additions, pag. 559, vᵒ. *Gibier,* nous avertit qu'il faut ajouter ici « que la dame de Montmorency a contribué elle-même » » leur multiplication, tant en s'abstenant de les faire détruire, *qu'en* » *refusant aux propriétaires riverains* la permission de les détruire eux- » mêmes, etc. »

(2) Journal des audiences, 1810, pag. 38.

« *permis* aux détenteurs voisins de la forêt de les
« y faire *détruire.* »

Cet arrêt est parfaitement bien rendu dans les
circonstances de l'affaire. Il n'est point motivé ,
comme l'observe M. Merlin , *ubi suprà ,* sur l'article 1385 , qui rend le *propriétaire d'un animal*
responsable *du dommage que cet animal a causé ,*
soit qu'il fût sous sa garde , soit qu'il fût égaré ou
échappé. Il est motivé sur l'art. 1383. Cet arrêt
juge donc uniquement que toutes les fois que le
propriétaire d'un bois y laisse multiplier excessivement les lapins et *en empêche la destruction ,* en.
ne permettant pas aux voisins qui s'en plaignent
de les détruire , on doit lui appliquer la disposition de l'art. 1383 , qui rend chacun *responsable*
du dommage qu'il a causé , non seulement par son fait ,
mais encore par sa négligence ou son imprudence.

Mais remarquons qu'il ne suffit pas que les lapins soient multipliés dans un bois , au point de
dévaster les terres voisines , pour rendre le propriétaire responsable du dommage qu'ils ont causé.
Lorsque ce n'est point par son fait qu'ils s'y sont
fixés et multipliés , on ne peut alors lui appliquer
l'art. 1383 , par cela seul qu'il a négligé de les détruire ; car aucune loi , aucun réglement ne l'y
obligeait.

Il n'y a donc point en ce cas de négligence proprement dite de sa part , dans le sens de cet article , de négligence qui rende responsable celui qui
'a commise.

Autrement , il faudrait dire aussi qu'il répond
du dommage causé par les loups , les renards , les

sangliers qui se retirent dans ses bois : et où s'arrêterait la responsabilité?

Il faut donc que le propriétaire, non seulement n'ait pas eu le soin de détruire les animaux nuisibles qui se retirent dans ses bois, mais encore qu'il ait empêché de les détruire, en ne permettant pas aux voisins, qui s'en plaignaient, de le faire eux-mêmes, comme dans l'espèce de l'arrêt cité, où la dame de Massy demandait à prouver et avait prouvé, à ce qu'il paraît, que la dame de Montmorency avait contribué à l'excessive multiplication des lapins, tant en s'abstenant de les détruire, qu'en *refusant aux propriétaires* riverains la permission de les détruire eux-mêmes. Nul doute alors sur sa responsabilité; car son refus ayant occasionné le dommage, elle en devait incontestablement répondre, suivant la règle de droit dictée par la raison, *qui occasionem præstat, damnum fecisse videtur.* Loi 30, § 3, *ff ad leg. aquil.*, 9. 2.

Le sage principe de décision sur lequel est fondé l'arrêt précité, doit donc s'appliquer non seulement au dommage causé par des lapins, mais encore aux dommages causés par les autres animaux nuisibles qu'on a refusé de laisser détruire; par exemple les sangliers, qu'on a vus souvent multipliés dans une forêt, au point de dévaster totalement toutes les récoltes voisines. La simple omission ou négligence de les détruire, ne rend pas le propriétaire responsable de ces dégâts; mais il en répondrait sans contredit, s'il avait refusé aux voisins, qui s'en plaignaient, la permission de les chasser et de les détruire. C'est ce qui avait lieu même avant les lois qui ont aboli la féodalité et le droit exclusif de la chasse (1).

309. On voit, par ce que nous avons dit, que l'arrêt qui déclara la dame de Montmorency responsable du dommage causé par les lapins de la forêt de Fretteval, n'a point décidé que le propriétaire d'un bois dans lequel il existe des lapins, est, à ce seul titre, et en qualité de propriétaire, responsable du dommage qu'ils ont causé, et qu'on ne peut, en conséquence, lui appliquer la disposition de l'art. 1385, qui rend le propriétaire d'un animal responsable du dommage qu'il a causé. Au contraire, l'arrêt rendu le 11 mai 1807, dans l'affaire de Bourée, a préjugé la négative, et avec raison, en admettant le pourvoi contre les jugemens qui le rendaient responsable du dommage causé par les lapins de son bois. S'il ne les avait pas détruits, il n'avait pas, comme la dame de Montmorency, refusé aux voisins la permission de les détruire. La section des requêtes pensa donc qu'il n'était pas responsable, puisqu'elle admit le pourvoi, contre les conclusions de M. Merlin, à qui son profond savoir avait donné une si grande influence sur les arrêts de cette Cour.

310. Mais ce grand jurisconsulte avait fondé ses conclusions sur un principe faux, que, par amour

_____

(1) *Voy.* l'art. 30 de l'ordonnance des bois et forêts, de 1669; l'arrêt du Conseil, du 11 janvier 1776, rapporte dans le Répertoire de jurisprudence, v°. *Lapins*, et l'arrêt de réglement du Parlement de Paris, du 21 juillet 1778, rapporte aussi dans le Répertoire, v°. *Gibier*, n°. Pag. 555.

pour la vérité, il a donné l'honorable exemple de
rétracter, dans le tom. XV de son Répertoire, contenant les additions, pag. 349 : « Je dois recon-
naitre, dit-il, que je m'étais trompé dans mes conclusions du 11 mai 1807, en regardant comme appartenant au propriétaire d'un bois les lapins qui
n'existent dans ce bois que par l'effet de l'instinct
qui les y a rassemblés, et sans que le propriétaire
ait rien fait pour les y attirer. »

Les art. 524 et 564, décident bien que les lapins
d'une garenne appartiennent au propriétaire de la
garenne. Mais qu'est-ce qu'une *garenne?*

On n'a jamais entendu par ce mot toute espèce
de bois dans lequel des lapins établissent des terriers, sans que le propriétaire ait rien fait pour
les favoriser.

311. On entend par le mot *garenne* un lieu des-
tiné à élever et nourrir des lapins. On en connaît
de deux sortes, les garennes fermées et les garennes ouvertes (1). Les garennes fermées sont
celles qui sont tellement fermées de murs, que
les lapins ne peuvent sortir pour se répandre sur
les héritages voisins,

Les garennes ouvertes sont ainsi appelées parce
qu'elles ne sont pas fermées, ou que, si elles le
sont, elles n'empêchent pas que les lapins n'en
puissent sortir, et y rentrer librement. Tout le
monde pouvait avoir des garennes fermées, parce
qu'elles ne nuisent à personne.

_____

(1) *Voy.* Bouhier, Observations sur la Coutume de Bourgogne,
chap. 65, n°. 59.

Mais on ne pouvait avoir de garennes ouvertes que par concession. « Nul ne pourra, dit l'art. 19, „ tit. 30 de l'ordonnance de 1669, établir garenne „ à l'avenir, s'il n'en a le droit par ses aveux et „ dénombrement, possession ou autres titres suf- „ fisans, à peine de 500ᶠ d'amende, et en outre „ d'être la garenne détruite et ruinée à ses dé- » pens. »

Ceci prouve bien clairement qu'on n'entendait pas alors par *garenne* un bois dans lequel des lapins s'étaient établis, sans le fait du propriétaire, mais un terrain dans lequel il avait fait des dispositions pour les y entretenir. Ces mots *établir garenne, garenne détruite et ruinée*, annoncent assez que l'idée d'une garenne emporte celle de travaux faits à dessein de fixer les lapins dans un lieu. Il eût été d'une absurde injustice de punir d'une amende de 500ᶠ, et de la destruction de sa propriété, celui qui aurait eu dans son bois des lapins qu'il n'y eût ni mis ni attirés, et qui s'y seraient établis d'eux-mêmes.

312. C'est donc la destination d'un terrain, pour y entretenir et multiplier des lapins, et les travaux qui annoncent cette destination, qui constituent la garenne.

C'est ce qu'annonce l'art. 524 du Code civil, en rangeant *les lapins de garenne* dans la classe des *immeubles par destination*. De là, il suit qu'un terrain ne prend la nature de garenne que par la destination qu'en fait le propriétaire pour y nourrir des lapins, et qu'il ne suffit pas que des lapins existent par hasard dans un terrain, pour que ce terrain soit considéré comme une garenne, et pour que les lapins qui y existent soient réputés appartenir au propriétaire.

313. Ce qui est à remarquer; car le propriétaire d'une garenne aurait sans contredit une action pour réclamer en justice les lapins pris ou tués dans sa garenne, et pour se les faire rendre, ou au moins leur valeur.

Et il n'aurait pas plus le droit de réclamer les lapins tués ou pris ailleurs qu'en sa garenne, que les lièvres et les perdrix tués sur ses domaines par un chasseur. Il n'aurait d'action contre celui-ci que pour la contravention aux lois sur la chasse, et non pour en revendiquer le produit.

Il est donc bien démontré qu'il y a une très-grande différence entre les lapins existant dans une garenne établie par le fait du propriétaire, et les lapins établis dans un bois ou ailleurs sans son fait, et souvent malgré lui; que les premiers seuls appartiennent au propriétaire du fonds, et que les autres ne lui appartiennent pas.

314. Dès lors, on ne peut appliquer au dommage que ceux-ci ont causé l'art. 1385 du Code, sans violer les art. 524 et 564 du même Code, qui signalent les lapins de garenne comme seuls susceptibles d'une propriété privée. Disons donc que le propriétaire d'un bois ou autre terrain non constitué en garenne, ne répond point du dommage causé par les lapins qui s'y trouvent, quelque multipliés qu'ils y soient, à moins qu'il n'ait refusé aux voisins, qui la demandaient, la permission de les détruire.

515. Mais que le propriétaire d'une garenne réponde du dommage causé par ses lapins, comme du dommage causé par les volailles de sa basse-cour, et par les pigeons de son colombier, tels sont les vrais principes de la matière.

516. Nous avons dit, n°. 297, que les animaux peuvent causer du dommage, en ne faisant que suivre leur instinct et leurs habitudes acquises ou naturelles, *secundum naturam,* et qu'ils peuvent aussi en causer en s'en écartant, *contra naturam.* Ainsi, par exemple, les bestiaux, les bœufs, les chevaux, causent du dommage en suivant leur instinct et leurs habitudes, lorsqu'ils s'échappent pour aller paître les herbages ou les récoltes d'autrui; ils en causent, en s'écartant de leurs mœurs naturelles, *contra naturam,* lorsqu'ils mordent, frappent ou blessent sans motifs les passans ou ceux qui les approchent; parce que ces animaux, apprivoisés au point d'être réduits en état de domesticité, n'ont pas coutume d'être méchans, et que leur instinct naturel ne les porte point à nuire à l'homme.

Il y a des motifs assez raisonnables pour rendre le maître d'un animal responsable des dommages de la première espèce; car enfin, il en profite, en ce que ses bestiaux ont pris, aux dépens d'autrui, une nourriture que lui seul devait leur fournir. D'ailleurs, il pouvait prévoir et prévenir ces sortes de dommages. Il devait savoir qu'en laissant ses bestiaux à l'abandon, ils ne manqueraient pas, suivant leur naturel, d'aller paître dans les endroits dont les herbages ou les récoltes leur pré-

senteraient plus d'attrait, et si c'est par la négligence des domestiques ou gardiens qu'ils y sont
allés, le maître en répond, parce que c'est une
faute commise dans l'exercice de leurs fonctions.

Mais le dommage qu'on n'a pu prévoir et que
causent les animaux, contre le naturel de leur espèce; par exemple, les chevaux, les bœufs qui
mordent, frappent ou blessent, ne devrait-il pas
être considéré comme un accident fortuit dont
personne ne répond, quand il est arrivé par sa
faute? C'est sans doute par ces motifs que les Romains permettaient au maître d'abandonner l'animal pour le dommage, lorsque d'ailleurs on n'a-
vait aucune faute personnelle à lui reprocher.

Nous avons déjà dit que notre art. 1385, plus sévère en cela que le droit romain, n'accorde point
cette faculté au maître, qu'il rend, sans distinction, responsable du dommage causé, soit que
l'animal fût sous sa garde, soit qu'il fût égaré ou
échappé : bien entendu s'il n'a pas d'excuses légitimes ; car l'article ne les lui interdit pas, et ne
pouvait les lui interdire sans injustice. Mais il se
borne à énoncer le principe, et en laisse le développement et l'application aux jurisconsultes et
aux magistrats.

Le principe reçoit application, soit que le dommage ait été causé par la pétulance, la frayeur ou
la férocité de l'animal : *Si quâ lasciviâ aut pavore,
aut feritate pauperiem fecerint* (1).

---

(1) Pr. *Instit. Si quadrupes pauperiem fecisse dicatur*, 4. 9.

Voici un exemple effrayant des malheurs que peut causer la férocité d'un animal. Le 1er. août 1809, un taureau, appartenant à Geoffroi, attaqua la femme Huard, et la frappa avec tant de violence, qu'elle expira presque sur-le-champ, ainsi que l'enfant qu'elle portait dans son sein.

Un jugement du tribunal civil de Châlons, confirmé par arrêt de la Cour d'appel de Paris, le 24 mai 1810 (1), condamna Geoffroi en 2,000f de dommages et intérêts envers le mari Huard, sans fortune et chargé de plusieurs enfans. Cet arrêt est une application juste et littérale des art. 1384 et 1385. Il est d'autant plus juste, qu'il était prouvé, dans l'espèce jugée, que le taureau avec déjà, sans provocation, attaqué et blessé deux autres personnes, et que néanmoins Geoffroi avait continué de le lâcher et de le faire conduire à la pâture avec le troupeau commun.

Mais supposons que le maître du taureau l'eût mené paître avec son troupeau, dans un champ bien clos et fermé d'une barrière ; il n'y a nulle faute à lui reprocher. Un de ces chasseurs que rien n'arrête, franchit les clôtures ; il est attaqué et blessé par le taureau ; pourra-t-il demander au propriétaire la réparation du dommage? Nous ne le pensons pas. Il n'avait pas le droit d'entrer dans le champ, et le maître avait le droit d'y tenir son taureau. Le chasseur était donc seul en faute ; sans cette faute, il n'aurait pas été blessé : c'est donc

---

(1) Sirey), tom. XI, 2e. part., pag. 23.

le cas d'appliquer la règle, *quod quis ex culpâ suâ dammum sentit, non intelligitur damnum sentire* (1). *Loi* 203, *ff de R. J.* Il ne peut s'en prendre qu'à lui-même.

Mais allons plus loin. Le chasseur attaqué se défend et tue le taureau; le propriétaire aura-t-il une action pour en demander le prix? Nous pensons que l'action est fondée. Vainement alléguera-t-il, pour s'excuser, la défense de soi-même; c'est par une suite de sa faute, s'il s'est trouvé dans la nécessité de tuer le taureau pour se défendre : or, on doit répondre de la suite des fautes que l'on a commises.

C'est pourquoi si vous vous êtes attiré par votre faute, en l'excitant, en l'irritant, en le provoquant de quelque manière que ce soit, le mal que vous a fait un animal, vous ne pourrez, avec succès, en demander la réparation au propriétaire: *Ei qui irritatu suo feram bestiam, aut quacumque aliam quadrupedem in se proritaverit, eaque damnum dederit, neque in ejus dominum, neque in custodem actio datur* (2).

Mais il faut que le fait ait le caractère d'une provocation. Par exemple, frapper un cheval, c'est le provoquer, et celui qui est blessé par un cheval qu'il a frappé, n'a aucune action contre le propriétaire; mais il en serait autrement, s'il n'avait

____

(1) *Voy.* une application de cette règle dans la loi 52, § 1, *ff ad leg. aquil.*, 9. 2.

(2) Paul, *Sentent. recep.*, *lib.* 1, *tit.* 15, n°. 3.

fait que le caresser, le toucher, le palper, et que le cheval l'eût mordu ou frappé du pied : *Ut si, cùm equum permulcisset quis, vel palpatus est, et calce eum percusserit, erit actioni locus* (1). *Loi* 1, § 7, *ff si quadrupes,* 9. 1.

On ne regarde point comme une provocation suffisante pour excuser le dommage, le fait d'un cheval qui en flaire un autre. Par exemple, un voyageur conduit à l'écurie d'une auberge son cheval, qui flaire une mule qu'il y trouve. Elle rue et rompt la cuisse du voyageur. La loi dernière, *ff ibid.,* décide qu'il a une action contre le propriétaire de la mule.

Si l'animal qui a causé le dommage a été provoqué, excité, ou effarouché par un tiers, c'est ce dernier qui doit en répondre, et non le propriétaire de l'animal (2).

_____

(1) Cependant Domat, liv. 2, tit. 8, sect. 2, n°. 7, observe, sur cette loi, « qu'il faut prendre garde de ne pas imputer facilement au maître « d'un cheval ou d'une autre bête, les accidens que peut attirer l'impru-« dence de ceux à qui ils arrivent. Ainsi, par exemple, une personne « qui ignore qu'un cheval rue s'en approche trop près sans nécessité, et « lui met la main sur la croupe, se tenant à portée d'une ruade. C'est « une imprudence, car on doit se défier. Cette imprudence peut attirer « un coup de pied d'un cheval, dans des circonstances où rien ne pour-« rait être imputé au maître du cheval. »

En effet si, dans l'absence du maître, un étranger va, sans le connaître, palper le cheval et en reçoit un coup de pied, qu'imputer au maître, qui aurait pu avertir l'imprudent, s'il avait été présent, ou contenir son cheval? Il n'est pas besoin qu'un cheval soit vicieux pour ruer de la sorte : *Cui malè si palpere recalcitrat.* Tout dépend donc des circonstances ; et c'est pour cela que l'art. 1385 s'est borné à l'énonciation du principe, dont l'application est abandonnée à la sagacité des juges.

(2) Loi 11, § 5, *ff ad leg. aquil.,* 9. 2 ; loi 1, § 6, *ff si quadr.,* 9. 1.

Il en est de même si, par le dol d'un tiers, je me suis approché d'un animal méchant qui m'a blessé. Loi 56, *ff de dolo.*

Il existe d'autres cas où l'action en réparation du dommage causé par un animal, doit être dirigée, non contre le propriétaire, mais contre un tiers, parce que lui seul se trouve en faute. On en trouve un exemple dans un cas qu'il est bon de remarquer, parce qu'il peut se renouveler souvent; c'est celui où le cheval d'un voyageur ou autre a été placé dans l'écurie d'une auberge, à côté d'un autre cheval qui, n'en étant point séparé par des barres, comme la prudence l'exige, casse d'un coup de pied la cuisse de son voisin. Un arrêt du Parlement de Grenoble, rendu dans des circonstances très-favorables à l'hôtelier, le jugea néanmoins responsable du dommage. Voici l'espèce.

Depuis plusieurs années, Dolle et Favier avaient confié leur cheval au nommé Brun, qui logeait dans son écurie des chevaux et des mulets à tant par jour, soit pour les habitans, soit pour les étrangers. Dans la nuit du 6 au 7 mai 1776, ce cheval, placé au ratelier où étaient attachés d'autres chevaux, eût la cuisse gauche cassée par un coup de pied que lui donna le cheval voisin. Dolle et Favier se pourvurent contre Brun, et obtinrent une sentence qui le condamna à payer 200ᶠ pour la valeur du cheval.

Brun soutint, sous l'appel, qu'il n'avait commis aucune faute; qu'il n'était pas d'usage à Grenoble de mettre des barres entre les chevaux, et

il le prouvait par un certificat de tous les hôteliers. Il ajoutait que depuis plusieurs années Dolle
et Favier mettaient leur cheval chez lui sans exiger la précaution des barres ; qu'ils l'avaient souvent placé eux-mêmes auprès des autres chevaux,
sans exiger la précaution ; que la loi dernière, *ff
ad leg. aquil.,* 9. 2, décide que le commodataire
d'un cheval n'est pas responsable du coup de pied
que le cheval a reçu d'un autre cheval trouvé en
route, quoiqu'il soit tenu *de levissimâ culpâ.*

Dolle et Favier argumentèrent des lois du Digeste et du Code, au titre *nautæ, caupones, stabularii,* qui n'exceptent, de la responsabilité des
hôteliers, que le cas fortuit qu'ils ne pouvaient
ni prévoir ni prévenir ; que Brun avait pu empêcher l'accident qui était arrivé par des précautions
très-simples, qu'un père de famille prudent se fait
un devoir de prendre ; que s'il avait omis de placer des barres entre les chevaux, c'était pour en
mettre davantage dans son écurie, et gagner davantage. Par arrêt de grand'chambre, du 3 décembre 1776, la sentence qui condamnait Brun
à 200ᶠ de dommages et intérêts, fut confirmée
avec amende et dépens (1). Cette décision nous
paraît une juste application des principes de la
matière.

Si un autre animal a effarouché celui qui a
causé le dommage, c'est contre le propriétaire du

___

(1) Cet arrêt est rapporté dans le Répertoire, vᵒ. *Dommages,* pag. 25
et 26.

premier que doit être dirigée l'action en répara
tion (1).

Si deux béliers ou deux taureaux appartenan
à deux maîtres différens, viennent à s'entrecho
quer, et que l'un tue l'autre, c'est le maître d
l'agresseur qui doit payer le dommage, suivan
la loi 1, § 11, *si quadrupes,* 9. 1. C'est appliquer au
brutes ce qu'on décide à l'égard des hommes.

Si l'on ignore quel a été l'agresseur, la perte
de l'animal mort est considérée comme un ca
fortuit supportable par le propriétaire.

Les principes que nous avons développés d'après
la jurisprudence et les lois romaines, serviront
de guides dans la décision des cas dont nous n'a-
vons pas parlé et qui peuvent se présenter, sur
la réparation des dommages causés par les autres
animaux.

Il existe, dans chaque de nos anciennes provinces, beaucoup de réglemens particuliers pour
prévenir les dommages que peuvent causer les
animaux, et pour rendre les propriétaires plus
soigneux. L'art. 484 du Code pénal en ordonne
l'observation *dans toutes les matières qui n'ont pas
été réglées par le présent Code.* Ceux qui ne les ob-
servent pas sont toujours en faute. Il serait très-
difficile d'en faire une énumération complète;
ce serait, d'ailleurs, un travail assez inutile; car,
comme ils n'ont force de loi que dans l'étendue

_____

(1) *Si alia quadrupes aliam concitavit ut damnum daret, ejus, quæ concitavit nomine agendum erit. Loi 1, § 8, ibid.,* 9. 1.

du territoire pour lequel ils ont été faits, presque tous les praticiens de l'endroit les connaissent.

Il existe un grand nombre de ces réglemens en Bretagne, pour enjoindre de faire attacher les chiens, les mâtins sur-tout, dont la force rend la férocité plus dangereuse, et pour ordonner aux agens de police et valets de ville de tuer et de faire tuer ceux qu'on laisse vaguer.

Mais nous devons ici signaler un abus qui n'est né que depuis la révolution; c'est l'affreux usage de faire jeter dans les rues des boulettes empoisonnées, pour servir d'appât aux chiens, et les faire périr presque sur la place par le poison ; usage dangereux, puisqu'on a vu de ces boulettes dans la main des enfans en bas âge, qui ont coutume de tout porter à leur bouche ; usage essentiellement immoral, d'une immoralité profonde, en ce qu'il habitue le peuple à se familiariser avec l'idée du poison, pour laquelle on ne saurait lui inspirer assez d'horreur.

517. L'art. 1384 dit qu'on répond du dommage causé par le fait des choses que l'on a sous sa garde. Cette disposition s'applique même aux choses inanimées. L'art. 1386 nous en donne un exemple. Il porte que : « Le propriétaire d'un bâtiment est » responsable du dommage causé par sa ruine, » lorsqu'elle est arrivée par une suite du défaut » d'entretien, ou par le vice de sa construction» (1).

_____

(1) On trouve sur cela, dans le Digeste, un titre entier, *de damno infecto*, 59. 2 ; mais la plupart des dispositions de ce titre étant contraires

Il est facile de voir que cette disposition est u developpement et une conséquence du grand prin cipe établi dans les art. 1382 et 1383, qui renden chacun responsable du dommage causé non seu lement par sa faute, mais encore par sa négligence ou par son imprudence.

Or, quand un édifice vient à tomber par défau d'entretien, ou par vétusté, il y a faute de la par du propriétaire, qui devait l'entretenir dans u état où il ne pût nuire au voisin, ou bien le faire démolir. Il y a même faute grave, s'il connaissai le danger, et s'il ne le connaissait pas, il y a né gligence plus ou moins inexcusable. S'il était ab sent, il devait se faire rendre compte de l'état de son édifice.

On pourrait dire qu'il est excusable, si la ruine vient d'un vice de construction, ou de celui du sol, ces vices n'étant pas d'ordinaire apparens; mais l'art. 1792 rend les architectes et entrepre neurs responsables de ces vices pendant dix an nées.

Or, si l'édifice tombe avant ce tems, le proprié taire a son recours contre eux, et il est bien rare qu'après un tems aussi long, ces sortes de vices causent la ruine d'un édifice, assez subitement pour qu'on n'ait pas le tems de s'apercevoir du danger par des signes extérieurs et apparens.

à nos usages, Domat en a extrait celles qui sont fondées sur l'équité naturelle, pour en faire une section du liv. 2, tit. 8, sect. 3, de son livre des *Lois civiles.*

Pour prévenir toutes difficultés, la prudence exige que le voisin, qui doit apercevoir le danger dont il est menacé, avertisse le propriétaire de réparer son édifice, afin qu'il fasse cesser les craintes que son état inspire. Il pourrait même recourir à la police, qui sommerait le propriétaire de réparer ou démolir l'édifice menaçant ruine ; et faute d'obéir à la sommation, le propriétaire serait condamné à l'amende, conformément à l'art. 471, n°. 5, du Code pénal.

Faute d'une sommation de la part du voisin ou de la police, le propriétaire est néanmoins responsable du dommage causé par la ruine de l'édifice, puisque l'art. 1386 n'exige aucune sommation ni avertissement préalable.

Mais la sommation peut lever beaucoup de difficultés. Par exemple, si l'édifice ruineux est tombé à la suite d'une tempête ou autre événement fortuit de force majeure, sans qu'il y ait eu sommation préalable de le réparer ou démolir, le propriétaire ne manquera point, pour s'excuser de payer le dommage causé par la chûte, de prétendre qu'elle n'est due qu'à l'effort de la tempête, qui est un cas fortuit dont personne ne répond. Les particuliers lésés prétendront, au contraire, que la maison n'est tombée que parce qu'elle était ruineuse, et que sans cela elle eût résisté à la tempête. Cette contestation devient difficultueuse ; car il est difficile que des enquêtes respectives sur l'état de la maison tombée donnent des lumières suffisantes.

Ce n'est pas que la sommation suffise seule pour

prouver que la chûte n'a pas été occasionnée par la tempête ou autre cas fortuit; mais il est certain qu'elle peut rendre la décision beaucoup plus facile.

Suivant le droit romain, ceux qui appréhendaient qu'un édifice ruineux ne leur causât du dommage, pouvaient exiger que le propriétaire promît, par stipulation, *stipulatione damni infecti*, de réparer le dommage, en cas qu'il arrivât, et s'il refusait de faire cette promesse, le préteur envoyait les demandeurs en possession de l'édifice.

En vertu de cette promesse, le propriétaire de l'édifice était, en cas d'événement, tenu de réparer le dommage. Cependant la loi dit (1) qu'il ne faut pas estimer le dommage à un prix excessif et immodéré. Par exemple, si les appartemens d'une maison abattue ou endommagée par la chûte de l'édifice ruineux étaient ornés de peintures, sculptures et autres ornemens de luxe, il ne faut pas, suivant la loi, faire une estimation exacte de ces objets, ni la porter aux prix qu'ils ont pu coûter, quoique la dépense originaire en ait été fort grande (2). Cette décision est fondée sur ce qu'il ne faut pas favoriser le luxe aux dépens du malheur qu'éprouve, quoique par sa faute ou par sa

---

(1) Loi 40, ff de damno infecto, 39. 2.

(2) *Ex damni infecti stipulatione non oportet infinitam vel immoderatam æstimationem fieri, ut puta ob tectoria et ob picturas : licet enim in hæc magna erogatio facta est, attamen ex damni infecti stipulatione, moderatam æstimationem faciendam ; quia honestus modus servandus est, non immoderata cujusque luxuria subsequenda est.* Loi 40, ff de damno infecto, 39. 2.

négligence, le propriétaire dont l'édifice est tombé en ruine.

Cette décision, pleine d'humanité, doit être suivie sous l'empire du Code, même dans le cas où le propriétaire eût reçu la sommation que n'exige pas l'art. 1586, pour le rendre responsable.

Néanmoins, les ornemens de luxe doivent entrer, mais seulement pour une estimation modérée, dans la fixation des dommages et intérêts, quoique, dans le cas où le voisin veut exhausser un mur mitoyen qu'il a fait démolir, pour le rendre plus fort et plus en état de supporter l'exhaussement, il ne soit obligé à rien pour le rétablissement des peintures, sculptures, etc., que le voisin avait fait faire sur les parois du mur, de son côté.

La raison de différence est que celui-ci a dû prévoir que le copropriétaire du mur mitoyen userait de la faculté légale d'exhausser le mur, au lieu que celui qui souffre du dommage de la chûte de l'édifice voisin, n'a pu prévoir cet événement. (1)

Si l'édifice dont la chûte a causé quelque dommage appartient à plusieurs propriétaires, ils n'en seront pas tenus solidairement, mais chacun en proportion de la part qu'il avait dans l'édifice tombé : *Pro dominicis partibus. Loi* 40, *ff de damno infecto*, 59. 2.

Le droit romain permettait au propriétaire de la maison tombée en ruine, de se dispenser de

_____

(1) *Voy.* ce que nous avons dit tom. III, n°. 209, et Domat, liv. 2, tit. 8, sect. 3, n°. 5, à la note.

réparer le dommage que sa chûte avait causé, en abandonnant tous les matériaux. Lois 6 et 7, § 2, *ff de damno infecto,* 39. 2. Notre art. 1386 ne lui donne point cette faculté, et la manière dont cet article est conçu, semble au contraire la lui interdire, puisqu'il le rend personnellement *responsable du dommage causé par sa ruine.*

Au reste, sa disposition est générale ; elle rend le propriétaire de l'édifice tombé en ruine responsable envers tous ceux qui en ont souffert du dommage : il en répond donc envers ses locataires, dont les meubles ont été détruits ou endommagés.

Mais en répond-il envers l'usufruitier de la maison ruineuse ? Il faut distinguer. Et d'abord, si la ruine était arrivée par une suite du défaut d'entretien *depuis l'ouverture de l'usufruit,* non seulement l'usufruitier n'aurait aucune action en indemnité vers le propriétaire, mais encore il serait tenu envers lui de réparer tous les dégâts occasionnés à la maison par suite de sa faute.

Si la ruine est arrivée par un vice de construction du bâtiment ou du sol, c'est le propriétaire que notre art. 1386 en rend responsable : il en répondrait donc envers l'usufruitier, aussi bien qu'envers le voisin ; car l'article ne fait aucune distinction, et on n'aperçoit aucune raison pour, dans le cas où l'édifice se trouve grevé d'un droit d'usufruit, décharger le propriétaire d'une responsabilité que la loi lui impose.

Si la ruine est arrivée par suite du défaut d'entretien antérieur à l'ouverture de l'usufruit, il faut encore distinguer. Si l'état des biens que l'usufruitier est obligé, avant d'entrer en jouissance, de faire dresser en présence du propriétaire, ou lui dûment appelé, constate que dès lors l'édifice menaçait ruine, et si, nonobstant cela, l'usufruitier, sans prendre aucune précaution, sans y faire les réparations nécessaires pour en prévenir la ruine, a eu l'imprudence d'aller habiter l'édifice, d'y faire mettre des effets, ou de le louer sans prévenir le locataire du danger, c'est lui seul qui doit répondre du dommage, qui est la suite de son imprudence. Vainement alléguerait-il qu'il était obligé de prendre les choses dans l'état, et qu'il ne pouvait contraindre le propriétaire à faire les réparations nécessaires à l'édifice. S'il voulait en retirer du profit ou l'habiter, il devait lui-même faire ces réparations, sauf à lui en être tenu compte à la fin de l'usufruit. Il a commis, en ne le faisant pas, une haute imprudence dont il doit répondre.

Mais l'usufruitier doit-il également répondre, envers les voisins, du dommage que leur a causé par sa chûte l'édifice déjà ruineux, lors de l'ouverture de l'usufruit?

C'est le propriétaire que l'art. 1386 rend responsable de ce dommage; et l'on ne voit pas de motifs pour l'en dégager, uniquement parce qu'il existe un droit d'usufruit sur l'édifice. Il est vrai qu'il ne peut abattre l'édifice contre le consentement de l'usufruitier; mais si celui-ci s'y opposait, le propriétaire aurait deux moyens de se dégager de la responsabilité : l'un, de sommer l'usufruitier de consentir à la démolition de l'édifice; faute de quoi il demeurera responsable des événcmens de sa ruine et des dommage qu'elle pourrait causer, tant aux voisins qu'au propriétaire lui-même; l'autre, de faire les réparations nécessaires pour mettre l'édifice en état de sûreté, et faire cesser le danger de la ruine, et de se faire payer par l'usufruitier l'intérêt de la somme que ces réparations auront coûtée, si mieux il n'aimait avancer cette somme, pour en avoir reprise à la fin de l'usufruit.

Ce que nous avons dit du dommage causé par la chûte d'un bâtiment, peut s'appliquer au dommage causé par la chûte d'un arbre. Le principe est le même, si c'est par la faute ou la négligence du propriétaire qu'il est tombé; tout dépend des circonstances.

SECTION III.

Des Engagemens sans convention qui naissent à l'occasion des cas fortuits.

SOMMAIRE.

318. *Deux sortes de cas fortuits; les uns arrivés sans le concours d'aucun fait de l'homme; les autres avec le concours de quelque fait qui les a précédés ou accompagnés.*

319. *Celui dont le fait a été la cause ou l'occasion d'un cas fortuit, doit réparer le dommage qu'il a causé.*

320. *Il ne s'agit ici que des cas fortuits arrivés sans le concours d'aucun fait de l'homme; effets qu'ils peuvent produire sur les engagemens antérieurs.*

321. *Il y a des cas fortuits qui ne font naître aucun engagement, quoiqu'ils causent de la perte ou du profit; d'autres en font naître de réciproques ou non réciproques.*

322. *Quand un cas fortuit cause de la perte à une personne,*

sans enrichir une autre, celle-là doit seule la supporter.
Exemple, en cas d'abordages de navires, de vols faits dans
une voiture publique par des brigands.

523. *Quand un cas fortuit enrichit une personne aux dépens*
d'une autre, la première doit rendre ou laisser reprendre
ce que l'autre a perdu. Exemple, dans les choses égarées
ou entraînées par les eaux sur l'héritage d'autrui.

524. *Mais en reprenant sa chose, le propriétaire doit payer les*
frais de conservation, et même le dommage qu'elle a causé.

525. *Il peut néanmoins abandonner la chose pour le dommage,*
et pourquoi.

526. *Obligation de permettre l'entrée de son héritage, pour y*
chercher une chose qui y est enfouie ou tombée, toutefois
en réparant le dommage.

527. *Et pour y rétablir le cours des eaux, obstrué naturelle-*
ment ou par cas fortuit, d'une manière nuisible au fonds
supérieur.

528. *Obligation en cas de navigation, etc., de mettre en com-*
mun la provision de vivres réservée par un particulier,
lorsque les autres en manquent.

529. *Obligations que fait naître le cas fortuit qui oblige de jeter*
des choses à la mer pour sauver le navire, ou de payer une
somme pour le racheter.

518. Nous avons vu, en commençant ce titre,
que tous les engagemens viennent de la volonté
de l'homme, par la convention, ou de la loi ; et
que, suivant l'art. 1570, les engagemens sans convention viennent, les uns, de l'autorité seule de la
loi, et les autres, à l'occasion d'un fait de l'homme,
quelquefois même d'un fait involontaire dont la
loi le rend responsable, parce qu'il y a de sa part
faute, imprudence ou négligence.

Nous avons ajouté, n°. 9, que la loi impose quelquefois à l'homme des engagemens à l'occasion de
certains cas fortuits, quoiqu'on ne puisse lui re-

procher ni faute, ni négligence, ni imprudence. Notre Code civil passe sous silence ces engagemens, dont le sage et judicieux Domat traite dans un titre particulier de ses Lois civiles, liv. 2, tit. 9.

On appelle cas fortuits, les événemens qui arrivent indépendamment de la volonté de l'homme, soit qu'ils lui causent du profit ou de la perte.

On en distingue deux espèces. Les uns arrivent par le pur effet du cours de la nature, sans aucun concours du fait de l'homme, comme un coup de foudre, un naufrage, un débordement, un tremblement de terre, une lavanche ou avalanche, etc.

Les autres arrivent aussi par le cours ordinaire de la nature, mais avec le concours de quelque fait de l'homme qui les a précédés ou accompagnés, et qui en a été la cause ou l'occasion, comme un incendie arrivé par la fermentation naturelle et l'inflammation des foins ou autres matières combustibles, imprudemment enfermées et entassées avant d'être suffisamment sèches.

319. Dans ces sortes de cas fortuits mixtes, où il y a eu concours de quelque fait de l'homme, sans lequel ils ne seraient point arrivés, celui dont la faute, l'imprudence ou la négligence en a été la cause ou l'occasion, est tenu de réparer le dommage qui s'en est ensuivi : *Qui occasionem præstat, damnum fecisse videtur. Loi* 30, § 3, *ff ad legem aquiliam*, 9. 2. Son engagement est plus alors l'effet de sa faute ou de son imprudence, que du cas fortuit qui l'a suivie.

320. Nous en avons parlé dans les sections pré-

cédentes. Nous ne parlerons dans celle-ci que des cas fortuits arrivés sans aucun concours du fait de l'homme.

Ils peuvent produire différens effets relativement aux engagemens. Ils peuvent rompre ou éteindre des engagemens antérieurs, les diminuer ou y changer quelque chose; mais ils peuvent aussi en faire naître de nouveaux.

Ils rompent ou éteignent des engagemens antérieurs; par exemple, le vendeur est dégagé de l'obligation de délivrer la chose vendue, si elle vient à périr sans sa faute par cas fortuit, pendant qu'il n'était pas en demeure de la livrer, et l'acheteur n'en demeure pas moins obligé de payer le prix. Ils diminuent l'engagement précédent; par exemple, dans le cas des art. 1769 et 1770 du Code, le prix de la ferme est diminué, lorsque la totalité ou la moitié au moins des récoltes est enlevée par des cas fortuits.

Nous ne nous occupons point, dans cette section, de l'effet que peuvent produire les cas fortuits sur les engagemens antérieurs, mais seulement des nouveaux engagemens que la loi fait naître à leur occasion.

Nous n'entendons point aussi parler de ces engagemens où devoirs imparfaits .que la charité commande à tous les hommes les uns envers les autres, tels que l'obligation de secourir celui qui est tombé dans la misère, etc.....; mais de ces engagemens parfaits que sanctionnent les lois civiles, en permettant de recourir aux tribunaux pour contraindre les réfractaires à les exécuter.

521. Tous les cas fortuits qui causent des pertes ou procurent des gains à une personne, ne forment pas pour cela des engagemens ; et, entre ceux qui en forment, les uns en forment de réciproques entre deux ou plusieurs personnes, d'autres n'en forment que d'une part seulement. Il ne paraît pas que l'on puisse tracer une règle générale pour distinguer les cas fortuits dont il ne peut ou dont il peut naître des engagemens réciproques ou non réciproques.

Ces différences dépendent des conjonctures et des circonstances qui diversifient les événemens, et qui peuvent faire juger si, à quoi et envers qui se trouve obligé chacun de ceux que les suites du cas fortuit peuvent concerner.

522. On peut cependant, ce semble, poser en principe général que toutes les fois qu'un cas purement fortuit cause de la perte ou du dommage à une personne, sans enrichir une autre à ses dépens, celle qui l'éprouve n'a droit à aucune indemnité.

Ainsi, par exemple, « en cas d'abordage de navires, si l'événement a été purement fortuit, le dommage est supporté, sans répétition, par celui des navires qui l'a éprouvé. » (Art. 407 du Code de commerce).

Ainsi encore, lorsque des brigands (1) atta-

***

(1) *Si navis á piratis redempta sit, Servius, Ofilius, Labeo, omnes conferre debere aiunt. Quod verò prædones abstulerint, eum perdere cujus fuerit, nec conferendam esse ei qui suas merces redemerit. Loi 2, § 3, ff de lege rhodiâ, 14, 2.*

quent une voiture publique, et enlèvent l'argent ou les effets de l'un des voyageurs, sans enlever ceux des autres, le premier supporte seul cette perte, qui ne les a point enrichis, sans pouvoir réclamer vers eux aucune indemnité. C'est l'application de la règle *res perit domino*.

Sans doute, la charité, l'honneur même, bien entendu, commandent à ceux qui n'ont rien perdu d'aider, lorsqu'ils le peuvent, celui qui, dépouillé de tout, n'a pas même de quoi continuer son voyage; mais ce n'est là qu'un devoir imparfait, dans l'ordre du droit civil, et dont l'accomplissement ne peut être réclamé devant les tribunaux.

323. Si, au contraire, les pertes occasionnées, le dommage causé à une personne par un cas purement fortuit, enrichissent une autre à ses dépens, celle-ci serait obligée de rendre ou de laisser reprendre ce que l'autre a perdu.

Ainsi, par exemple, celui qui trouve une chose perdue doit la rendre (1), s'il sait à qui elle appartient ou s'il peut le savoir; et s'il la retient sans dessein de la rendre, sans tâcher de découvrir le propriétaire, il commet un larcin, suivant les lois romaines (2).

---

(1) *Non videbis bovem fratris tui, aut ovem errantem, et præteribis: sed reduces fratri tuo, etiamsi non est propinquus frater tuus, nec nosti eum; duces in domum tuam, et erunt apud te quamdiu quærat ea frater tuus, et recipiat. Similiter facias de asino, et de vestimento, et de omni re fratris tui, quæ perierit: si inveneris eam ne negligas quasi alienam.* Deuter., 221 et seq.

(2) *Qui alienum quid jacens, lucri faciendi causá, sustulit, furti obstringitur, sive scit cujus sit, sive ignoravit. Nihil enim ad furtum minuendum facit, quod cujus sit ignorat.* Loi 43, § 4, ff de furt., 47. 2.

Ainsi encore, si un débordement abat une maison, et entraîne les matériaux et les meubles dans l'héritage d'un autre, celui-ci est obligé d'en donner l'entrée au propriétaire des meubles et matériaux, et de souffrir qu'il les reprenne et enlève.

Il en serait de même d'un bateau (1), des bois de marine et autres choses entraînés par la force des eaux.

Ces décisions sont des conséquences de la règle, *jure naturæ æquum est, neminem cum alterius detrimento et injuriâ fieri locupletiorem. Loi* 206, ff *de R. J.* Règle qui est elle-même une conséquence de la loi sacrée de la propriété.

324. Mais, comme il serait également contre l'équité, que celui qui rend la chose trouvée ne sortît pas indemne et souffrît quelque perte à son occasion, celui qui l'avait perdue est obligé, de sa part, à rendre les dépenses faites, pour la conserver et pour en connaître le propriétaire, comme le prix de la nourriture de la bête égarée, les frais de transport de la chose trouvée, pour la mettre en sûreté, ceux des publications nécessaires pour avertir le propriétaire, etc.

Et de même, le propriétaire de l'héritage où les débris de la maison abattue par le débordement, des meubles, bois, etc., ont été entraînés par la force des eaux, n'est tenu d'accorder l'entrée de

---

(1) *Si ratis delata sit vi fluminis in agrum alterius, posse eum conveniri ad exhibendum Neratius scribit. Loi* 5, § 4, ff *ad exhib.,* 10, 4.

son héritage, pour les reprendre et les enlever, que sous la condition (1) d'être indemnisé, non seulement du dommage qu'y pourra causer l'enlèvement de ces débris, mais encore de celui qu'y a déjà causé le transport de ces débris par les eaux.

325. Mais si les frais de l'enlèvement et l'indemnité due pour le dommage causé et à causer à l'héritage, excédaient la valeur de ces débris, etc., le propriétaire pourrait les abandonner pour le dommage, en ne les réclamant pas. Le propriétaire de l'héritage n'aurait pas d'action pour le contraindre à les enlever et à réparer le dommage qu'ils ont causé, comme dans le cas d'un édifice tombé en ruine par défaut d'entretien ou par vice de construction (1386); car, dans le cas du débordement, le dommage a été causé par un pur cas fortuit, sans qu'on puisse reprocher au propriétaire de la maison aucune faute, imprudence ou négligence. Il ne pouvait ni prévoir ni empêcher un événement qui lui cause à lui-même beaucoup plus de dommage qu'au propriétaire de l'héritage où les débris de sa maison ont été entraînés ou déposés. Mais s'il veut les réclamer, comme il en a le

---

(1) *De his quæ vi fluminis importata sunt, an interdictum dari possit, quæritur? Trebatius refert, cùm Tiberis abundasset, et res multas multorum in aliena ædificia attulisset, interdictum a Prætore datum ne vis fieret dominis, quominùs sua tollerent, aut ferrent, si modo damni infecti repromitterent. Loi* 9, § 1, *ff do damno infecto,* 39.

Noratius autem scribit, si ratis in agrum meum vi fluminis delata sit, non aliter tibi potestatem tollendi faciendam, quàm si de præterito quoque damno cavisses. Loi 9, § 3, *ibid.*

droit, il sera tenu de les enlever tous (1), non seulement ceux qui peuvent encore être utiles, mais de plus ceux qui, loin de l'être, pourraient causer du dommage à l'héritage, s'ils continuaient de rester sur le lieu, tels que le sable, le gravois, etc.

326. Ce n'est pas seulement à l'occasion d'un cas de force majeure, que la loi nous impose l'obligation de donner l'entrée de notre héritage pour y aller chercher et reprendre les choses qui appartiennent à autrui. J'apprends par une note trouvée dans les papiers de mon père, ou par tout autre moyen, qu'il a enfoui un trésor, une somme d'argent, dans un endroit désigné de votre enclos. L'équité, la loi de la propriété, que vous devez respecter, vous ordonnent de m'y laisser entrer pour le chercher. On en trouve une disposition impérative dans le droit romain (2). Vous refuser à mes recherches, serait une injustice qui pourrait avoir l'effet de vous approprier ce qui m'appartient. Si vous aviez trouvé cet argent, vous seriez tenu de me le rendre.

Le principe de cette décision s'applique à beau-

_____

(1) *Nec aliter dandam actionem, quam ut omnia tollantur quæ sunt prolapsa.* Loi 9, § 2, *ibid.*
Tollere non aliter permittendum, quàm ut omnia, id est, et quæ inutilia essent auferret. Loi 7, § ult., *ibid.*
(2) *Thesaurus meus in tuo fundo est, nec cum pateris me effodere.....* *Labeo ait, non esse iniquum juranti mihi non calumniæ causâ id postulare, vel interdictum, vel judicium ità dari, ut, si per me non stetit quominus damni infecti tibi operis nomine caveatur, ne vim facias mihi, quominus cùm thesaurum effodiam, tollam, exportem.* Loi 15, ff ad exhib., 10. 4.
Il est assez évident que, dans cette loi, il ne s'agit point d'un trésor proprement dit : *Pecunia vetus deposita, cujus memoria non extat.*

coup d'autres cas. J'ai laissé tomber par hasard un effet précieux, un sac d'argent, dans votre puits, dans une fosse-morte, etc. Vous êtes obligé de permettre que je le fasse chercher, même en vidant votre puits ou votre fosse-morte, si cela est nécessaire; mais aussi je suis tenu de réparer tout le dommage, de quelque nature qu'il soit, que le travail de ma recherche aura causé, soit que je retrouve ou non ce que j'ai perdu.

C'est de ce même principe que dérive le droit du propriétaire d'un arbre fruitier, dont les fruits sont tombés sur le fonds du voisin, de contraindre celui-ci à lui donner passage pour les y aller cueillir (1).

527. L'obligation de permettre l'entrée de son héritage pour l'utilité du voisin vient encore d'un cas fortuit, prévu par les lois romaines, lorsque quelque accident imprévu ou seulement la succession du tems a obstrué le cours des eaux qui découlent du fonds supérieur, et les fait refluer d'une manière nuisible sur ce fonds, dont les propriétaires désirent, pour leur utilité, rétablir le cours des eaux dans son ancien état.

Sans doute, « les fonds inférieurs sont assujettis » envers ceux qui sont plus élevés, à recevoir les » eaux qui en découlent naturellement. » (640). C'est l'ordre de la nature, que la loi civile défend de troubler, en défendant au propriétaire inférieur d'élever des digues qui empêchent cet écou-

---

(1) *Voy.* ce que nous avons dit tom. III, n°. 517.

lement d'une manière nuisible au propriétaire supérieur. (640). Il pourrait donc contraindre celui qui les aurait élevées à les détruire.

Mais si les éboulemens ou les avalanches des fonds supérieurs, quelque autre événement fortuit, ou les graviers et immondices que les eaux charrient naturellement, viennent à en obstruer le cours, les propriétaires supérieurs n'ont rien à reprocher à l'inférieur, qui n'a fait que laisser agir la nature : ils n'ont donc pas d'action contre lui pour le contraindre de rétablir, quelquefois à grands frais, l'ancien état des choses.

Mais si, pour leur propre intérêt, ils désirent le rétablir à leurs frais et sans nuire à l'inférieur, celui-ci pourra-t-il les en empêcher, en leur refusant l'entrée de son fonds, pour y aller faire les travaux nécessaires au rétablissement de l'ancien cours des eaux ? L'équité s'y oppose, pourvu que ces travaux ne lui nuisent point, et que les propriétaires supérieurs s'obligent de réparer le dommage que pourraient lui causer, tant les travaux que le passage des travailleurs. La nature crie dans tous les cœurs qu'il est permis à chacun de faire ce qui lui est utile, quand il le peut sans nuire à personne.

Les lois romaines donnaient donc une action aux propriétaires supérieurs, pour contraindre l'inférieur à leur permettre l'entrée de son fonds, en s'obligeant toutefois de réparer le dommage et de l'en indemniser. Labéon objectait que la nature seule ayant changé l'état des lieux, chacun devait s'y soumettre et supporter la perte ou le profit qui lui en revient : *Apud Namusum relatum est, si aqua profluens iter suum stercore obstruxerit, et ex restagnatione superiori agro noceat, posse cum inferiore agi, ut sinat purgari.... Labeo contra Namusum probat, ait enim naturam agri ipsam à se mutari posse; et ideò cùm per sé natura agri fuerit mutata, unumquemque ferre debere, sive melior, sive deterior ejus conditio facta sit : idcircò etsi terræ motu aut tempestatis magnitudine, soli causa mutata sit, neminem cogi posse ut sinat, in pristinam loci conditionem redigi; sed nos etiam in hunc casum æquitatem admisimus. Loi 2, § 6, ff de aquâ et aquæ pluviæ arcendæ, 39. 3.*

Cette décision est approuvée par Domat, liv. 2, tit. 9, sect. 2, n°. 5. En voici une autre tirée du § 1 de la même loi (1), fondée sur le même principe que la précédente : si le propriétaire inférieur néglige de curer un fossé creusé de tems immémorial pour le desséchement des terres, de manière que les eaux s'arrêtent sur mon terrain, qui est supérieur au sien, j'ai une action contre lui pour le contraindre, ou à creuser le fossé, ou à me permettre de le curer moi-même à mes frais.

Le savant Merlin, dans son Répertoire, v°. *Eaux pluviales*, n°. 3, approuve cette décision, qui est,

_____

(1) En voici le texte :

Apud Labeonem proponitur fossa vetus esse agrorum siccandorum causâ, nec memoriam extare quandò facta est; hanc inferior vicinus non purgabat, sic fiebat ut ex restagnatione ejus aqua fundo nostro noceret. Dicit igitur Labeo aquæ pluviæ arcendæ cum inferiore agi posse, ut aut ipse purgaret, aut te pateretur in pristinum statum eam redigere.

comme la précédente, parfaitement conforme aux principes du droit et à la raison ; car, si la nature et la loi assujettissent *les fonds inférieurs* (1) à recevoir les eaux qui découlent naturellement des fonds plus élevés, elles n'assujettissent *la personne* du propriétaire de ces fonds à rien faire pour faciliter cet écoulement. La loi se borne à lui défendre d'y mettre obstacle. C'est le sol qui est assujetti ; c'est le sol qui doit la servitude. L'obligation est purement réelle ; elle ne lie que la chose et non la personne, *prædium non persona servit ;* et c'est pour cela qu'aucune servitude ne peut obliger le propriétaire du fonds servant à y faire quelque chose ; car un fonds est une chose inanimée qui ne peut être chargée de l'obligation de faire (2).

Ainsi, la nature avait assujetti le sol à recevoir l'écoulement des eaux supérieures ; la loi civile a défendu au propriétaire de ce sol de mettre à cet écoulement aucun obstacle par son fait, en élevant des digues ou autrement ; mais si l'obstacle provient de la nature elle-même, la loi civile ordonne-t-elle au propriétaire inférieur de se mettre

---

(1) C'est l'expression propre, c'est l'expression énergique de l'art. 140, qui ne dit pas que *les propriétaires du fonds,* mais que *les fonds inférieurs* sont assujettis.

(2) C'est donc sur la raison qu'est fondé le grand principe du droit romain en cette matière : *Servitutum non ea natura est, ut aliquid faciat quis...... sed ut aliquid patiatur aut non faciat. Loi* 15 *, ff de servit.,* § 1, S. 1. Principe suivi par le Code civil avec une telle ponctualité, qu'il a rejeté la seule exception que le droit romain y avait faite dans le cas de la servitude d'appui, *omni ferendi. Voy.* ce que nous avons dit tom. III, n°. 665.

en frais pour lever cet obstacle naturel ? Non,
certes, et elle ne doit pas l'ordonner. La nature
avait établi la servitude : la nature y met ensuite
un obstacle qui gêne ou supprime cette même servitude ; celui à qui elle était avantageuse doit supporter cet obstacle, ou le faire lever à ses frais.
C'est le cas de dire, avec Labéon, que chacun doit
supporter les événemens naturels, soit que sa condition en devienne meilleure ou pire : *Unumquemque ferre debere . sive melior , sive deterior ejus conditio facta sit.* Tout ce que la loi peut faire, c'est
de permettre à celui à qui nuit cet obstacle de le
faire lever à ses frais, sans toutefois causer aucun
dommage.

Ces principes, si nettement établis par ces jurisconsultes romains, dont les doctrines ont mé-
rité dans toute l'Europe le nom de raison écrite,
sont de tems immémorial naturalisés en France.
Ils ont été consacrés de nouveau par les art. 697
et 698 du Code civil. Pour en écarter l'application
à un cas auquel les ont spécialement appliqués ces
mêmes lois romaines, où nous les avons puisés,
il faudrait donc une disposition précise, qu'on
ne trouve point dans l'art. 640 du Code, dont la
rédaction en favorise l'application. Il assujettit *les
fonds inférieurs* à recevoir les eaux qui découlent
naturellement des fonds supérieurs ; et en conséquence de cette servitude, il défend au propriétaire d'élever des digues qui empêchent l'écoulement, et au supérieur de rien faire qui le rende
plus onéreux.

Ces prohibitions sont communes à toutes les

servitudes. Quant aux ouvrages nécessaires *pour user de la servitude ou pour la conserver*, aux frais de qui doivent-ils être faits? L'art. 640 garde le silence sur ce point. Qu'en résulte-t-il? Qu'il s'en rapporte à la règle si ancienne, commune à toutes les servitudes, que ces ouvrages sont aux frais de celui auquel est due une servitude, et non à ceux du *propriétaire du fonds assujetti.* (698).

Telle est la seule conséquence, la conséquence nécessaire qu'on peut raisonnablement tirer du silence de l'art. 640.

Cependant, deux auteurs très-recommandables, M. Pardessus (1) et M. Garnier (2), qui a suivi sa doctrine sans le citer, ont prétendu écarter l'application de ces principes à la servitude établie par notre art. 640.

Le premier, après avoir posé le principe que propriétaire inférieur ne peut élever des digues qui empêchent ou gênent l'écoulement des eaux, en les faisant refluer vers le fonds supérieur, et que le propriétaire supérieur ne peut également rien faire qui aggrave les charges de l'inférieur, obligations *corrélatives,* comme il le dit fort bien, et qu'il fonde l'une et l'autre sur les lois romaines, ajoute : « Si la succession du tems, ou quelque » accident imprévu avait comblé le lit des eaux, » les propriétaires des fonds inférieurs pourraient » être contraints d'en faire le curage, *chacun dans*

_____

(1) Dans son Traité des servitudes, 4ᵉ. édit., nᵒ. 92, pag. 117.
(2) Dans son Régime des eaux, nᵒ. 115. pag. 91.

, *l'étendue de son domaine.* Nul ne serait fondé à s'y
, refuser, soit en prétendant que ce lit a été com-
, blé par un événement naturel dont il ne veut pas
, changer les effets, soit en invoquant *la règle gé-*
, *nérale,* qui ne permet pas que les servitudes con-
, sistent, de la part du propriétaire du fonds as-
, sujetti, dans l'obligation de faire des travaux pour
, aider l'exercice de la servitude. »

Et pourquoi donc ne serait-on pas fondé à opposer cette *règle générale* ? Car, par cela même
qu'elle est générale, si l'on veut en excepter la servitude établie par l'art. 640, à laquelle le droit romain en fait l'application spéciale, il faut que la
loi prononce cette exception. M. Pardessus l'a fort
bien senti, et ne trouvant point cette exception
dans le Code civil, qui a ponctuellement suivi la
règle générale, en rejetant même la seule exception qu'y avait faite le droit romain, à l'égard de
la servitude d'appui, *omni ferendi* (1), il est allé
chercher l'exception nécessaire pour étayer son
opinion dans la loi du 4 floréal an XI. Il prétend
que la règle générale que nous a transmise la
sagesse des législateurs romains, ne s'applique
qu'aux servitudes conventionnelles, « et non pas
, aux servitudes naturelles, qui sont des lois de
, voisinage et de nécessité, régies par des princi-
, pes différens des conventionnelles. » Et pourquoi
cela ? Parce que « l'espèce particulière de proprié-
, té, ou plutôt d'usage, dont les eaux sont suscep-

---

(1) *Voy.* ce que nous avons dit tom. III, n°. 663.

» tibles, les rapports de cet élément et les besoins
» de l'agriculture et des arts, sont autant de motifs
» qui fortifient notre sentiment. »

Mais la propriété ou l'usage des eaux, les rapports *de cet élément* avec la salubrité et les besoins
de l'agriculture et des arts, étaient les mêmes sous
l'ancienne législation française, ainsi qu'à Rome,
où l'agriculture était plus honorée qu'en France.
Cependant en France, comme à Rome, la servitude d'écoulement des eaux supérieures sur les
fonds inférieurs, se réduisait, comme toutes les
autres, à souffrir l'écoulement, et ne s'étendait
pas à faire les travaux nécessaires pour le faciliter
et pour le rétablir.

Les motifs allégués par M. Pardessus, *pour fortifier son sentiment,* ne sont donc pas suffisans pour
le faire admettre contre la règle générale. En quoi,
en effet, la salubrité, les besoins de l'agriculture
et des arts, sont-ils intéressés à ce que les propriétaires des fonds inférieurs, plutôt que ceux
des fonds supérieurs, fassent à leurs frais les travaux nécessaires pour l'exercice d'une servitude
établie en faveur des fonds supérieurs? M. Pardessus a donc senti la faiblesse des raisons qu'il
donne, non pour établir, mais pour *fortifier* son
sentiment contre la règle générale; et pour faire
taire toutes les objections, il ajoute, pag. 149,
» qu'on n'en peut élever de fondées, puisque la
» loi du 14 floréal an XI met le curage des rivières,
» qui ne font pas partie du domaine public, *à la*
» *charge des riverains.* »

M. Garnier, qui n'a rien ajouté aux raisonnemens de M. Pardessus, prétend aussi que la règle générale que les servitudes ne consistent qu'à souffrir et non à faire, *non facere, sed pati,* etc., ne peut, *d'après les principes de notre nouvelle législation,* s'appliquer qu'aux servitudes conventionnelles ; mais qu'à l'égard des servitudes imposées *ex naturâ loci,* en matière de cours d'eaux, nos lois assujettissent formellement les propriétaires inférieurs *à faire le curage le long de leurs héritages* : c'est donc, en dernière analyse, la loi du 14 floréal, dont l'auteur rapporte les dispositions, pag. 299, sur laquelle ces deux savans auteurs fondent leur opinion.

Eh bien ! je dois le dire, pour l'amour de la vérité, malgré le respect que m'imposent leur science et leurs talens, je reste profondément convaincu que la lettre et l'esprit de cette même loi, sur laquelle ils se fondent, détruisent complètement leur opinion : le public en jugera par la seule lecture du texte.

L'art. 1er. porte : « Il sera pourvu au curage des canaux et rivières non navigables, et à l'entretien des digues et ouvrages d'art qui y correspondent, de la manière prescrite par les anciens réglemens, ou d'après les usages locaux. »

L'art. 2 : « Lorsque l'application des réglemens ou l'exécution du mode consacré par l'usage éprouvera des difficultés, ou lorsque des changemens survenus exigeront des dispositions nouvelles, il y sera pourvu par le Gouvernement, dans un réglement d'administration publique, rendu sur la proposition du préfet du départe-

» ment, de manière que *la quotité de la contribu-*
« tion de chaque imposé soit toujours relative au de-
« gré d'intérêt qu'il aura aux travaux qui devront
» s'effectuer. »

Cette disposition, évidemment contraire à l'opinion des auteurs que nous combattons, est d'une
justice exacte : c'est toujours le degré d'intérêt
que chacun doit avoir à une chose, qui doit régler
la quotité de sa contribution. Cette règle d'éternelle justice, était violée ouvertement dans l'ancienne jurisprudence, sur-tout en Bretagne, où
l'on obligeait les riverains des chemins vicinaux
à les réparer seuls, le long de leurs héritages,
même lorsque ces chemins leur étaient inutiles,
comme nous en avons vu plusieurs exemples. Cette
longue injustice fut réparée par la loi du 28 septembre 1791 (1), qui met les chemins à la charge
des *communautés* sur le territoire desquelles ils
sont établis, et qui les autorise à lever à cet effet une imposition au marc la livre de la contribution foncière, au moyen de laquelle chacun
contribue dans la proportion de son intérêt.

C'est le principe de justice que la loi du 14 floréal an XI applique au curage des petites rivières:
il n'est donc pas vrai que les riverains puissent
être *contraints de faire le curage chacun dans l'éten-*
due de son domaine, comme le prétend M. Pardessus ; *chacun le long de leurs héritages,* comme
le dit M. Garnier, dont l'opinion nous ramènerait

_____

(1) Tit. 1, sect. 6, art. 2.

es injustices de l'ancienne jurisprudence. L'art. 3
e cette même loi, dont ils tirent une si fausse
onséquence, veut que chacun ne contribue au
urage que *suivant les rôles de répartition dressés
ous la surveillance du préfet, rendus exécutoires par
ui, et le recouvrement s'en opère de la même manière
ue celui des contributions publiques.*

On a peine à concevoir comment ces deux savans auteurs ont pu invoquer, au soutien de leur
opinion, une loi qui la rejette et la détruit si complètement.

Mais, de plus, ils en ont fait la plus fausse application à la servitude de l'écoulement des eaux
supérieures dont parle l'art. 640 du Code. Cette
servitude, qui n'a aucun trait à l'ordre public,
est totalement différente d'une rivière, et doit être
régie par les principes communs à toutes les servitudes particulières, et non par les règles établies
pour les rivières. C'est ce qu'ont pensé les hommes
savans, chargés par le Gouvernement de rédiger
un projet de Code rural. Ils ont toujours distingué
la servitude dont parle l'art. 640 du Code, des petites rivières et même des ruisseaux. Le dernier
projet, *revu et augmenté d'après les observations des
commissions consultatives,* après avoir (1) répété le
texte de l'art. 640, qui défend au propriétaire inférieur d'élever des digues qui empêchent l'écoulement des eaux, et au propriétaire inférieur de

----

(1) Pag. 568, tom. IV du Recueil des pièces relatives au projet de
Code rural.

rien faire qui aggrave la servitude du fonds supérieur, le projet ajoute :

« Lorsqu'il survient, dans le cours des eaux, des
» changemens naturels et indépendans du fait de
» l'homme, s'ils sont irréparables, ils doivent être
» supportés *par celui qui en souffre,* quoiqu'à l'avan-
» tage d'un autre voisin.

» S'ils peuvent être réparés, *le propriétaire qui
» en souffre* aura le droit de rétablir les choses dans
» leur premier état, en tout ou seulement en par-
» tie, selon qu'il y aura lieu, *à la charge de ne
» causer aucun dommage à autrui,* ou de l'indem-
» niser. » (Domat, Lois civiles, liv. 2, tit. 9, section 1, § 5).

Ainsi, les hommes savans, occupés, par ordre
du Gouvernement, à méditer sur ces matières,
non seulement n'ont pas cru, comme les auteurs
que nous combattons, que les principes de notre
nouvelle législation s'opposassent à ce qu'on fît
aux servitudes dérivées *ex naturâ loci,* et notamment à celle dont parle l'art. 640 du Code, l'application de *la règle générale* que les travaux nécessaires à l'usage ou à la conservation de la servitude, ne doivent pas être aux frais du propriétaire du fonds assujetti, comme le veut l'art. 698,
mais ils ont pensé qu'il fallait conserver cette règle
et continuer de l'appliquer à la servitude de l'écoulement des eaux (640), comme l'ont fait les lois
romaines, l'ancienne jurisprudence française, Domat, etc., et sous la nouvelle législation M. Merlin.

Nous ne nous serions pas arrêté sur un point
si bien démontré, si nous n'avions jugé qu'il était

nécessaire de détruire l'impression que peut faire sur les esprits l'ouvrage d'un professeur célèbre, dont l'influence est encore augmentée par la place qu'il occupe à la Cour suprême.

528. La loi rhodia fait naître de la nécessité un engagement sans convention bien sacré, à l'occasion du danger commun où se trouvent plusieurs personnes dans le cas d'une navigation, lorsque les vivres viennent à manquer; ce qui peut être aussi applicable au cas d'une caravane ou d'un voyage dans les déserts. Dans ces cas, celui des passagers ou voyageurs qui se trouve avoir des provisions de comestibles en réserve, est tenu de les partager et mettre en commun avec les autres (1).

En vain le froid égoïste dirait-il que ses provisions sont peu abondantes, et qu'en les consumant aujourd'hui, il peut mourir de faim le lendemain ou le surlendemain; le présent est tout en pareil cas. Il ne peut assurer sa subsistance du lendemain aux dépens de la vie que les autres sont en danger de perdre aujourd'hui. Le soin du lendemain est abandonné à la providence.

329. La première disposition de cette loi rhodia, que sa sagesse a fait adopter par toutes les nations, contenait une disposition suivant laquelle tout le chargement d'un navire et le navire lui-même étaient tenus de supporter, par voie de contribu-

---

(1) *Cibaria....... si quandò ca defecerint in navigationem, quod quisque haberet, in commune conferret. Loi* 2 , § 2 , *in fine, de lege rhodiâ,* 14. 2.

tion, la perte des effets que le danger d'un naufrage avait fait jeter à la mer pour le salut de tous:
*Lege rhodiâ cavetur, ut si levandæ navis gratiâ
jactus mercium factus est, omnium contributione
sarciatur, quod pro omnibus datum est.* Loi 1, ff *de
lege rhodiâ, de jactu,* 14. 2.

Cette disposition, consacrée dans l'ordonnance
de la marine de 1681, l'a été de nouveau dans le
Code de commerce du 20 septembre 1807, liv. 2,
tit. 12, *du Jet et de la Contribution.*

Ce titre contient un assez grand nombre d'articles qui font naître beaucoup de questions dont
le Code civil ne s'est point occupé, et qui sont du
ressort du droit maritime. Nous nous bornerons
donc ici à renvoyer aux commentateurs de l'ordonnance de 1681, à Émérigon, et sur-tout à l'excellent *Cours de droit commercial maritime* (1) de
notre savant compatriote et ami, M. Boulay-Paty.

FIN DU ONZIÈME VOLUME.

(1) 4 vol. in-8°. A Paris, chez WARÉE oncle, libraire, cour de la
Sainte-Chapelle, n°. 13; chez WARÉE, fils aîné, libraire, au Palais de
Justice. Prix, brochés, 25 fr. pour Paris, et 32 fr., francs de port, par
la poste.

ERRATUM IMPORTANT

A CORRIGER DANS LE TOM. IV.

J'ai dit, dans le 4e. volume de cet ouvrage, 1re. et 2e. éditions, que, par la loi des Douze Tables, « les petits-enfans étaient appelés directement, aussi bien que les enfans, à la succession *ab intestat* du défunt. C'etait un droit qui leur était propre, et qu'ils ne tenaient point de leur père ; car ils pouvaient l'exercer même du vivant de ce dernier, *lorsqu'il était émancipé* ». *Instit.*, *liv.* 3, *tit.* 1, § 2. Cette leçon est la seule raisonnable et la seule que j'avoue.

Dans la 3e. édition, imprimée à Paris, il s'est glissé une erreur typographique qui change entièrement le sens de la phrase. On y lit : « Lorsqu'ils (les petits-enfans) étaient émancipés. » D'où résulterait que les petits-enfans auraient succédé à leur ayeul, même après leur émancipation, qui les faisait sortir de la famille ; ce qui est manifestement faux, et démenti par le même § 2, que je cite à l'appui de ma proposition. Ce paragraphe porte : *Itâ demùm tamen nepos neptisve, pronepos proneptisve, suorum hæredum numero sunt, si præcedens persona desierit in potestate parentis esse, sive morte id acciderit, sive aliâ ratione, velut emancipatione. Nam si per id tempus, quo quis moritur, filius in potestate ejus sit, nepos ex eo suus hæres esse non potest.*

Les petits-enfans ne pouvaient donc être héritiers de leur ayeul que lorsque leur père était mort ou *émancipé*, et non s'ils l'étaient eux-mêmes. Le rapprochement de ce paragraphe, que je cite, aurait dû, ce semble, indiquer que la leçon de la 3e. édition était vicieuse, et le docte M. Armand Marchand aurait pu s'en convaincre facilement, en y faisant plus d'attention, et il n'eût pas affirmé, pag. 267 de la Thémis, tom. VII, 5e. livraison, « qu'il y a erreur évidente de la part de M. Toullier. »

Cependant, l'erreur typographique s'est encore glissée dans la 4e. édition, faite sur la 3e. On y lit également : « Lorsqu'ils (les petits-enfans) étaient émancipés » ; et M. Armand Marchand, revenant sur cet objet, pag. 384 du même tom. VII de la Thémis, 7e. livraison, s'autorise de cette circonstance pour croire que cette dernière leçon est la véritable. Mais ce que je ne puis concevoir, c'est qu'il affirme que la 2e. édition, qu'il a sous les yeux, porte également « lorsqu'ils étaient émancipés » ; ce qui est absolument faux, et ne peut s'expliquer autrement qu'en supposant que le tom. IV de la 2e. édition se trouvant *épuisé*, l'éditeur en ait substitué un de la 3e., en changeant le premier feuillet ; ce qui est quelquefois arrivé pour d'autres volumes, et ne pouvait nuire en rien, toutes les éditions ayant été imprimées sur la première, à quelques corrections près.

J'examinerai une autre fois si, comme le pense M. Armand Marchand, je me suis trompé dans mon opinion sur la représentation.

TOULLIER.

TABLE
DES CHAPITRES ET SECTIONS.

SUITE DU LIVRE TROISIÈME.

TITRE IV.

Des Engagemens qui se forment sans convention.

TABLE GÉNÉRALE

ET

R.ALPHABÉTIQUE

DES

MATIÈRES CONTENUES DANS LES ONZE PREMIERS TOMES

DU DROIT CIVIL FRANÇAIS.

Cette Table contient autant de divisions que l'Ouvrage a de titres du Code civil commentés, et chaque numéro correspond à celui des sommaires.

Les chiffres qui sont en marge indiquent les numeros d'ordre de chaque article de la Table, pour en faciliter les recherches.

Lorsqu'il faudra recourir à des numéros qui se suivent, l'on n'indiquera que le premier et le dernier, avec un trait d'union entre (—), pour désigner qu'il faut voir tous les numéros intermédiaires.

Les chiffres romains indiquent les tomes.

Les chiffres que l'on trouve ensuite indiquent la page de chaque tome.

Les numéros qui finissent chaque article sont les numéros d'ordre de l'Ouvrage.

A

ABANDON, ABANDONNEMENT.
— De ses Biens. *v.* Contrats et Obligations, n. 1135, 1136, 1143—1145, 1147, 1151.
— Du Fonds. *v.* Propriété, n. 341. Servitude, n. 241—243.
— De la Mitoyenneté. *v.* Propriété, n. 185, 189, 191.
ABDICATION. *v.* Propriété, n. 30, 325—327, 340. Servitude, n. 259. Usufruit, n. 104.
— Expresse. *v.* Droits civils, n° 74.
— De la Jouissance du grevé. *v.* Donations et Testamens, n. 846, 848, 850.
— De la Patrie. *v.* Droits civils, n. 73.
— Présumée. *v.* Droits civils, n. 76.
— Tacite. *v.* Droits civils, n. 75.
ABEILLES. *v.* Propriété, n. 562, 414.
ABREVIATION. *v.* Contrats et Obligations, n. 1655.
ABROGATION des lois. *v.* Lois, n. 159, 160.
— Expresse. *v.* Lois, n. 162.
— Tacite. *v.* Lois, n. 163.

ACTES DE L'ÉTAT CIVIL.

ACTES de l'Etat civil. *v.* Contrats et Obligations, n. 1695, 2636.
— Leur exécution. *v.* Contrats et Obligations, n. 1861, 1862.
— Extrajudiciaires. *v.* Contrats et Obligations, n. 1577.
— Faits dans les dix jours de la faillite. *v.* Contrats et Obligations, n. 396.
— Faits en fraude des créanciers. *v.* Contrats et Obligations, n. 397, 398.
— Faux. *v.* Contrats et Obligations, n. 1495, 1644, 2383.
— Des Femmes mariées. *v.* Contrats et Obligations, n. 1518.
— Des Femmes séparées de biens. *v.* Mariage, n. 237.
— Foi leur due. *v.* Contrats et Obligations, n. 1590, 1670, 1673—1675, 1677—1679, 2903.
— Forcés. *v.* Contrats et Obligations, n. 2043.
— Leurs formes. *v.* Contrats et Obligations, n. 1402—1413, 1419—1422. Lois, n. 150.
— Frauduleux. *v.* Contrats et Obligations, n. 2383.
— D'hypothèques. *v.* Contrats et Obligations, n. 921.
— Ignorance de leurs rédacteurs. *v.* Contrats et Obligations, n. 540.
— Imparfaits. *v.* Contrats et Obligations, n. 1650, 1875, 2142.
— Leur indivisibilité. *v.* Donations et Testamens, n. 678.
— Des Interdits. *v.* Contrats et Obligations, n. 1519, 1521.
— Judiciaires. *v.* Contrats et Obligations, n. 1577.
— De libération. *v.* Contrats et Obligations, n. 1877, 1879.
— Leurs lacérations. *v.* Donations et Testamens, n. 708.
— De mariages. *v.* Actes de l'Etat civil, n. 3, 4, 26. Paternité, n. 4, 10, 11, 14, 18, 41, 42, 47, 48, 103—105, 107, 115.
— Des mineurs. *v.* Contrats et Obligations, n. 1877.
— De naissances. *v.* Actes de l'Etat civil, n. 3, 4, 16, 20, 21, 26. Contrats et Obligations, n. 1495. Paternité, n. 75—76, 97, 107, 109, 111, 113, 123, 124, 133.
— Non existans. *v.* Contrats et Obligations, n. 584.
— Non faits double. *v.* Contrats et Obligations, n. 1846, 1863, 1864.
— Notariés. *v.* Contrats et Obligations, n. 1600, 1628, 1752, 1753, 1943, 2907.
— De notoriété. *v.* Actes de l'état civil, n. 65—68.
— Nuls. *v.* Contrats et Obligations, n. 1425—1426, 1432, 1434, 1661, 1662, 1667, 1797, 1847, 2046—2048, 2142, 2151, 2170, 2576, 2577, 2767.
— Obscurs. *v.* Contrats et Obligations, n. 554.
— Prescrits. *v.* Contrats et Obligations, n. 2142.
— De procédures. *v.* Contrats et Obligations, n. 722.
— De propriété. *v.* Contrats et Obligations, n. 566.
— Publics. *v.* Contrats et Obligations, n. 1705.
— Leurs ratifications. *v.* Contrats et Obligations, n. 1475, 2033—2040, 2044—2057.
— Recognitifs. *v.* Contrats et Obligations, n. 2003, 2004, 2016—2021, 2728, 2739, 2741. Donations et Testamens, n. 189.
— Sujets à rescision. *v.* Contrats et Obligations, n. 1433, 1435, 1478.
— Respectueux. *v.* Mariage, n. 71—73.
— Simulés. *v.* Contrats et Obligations, n. 2584.

Table.

B

B

Table. C

Table.   D

CONTRATS ET OBLIGATIONS.

N. d'ordre		Tom.	Pag.	N.
621.	Il lui suffirait de fixer un terme à l'accomplissement.	VI	620	584
622.	De la résolution du legs, faute d'en avoir rempli les charges.	VI	620	585
623.	De l'accomplissement des conditions.	VI	621	»
624.	Si les conditions doivent être accomplies *in forma specificâ*.	VI	625	586
625.	Elles doivent l'être suivant la volonté vraisemblable des parties.	VI	626	587
626.	Ce principe s'applique sur-tout aux conditions potestatives.	VI	628	588
627.	Elles peuvent s'accomplir par équipollent.	VI	628	589
628.	Si elles peuvent être accomplies par les héritiers de celui à qui elles ont été imposées.	VI	629	590
629.	La condition de donner peut être accomplie par les héritiers.	VI	630	591
630.	Distinction relative aux conditions qui consistent à faire.	VI	631	592
631.	Quand on doit chercher la volonté vraisemblable.	VI	632	593
632.	Exemple dans la condition si je le demande, *si petiero*.	VI	633	594
633.	De l'accomplissement de la condition potestative.	VI	633	595
634.	Par des mineurs et des femmes non autorisées.	VI	636	596
635.	S'il y a plusieurs conditions, quand il faut les accomplir toutes.	VI	636	597
636.	L'accomplissement des conditions est indivisible.	VI	638	598
637.	Exceptions.	VI	639	599
638.	L'accomplissement de la condition résolutoire est indivisible.	VI	639	600
639.	La condition de donner, imposée à plusieurs, est divisible.	VI	640	601
640.	*Secùs*, si elle a été imposée à une seule personne.	VI	640	602
641.	De la condition *in faciendo*, imposée à plusieurs.	VI	641	603
642.	Du fait divisible imposé pour condition à plusieurs.	VI	642	604
643.	Du fait divisible imposé à une seule personne envers plusieurs.	VI	642	605
644.	Si la volonté des contractans ou du testateur est expresse.	VI	643	606
645.	Si la mort civile remplace la mort naturelle.	VI	644	607
646.	Le terme fixé pour la condition est fatal.	VI	646	608
647.	A moins que l'empêchement ne provienne du débiteur.	VI	646	609
648.	Point d'autre excuse du non accomplissement.	VI	647	610
649.	*Secus*, dans les testamens.	VI	648	611
650.	Cas où le légataire n'est point excusé, 1°.	VI	649	612
	2°.	VI	650	613
	3°.	VI	650	614
651.	Du tems fixé pour l'accomplissement des conditions négatives.	VI	651	615
652.	Lorsqu'il est certain qu'elle n'arrivera pas.	VI	651	616
653.	Cas où l'accomplissement ne rend pas l'obligation exigible.	VI	652	617
654.	Quand le terme est mis à la disposition et à la condition.	VI	655	618

Table.   F

Table. II

Table. I.

Table. K

Table.   L

Table. M

Table.

N

D

Table. O

Table.

Table.

R

E

F

G

H

I

J

Table.

Table. X

Ministre du culte. *v.* Donations et Testamens, n. 73.
— De la guerre. *v.* Mariage, n. 85, 86.

Table.   Y

N

NON VALABLES. *v.* Contrats et Obligations , n. 1846—1848.

NOTAIRES. *v.* Contrats et Obligations, n. 234 , 1095, 1400, 1587 , 1594 —1619, 1626, 1628, 1637, 1655, 1670—1673, 1728, 1732—1734, 1867, 1943, 1944, 1949, 1953—1955, 1967, 1976, 1979, 1989—1991, 1993, 2000, 2380. Divorce, n. 72. Donations et Testamens, n. 183, 185, 186, 410, 412, 416— 422, 453—464, 474, 488—490, 509, 525, 632, 679, 681, 711. Majorité, n. 35, 92. Successions, n. 400.

NOTIFICATIONS. *v.* Contrats et Obligations, n. 1707.

NOTORIÉTÉ de fait. *v.* Contrats et Obligations, n. 1557.

NOVATIONS. *v.* Contrats et Obligations, n. 1165—1170, 1172—1274, 1177, 1178, 1180, 1189, 1190, 1194, 1195, 1204, 1211, 1212, 1216

NOYES. *v.* Actes de l'état civil, n. 40.

NULLITÉS. *v.* Biens, n. 59. Contrats et Obligations, n. 50, 54, 58, 72, 80, 82—84, 91, 99, 105, 120, 148, 149, 162, 188, 189, 331, 859, 875, 1112, 1196, 1197, 1382—1387, 1401, 1409, 1425—1426, 1428 —1432, 1434, 1436, 1437, 1457—1461, 1463—1467, 1469, 1500— 1507, 1522, 1557, 1558, 1641, 1644, 1714, 1812, 1846, 1847, 2041, 2042, 2046—2048, 2053, 2054, 2523, 2525, 2543. Divorce, n. 51, 98. Donations et Testamens, n. 46, 86, 188, 290, 291, 582, 444, 511, 512, 522, 655, 679, 681—683, 687, 757, 758, 854, 876, 887, 901, 971. Lois, n. 99, 101, 102. Mariage, n. 28, 32, 43, 44, 51, 68, 105, 114, 130, 140—142, 145—148, 154—156, 166, 168, 174, 177—186, 191, 198, 200, 267—269. Paternité, n. 14. Successions, n. 372.

O

OBJETS. *v.* Contrats et Obligations, n. 1345, 1546.

— Déterminés. *v.* Contrats et Obligations, n. 1346, 1347.

— Indéterminés. *v.* Contrats et Obligations, n. 1346.

— Permanens. *v.* Contrats et Obligations, n. 680.

OBLIGATIONS. *v.* Contrats et Obligations, en entier. Engagemens, n. 5, 11, 17, 43, 51, 56, 95. Lois, n. 105, 105, 107—109, 123, 124. Mariage , n. 214, 217, 218, 253, 249, 264, 265. Propriété, n. 31, 328 —336. Usufruit, n. 8, 9.

— Accessoires. *v.* Contrats et Obligations, n. 565, 496, 500.

— Alternatives. *v.* Contrats et Obligations, n. 725, 727, 731, 737.

— Sans cause. *v.* Contrats et Obligations, n. 188.

— Civiles. *v.* Contrats et Obligations, n. 410, 411, 425—425.

— Conditionnelles. *v.* Contrats et Obligations, n. 501, 844, 967, 1366.

— Conjonctives. *v.* Contrats et Obligations, n. 723—725, 1827.

— Conventionnelles. *v.* Engagemens, n. 6, 8.

— Disjonctives. *v.* Contrats et Obligations, n. 723, 727, 728.

— Divisibles. *v.* Contrats et Obligations, n. 789, 791.

— Eteintes. Leur extinction. *v.* Contrats et Obligations, n. 889, 891, 1349, 1550.

— Exigibles. *v.* Contrats et Obligations, n. 655.

— Leur extinction. *v.* Contrats et Obligations, n. 889, 891.

— Facultatives. *v.* Contrats et Obligations, n. 725, 758.

— De faire. *v.* Contrats et Obligations, n. 438, 439, 441—444, 905, 938.

— Des garans. *v.* Engagemens, n. 31, 32.

— Des grevés. *v.* Donations et Testamens, n. 807, 810.

— Illicites. *v.* Contrats et Obligations, n. 290.

— Imparfaites. *v.* Contrats et Obligations, n. 11.

P

983, 986, 987, 998, 1007. 1065, 1067, 1080, 1090, 1198, 1291, 1444, 1455, 1525, 1784, 1926, 2058, 2302. Engagemens, n. 23, 62, 63, 66, 69, 70, 72, 76, 78, 80—82, 84—87, 91, 95, 279.

PAIEMENS de bonne foi. *v.* Engagemens, n. 95, 96.

— De mauvaise foi. *v.* Engagemens, n. 95.

PAIRIES. *v.* Personne, n. 35.

PAPE. Son concordat. *v.* Droits civils, n. 55.

PAPIERS DOMESTIQUES. *v.* Contrats et Obligations, n. 1927, 1950. Paternité, n. 110—112.

PAR CORPS. *v.* Engagemens, n. 229.

PARCOURS. *v.* Servitudes, n. 108.

PARENS. *v.* Divorce, n. 36, 127. Donations et Testamens, n. 433, 507. Successions, n. 117, 120, 121, 127, 153, 154, 266.

PARENTÉS. *v.* Contrats et Obligations, n. 2546—2348, 2358. Mariage, n. 55—55, 57—60, 63. Successions, n. 106, 121.

PARIS. *v.* Contrats et Obligations, n. 415.

PARJURES. *v.* Contrats et Obligations, n. 2800—2803.

PARTAGES. *v.* Absens, n. 98. Donations et Testamens, n. 825, 866, 868—879. Successions, n. 95, 158, 379—381, 383—386, 389—392, 405, 410—429, 492, 493, 551, 552, 554—556, 560, 568, 572, 573, 577.

PARTIES CIVILES. *v.* Contrats et Obligations, n. 2653.

PASSAGES. *v.* Contrats et Obligations, n. 2559, 2887. Propriété, n. 298. Servitudes, n. 90—95, 96—102, 177, 206, 211—213. Usufruit, n. 73.

Table.

1369, 1370, 1374—1379. Donations et Testamens, n. 719. Engagemens, n. 328—332.

PETITS-ENFANS. *v.* Donations et Testamens, n. 110, 777, 786, 788, 789, 947.

PIÈCES communes. *v.* Contrats et Obligations, n. 1545.

— Fausses. *v.* Contrats et Obligations, n. 51.

— Petites pièces. *v.* Contrats et Obligations, n. 944.

PIGEONS. *v.* Engagemens, n. 307, 308. Propriété, n. 102, 369.

PLACES. *v.* Propriété, n. 211.

— De guerre. *v.* Servitudes, n. 45.

PLAIDER. *v.* Biens, n. 58.

PLAINTE en faux. *v.* Contrats et Obligations, n. 1557, 1558.

PLANTATIONS. *v.* Propriété, n. 76, 81.

PLÉBÉIENS. *v.* Personne, n. 34.

POISSONS. *v.* Propriété, n. 102, 405.

POLLICITATION. *v.* Donations et Testamens, n. 232.

PORTES. *v.* propriété, n. 196.

PORTIONS DISPONIBLES. *v.* Donations et Testamens, n. 790.

POSSESSEURS. *v.* Contrats et Obligations, n. 463, 472, 1464. Engagemens, n. 134, 138.

POSSESSIONS. *v.* Contrats et Obligations, n. 350, 916, 1154, 2013. Donations et Testamens, n. 612, 619, 620. Engagemens, n. 127, 128, 146. Propriété, n. 3, 12, 14, 16, 18, 20, 22, 57, 206, 359. Servitudes, n. 121, 124, 180—182, 184, 192, 195—198, 200, 274, 282, 283. Successions, n. 28, 235, 246.

— Leur cessation. *v.* Absens, n. 67.

— Closes. *v.* Propriété, n. 580.

— Définitives. *v.* Absens, n. 71, 72, 74, 75, 78, 86, 87.

— Immémoriales. *v.* Contrats et Obligations, n. 2326.

— Provisoires. *v.* Absens, n. 51—55, 65, 84, 86, 95, 100, 123. Donations et Testamens, n. 543.

— D'état. *v.* Mariage, n. 134, 136. Paternité, n. 93—99, 102, 107, 124, 208.

POSTERIORA *derogant prioribus. v.* Lois, n. 164.

POSTERIORES *leges ad priores pertinent contrariæ sint. v.* Lois, n. 165.

POUTRES. *v.* Propriété, n. 167.

POUVOIRS. *v.* Lois, n. 26, 58—40.

— Exécutif. *v.* Lois, n. 28, 78, 148—151.

— Judiciaire. *v.* Lois, n. 29, 151, 132, 141.

— Legislatif. *v.* Lois, n. 22, 27, 59, 45, 147.

— De recevoir. *v.* Contrats et Obligations, n. 913.

— De vendre. *v.* Contrats et Obligations, n. 915, 1163.

PRÉCIPUT. *v.* Donations et Testamens, n. 875, 962.

PRÉFETS. *v.* Propriété, n. 233, 238, 241.

PRÉNOMS à donner aux enfans. *v.* Actes de l'état civil, n. 23.

PRÉPOSÉS. *v.* Engagemens, n. 289—296.

PRESCRIPTIONS. *v.* Biens, n. 64. Contrats et Obligations, n. 564, 579, 840, 1290, 1509, 1961, 2463—2468. Donations et Testamens, n. 164, 344, 800, 801. Engagemens, n. 297—299. Minorité, n. 219, 220, 222. Paternité, n. 140. Propriété, n. 209, 556, 579. Servitudes, n. 73, 76, 78, 95, 99, 105, 168—175, 186—189, 200, 201, 251, 253, 254, 264. Successions, n. 323, 566, 559, 576, 577. Usufruit, n. 23, 67, 95, 97, 99.

— De la peine. *v.* Droits civils, n. 106.

— Du droit de réserve. *v.* Donations et Testamens, n. 179.

— Leur suspension. *v.* Absens, n. 41, 60, 85. Servitudes, n. 260.

Table.

Bb

Q

R

Table.

Cc

Roi. Il peut seul faire des ordonnances et reglemens. *v.* Lois, n 60.
— Sa sanction. *v.* Lois, n. 57.
Routes departementales. *v.* Servitudes, n. 28, 29.
— Royales. *v.* Propriété, n 213, 269 Servitudes, n. 27, 291
Rues Leur alignement *v.* Propriété, n. 266, 268.

S

—

Sacs. *v.* Contrats et Obligations, n. 945.
Sacremens. *v.* Mariage, n. 4, 7.
Saillies. *v.* Servitudes, n. 63.
Saisies *v.* Contrats et Obligations, n. 923, 924.
— Immobilières *v.* Absens, n. 42.
Saisine. *v.* Donations et Testamens, n. 539, 590, 629, 630, 633, 642.
Engagemens, n. 129. Successions, en entier.
Salaires. *v.* Donations et Testamens, n. 648.
Salubrité. *v.* Propriété, n. 265.
Sanctions. *v.* Lois, n. 70.
— Elle est le complément de la loi. *v.* Lois, n. 57.
— Son vrai sens. *v.* Lois, n. 72.
— Donnees au conseil des anciens. *v.* Lois, n. 75.
— Il n'y a plus de delai entre elle et la promulgation. *v.* Lois, n. 82.
— Des lois civiles. *v.* Lois, n. 98.
— Du droit naturel. *v* Lois, n. 97.
— Morales. *v.* Lois. n. 91, 96.
Sceaux *v.* Contrats et Obligations, n. 1587. Donations et Testamens, n. 505.
Scelles *v.* Contrats et Obligations, n. 2164. Divorce, n. 50, 135. Donations et Testamens, n. 548. Successions, n. 536.
Secours au failli. *v.* Contrats et Obligations, n. 1152.
Secrets du notaire. *v.* Contrats et Obligations, n. 1954.
Seductions. *v.* Mariage, n 50.
Seigneurs. *v.* Propriété, n. 396.
Semences. *v.* Donations et Testamens, n. 857. Usufruit, n. 33.
Senatoreries. *v.* Usufruit, n. 35.
Separations de biens. *v.* Divorce, n. 120, 132.
— De corps. *v.* Divorce, n. 10, 19, 20, 56, 110—112, 114, 117, 120, 122, 130, 137. Paternite, n. 51. Successions, n. 238.
— Cessation de ses effets *v.* Divorce. n. 142.
Sermens *v.* Contrats et Obligations, n. 525, 1819, 2753—2776, 2872.
— Suppletoires. *v* Contrats et Obligations. n. 1567, 1851, 2189.
Serviers. *v.* Contrats et Obligations, n. 204, 239.
— Fonciers. *v.* Servitudes, en entier.
— Militaire chez l'etranger. *v.* Droits civils, n. 79.
Servitudes. *v.* Contrats et Obligations, n. 2385, 2865. Donations et Testamens, n. 436.

Table.   Ee

T

U

V̄

FIN DE LA TABLE GÉNÉRALE DES MATIÈRES.

TABLE

DES ARTICLES DU CODE CIVIL

TRAITÉS OU CITÉS

DANS LE DROIT CIVIL FRANÇAIS.

Nota. Les chiffres romains indiquent les tomes, les chiffres arabes les pages de chaque tome.

ART.

45. I, 278. II, 149, 154, 204.
46. I, 297, 306, 307, 308, 309, 310, 311, 313, 317, 356, 499. II, 66, 149, 185, 186. IX, 464.
47. I, 282, 298, 484. X, 119.
48. I, 282, 484.
49. I, 284, 302, 303.
50. I, 284.
52. I, 309.
53. I, 277, 285.
54. I, 284.
55. I, 286, 287.
56. I, 281, 287. II, 157, 160, 168.
57. I, 288.
58. I, 281, 290.
59. I, 291.
60. I, 291, 296.
61. I, 291.
62. I, 289. II, 242.
63. I, 474, 484, 485, 491. VII, 596.
64. I, 477.
65. I, 476.
66. I, 492.
67. I, 492.
70. I, 314, 315, 478.
71. I, 315.
72. I, 315.
74. I, 474, 480, 481.
75. I, 281, 481, 482, 530, 532.
76. I, 483.
77. I, 292.
78. I, 281, 293.
79. I, 294, 295. VIII, 244.
80. I, 294.
81. I, 295.

ART.

82. I, 295.
83. I, 295.
84. I, 296.
85. I, 295.
86. I, 296.
88. I, 298, 357.
89. I, 299.
90. I, 299.
91. I, 299.
92. I, 299.
93. I, 299.
94. I, 300.
95. I, 300.
96. I, 300.
97. I, 300.
98. I, 301, 355.
99. I, 302, 304.
100. I, 305, 307. X, 306.
101. I, 307.
102. I, 231, 321. XI, 200.
103. I, 323.
104. I, 324, 325.
105. I, 325.
106. I, 326.
107. I, 324.
108. I, 325. II, 15, 358, 466.
109. I, 325.
110. I, 413.
111. I, 322. VII, 104.
112. I, 334, 337, 338, 342, 346. II, 333.
113. I, 340, 342, 365, 389, 402, 403, 404.
114. I, 343, 366.
115. I, 345, 346, 348, 372. IV, 282.
116. I, 347, 356.
117. I, 348.
118. I, 348, 355.
120. I, 363, 365.
121. I, 345, 357, 365.
122. I, 345, 357, 365.
123. I, 371, 372. IV, 282.

ART.	ART.
124. I, 390, 392, 393, 394, 395, 398.	161. I, 533.
125. I, 366.	162. I, 452, 533.
126. I, 367, 368, 393, 394.	163. I, 452, 453, 533.
127. I, 370, 374, 375, 376, 398. VIII, 369.	165. I, 481, 529, 531, 533, 534.
128. I, 18, 58, 369.	166. I, 474.
129. I, 377, 378.	167. I, 475, 485.
130. I, 386, 400.	168. I, 475.
131. I, 374, 384.	170. I, 484, 485. X, 119.
132. I, 382, 385.	171. I, 486.
133. I, 383, 384, 385.	172. I, 588.
134. I, 371, 521.	173. I, 536.
135. I, 400. IV, 82, 115.	174. I, 425, 499. II, 446, 467.
136. I, 400, 401, 403, 404, 406. IV, 306, 316. VII, 34, 35, 37. X, 6.	175. I, 491. II, 330, 446.
	176. I, 460, 492.
	177. I, 492.
137. I, 406, 408. IV, 306. VII, 34, 37, 44. IX, 583. X, 6.	178. I, 492.
	179. I, 493.
	180. I, 431, 510, 512. VI, 428. VII, 674, 675.
138. I, 408. IV, 331, 332. IX, 582, 583, 585, 587.	181. I, 440, 444. X, 74.
139. I, 410, 524, 526, 527. VII, 38.	182. I, 513, 514.
	183. I, 514, 515, 516, 517.
141. I, 389.	184. I, 410, 493, 512, 517, 520, 522, 525, 526, 528, 537. II, 390. VII, 661.
142. I, 389.	
144. I, 153, 422, 533.	
145. I, 422,	
146. I, 424. VI, 54.	185. I, 518, 519.
147. I, 409, 446, 447, 533.	186. I, 521, 522, 529.
148. I, 455, 515, 516, 533. II, 467.	187. I, 522, 527.
	188. I, 527.
149. I, 455.	189. I, 447, 528, 544.
150. I. 455. II, 65, 66.	190. I, 493, 522, 523, 526, 527.
151. I, 461.	
153. I, 461.	191. I. 522, 530, 533, 534, 535, 536, 537. VII, 661.
154. I, 462.	
155. I, 457.	
156. I, 459.	192. I, 478, 494, 530, 533.
157. I, 462, 494.	193. I, 494, 533, 534. II, 73.
158. I, 463. II, 251, 304.	
160. I, 456, 515, 516. II, 330.	194. I, 313, 497.
	195. I, 312, 497. II, 151.

ART.	ART.
196. I, 499, 536. II, 151.	233. II, 63.
197. I, 320, 498. II, 151, 176, 177, 179.	234. II, 45.
198. I, 317, 501. II, 187.	235. II, 45. VIII, 60. X, 360, 361.
199. I, 317, 501.	236. II, 48.
200. I, 501.	237. II, 49.
201. I, 257, 259, 411, 542. II, 181.	238. II, 49, 78.
202. I, 411, 543, 545. II, 181.	239. II, 49.
	240. II, 50.
203. II, 2, 287.	241. II, 50, 51.
204. II, 9.	243. II, 50.
205. II, 3. V, 123.	244. II, 51.
206. II, 3, 4, 10.	245. II, 51.
207. II, 3.	246. II, 51.
208. II, 5.	247. II, 52.
209. II, 10, 80.	248. II, 50.
210. II, 6.	249. II, 52.
211. II, 6, 7.	250. II, 53.
212. II, 14, 103. V, 82.	251. II, 53.
213. II, 14.	252. II, 53.
214. II, 14, 15, 103.	253. II, 53.
215. II, 15, 16, 22.	254. II, 53.
216. II, 18. IX, 315. XI, 49.	255. II, 53.
	256. II, 54.
217. II, 16, 20, 21. IV, 409. V, 78, 202, 209.	257. II, 54.
	259. II, 54.
219. V, 78, 209.	260. II, 55.
220. II, 21, 23.	261. II, 40, 41, 47, 99. VIII, 60.
221. II, 28.	262. II, 55.
222. I, 397. II, 28.	263. II, 55, 56.
223. II, 22, 25, 33.	264. II, 56.
224. II, 28.	265. II, 57.
225. II, 34. VII, 676, 678, 685.	266. II, 67, 61.
	267. II, 58, 101.
226. II, 17. V, 225.	268. II, 59.
227. II, 10.	269. II, 59.
228. I, 420, 540. II, 35, 36, 37, 58, 215. VII, 572, 681.	270. II, 59, 100.
	271. II, 59, 78.
	272. II, 60.
230. II, 40.	273. II, 61.
231. II, 93.	274. II, 51.
232. II, 41. VIII, 60.	275. II, 64.

ART.	ART.
276. II, 64.	111, 114, 123, 135, 158, 160, 191, 192, 230. IV, 104.
277. II, 64.	
278. II, 65, 66.	
279. II, 66, 82.	313. II, 111, 122, 125, 128, 164.
280. II, 67.	
281. II, 68.	314. II, 114, 122, 131, 132, 133, 134. X, 315.
282. II, 69.	
283. II, 65, 69.	315. II, 114, 117, 137, 230. IV, 101.
284. II, 69.	
285. II, 64, 69.	316. II, 114, 144, 145, 146, 207.
286. II, 71.	
287. II, 71.	317. II, 117, 141, 145, 146, 207.
288. II, 71.	
289. II, 72.	318. II, 133.
290. II, 72.	319. II, 149, 153. IX, 253.
291. II, 72.	320. I, 312. II, 149, 172, 210, 249.
292. II, 72.	
293. II, 73.	321. II, 171.
294. II, 73.	322. II, 180, 181, 182, 196, 197, 199, 200.
295. I, 420, 466. II, 75, 76.	
296. II, 76.	323. I, 309, 312, 320. II, 166, 183, 186, 188, 190, 206, 133. IX, 82, 252. X, 521, 523.
297. I, 467. II, 76. V, 545.	
298. I, 465, 525. II, 76.	
299. II, 78, 79, 104. V, 308, 826.	
	324. II, 190.
300. II, 78, 79. V, 298, 826.	325. I, 313. II, 129, 190, 191, 192, 194, 195.
301. II, 80.	326. II, 202. IX, 252.
302. II, 81, 101, 304, 305, 330, 390.	327. I, 317. II, 131, 202, 203, 205. IX, 251, 252.
303. II, 81, 101.	
304. II, 82.	328. II, 141, 207.
305. II, 82, 83, 297. III, 256. IV, 60. V, 139, 140, 141.	329. II, 213.
	330. II, 211, 213.
	331. I, 94. II, 219, 220, 224, 225, 241.
306. II, 87, 97.	
307. II, 88, 96. V, 118. X, 486.	332. II, 224.
	333. II, 222.
308. II, 101.	334. II, 237, 239, 240, 241, 252. IV, 105.
309. II, 101.	
310. II, 40, 46, 102, 147.	335. II, 247, 248. IV, 246, 247.
311. II, 99.	
312. I, 266, 444. II, 110,	336. II, 146, 167, 169, 242.

ART.	ART.
428. II, 342, 343.	465. II, 330, 388. IV, 407.
429. II, 343.	466. II, 435. IV, 420, 570.
430. II, 343.	467. II, 330, 388, 398, 405,
432. II, 332, 337, 344.	415, 435. IV, 401,
433. I, 154. II, 344. VII,	424, 425. X, 483.
543.	468. II, 358, 360.
434. II, 344.	469. II, 402.
435. II, 344.	470. II, 402.
436. II, 345.	471. II, 405, 410.
438. II, 346.	472. II, 405, 415, 418. X,
439. II, 346.	74.
440. II, 303.	473. II, 406.
441. II, 346, 357.	474. II, 416, 417.
442. II, 325, 348, 353, 468.	475. II, 417, 418, 419.
443. II, 350.	476. II, 424.
444. II, 350, 353.	477. II, 422, 424, 425.
445. II, 351, 353.	478. II, 330, 424, 425.
446. II, 330, 336, 354.	479. II, 426.
447. II, 354.	480. II, 403, 431.
448. II, 336, 355.	481. II, 348, 429, 439. VII,
449. II, 357.	687.
450. II, 358, 363, 379,	482. II, 416, 429, 431. IV,
388, 392, 394, 466.	407.
451. II, 364, 365, 368.	483. II, 432.
452. II, 369, 372.	484. II, 391, 430, 433, 439.
453. II, 300, 373, 374.	IV, 339.
VII, 543.	485. II, 330, 439, 440.
454. II, 330, 359, 387,	486. II, 439, 440.
463.	487. II, 312, 426, 427.
455. II, 384, 411.	488. II, 441. X, 57.
456. II, 384, 411.	489. II, 443, 444.
457. II, 388, 391, 431,	490. II, 447.
433, 437.	491. II, 390, 448.
458. II, 330, 389, 391,	493. II, 449.
395.	494. II, 330, 450.
460. II, 330, 392, 397.	495. II, 450.
461. II, 330, 388, 394, 395,	497. II, 452, 453.
466. IV, 339. VII, 16,	498. II, 453.
510.	499. II, 467, 483.
462. II, 395.	500. II, 453.
463. II, 330, 388, 396. V,	501. II, 454, 486.
211, 212, 213.	502. II, 454, 469. V, 75.
464. II, 330, 388, 396.	VI, 110.

Table. IIIh

ART.	ART.
5o3. II, 470. V, 75.	538. III, 23, 24, 26, 105,
5o4. II, 471, 473. V, 73,	344, 346. IV, 33.
74, 257.	539. III, 25. IV, 38, 51.
5o5. II, 456, 458.	540. III, 344, 346.
5o6. II, 464.	541. III, 25, 28, 348. VI,
5o7. II, 458, 463, 464.	163.
5o8. II, 459. III, 520.	543. III, 245.
5o9. II, 455, 462, 466.	544. III, 54, 57, 62, 356.
51o. II, 459.	545. III, 167, 510.
511. II, 330, 460.	546. III, 69. IV, 5.
512. II, 472.	547. III, 71.
513. II, 483. VI, 98.	548. III, 71.
514. II, 330, 488.	549. I, 408. IV, 331. V,
515. II, 452, 453.	826. VI, 574. VII, 39.
516. III, 4.	VIII, 224. IX, 545,
517. III, 8.	582. XI, 118, 128.
518. III, 8.	550. I, 408. III, 49. IV,
519. III, 8.	332. VI, 574. VIII,
520. III, 9.	224.
521. III, 8, 9.	551. III, 73.
522. III, 10.	552. III, 80, 81, 101, 356,
523. III, 12.	380. IV, 39.
524. III, 10, 11. V, 186,	553. III, 81, 327.
696. XI, 406, 416,	554. III, 82.
422, 423, 424.	555. III, 84, 85, 283. V,
526. III, 13, 257, 526, 550.	152. XI, 70, 134.
V, 184.	556. III, 104.
527. III, 13, 19. IV, 391.	557. III, 104, 105.
528. III, 13.	558. III, 95, 96, 105.
529. II, 369. III, 15, 222,	559. III, 106.
IV, 502.	56o. III, 107.
53o. III, 15, 16, 17, 222.	561. III, 107.
IV, 559. VI, 193, 769.	562. III, 108.
VII, 555. VIII, 203.	563. III, 108.
531. III, 14.	564. IV, 7. XI, 406, 416,
532. III, 14.	422, 423, 424.
533. III, 17, 19, 20.	565. III, 73.
534. II, 410. III, 18. VI,	566. III, 74.
349.	567. III, 74.
535. II, 407. III, 18, 20.	568. III, 74.
V, 5o4.	569. III, 75.
536. II, 413. V, 5o4.	570. III, 76.
537. III, 34.	571. III, 76.

ART.

656. III, 56, 114, 149, 150, 151, 217, 511.
657. III, 138.
658. III, 139, 393.
659. III, 140.
660. III, 140.
661. III, 134, 137.
662. III, 142, 143, 386.
663. III, 112, 113, 114, 115, 411.
664. III, 152.
665. III, 523, 527, 531, 532.
666. III, 154.
667. III, 154.
668. III, 154.
670. III, 154, 155, 156.
671. III, 211, 376. VIII, 243.
672. III, 80, 101, 211. XI, 151.
673. III, 157.
674. III, 101, 209.
675. III, 146, 380.
676. III, 211, 382.
677. III, 382.
678. III, 381, 382, 387, 414, 435.
679. III, 381, 414.
681. III, 211, 352, 395.
682. III, 111, 202, 401, 403, 404.
683. III, 401, 402.
684. III, 402.
685. III, 403.
686. III, 62, 241, 246, 426, 446. VI, 161, 191, 429, 475.
687. III, 441.
688. III, 413, 443.
689. III, 443.
690. III, 257, 413, 465.
691. III, 410, 465, 470, 471, 475, 481, 488,

ART.

547, 550. IX, 400, 401, 402.
692. III, 448, 450, 457, 458, 459, 450, 505.
693. III, 450, 451, 452.
694. III, 456, 457, 458, 460, 505.
695. III, 446, 450. VIII, 243. X, 417, 419.
696. III, 499, 500.
697. III, 241, 500.
698. III, 241, 501. XI, 453, 454, 460.
699. III, 150, 217, 220, 224, 241, 501, 511, 512. VI, 499.
700. III, 494.
701. III, 390, 497.
702. III, 490, 492.
703. III, 522, 527.
704. III, 522, 527, 531, 532, 533.
705. III, 449, 503.
706. III, 524, 525, 527.
707. III, 527, 528, 529, 530, 532, 539.
708. III, 486.
711. IV, 58, 59. V, 238, 736. VI, 214, 570, 726, 801, 805. VII, 13, 14, 54, 532, 539, 553. VIII, 220. IX, 162. X, 591. XI, 6, 72.
712. III, 339, 469, 470.
713. III, 344, 345. IV, 6, 38, 51, 320.
714. III, 22, 23, 27, 344, 345. IV, 6, 39. VI, 158.
716. III, 274. IV, 39.
717. IV, 41, 50.
720. IV, 69, 71, 73, 74, 79, 81, 84, 86.

ART.		ART.	
840.	I, 405. IV, 407, 570, 574.	868.	IV, 499, 502, 503. V, 151.
841.	IV,431,433,434,436, 437, 438, 439, 440, 441, 442, 444, 446, 447, 449, 450, 451, 456. VI, 404.	869.	IV, 503.
		870.	IV, 234, 554.
		871.	III, 286. IV,531,554.
		872.	IV, 418, 428, 559.
842.	IV, 424, 430.	873.	IV,418,521,523,524. 529, 530, 538, 541, 544. VI, 787. VII, 234.
843.	IV,452,454,469,472, 475, 476, 477, 478, 482, 483, 485, 486. V, 85, 171.	874.	IV, 540. V, 509.
		875.	IV,540,541,556,557, 558. VII, 234.
844.	IV, 454, 471. V, 121.	876.	IV, 541, 556.
845.	IV, 460, 461. V, 118, 119, 120, 121.	877.	II, 49. IV, 95. X, 280.
		878.	IV, 550. V, 498, 530. VII, 344.
846.	IV, 460.		
847.	IV, 455, 471.	879.	IV,549. VII, 345, 346, 347.
848.	IV, 456,457,458,459, 471.	880.	IV,545,546,547,548, 549. V, 489, 530.
849.	IV, 456, 471.		
850.	IV, 461, 462.	881.	IV, 549.
851.	IV, 491, 492. XI, 53, 224.	882.	IV,292,411,412,464, 514,542, 562. VIII, 585.
852.	IV, 488, 490.		
853.	IV,469,472,475,476, 477, 482, 483. 487.	883.	III,421. IV,429,515, 561.
854.	IV, 472, 477, 487.	884.	IV, 563.
855.	IV, 508. V, 147, 148.	885.	IV, 563, 564.
856.	IV, 493, 494, 498.	886.	IV, 565.
857.	IV,258,261,463,465, 466. V, 170,171.	887.	IV, 567, 570. V, 723. VII, 687, 692.
858.	III, 241. IV, 501.	888.	IV, 427, 572.
859.	IV, 504, 514. V, 162.	889.	IV, 571.
860.	IV, 504, 506, 508.	890.	IV, 568, 575.
861.	IV, 228,426,509,510.	891.	IV, 568, 569. V, 73, 723. VI, 732.
862.	IV, 228, 426, 510.		
863.	II, 29. IV, 228, 511. V, 148.	893.	IV,482,484.V,10,728.
		895.	V, 313, 319.
864.	II, 29. IV, 511.	896.	V, 12, 19. 20, 23, 25, 30, 33, 36, 42, 44, 45, 46, 56, 674. VI, 206. VII, 583.
865.	IV,292,464,512,514, 515, 542. VIII, 585.		
866.	IV, 162, 503.		
867.	III, 86. IV, 511.	897.	V, 20.

ART.	ART.
898. **V**, 14, 53, 757.	920. **IV**, 481, 482, 485. **V,** 134, 779, 802, 809. **VI**, 530.
899. **V**, 15, 55, 56, 232.	
900. **V**, 70, 252, 260, 262, 271. **VI**, 188, 514.	
901. **II**, 468, 473. **V**, 73, 74, 341, 668. **VI**, 98.	921. **IV**, 467. **V**, 135, 136, 166, 169, 806, 809, 810.
902. **II**, 484. **IV**, 105. **V,** 71, 459.	922. **V**, 139, 150, 152, 810.
903. **V**, 77, 78, 113, 823. **VII**, 322.	923. **V**, 158, 779, 787, 791.
	924. **V**, 161.
904. **I**, 153. **II**, 391, 468. **V**, 77, 130, 131, 833, **VII**, 693.	926. **V**, 164, 169, 170, 521, 779, 791, 793, 794.
	927. **V**, 165, 791.
906. **V**, 80, 97, 100, 746, 766.	928. **V**, 159.
907. **V**. 80.	929. **III**, 419, 517. **V**, 159.
908. **II**, 260. **IV**, 263, 264. **V**, 84, 671.	930. **IV**, 297, 299, 505, 507. **V**, 159, 160.
909. **V**, 81, 82, 191, 195.	931. **II**, 238. **IV**, 381. **V**, 178, 183, 198, 211, **VI**, 412. **VII**, 406.
910. **V**, 219.	
911. **IV**, 470, 482. **V**, 87, 88, 89, 90, 91. **IX**, 267. **X**, 66, 87.	932. **II**, 33. **V**, 105, 198, 202, 206, 220, 222, 223. **VI**, 12, 32, 37, 412. **VIII**, 484, 731.
912. **V**, 84. **X**, 120.	
913. **II**, 2. **IV**, 271, 481. **V**, 119, 128, 131, 133, 777, 778, 779, 780, 781, 782, 785, 786, 787, 788, 789, 790, 794, 795, 796, 797, 798, 799, 807, 808, 810.	933. **V**, 207.
	934. **II**, 33. **V**, 208, 209.
	935. **II**, 466. **V**, 309, 210, 211, 214, 215.
	936. **I**, 425. **V**, 216.
	937. **V**, 218, 226.
	938. **IV**, 58. **V**, 105, 184, 221, 230, 238, 249, 297. **VI**, 214. **VII**, 14, 598. **VIII**, 220. **X**, 591.
914. **V**, 114, 802.	
915. **V**, 124, 125, 127, 128, 131, 132, 171.	
916. **IV**, 272. **V**, 123.	939. **V**, 237, 240, 244, 246.
917. **V**, 115, 153, 154, 156, 785, 787.	940. **V**, 187.
918. **IV**, 472, 477, 478, 482, 483, 484. **V**, 144, 145, 146, 189.	941. **V**, 237, 240, 242, 245, 246, 249. **VI**, 217. **VII**, 598.
919. **IV**, 454, 483. **V**, 85, 86.	942. **II**, 33, 34. **V**, 216.
	943. **V**, 231, 751, 766, 830. **VII**, 583.

ART.	ART.
944. V, 230, 272, 273, 274, 748, 830. VI, 27.	404, 411, 414, 416, 445, 446, 462. VII, 596, 598. VIII, 153, 155. IX, 347.
945. V, 231, 281, 738, 830.	
946. V, 232, 729, 830.	
947. V. 775, 830.	973. V, 348, 354, 379, 420, 422, 423, 425, 426, 429, 431. VIII, 148.
948. V, 183, 184, 186, 830.	
949. V, 15, 232.	
950. V, 233.	
951. V, 46, 141, 284, 683, 770. VI, 451, 521.	974. V, 354, 379, 434, 463, 464.
952. III, 517. IV, 224. V, 141, 285, 683, 770.	975. V, 374, 375, 452.
953. V, 250, 279. VI, 530.	976. V, 451, 454, 455, 456, 457, 458, 462, 461, 614.
954. III, 516. V, 280. VI, 530, 612.	
955. V, 135, 308, 738. VI, 530.	977. V, 451, 457.
	978. V, 451, 460.
956. V, 280, 306, 510.	979. I, 425. V, 451, 458, 462.
957. II, 91. V, 310.	980. I, 149, 153, 231. V, 368, 372.
958. IV, 119. V, 306, 307.	
959. II, 105. V, 748.	984. V, 557.
960. III, 314. IV, 107. V, 191, 195, 290, 292, 293, 294, 298, 299, 300, 717, 825. VI, 93, 530.	987. V, 557.
	996. V, 557.
	997. V, 354.
	999. X, 119.
	1000. X, 119.
961. V, 290.	1001. V, 346, 348, 354, 379, 454, 455. VII, 583.
962. V, 302, 303, 312. VI, 267.	
963. III, 232, 419, 517. IV, 61. V, 300, 301, 302.	1002. IV, 65, 527. V, 326, 473.
	1003. V, 117, 482.
964. V, 301, 302, 717.	1004. V, 117, 473.
965. V, 301.	1005. V, 115, 512.
966. V, 302, 303.	1006. IV, 80, 97, 309. V, 175, 525, 527.
967. V, 346.	
968. V, 319, 320, 727.	1007. V, 115, 475, 534. VI, 866.
970. V, 348, 330, 346, 350, 352, 459, 461.	1008. V, 475, 477, 479, 525. VI, 866.
971. V, 353, 438 VII, 598.	
972. V, 353, 360, 379, 387, 388, 393, 394, 396, 397, 398, 399, 400,	1009. IV, 523, 529, 538, 554. V, 466, 483, 516, 520, 638.

Table.

Ii

ART.	ART.
2229. III, 465, 485. VI, 573. X, 78.	2262. II, 210. III, 465, 470. IV, 288, 565. X, 68, 71.
2231. X, 59.	
2235. III, 542.	2263. III, 553. VIII, 689.
2237. IV, 305.	2264. III, 477, 525. VII, 717.
2239. IV, 305.	
2243. III, 531.	2265. III, 256, 258, 476. 477. IV, 300, 304, 305. VII, 715, 716. VIII, 225. IX, 545. X, 620.
2244. VI, 267.	
2247. VI, 266.	
2249. VI, 769, 787, 811, 831, 832.	
2250. VI, 757.	2267. VII, 717. X, 165.
2251. IV, 395.	2268. III, 49.
2252. I, 384. II, 467.	2271. X, 68, 535. XI, 307.
2254. VII, 723.	2272. X, 564. XI, 307.
2256. IV, 408. VII, 723.	2275. X, 69, 535.
2257. IV, 565. V, 700. VI, 572.	2279. I, 369. IV, 50, 60. V, 181, 513. VI, 219. VII, 56, 58. IX, 169, 396, 397. X, 79, 80, 81, 82.
2258. IV, 395.	
2259. IX, 96, 370.	
2260. I, 247. VI, 713.	

FIN DE LA TABLE DES ARTICLES DU CODE CIVIL.

ARTICLES

DU CODE DE PROCÉDURE,

CITÉS

DANS LES ONZE VOLUMES DU DROIT CIVIL FRANÇAIS.

ART.	ART.
1. VII, 587. X, 213.	50. IV, 414.
4. VII, 587.	51. III, 29.
15. XI, 273, 307.	54. IX, 201, 204, 205. X, 473.
23. III, 50, 51. XI, 158, 161, 162, 168, 171, 173.	55. X, 472, 473.
	57. VI, 261, 264, 266, 267.
48. VII, 497.	
49. I, 492. II, 449. IV, 415.	59. I, 322. III, 551. IV, 414. V, 287, 514, 525,

Table. LI

ART.	ART.
657. VII, 271.	879. II, 98.
674. VI, 267.	880. II, 98.
678. VIII, 138.	881. II, 55.
688. VII, 305.	882. II, 334.
689. III, 10. VII, 305.	883. II, 331, 346, 355,
691. VIII, 386.	356, 451.
701. IV, 384.	884. II, 357.
707. VIII, 253.	886. II, 357.
709. VIII, 258.	887. II, 356.
710. IV, 385.	889. II, 346.
711. IV, 385.	891. II, 449.
713. II, 392.	892. II, 450.
728. I, 341.	893. II, 451, 453.
731. III, 519.	894. II, 453.
771. VII, 277.	897. II, 486.
812. VII, 268, 293.	898. VII, 318.
813. VII, 268.	900. VII, 318, 319.
814. VII, 268, 289.	901. VII, 321.
815. VII, 281.	902. VII, 321.
816. VII, 275, 289, 290,	904. VII, 324.
292, 293, 294, 298.	905. VII, 319.
818. VII, 293.	909. IV, 381, 382, 410.
820. VI, 396.	IX, 178.
834. VI, 218. VII, 667.	916. V, 534, 614.
839. VIII, 614, 648.	917. V, 533.
844. VIII, 611, 653, 655,	918. V, 534.
656.	920. V, 534.
845. VIII, 654.	926. IV, 381, 410.
846. VIII, 663.	927. IV, 381.
852. VIII, 663.	928. I, 340.
858. I, 305.	930. IV, 382.
861. II, 27.	931. I, 341, 381.
862. II, 27.	932. IV, 382.
863. II, 29.	933. IV, 382.
864. II, 29.	941. IV, 382, 413.
870. II, 89. X, 487.	942. I, 341.
871. II, 88.	943. II, 374.
872. II, 98.	944. IV, 316.
873. II, 89.	945. II, 370, 372. IV,
875. II, 97.	383.
876. II, 97.	951. II, 365.
877. II, 49, 97. VII, 310.	952. II, 372.
878. II, 97, 98.	954. IV, 417.

FIN DE LA TABLE DES ARTICLES DU CODE DE PROCÉDURE CIVILE.

ARTICLES

DU CODE DE COMMERCE,

cités

DANS LES ONZE VOLUMES DU DROIT CIVIL FRANÇAIS.

ARTICLES DU CODE PÉNAL,

CITÉS

DANS LES ONZE VOLUMES DU DROIT CIVIL FRANÇAIS.

ARTICLES

DU CODE D'INSTRUCTION CRIMINELLE,

CITÉS

DANS LES ONZE VOLUMES DU DROIT CIVIL FRANÇAIS.

ARTICLES DE LA CHARTE,

CITÉS

DANS LES ONZE VOLUMES DU DROIT CIVIL FRANÇAIS.